Un clero en transición.
Población clerical, cambio parroquial y política eclesiástica
en el arzobispado de México, 1700-1749

UNIVERSIDAD NACIONAL AUTÓNOMA DE MÉXICO

INSTITUTO DE INVESTIGACIONES SOBRE LA UNIVERSIDAD Y LA EDUCACIÓN

IBEROAMERICANA VERVUERT

BONILLA ARTIGAS EDITORES

Colección Real Universidad

UN CLERO EN TRANSICIÓN
*Población clerical, cambio parroquial
y política eclesiástica en el
arzobispado de México, 1700-1749*

Rodolfo Aguirre Salvador

Iberoamericana Vervuert
Universidad Nacional Autónoma de México
Instituto de Investigaciones sobre la Universidad y la Educación
Bonilla Artigas Editores
México, 2012

BX1427
A58

    Aguirre Salvador, Rodolfo.
      Un clero en transición : población clerical, cambio parroquial y política eclesiástica en el arzobispado de México, 1700-1749 / Rodolfo Aguirre Salvador. -- México : UNAM, Instituto de Investigaciones sobre la Universidad y la Educación : Iberoamericana Vervuert: Bonilla Artigas Editores, 2012.
      372 p. -- (La Real Universidad de México, estudios y textos ; 29)
      ISBN 978-607-02-3945-5 (UNAM)
      ISBN 978-84-8489-742-2 (Iberoamericana Vervuert)
      ISBN 978-607-7588-66-5 (Bonilla Artigas)

      1. Iglesia Católica -- México -- Historia -- Siglo XVIII. 2. México -- Historia -- Siglo XVIII. I. t. II. Ser.

Coordinación editorial
  Dolores Latapí Ortega

Edición
  Graciela Bellon

Diseño de cubierta
  Diana López Font

Primera edición: 21 de diciembre de 2012

© D.R. 2012, Universidad Nacional Autónoma de México
Instituto de Investigaciones sobre la Universidad y la Educación,
Centro Cultural Universitario, Ciudad Universitaria,
Coyoacán, 04510, México, D. F.
http://www.iisue.unam.mx
Tel. 56 22 69 86
Fax 56 65 01 23

© Iberoamericana Vervuert
Amor de Dios, 1 – E-28014 Madrid
Tel.: +34 91 429 35 22
Fax: +34 91 429 53 97
info@iberoamericanalibros.com
www.ibero-americana.net

© Bonilla Artigas Editores
Cerro de Tres Marías, núm. 354
Col. Campestre Churubusco, 04200,
México, D. F.

ISBN: 978-607-02-3946-5 (UNAM)
ISBN: 978-84-8489-742-2 (Iberoamericana)
ISBN: 978-607-7588-66-5 (Bonilla Artigas)

Impreso y hecho en México

A Ofelia y Rodolfo Adrián,
por su incomparable amor y su compañía.

Índice

INTRODUCCIÓN

Un sector de la sociedad novohispana citado a menudo en la historiografía es el clero secular en su conjunto, debido a sus indudables vínculos e influencia en la vida religiosa, social, política y cultural de la época. No obstante, sobre su conocimiento hay lagunas notables, producto, por un lado, de la tendencia a establecer generalizaciones que abarcan amplios periodos temporales y, por el otro, al poco trabajo de archivo. En las historias generales sobre la Iglesia en Nueva España, por ejemplo, se la ha concebido simplemente como una especie de "escenario eclesiástico" para la actuación del alto clero o de los obispos.[1]

En estudios concretos sobre coyunturas históricas o gestiones de obispos, la clerecía se ha analizado más detenidamente gracias a su apoyo u oposición a los objetivos de los jerarcas, cuando ha participado en algún movimiento importante, integrado alguna nueva institución o como receptor de alguna reforma impulsada por las autoridades. Aunque ciertamente estas obras tratan de superar las generalizaciones y lugares comunes, también es cierto que no se profundiza más; es decir, la clerecía se vislumbra como una "materia prima" disponible para ser usada por intereses superiores.[2] Debemos destacar estudios más numerosos sobre las reformas borbónicas de la segunda mitad

[1] Para una revisión más amplia sobre el clero secular en la historiografía novohispana puede revisarse mi capítulo: "En busca del clero secular: del anonimato a una comprensión de sus dinámicas internas", en María del Pilar Martínez López-Cano (coord.), *La iglesia en Nueva España, problemas y perspectivas de investigación*, México, IIH-UNAM, 2010, pp. 185-214.

[2] Un ejemplo de este tipo de tratamiento es el que incluye Jonathan I. Israel en su libro *Razas, clases sociales y vida política en el México colonial, 1610-1670*, México, FCE, 1997, pp. 144-147.

del siglo xviii[3] y la guerra de independencia;[4] Brading dedicó parte de un libro a analizar la clerecía michoacana, desde los altos jerarcas hasta los vicarios de la sierra, atendiendo sobre todo sus niveles de ingreso.[5]

No son muchas las obras en donde el clero, como colectivo, sea el actor central.[6] Alberto Carrillo Cázares, en un breve pero sustancial artículo, propuso que la primera generación de clérigos en Michoacán, en consonancia con el perseverante obispo Quiroga por consolidar la diócesis frente a franciscanos y agustinos, extendió la fe católica con denuedo, e incluso estando su prelado en España defendió los curatos y el cobro del diezmo para no desmerecer los objetivos de su prelado.[7] El valor de este artículo estriba en el tratamiento que le dio al círculo clerical que rodeó a Vasco de Quiroga, dándole objetivos y decisiones propias, superando la tradicional imagen del pasivo escenario clerical. Schwaller, por su lado, realizó un estudio sobre el clero secular del siglo xvi, y planteó un análisis de los diferentes estratos clericales de acuerdo con su jerarquía, así como su papel en la sociedad temprana novohispana.[8]

Después del libro de Schwaller, no se han escrito análisis con objetivos similares para otros periodos históricos; en cambio, se publicaron varios dedicados a las élites clericales, especialmente sobre sus carreras.[9] La atención prestada a esos grupos sector contribuyó mucho para entender sus

---

[3] Por ejemplo: Óscar Mazín, "Reorganización del clero secular novohispano en la segunda mitad del siglo XVIII", en *Relaciones. Estudios de Historia y Sociedad,* núm. 39, 1989, pp. 69-86.

[4] Un balance reciente sobre la Iglesia y el clero en la independencia mexicana es el de Ana Carolina Ibarra y Gerardo Lara, "La historiografía sobre la Iglesia y el clero", en Alfredo Ávila y Virginia Guedea (coords.), *La Independencia de México. Temas e interpretaciones recientes,* México, IIH-UNAM, 2007, pp. 117-144.

[5] David A. Brading, *Una Iglesia asediada: el obispado de Michoacán, 1749-1810,* México, FCE, 1994, pp. 123-149.

[6] Un trabajo que marcó varias pautas para analizar al clero del antiguo régimen fue sin duda el de Antonio Domínguez Ortiz, *La sociedad española en el siglo XVII,* tomo II, Madrid, Instituto "Balmes" de Sociología, 1970.

[7] Alberto Carrillo Cázares, "La integración del primitivo clero diocesano de Michoacán: 1535-1565", en *Relaciones. Estudios de Historia y Sociedad,* vol. XVI, núms. 63-64, verano-otoño de 1995, pp. 95-121.

[8] Frederick Schwaller, *The Church and Clergy in Sixteenth Century Mexico,* Alburquerque, University of New México Press, 1987.

[9] Varios trabajos se han acercado al tema de las carreras del alto clero: Óscar Mazín, *El cabildo catedral de Valladolid de Michoacán,* México, El Colegio de Michoacán, 1996; Luisa Zahino, *Iglesia y sociedad en México. 1765-1800. Tradición, reforma y reacciones,* México, UNAM, 1996; Paul Ganster, "Miembros de los cabildos eclesiásticos y sus familias en Lima y la ciudad de México en el siglo XVIII", en Pilar Gonzalbo (coord.), *Familias novohispanas. Siglos XVI al XIX,* México, El Colegio de México, 1991, pp. 149-162; Paulino Castañeda y Juan Marchena, *La jerarquía de la*

orígenes, su conformación interna y sus objetivos en el régimen colonial, aunque contrasta con la dedicada al bajo clero.

En años recientes, destacan los trabajos de Taylor sobre los curas de México y Guadalajara en el siglo XVIII o, como él los llama: "ministros de lo sagrado".[10] En ellos, los párrocos, lejos de ser considerados sólo parte del ambiente eclesiástico, se convierten en actores centrales, y rebasan la descripción y el recuento numérico tradicional de la historiografía. Taylor articuló acertadamente el estudio de los curas con el proceso de aplicación de las reformas borbónicas. Su propuesta de estudiarlos como intermediarios entre los poderes locales y los virreinales e incluso metropolitanos, así como sus relaciones con las comunidades parroquiales, ha ayudado a superar los esquemas descriptivos o estáticos de esos personajes. Su renovador concepto, "La religión y los sacerdotes fueron parte integral de la cultura política colonial",[11] le permitió insertarlos en problemáticas sociales, culturales y políticas que en la historiografía anterior estaban ausentes. Destaca su análisis sobre el impacto de las reformas borbónicas en el clero parroquial y en sus relaciones con los poderes locales y las feligresías, cerrándolo con su actuación en las guerras de independencia. Así, Taylor rescató para la historiografía la importancia de la vida política parroquial, integrándola a procesos más amplios.[12] Sin duda, estos trabajos han señalado nuevas líneas de investigación que aún esperan nuevos desarrollos para otras diócesis novohispanas.

En términos generales, en la historiografía sobre Nueva España no se han superado del todo las visiones generalizadoras sobre el clero secular,[13]

---

iglesia en Indias, España, MAPFRE, 1992; Rodolfo Aguirre, *Por el camino de las letras. El ascenso profesional de los catedráticos juristas de la Nueva España. Siglo XVIII*, México, CESU-UNAM, 1998 y *El mérito y la estrategia. Clérigos, juristas y médicos en Nueva España*, México, CESU-UNAM/Plaza y Valdés, 2003.

[10] William B. Taylor, "El camino de los curas y de los Borbones hacia la modernidad", en Álvaro Matute, Evelia Trejo y Brian Connaughton (coords.), *Estado, Iglesia y sociedad en México. Siglo XIX*, México, UNAM/Miguel Ángel Porrúa, 1995 y William B. Taylor, *Ministros de lo sagrado. Sacerdotes y feligreses en el México del siglo XVIII*, México, El Colegio de Michoacán/Secretaría de Gobernación/El Colegio de México, 1999, 2 volúmenes.

[11] William B. Taylor, *Ministros de lo sagrado...*, *op. cit.*, volumen I, p. 19.

[12] *Ibid.*, p. 17: "Los curas párrocos como agentes de la religión del Estado e intermediarios entre los feligreses y las más altas autoridades, por un lado, y entre lo sagrado y lo profano por el otro, representan un punto de acceso prometedor hacia ese mundo de conexiones y contornos. Su historia se abre una y otra vez hacia los asuntos locales y hacia las relaciones coloniales de autoridad y poder".

[13] En este sentido, ha sucedido algo similar en la historiografía sobre el clero español de la época moderna. Véase Arturo Morgado, "El clero secular en la España moderna: un balance historiográfico", en Antonio Luis Cortés Peña y Miguel Luis López-Guadalupe Muñoz (eds.),

como resultado de la falta de estudios que profundicen en sus estratos y en sus dinámicas internas, articulándolos con las instituciones y con procesos sociales o políticos más amplios, como ha demostrado Taylor. Igualmente, hay periodos históricos muy poco conocidos del clero, principalmente el siglo XVII y la primera mitad del siglo XVIII. Al respecto, el presente libro está centrado en las primeras cinco décadas del siglo XVIII en lo referente al clero secular del arzobispado de México y su relación con la sociedad, con las instituciones eclesiásticas y con la política eclesiástica de Felipe V. Se ha pretendido rebasar el simple estudio monográfico de la clerecía, conectando su evolución y aspiraciones con los intentos del régimen del monarca Borbón para reconfigurar la Iglesia, así como con el cambio parroquial impulsado desde la sociedad y el clero provincial. La meta ha sido analizar, por un lado, cómo fue impactado el clero por esa transición política y social y, por el otro, cómo él mismo fue parte de ese cambio. Se ha puesto el énfasis en el bajo clero, tanto aquel que carecía de beneficios y de quien se conoce menos en la historiografía como en el adscrito a las parroquias. En cuanto al alto clero, prelados y capitulares de catedral fundamentalmente, se ha fijado la atención sobre todo en sus decisiones para influir en el conjunto de la clerecía.

La primera mitad del siglo XVIII novohispano es una etapa poco estudiada, pues normalmente se la ha considerado como una continuación de los procesos de la centuria anterior,[14] o bien, como la época que simplemente antecedió el reinado de Carlos III.[15] No obstante, nuevos trabajos sobre la

---

La Iglesia española en la Edad Moderna. Balance historiográfico y perspectivas, Madrid, Abada Editores, 2007, pp. 39-74.

[14] Por ejemplo, John Elliot, en su importante libro *Imperios del mundo Atlántico. España y Gran Bretaña en América (1492-1830)*, Madrid, Taurus, 2006, p. 301, sigue repitiendo sin embargo el lugar común de que, en el asunto de la secularización de doctrinas en América, el proceso se estancó desde fines del siglo XVI hasta mediados del XVIII, a pesar de que varios estudios han demostrado lo contrario. Véase Antonio Rubial García , "La mitra y la cogulla. La secularización palafoxiana y su impacto en el siglo XVII", en *Relaciones. Estudios de Historia y Sociedad,* núm. 73, México, El Colegio de Michoacán, 1998, pp. 239-272.

[15] Algo similar señalan Iván Escamilla González, en "La Iglesia y los orígenes de la Ilustración novohispana", en María del Pilar Martínez López-Cano (coord.), *La Iglesia en Nueva España. Problemas y perspectivas de investigación*, México, UNAM, 2010, pp. 105-128 y Carlos Malamud, "El desarrollo histórico de las regiones", en Manuel Lucena Salmoral (coord.), *Historia de Iberoamérica*, tomo II, Historia Moderna, Madrid, Cátedra, 2002, p. 671. El problema ha sido que, más allá de la guerra sucesoria, son pocos los trabajos sobre el régimen del primer rey Borbón en Indias en

primera mitad del siglo XVIII han mostrado la pertinencia de concentrar más investigaciones sobre la misma.[16] En medio del llamado siglo de la integración[17] y de las reformas borbónicas, las primeras cinco décadas del siglo XVIII, sin embargo, se caracterizaron por cambios importantes tanto en el ámbito económico como en el eclesiástico. Recientemente, Iván Escamilla ha señalado de forma atinada que después de la guerra de sucesión se hizo cada vez más evidente la diferencia entre los intereses de una metrópoli dañada que pugnaba por sacar más provecho de sus dominios de ultramar y las élites indianas que, como las de Nueva España, resintieron el cambio de actitud monárquica.[18]

Si bien la transición política de los Austrias a los Borbones se dio, en general, de forma pacífica en América,[19] de ello no debería seguirse que ya nada importante sucedió en el reinado de Felipe V,[20] pues en lo concernien-

---

lo que respecta a Nueva España. Sobre alguna conspiración en Nueva España, véase de Iván Escamilla: "Juan Manuel de Oliván Rebolledo (1676-1738): pensamiento y obra de un mercantilista novohispano", en María del Pilar Martínez López-Cano y Leonor Ludlow (coords.), *Historia del pensamiento económico: del mercantilismo al liberalismo,* México, IIH-UNAM/Instituto Mora, 2007, pp. 109-130, y "La riqueza de Nueva España según sus observadores en el despunte del siglo XVIII", en María del Pilar Martínez López-Cano (coord.), *Historia del pensamiento económico. Testimonios, proyectos y polémicas,* México, IIH-UNAM, 2010, pp. 49-65.

[16] Al respecto, véanse los planteamientos de Iván Escamilla González en su reciente libro: *Los intereses malentendidos. El Consulado de comerciantes de México y la monarquía española 1700-1739,* México, IIH-UNAM, 2011; en la página 12, el autor señala que la historiografía reciente en España ha mostrado que la era de Felipe V fue una "era de grandes experimentos políticos, económicos e intelectuales".

[17] Andrés Lira y Luis Muro, "El siglo de la integración", en *Historia General de México,* México, El Colegio de México, versión 2000, pp. 309 y ss. sintetiza bien esta tesis.

[18] Iván Escamilla González, *Los intereses malentendidos...,* op. cit., p. 16.

[19] Aunque no hubo disturbios ante la guerra de sucesión en Nueva España y el virrey-arzobispo Ortega y Montañés movilizó recursos y fuerzas para vigilar los puertos del Golfo de México, esperando un ataque de ingleses y holandeses, sí hubo tensiones de las que se conoce poco aún. AGN, Reales Cédulas Duplicadas, 40, exp. 280, fs. 376-378: "Socorros a Veracruz. Agradecimiento al arzobispo de México, virrey de la Nueva España por los socorros que prestó a Veracruz y a la flota, para protección de los piratas ingleses y holandeses". Las medidas que tomó el arzobispo-virrey durante su gobierno, entre el 4 de noviembre de 1701 y el 27 de noviembre de 1702, pueden verse en Luis Navarro García, "El cambio de dinastía en Nueva España", en *Anuario de Estudios Hispanoamericanos XXXVI,* artículo 4, 1979, Sevilla, Escuelas de Estudios Hispanoamericanos, pp. 111-167. En los pueblos se efectuaron ceremonias por las exequias de Carlos II y por la entronización de Felipe V.

[20] Leticia Pérez Puente, en su obra *Tiempos de crisis, tiempos de consolidación. La catedral metropolitana de la ciudad de México, 1653-1680,* México, CESU-UNAM/El Colegio de Michoacán/Plaza y Valdés, 2005, pp. 18-19, por ejemplo, ha afirmado que el proceso de fortalecimiento de la iglesia secular terminó a fines del siglo XVII.

te a la iglesia indiana hubo modificaciones que ocasionaron condiciones favorables para las posteriores reformas de Carlos III.[21] Así lo comprueba el estudio de la clerecía del arzobispado de México, que vivió entre la expectativa de ganar más espacios a los religiosos y el desasosiego provocado por los intentos de reforma y de nuevos gravámenes del primer monarca Borbón. Varios factores confluyeron en ello, unos de origen local y otros provenientes de ultramar, pero todos reconfiguraron la situación de ambos cleros y de la Iglesia.

Para explicar mejor ese proceso, el libro se ha dividido en tres partes. La primera, "Un clero cambiante. Crítica reformista, renovación clerical y dinámica social", está conformada a su vez por tres capítulos en donde se explican los esfuerzos del alto clero dirigente del arzobispado por regular y

---

[21] En obras generales sobre historia de la Iglesia si acaso se menciona al arzobispo José Lanciego como personaje destacado de ese periodo. Mariano Cuevas, *Historia de* la *Iglesia en México*, tomo IV, México, El Colegio Salesiano, 1926. En cuanto a estudios sobre el siglo XVIII, es difícil hallar alguno que se concentre en la primera mitad de esa centuria, pues la mayoría lo hace en la segunda; algo mencionan Nancy M. Farris, *La Corona y el clero en el México colonial 1579-1821. La crisis del privilegio eclesiástico*, México, FCE, 1995 y William B. Taylor, *Ministros de lo sagrado…, op. cit.*, pero siempre como simple antecedente a las reformas borbónicas de Carlos III. Más recientemente se han publicado: Gabriela Solís Robleda (ed.), *Contra viento y marea. Documentos sobre las reformas del obispo Juan Gómez de Parada al trabajo indígena*, Mérida, CIESAS/Instituto de Cultura de Yucatán/Editorial Pareceres, 2003; Iván Escamilla, "Próvido y proporcionado socorro. Lorenzo Boturini y sus patrocinadores novohispanos", en Francisco Javier Cervantes, Alicia Tecuanhuey y María del Pilar Martínez López-Cano (coords.), *Poder civil y catolicismo en México. Siglos XVI-XIX*, BUAP/UNAM, 2008, pp. 129-150 y "La Iglesia y los orígenes de la Ilustración novohispana", en María del Pilar Martínez López-Cano (coord.), *La Iglesia en Nueva España. Problemas y perspectivas de investigación*, México, UNAM, 2010. Sobre el clero del arzobispado de México, en específico, he publicado algunos trabajos parciales cuyas ideas centrales se han retomado en este libro: "El ascenso de los clérigos de Nueva España durante el gobierno del arzobispo José Lanciego y Eguilaz", en *Estudios de Historia Novohispana*, núm. 22, 2000, pp. 77-110; "Formación y ordenación de clérigos ante la normativa conciliar. El caso del arzobispado de México, 1712-1748", en María del Pilar Martínez López-Cano y Francisco Javier Cervantes Bello (coords.), *Los concilios provinciales en Nueva España. Reflexiones e influencias,* México, BUAP/UNAM, 2005, pp. 337-362; "La demanda de clérigos 'lenguas' del arzobispado de México, 1700-1750", en *Estudios de Historia Novohispana*, núm. 35, julio-diciembre de 2006, pp. 47-70; *Los indios, el sacerdocio y la universidad en Nueva España. Siglos XVI-XVIII*, en coautoría con Margarita Menegus, México, CESU-UNAM/Plaza y Valdés, 2006; "El ingreso al clero desde un libro de exámenes del arzobispado del México:, 1717-1727", en *Fronteras de la Historia. Revista de Historia Colonial Latinoamericana*, vol. 11, Bogotá, ICAH, 2006, pp. 201-230 y "El clero secular del arzobispado de México: oficios y ocupaciones en la primera mitad del siglo XVIII", en *Letras Históricas. Revista de Historia de la División de Estudios Históricos y Humanos de la Universidad de Guadalajara*, núm. 1, primavera de 2009, pp. 67-94.

garantizar una renovación de la clerecía apegada al Concilio Tridentino, en respuesta a las críticas de ciertos ministros de Madrid. Un lugar destacado en esos afanes lo ocupó el nuevo seminario conciliar, máximo proyecto de la mitra por consolidar un centro formativo propio del clero diocesano, que ya no dependiera de otros colegios o de la universidad, empresa que provocó diferentes reacciones de rechazo del clero regular y de los jesuitas. Cierra esta parte un capítulo que muestra la persistente demanda local de órdenes sacerdotales, las motivaciones de los aspirantes, así como su procedencia social y geográfica, en donde lo más destacado es su diversificación.

Aunque los arzobispos de la primera mitad del siglo XVIII coincidieron en que su clerecía era pobre, mal preparada y de orígenes sociales dudosos, sólo uno, Lanciego Eguilaz, intentó fervientemente cambiar ese estado de cosas. En la ciudad de México conoció personalmente la situación del clero urbano: la de los capellanes sin renta; la de los nuevos presbíteros sin un destino claro, así como la del recién creado seminario conciliar, que además de luchar por tener un financiamiento seguro, debía justificar una buena formación de los clérigos y pugnar porque los que salían de sus aulas tuvieran acceso a los empleos y los curatos. Si bien ese arzobispo procuró que su clero ya no fuera tan pobre, al regularizar el pago de la renta de las capellanías, buscar abrir más ocupaciones en las provincias, mejorar las cátedras del seminario y, especialmente, fomentar la formación de clérigos conocedores de las lenguas indígenas que persistían en el arzobispado, buscó además una solución más profunda y trascendente.

La segunda parte, "Beneficios eclesiásticos, empleos y cambio parroquial: entre la esperanza y la frustración", conformada por cuatro capítulos, tiene como objetivo central explicar las problemáticas locales de las nuevas generaciones clericales respecto a su inserción en las instituciones eclesiásticas o su destino al margen de las mismas. A diferencia de la península española, en donde el número de beneficios, desde las mitras hasta las capellanías, se contaba por miles, en Nueva España si acaso llegaba a algunos cientos, acentuando la problemática de clérigos sin beneficio ni oficio. En este sentido, en la ciudad de México se vivía un fenómeno singular por cuanto, a pesar de ser la capital virreinal y sede del arzobispado, así como de diversas instituciones eclesiásticas, había pocos beneficios eclesiásticos y, en cambio, muchos cargos temporales. La tradicional proporción de 50 por ciento de clérigos que vivían en la capital se mantuvo en el periodo aquí estudiado, gracias en buena medida al resguardo que los cientos de capellanías les brindaban.

Sin embargo, en la década de 1720 hubo quejas sobre la no muy buena situación de estas fundaciones, algo que preocupó no sólo a los capellanes, sino también a la mitra, a las autoridades y a las familias; ello llevó a muchos capellanes empobrecidos a competir también por los cargos en las parroquias de provincia.

En cuanto al otro 50 por ciento de la clerecía, si, por un lado, fue importante para ésta tener una presencia notable en villas y ciudades del arzobispado, a tal grado de poner en aprietos a los religiosos, por el otro, esa misma presencia no estuvo acompañada de un aumento proporcional de beneficios y cargos, lo que ocasionó la impaciencia de muchos presbíteros, como los residentes de Querétaro. La antigua demanda de que el clero secular se hiciera cargo de todas las doctrinas de indios fue renovada con ahínco cuando se comprobó que éstas seguían teniendo mayores rentas que los curatos de clérigos. No era novedad alguna que el clero secular pugnara por más beneficios y prebendas ni que criticara la actuación de los doctrineros y pidiera su salida de las parroquias, pues esto ya lo había expresado desde fines del XVI y a lo largo del XVII. Lo nuevo en la época aquí estudiada eran las inéditas circunstancias sociales y políticas en que se desenvolvían la Iglesia y sus miembros.

En ese sentido, un cambio importante provino de las parroquias mismas, de la composición social de su feligresía y de la demanda de reorganización parroquial en muchas de ellas. Nuevas características de la feligresía del arzobispado se mostraron con toda fuerza en la primera mitad del siglo XVIII, mismas que acabaron por incidir en la organización eclesiástica: una población en plena recuperación, más indios pero también más mestizos y españoles buscando integrarse, de acuerdo con sus intereses, en las parroquias rurales y urbanas. Por lo mismo, las necesidades espirituales y de organización eclesiástica cambiaron en varias provincias, lo cual provocó la subdivisión de una veintena de curatos, impulsada, más que por los indios, por la gente de "razón". La mitra y el vicepatrono aceptaron las subdivisiones, percatándose de que se necesitarían más cambios en el futuro. Se crearon nuevos curatos para clérigos que, si bien no fueron suficientes para cubrir la siempre mayor demanda de beneficios eclesiásticos, sí fomentaron mayores expectativas de empleo en la clerecía. De esa manera, alrededor de 25 por ciento del clero del arzobispado se ocupaba en la administración parroquial, mientras que otro tanto simplemente residía en pueblos, villas y algunas ciudades, desempeñando actividades que no siempre eran bien vistas por las autoridades.

La tercera parte, "Nuevos vientos de ultramar: la política eclesiástica de Felipe V", se ocupa del distinto trato dado por el gobierno del primer rey Borbón a la Iglesia de América y a su clero. La primera mitad del XVIII puede considerarse como una etapa de transición para la Iglesia, que pasó del tratamiento "complaciente" de los Austria a una tendencia más subordinante bajo el velo del real **patronato**, aunque cuidando aún de reconocer formalmente la potestad espiritual de los eclesiásticos. En esta transición, la guerra de sucesión en España fue un catalizador. Entre 1700 y 1714, ciertos sectores del alto y del bajo clero español tomaron partido a favor del archiduque Carlos y en contra de Felipe. Ante esto, los consejeros y ministros del Borbón estuvieron atentos a la actuación de la clerecía, especialmente la de Cataluña, Aragón y Valencia, acusadas de apoyar al archiduque; en consecuencia, una vez finalizada la guerra, aquélla fue objeto de duras recriminaciones y planes para subordinarla. A todo ello, hay que agregar el gran daño provocado a las relaciones entre el papado y España por el conflicto sucesorio. Estos hechos ocasionaron, en las décadas posteriores al conflic-to, una especial sensibilidad monárquica sobre los asuntos eclesiásticos, la que se extendió también a las Indias, en especial a la preservación del real patronato y a obstaculizar las comunicaciones con Roma.

Como resultado de ello, podemos percibir un trato diferenciado a los cleros en el arzobispado. En cuanto al clero regular, había factores que lo ponían bajo estrecha vigilancia de la Corona y sus ministros; esto es, su dependencia formal del papa y el costo de su manutención en las doctrinas de indios. En una época en que las relaciones Madrid-Roma fueron muy inestables, la lealtad al papa era poco tolerada, y si aparte había que destinarles recursos de la real hacienda, el resultado fue ponerlos en la mira de los ministros regalistas. Así, en la época de Felipe V comenzó a planearse una nueva reforma de los regulares en España y, por extensión, en América. En consecuencia, se tomaron algunas medidas para limitar su presencia y poder, siendo las más destacadas aquellas que fortalecieron al clero secular, en especial a las mitras, en cuanto a la normalización de su jurisdicción en las órdenes religiosas y en las doctrinas que administraban. Aunque Felipe V no se atrevió aún a secularizar las doctrinas, corolario esperado de la reforma de regulares en América, debido a los temores de provocar motines de los pueblos, el asunto se puso sobre la mesa y ya no desapareció.

Respecto al clero secular, la transición fue ambivalente, pues aunque se le siguieron reconociendo sus privilegios históricos y se reforzó la asignación de prebendas, canonjías y mitras al clero criollo, al menos hasta 1730, también es cierto que quedó más sujeto a la monarquía, por mano de los arzobispos y los virreyes, buscando que fueran más cooperativos con los intereses políticos y pecuniarios de la Corona. Así, la tendencia del primer Borbón fue consolidar un episcopado más eficaz para su causa, pues incluso, y a diferencia del siglo XVII, los virreyes se mostraron muy dispuestos con los arzobispos.[22] Si a principios de su reinado Felipe V tuvo

---

[22] Similar opinión señala Iván Escamilla sobre los virreyes de Felipe V, véase *Los intereses malentendidos…, op. cit.*, p. 16.

fricciones con los cabildos catedralicios indianos por el establecimiento del subsidio eclesiástico, pronto, el monarca y los arzobispos maniobraron para persuadirlos de cooperar, a cambio de conservar sus posibilidades de ascenso. Igualmente, la autoridad arzobispal fue fortalecida a través de los jueces eclesiásticos foráneos, quienes fueron impulsados también desde Madrid, puesto que de esa manera se facilitaba la recaudación de los gravámenes para la real hacienda. El hecho no es menor si pensamos que fue uno más de los pasos previos a la secularización iniciada en 1749.

Pero si algo caracterizó el trato de Felipe V a la Iglesia indiana fue su política fiscal, encaminada a recortar recursos de la real hacienda a las doctrinas y a obtener más dinero de ambos cleros, en clara consonancia con lo operado en la península, pues no sólo continuó con la recaudación de la cruzada, la mesada eclesiástica o la anualidad, sino que se aprestó a extender a Indias el subsidio eclesiástico y, en la década de 1730, a recaudar las rentas de las prebendas vacantes de los cabildos eclesiásticos, sin faltar la petición de más donativos. Los arzobispos se vieron precisados a recaudar de los diferentes sectores del clero y sus instituciones las contribuciones para la Corona, no sin protestas, negativas y argucias de la clerecía para tratar de aminorar lo mejor posible las exacciones. Los arzobispos, en medio de todo, alegaron también la pobreza de su clero, para justificar el porqué de una baja recaudación de donativos y subsidio eclesiástico, pero ya no hubo marcha atrás en la decisión monárquica. Para ello, los prelados nombrados para el arzobispado de México por Felipe V tuvieron todo su apoyo para consolidarse como autoridades *de facto* y no sólo *de iure*, frente al cabildo eclesiástico y al clero regular.

De los tres arzobispos de la primera mitad del siglo XVIII, quien sin duda fue más sensible a buscar los cambios que para el clero se impulsaban en Madrid fue José Lanciego Eguilaz, prelado que se caracterizó por ensayar diferentes soluciones; en especial, una que constituyó el mayor intento por cambiar el *statu quo* clerical. Al iniciar la década de 1720, Lanciego propuso en Roma la secularización de 60 doctrinas del arzobispado. El prelado trató de persuadir al papa de que el traspaso animaría al resto del clero a estudiar más y a prepararse mejor; además, y aunque Lanciego no lo expresó abiertamente, se sabía que con la secularización se lograrían otras cosas igual de importantes: disminuir el poder de las órdenes, aumentar el control de la mitra sobre los curatos, facilitar el cobro del subsidio eclesiástico para el rey, aumentar las contribuciones parroquiales para el financiamiento del seminario y disminuir la presión ocupacional de los presbíteros asentados en la capital. Aunque el intento fracasó, inmerso en un contexto enrarecido por las tensas relaciones Madrid-Roma, sí contribuyó a poner en la agenda real el tema de la secularización, el cual se integró al más amplio de la reforma de los regulares que por entonces ya se discutía entre los ministros de Felipe V. Pero no sólo eso, sino que Lanciego logró, en el nivel arzobispal, poner al clero regular a la defensiva. Aunque este último logró atajar en 1721 esa medida "palafoxiana", no se debió ya a la vigencia de sus derechos históricos en Indias, sino simplemente al astuto y oportuno argumento de que la negociación de Lanciego en Roma vulneraba el patronato real y las regalías del monarca. La vigencia de la justificación histórica sobre la presencia de las órdenes en las doctrinas de Indias estaba llegando a su fin, y ahora los criterios y los argumentos eran ya sólo de conveniencia política, habida cuenta de que prelados como Lanciego habían ya expresado y demostrado que existían los cuadros clericales suficientes para sustituir a los religiosos en las doctrinas.

Así, el clero secular de la primera mitad del siglo XVIII se caracterizó por su tendencia permanente a promoverse, a ascender socialmente y en la jerarquía eclesiástica. Pero también la feligresía hizo lo suyo, al demandar cambios en la organización parroquial. Por su parte, la mitra exigía a la clerecía mejores resultados de su oficio, mientras que la Corona pedía su colaboración para la instauración de su nueva política. De esa forma, durante el reinado de Felipe V se dieron las condiciones propicias para inclinar la balanza, de manera irreversible, a favor del clero secular y en detrimento del regular. Cuando en 1749 se decretó el inicio de la secularización, la mitra y el clero del arzobispado de México estaban ya en un entorno favorable para acometer la tarea con eficacia.

El presente libro se realizó en el marco del proyecto "El clero en Nueva España: educación, destinos y gobierno" IN401708-3, del que he sido responsable, financiado por el programa PAPIIT de la UNAM entre 2008 y 2010, y en el cual participaron destacados historiadores, como alumnos del posgrado en Historia de la Facultad de Filosofía y Letras, de la misma universidad. Agradezco a los miembros del seminario Análisis de Historiografía y Fuentes Eclesiásticas Novohispanas sus valiosos comentarios a algunos de los capítulos en sus primeras versiones durante las sesiones de 2009, así como las valiosas sugerencias de los dictaminadores de este texto.

Rodolfo Aguirre
Xochitepec, marzo de 2011

PRIMERA PARTE

UN CLERO CAMBIANTE.
CRÍTICA REFORMISTA, RENOVACIÓN CLERICAL Y DINÁMICA SOCIAL

ENTRE JESUITAS Y FRAILES: LOS INICIOS DEL SEMINARIO DIOCESANO

Siendo el colegio seminario la principal escuela
donde se han de formar los niños en letras y santidad
para proveer la Iglesia de ministros idóneos,
y por eso estimarlo yo como una de las
principales joyas que tiene mi sagrada mitra.[23]

Para el clero secular del arzobispado de México, la creación de un seminario conciliar, promovido y gobernado por el alto clero, representó varios cambios: en primer lugar, el nuevo colegio abrió a la descendencia de familias pobres de la capital y de las poblaciones provinciales más posibilidades de ingresar al sacerdocio, así como a la nobleza indígena, que antes no estaban en condiciones de hacerlo. En segundo, el nuevo colegio se abrió camino relativamente rápido, contando con el apoyo de la universidad, controlada también por el alto clero, en medio de los omnipresentes colegios jesuitas. En tercero, la institución permitió a la alta jerarquía del arzobispado incidir directamente en la formación de las nuevas generaciones de sacerdotes, independizándose de los jesuitas y, en cuarto, el asunto del financiamiento del seminario posibilitó a la mitra acrecentar su autoridad ante las órdenes mendicantes, al lograr que colaboraran económicamente, como lo indicaban el Concilio de Trento y las leyes reales.

Pero la consolidación del Seminario Conciliar de México no fue de manera alguna una tarea fácil, pues para lograrla los arzobispos y el cabildo eclesiástico de la catedral hicieron serios esfuerzos. La apuesta fue que las nuevas generaciones de clérigos formados ahí constituyeran la base para una renovación clerical al servicio de los intereses de la Corona y de la mitra. A ello, debemos agregar las presiones a los obispos que se dieron desde Madrid, luego de la guerra de sucesión de Felipe V, por abrir los seminarios

---

[23] Arzobispo José Lanciego Eguilaz, citado en Eduardo Chávez Sánchez, *Historia del Seminario Conciliar de México*, tomo 1, México, Porrúa, 1996, p. 210.

conciliares, buscando formar clérigos fieles a la nueva dinastía. ¿Hasta qué punto se logró ese objetivo?

Trento y los seminarios conciliares en Hispanoamérica

En Nueva España, las dificultades para formar adecuadamente al clero secular de acuerdo con las directrices del Concilio de Trento nunca se resolvieron del todo: desde el siglo XVI y hasta el XVIII hubo quejas y críticas sobre el asunto, aun cuando no faltaron prelados que se destacaron por su empeño en mejorar al sacerdocio. En el siglo XVI, el protagonismo de las órdenes mendicantes en la evangelización indígena metió al clero secular a una dinámica de rivalidad tal que la fundación de colegios para clérigos quedó relegada; los obispos estuvieron más ocupados en estructurar sus diócesis y consolidar su autoridad. Aunque en Michoacán Vasco de Quiroga fundó el Colegio de San Nicolás en 1540, pensando en la formación de clérigos seculares,[24] este primer esfuerzo no fue secundado por el resto de los obispados novohispanos.

Por su lado, para la Corona y los virreyes fue claro desde entonces que los cargos eclesiásticos eran un buen destino para los hijos de los conquistadores y colonizadores.[25] El segundo virrey Luis de Velasco lo expresó así:

> Mucho importa para la juventud de este reino se incline a los estudios y virtud en el ejercicio de las letras, entender que pueden tener cierta esperanza de premio y esta se les ha causado de la provisión que vuestra majestad fue servido mandar hacer de las prebendas de esta iglesia y de la de Tlaxcala,

[24] Pilar Gonzalbo, *Historia de la educación en la época colonial. La educación de los criollos y la vida urbana*, México, El Colegio de México, 1995, p. 285, y Ricardo León Alanís, *Los orígenes del clero y la Iglesia en Michoacán, 1525-1640*, Morelia, Universidad Michoacana de San Nicolás de Hidalgo, 1997, p. 157.

[25] Archivo General de Indias, Sevilla (en adelante AGI), México, legajo 22, núm. 14, año de 1590, los virreyes del siglo XVI estaban muy conscientes de la presión de la población española por que el rey dotara de empleos a sus hijos. Por ejemplo, el virrey marqués de Villamanrique. AGI, México, legajo 21, núm. 49, carta de 29 de noviembre de 1588, el segundo virrey Velasco insistía así sobre la falta de ocupación para los hijos: "La gente se ha aumentado en este reino de manera que en la casa que había una persona de obligación que era conquistador o poblador hay hoy de hijos y nietos y yernos diez y doce y más que todos pretenden a título de esto ser remunerados en oficios y cargos y ayuda de costa de la real caja a que es imposible acudir, así porque en ella no se libra a nadie sin particular orden de vuestra majestad, como por ser los cargos y oficios muy pocos para tanto número de gente que a ningún oficio ni ocupación atienden".

sujetos quedan en todo este reino de mucha virtud y letras [...] vuestra majestad sea servido continuar la merced que en esto ha hecho a este reino y a los nacidos en él.[26]

Durante los concilios provinciales mexicanos de la segunda mitad del siglo XVI, se discutió el asunto de la formación del clero secular. En el primer concilio, de 1555, desde la convocatoria del arzobispo fray Alonso de Montúfar, se dieron los primeros pasos para ello. En sus sesiones, se elaboró un perfil de sacerdote diferente al planteado por los franciscanos, porque la fuente de los futuros ministros no sería la población indígena, como éstos habían propuesto en la década de 1530, sino la española. No obstante, en ese concilio no se enunciaron medidas concretas sobre cómo o dónde preparar a los nuevos ministros.[27] Así, hasta antes del Concilio de Trento no hubo en Nueva España una política clara para instrumentar los mecanismos de formación y renovación de clérigos.

En Roma, desde 1538 una comisión de prelados había sugerido a Paulo III que se tuviera más cuidado con dar las órdenes y educar al clero, pues se admitían sujetos inexpertos al presbiterado, de baja condición o malas costumbres. Pero no sería sino hasta el Concilio de Trento cuando se dieron las directrices principales para la fundación de seminarios: debían fundarse cerca de las catedrales, con fondos procedentes de diferentes rentas eclesiásticas que se dejaba al arbitrio de cada prelado organizar.[28] Igualmente, fueron señaladas las materias básicas que debían enseñarse: sagrada escritura, música, canto, cómputo eclesiástico, ritos religiosos, aunque se dejaba a cada obispo decidir qué otras materias o facultades debían aprenderse. Se indicó la preferencia por admitir estudiantes pobres, sin descartar el ingreso de ricos, aunque éstos debían pagar por su estancia en el colegio. La apuesta de Trento fue que, con el tiempo, los prelados tomaran en sus propias manos la creación y conservación de seminarios, ahora llamados "conciliares". Antes hubo colegios clericales, seculares o sacerdotales pero fueron irregulares;[29] lo más característico de tales fundaciones fue su carácter episcopal y centralizador.[30]

[26] AGI, México, legajo 22, núm. 37.

[27] Leticia Pérez Puente, Enrique González González y Rodolfo Aguirre Salvador, "I y II concilios", Estudio introductorio, transcripción paleográfica y anexos, en María del Pilar Martínez López-Cano (coord.), Concilios provinciales mexicanos. Época colonial, México, IIH-UNAM, 2004, CD.

[28] Biblioteca Electrónica Cristiana, en <http://multimedios.org/docs/d000436/p000004. htm#3-p0.11.1.1>, Sesión XXIII, capítulo XVIII, "Se da el método de erigir seminario de clérigos y educarlos en él", consultado el 29 de junio de 2010.

[29] Javier Vergara Ciordia, "El seminario conciliar en Hispanoamérica 1563-1800", en Josep-Ignasi Saranyana (dir.), Teología en América Latina, Escolástica barroca. Ilustración y preparación de la Independencia (1665-1810), vol. II, tomo I, España, Iberoamericana-Vervuert, 2005, p. 102.

[30] Ibid., p. 106.

Es indudable que la tarea que el concilio encargó a los obispos para garantizar la reforma del clero, y dentro de ésta la formación del nuevo sacerdocio, era compleja, difícil de lograr a corto plazo. Dos factores principales provocaron el retraso: la falta de rentas y la presencia de colegios y universidades en donde la Iglesia había descargado la tarea de formar a los clérigos, por más que san Juan de Ávila, en España, argumentara en el Concilio Provincial de Toledo que esas entidades no eran el medio adecuado para la formación sacerdotal. No obstante este argumento, muchos prelados peninsulares justificaron la no creación de seminarios debido a la existencia de colegios jesuitas suficientes, como sucedió en Pamplona, Córdoba, Osma, León, Sigüenza o Zamora. Con todo, en la península ibérica llegaron a fundarse 20 seminarios en el siglo XVI, ocho en el XVII y 18 en el siguiente, mismos que generalmente no pasaron de ser centros de formación en teología moral y en latín.[31]

En Hispanoamérica, la creación de seminarios en el siglo XVI fue muy lenta, en consonancia con la aún incipiente Iglesia secular. En Nueva España, por ejemplo, sólo hasta el tercer concilio de 1585 se decretó la creación de seminarios en cada diócesis, según sus posibilidades.[32] Antes de Trento, los clérigos se formaban en el Colegio de San Nicolás, en los conventos,[33] en la universidad y, después, en los colegios jesuitas también. En 1591, el segundo virrey Velasco hacía el siguiente balance sobre estos últimos:

> se vio en esta ciudad la juventud de ella y de todo el reino tan perdida y destruida que casi de ella no se esperaba remedio y todos procedían con libertad y ocupaciones ociosas; y que mucho de esto se ha reducido notable fruto y buen ejemplo por los padres de la compañía de Jesús que con sus colegios

---

[31] *Ibid.*, pp. 111-114.

[32] Título I, parágrafo II: Se establecen diversas reglas relativas todas a la erección de los *seminarios:* "que los obispos trabajen con toda la actividad de que son capaces en fundar esta clase de seminarios, y en hacerlos duraderos, luego que se hayan creado, según la posibilidad de cada una de sus diócesis, y cumpliendo exactamente el decreto del concilio de que se ha hecho mérito", en María del Pilar Martínez López-Cano, Elisa Itzel García y Marcela Rocío García, "III concilio y Directorio", en María del Pilar Martínez López-Cano (coord.), *Concilios provinciales mexicanos. Época colonial*, México, IIH-UNAM, 2004, CD.

[33] Es sabido que en todos los conventos importantes de los mendicantes se abrieron cátedras de artes y teología en donde se recibía también a estudiantes externos, muchos de los cuales ingresarían al clero secular. Para una idea general sobre el papel del clero regular en la formación del secular en los siglos XVI y XVII, véase Pilar Gonzalbo, *Historia de la educación...*, *op. cit.*, pp. 285-318.

y estudios han ocupado los niños y mozos, y traídolos a los estudiar, de suerte que [...] salen buenos sujetos y raras habilidades y aventajados estudiantes.[34]

En cuanto al sustento económico, hubo en general renuencia de los frailes de Indias, a cargo de doctrinas, a contribuir a la manutención de los nacientes seminarios,[35] de tal forma que en 1607 Felipe III les reiteró esa obligación, advirtiéndoles incluso que de no hacerlo se les separaría de ellas.[36] Al parecer, no fue sino hasta 1655 cuando se logró que los religiosos comenzaran a pagar a los seminarios, aunque no sin dificultades.

En Nueva España, luego de que en otras regiones de Hispanoamérica ya se habían fundado 17 seminarios conciliares, el clero secular tuvo el primero sólo hasta 1643, cuando el obispo Palafox fundó el de San Pedro y San Juan en Puebla, al que le siguió el de Oaxaca en 1673, el de Ciudad Real en 1678, el de Guadalajara en 1696, el de México en 1697, el de Durango en 1705, el de Yucatán en 1756, el de Morelia en 1770 y, finalmente, el de Monterrey en 1793.[37]

En cuanto a la época aquí estudiada, el impulso a los seminarios tridentinos en Madrid estuvo enmarcado por las discusiones sobre el apoyo que una parte del clero peninsular, especialmente el de la Corona de Aragón, había dado al archiduque Carlos durante la guerra de sucesión. A partir de entonces, en el régimen de Felipe V se insistió mucho en la reforma del clero y, como parte de ella, se pidió a los obispos poner atención especial en la fundación o consolidación de seminarios que formaran clérigos leales a la nueva dinastía.

En un informe de 1713, el nuevo fiscal general, Melchor de Macanaz, expresó que muchos clérigos faltaron a la fidelidad a Felipe V, de ahí que propusiera que los seminarios tridentinos sirvieran también para corregir a esos malos clérigos.[38] Aunque en España los obispos no fueron muy receptivos a ese llamado, en México, el nuevo arzobispo José Lanciego, quien gobernó entre 1712 y 1728, puso especial atención a su novel seminario.

[34] AGI, México, legajo 22, núm. 49, carta de Velasco de 29 de mayo de 1591.

[35] Javier Vergara Ciordia, *op. cit.*, p. 128.

[36] *Recopilación de leyes de los reynos de las Indias. 1681,* tomo primero, libro I, título XV, ley XXXV, México, Escuela Libre de Derecho/Miguel Ángel Porrúa, 1987 (edición facsimilar).

[37] Javier Vergara Ciordia, *op. cit.*, p. 182.

[38] Maximiliano Barrio Gozalo, "El clero bajo sospecha a principios del siglo XVIII. El informe de Macanaz y la respuesta de los obispos", en *Investigaciones Históricas*, núm. 22, 2002, pp. 47-62.

El primer medio siglo del Seminario Conciliar de México

Si bien el Seminario Conciliar de México se fundó en el papel en 1689, con el impulso del arzobispo Aguiar y Seijas, su apertura física sucedió hasta 1697, con 16 colegiales de erección, cuatro de ellos hijos de caciques; hecho que fue el inicio del clero indígena que se formó en el siglo xviii.[39] El nuevo colegio era un proyecto del alto clero encabezado por el arzobispo. La inauguración ocurrió en una década marcada por el motín de 1692 de la ciudad de México, la incertidumbre ante la amenaza indígena de la capital y la respuesta de la Corona de abrir más espacios a la nobleza indígena, quizá buscando una forma de apaciguar a la población nativa. La apuesta desde entonces fue consolidar al seminario como el más importante centro de formación de clérigos del arzobispado. El arzobispo Lanciego Eguilaz expresó en ese sentido que dicho colegio debía ser la principal fuente de ministros "idóneos" del arzobispado.[40] En otra ocasión, el mismo prelado lo calificó como la "joya más tierna de su mitra".[41]

Si al arzobispo Aguiar y Seijas le tocó la fama de haber fundado el colegio, fueron los tres arzobispos siguientes los encargados de consolidarlo. Paulatinamente, la fundación generó fuertes expectativas en las aspiraciones de un sector marginal del clero secular que buscaba ampliar su presencia y justificar la obtención de más beneficios eclesiásticos. No obstante, el afianzamiento no fue fácil de cumplir debido, por un lado, a la fuerte competencia de otros colegios, especialmente los jesuitas y, por el otro, a los problemas de financiamiento que lo aquejaron durante toda la primera mitad del siglo xviii. Así, en ese periodo, el desarrollo del seminario conciliar se articuló con la reconfiguración eclesiástica vivida en el arzobispado.

Garantizar la enseñanza clerical: estudios y cátedras

Uno de los renglones más difíciles de resolver en el naciente seminario fue el de la continuidad en las cátedras. Llegó a enseñarse latín, filosofía, teología moral y teología escolástica, que en conjunto comprendían un plan tradicional de estudios congruente con el de los otros colegios de la capital. No tuvo en estas primeras décadas del siglo xviii una orientación filosófica y teológica única, pues todo indica que en el tridentino

---

[39] Margarita Menegus y Rodolfo Aguirre Salvador, *op. cit.*

[40] Eduardo Chávez Sánchez, *op. cit.*, p. 210.

[41] AGI, Indiferente General, 216, exp. 134, expediente del doctor Pedro de Aguilar Torices, segundo rector del colegio.

confluyeron las escuelas tomista y suarista, aunque también es posible que la escotista.[42] Catedráticos dominicos y jesuitas enseñaron en los años iniciales, y aunque con el paso del tiempo los mismos colegiales se hicieron de las cátedras, es presumible que dieran continuidad a las escuelas tradicionales.

Por otro lado, llama la atención no hallar la enseñanza de ciertas materias señaladas en Trento para los seminarios, pues aunque se nombró inicialmente a un maestro de canto, no hubo continuidad.[43] Tampoco hay referencias de que en el colegio se enseñaran en esta época música, cómputo eclesiástico y ritos religiosos. Si acaso, los colegiales auxiliaban en algunas tareas litúrgicas en el cabildo de catedral, lo que los ponía en antecedentes de su futuro trabajo.[44] Sólo hasta que iban adquiriendo las órdenes mayores aprendían el oficio parroquial como ayudantes de curatos, como se verá después. Durante la época estudiada, llegaron a existir diez cátedras en el seminario: tres de latín, tres de filosofía, dos de teología, una de otomí y otra de náhuatl,[45] aunque con irregularidades. Por ello, no es de extrañar que en 1726 el arzobispo Lanciego Eguilaz se propusiera examinar en latín a todo colegial antes de pretender alguna orden sacra, advirtiendo deficiencias. Aun más, el prelado: "ordenó que todos los años se realizara un examen general a todos los colegiales de beca, tanto los de fundación como los de merced y que también se examinara a los porcionistas".[46]

En los inicios del seminario sólo se enseñaba latín, por lo cual los estudiantes iban a cursar filosofía con los jesuitas. En 1710, con el fin de evitar esta situación, se buscó que un dominico fuera a leer esa disciplina al mismo seminario, buscando la difusión del tomismo, algo que inclinó a la orden a

[42] Para Celina Lértora Mendoza, esas tres escuelas fueron las predominantes en América a principios del siglo XVIII: "al hablar de escolasticismo para el siglo XVIII, lo que se quiere indicar es el *corpus* producido a lo largo del tiempo en estas escuelas (y sus combinaciones), cuya trama conceptual sólo parcial y sesgadamente puede incorporar doctrinas filosóficas propiamente modernas, y contenidos científicos teóricos o experimentales". Véase su trabajo "La filosofía académica en México, siglo XVIII", en Enrique González González (coord.), *Estudios y estudiantes de Filosofía. De la Facultad de Artes a la Facultad de Filosofía y Letras (1551-1929)*, México, FFyL-IISUE-UNAM/El Colegio de Michoacán, 2008, p. 267.

[43] Eduardo Chávez Sánchez, *op. cit.*, pp. 160-162.

[44] Archivo General de la Nación, México (en adelante AGN), Bienes Nacionales, 199, exp. 12, el cura de Pánuco, Francisco Miguel de Ortega, expresó en una relación de méritos que había sido nueve años colegial de erección en el tridentino, durante los cuales: "Todo el tiempo de su colegiatura asistió a esta santa iglesia, según el instituto de su beca".

[45] Eduardo Chávez Sánchez, *op. cit.*, p. 238

[46] *Ibid.*, p. 227. Los colegiales de beca o de merced constituían el núcleo esencial del colegio y no pagaban nada, mientras que los porcionistas sí pagaban una anualidad o "porción" para su estancia.

la aceptación.[47] No obstante, para 1713 los dominicos dejaron de enseñarla y el arzobispo Lanciego se vio precisado a nombrar al doctor Fernando Ortiz, antiguo colegial de erección, como nuevo catedrático. En 1716, el mismo prelado abrió una segunda cátedra de filosofía.[48] Aristóteles y Santo Tomás se comentaban y resumían, a falta de un texto de filosofía; después, ya sólo se dictaban algunos textos.[49] Quizá por ello en 1726 los visitadores del colegio, los capitulares de catedral Antonio de Villaseñor y Juan Antonio de Aldave, recomendaron que los alumnos regresaran a cursar esta materia en el Colegio Jesuita de San Pedro y San Pablo.[50] Y es que, al parecer, en el seminario se permitía a los estudiantes pasar del latín a la moral directamente, omitiendo filosofía,[51] con lo cual se demostraba que el seminario de México compartía ciertas tendencias con otros seminarios del mundo hispánico a privilegiar sólo la gramática y la moral, según se mencionó antes. Por ello, los visitadores de la mitra ordenaron que, para estudiar teología, los alumnos del seminario debían ya haber cursado filosofía.[52]

Respecto a las cátedras de teología, sólo hasta el segundo rector, el prebendado Pedro de Aguilar, se fundaron las de teología escolástica y moral.[53] A los canónigos lectorales del cabildo eclesiástico de la catedral normalmente se les asignó la primera.[54] Respecto a moral, se consideraba indispensable para los oficios parroquiales por cuanto se estudiaban tratados de conciencia, de los actos humanos y de los pecados;[55] conocimientos inherentes al oficio pastoral de los curas. En el tercer concilio mexicano, se había ordenado que los clérigos que no hubieran cursado moral no debían ser admitidos a órdenes ni tendrían derecho a beneficios o a administrar sacramentos.[56] Para los alumnos del tridentino, esta disciplina era importante, pues no se enseñaba en la universidad

[47] *Ibid.*, pp. 186-187.

[48] *Ibid.*, p. 204.

[49] *Ibid.*, pp. 187-188.

[50] *Ibid.*, p. 224.

[51] *Ibid.*, p. 188.

[52] *Ibid.*, p. 225.

[53] *Ibid.*, pp. 179-182.

[54] *Ibid.*, p. 242.

[55] Josep-Ignasi Saranyana y Carmen-José Alejos Grau, "Introducción general", en Josep-Ignasi Saranyana (dir.), *Teología en América Latina, Escolástica barroca, Ilustración y preparación de la Independencia (1665-1810)*, vol. II, tomo I, España, Iberoamericana-Vervuert, 2005, p. 31.

[56] María del Pilar Martínez López-Cano, Elisa Itzel García y Marcela Rocío García, "III concilio y Directorio", en María del Pilar Martínez López-Cano (coord.), *Concilios provinciales mexicanos. Época colonial*, México, IIH-UNAM, 2004, CD., libro III, título I, parágrafo III: "Cuiden los obispos de que se enseñe la ciencia moral, y obliguen a todos los clérigos a que asistan a su enseñanza".

y, aunque sí en el Colegio Jesuita de San Pedro y San Pablo, los problemas que llegó a haber con este último no hicieron posible que la aprendieran ahí. En cuanto a las cátedras de lengua, hubo también altibajos, pues todavía en 1754 el arzobispo Rubio y Salinas reabrió una cátedra de náhuatl.[57] Ello no significa que los clérigos del arzobispado no supieran lenguas, sino que se aprendían en otras aulas o de forma práctica con los indios.

La irregularidad en la provisión de las cátedras fue un factor de desequilibrio en las dos primeras décadas del seminario; sólo hasta que se alcanzó estabilidad en ellas se pudo contar con generaciones más nutridas de clérigos graduados y ordenados. A ello, hay que agregar que los mejores catedráticos se hallaban con los jesuitas o en la universidad, pues el novel colegio aún carecía, lógicamente, de una tradición académica. Incluso los alumnos tendían a ir a los actos de la universidad, tanto para aprender como para socializar. Esta cuestión trató de ser resuelta por rectores como Claudio Pellicer, quien intentó acabar con la asistencia de sus colegios a los eventos universitarios, aunque sin éxito; además, puesto que a los colegiales del tridentino les interesaba que sus cursos fueran reconocidos por la universidad para que al terminar sus estudios pudieran obtener grados; tenían la obligación, como los de los otros colegios de México con objetivos similares, de cursar algunas cátedras en la primera.

Más allá de los cursos obligatorios, para los estudiantes del seminario era igual de importante su participación en los actos académicos que se efectuaban en el colegio o fuera de él, así como sustituir a los catedráticos por periodos breves. Quien fuera colegial de erección por nueve años y luego cura del arzobispado, Francisco Miguel de Ortega, resumía así ese tipo de formación durante sus años de estudiante:

> Hizo tres lecciones de hora a la cátedra anual de Artes de su colegio, y en la última obtuvo lugar. Sustituyó todas las cátedras de su colegio, varias veces [...] Fue tres años vice-rector de dicho colegio. Presidió mucho tiempo en una academia particular. En la Real Universidad se graduó de bachiller en Artes, y obtuvo segundo lugar. Sustentó cuatro actos: uno de Súmulas y Proemiales, otro de todo el curso de veinte y cuatro casillas, otro de Teología de la Materia *de Angelis*, de Estatuto, y otro de Moral de la materia de *Poenitentia*. Se graduó de bachiller en Teología con lección; hechas las que manda el estatuto. Hizo cinco lecciones con puntos; tres de Filosofía, y dos de Teología, la una de hora y media. Sustituyó la cátedra de Santo Tomás, los años de veintiuno y veintidós.[58]

---

[57] Eduardo Chávez Sánchez, *op. cit.*, p. 319.
[58] AGN, Bienes Nacionales, 199, exp. 12.

Esta formación escolástica era plenamente reconocida por la Iglesia como parte de la preparación clerical, independientemente de si el clérigo iba o no a dedicarse a la cura de almas. Las discusiones en clase y las participaciones en los actos académicos iban preparando a los colegiales en sus futuras tareas clericales de oratoria. Fuera de los colegios, había academias a las que asistían también los clérigos del arzobispado. Así lo expresó el doctor Miguel de Araujo, quien en su época de estudiante participó en una academia fundada por Juan José de Eguiara y Eguren para pasantes teólogos, en donde: "tuvo muchas de las funciones que se acostumbran para instrucción de la juventud, como son oraciones latinas y sermones, hasta llegar a desempeñar la primera y más solemne función del poético anual certamen".[59] Por su parte, el presbítero Antonio Manuel de Figueroa había fomentado la fundación de una academia de materias morales en la iglesia de la Santísima Trinidad, "a que concurrían diariamente más de treinta sujetos, en los que se experimentó notable aprovechamiento".[60]

Así, el clérigo pasaba de las oraciones panegíricas y latinas escolares a las morales, funerarias y sermones; de las disputas y oposiciones a cátedras a los concursos para curatos vacantes. Por ello, es comprensible que un sacerdote pudiera presentar la misma relación de méritos académicos para oposición a una cátedra, a curatos y a canonjías. El doctor José Francisco de Carballido y Cabueñas, por ejemplo, expresaba que todos los méritos considerados en su relación, cuando oposición a los curatos vacantes, demostraban, "su genio escolástico y académico"[61] y, por tanto, su idoneidad para la cura de almas. Aunque la mayoría del clero del arzobispado no hacía una carrera académica o "literaria" en la capital, poseía un mínimo de cursos y participaciones en actos académicos que normalmente no iban más allá de los años que se estudiaba para obtener el grado de bachiller en Artes; es decir, entre dos y tres años.

A pesar de que la visita de 1726 al seminario, ordenada por el arzobispo Lanciego, no arrojó las calificaciones que se deseaban, los visitadores, miembros del alto clero, de quien dependía también la institución, expresaron un balance positivo que centró su atención en aquellos colegiales que ya habían logrado destacar:

[59] AGN, Bienes Nacionales, 603, exp. 5, relación de méritos del doctor Miguel de Araujo.
[60] *Idem*; relación de méritos del bachiller Antonio Manuel de Figueroa.
[61] AGN, Bienes Nacionales, 236, exp. 24, provisión de curatos de 1711.

experimenta el logro y óptimos frutos que en tan corto tiempo como el de menos de la tercia parte de un siglo [...] ha producido y dilatado de completos ministros los beneficios, condecorado las ínfulas, las cátedras, los púlpitos, las prebendas y se espera la mayor exaltación.[62]

A pesar de estos deseos, no era fácil para el novel colegio hacerse de un lugar y un prestigio en una ciudad capital dominada por los colegios jesuitas y las cátedras universitarias desde fines del siglo XVI.

El impacto del seminario en los ámbitos educativos y eclesiásticos del arzobispado

Al iniciar el siglo XVIII, los clérigos del arzobispado podían estudiar en varios colegios de la capital: el de Porta Coeli, dominico; el de San Pablo, agustino; en los conventos de Santo Domingo y de la Merced; en el de Tlatelolco o en el de San Juan de Letrán,[63] sin descartar a los siempre disponibles preceptores particulares.[64] No obstante, el Colegio Máximo de San Pedro y San Pablo figuraba como el principal centro de formación. Hasta 1767, fue el colegio que más alumnos graduó de bachiller en Artes, el título académico más común en la clerecía novohispana.[65] Por supuesto que no todos los estudiantes y graduados de este colegio llegaron a ser clérigos, pero ahí se formaron un buen número, incluyendo muchos del alto clero. La población estudiantil de los colegios jesuitas se mantuvo más o menos estable, y si creció, fue de una forma conservadora, ante el surgimiento de nuevos centros,[66] destacando sobre todos, los seminarios conciliares, que llegaron a absorber una tercera parte de los estudiantes.[67] Los graduados de San Pedro y San Pablo constituyeron más de

---

[62] Eduardo Chávez Sánchez, *op. cit.,* p. 225.

[63] Rodolfo Aguirre Salvador, "Grados y colegios en la Nueva España, 1704-1767", en *Tzintzun, Revista de Estudios Históricos,* núm. 36, julio-diciembre de 2002, pp. 33-34.

[64] AGN, Bienes Nacionales, 199, exp. 12, provisión de curatos de 1749 del arzobispado de México, relación de méritos del licenciado José Buenaventura de Estrada, cura interino de Ixtapan. Este cura indicaba que sus primeros estudios los había realizado al cuidado de su preceptor, el bachiller Manuel de Escobar.

[65] Rodolfo Aguirre Salvador, *El mérito y la estrategia. Clérigos, juristas y médicos en Nueva España,* México, CESU-UNAM/Plaza y Valdés, 2003, p. 232.

[66] Pilar Gonzalbo, *Historia de la educación...,* op. cit., pp. 241-245. Para esta autora, si la población estudiantil del colegio jesuita no aumentó sensiblemente desde el siglo XVI las causas se debieron al surgimiento de otros colegios, tanto en la ciudad de México como en otras ciudades de la Nueva España.

[67] Rodolfo Aguirre Salvador, *El mérito y...,* op. cit., pp. 228-234.

Cuadro 1
Graduados de bachiller en Artes de San Pedro-San Pablo y
Seminario Conciliar de México, 1704-1750

Año	Jesuita	Conciliar	Año	Jesuita	Conciliar
1704	41	ND	1728	45	26
1705	40	11	1729	53	19
1706	20	ND	1730	31	11
1707	7	34	1731	49	30
1708	34	ND	1732	66	22
1709	28	7	1733	35	14
1710	44	ND	1734	29	28
1711	28	3	1735	40	35
1712	28	ND	1736	51	6
1713	17	21	1737	31	28
1714	39	ND	1738	38	20
1715	35	17	1739	51	28
1716	15	16	1740	26	30
1717	44	17	1741	56	20
1718	69	19	1742	59	18
1719	17	30	1743	58	14
1720	62	16	1744	43	30
1721	36	21	1745	34	31
1722	42	6	1746	54	12
1723	40	14	1747	55	39
1724	41	30	1748	37	26
1725	52	13	1749	49	22
1726	82	32	1750	49	26
1727	29	18			
			Totales	1 929	860

Fuente: Archivo General de la Nación, Fondo Universidad, México, vols. 167 y 293.
ND=No hay datos.

30 por ciento del total de los bachilleres en Artes de la Nueva España, mientras que los del Conciliar de México representaron 14 por ciento, seguido por su similar poblano con 13 por ciento y el de San Ildefonso, también de Puebla, con 12 por ciento. Así, entre estos cuatro colegios graduaron casi a 70 por ciento del total entre 1704 y 1767. En promedio, San Pedro y San Pablo graduaba a 41 alumnos al año, mientras que el Seminario Conciliar de México lo hacía con 19.

Así, entre 1704 y 1750, un total de 860 alumnos del tridentino se graduaron en la universidad de bachilleres en Artes. El Seminario Tridentino de México comenzó a tener presencia de alumnos graduados a partir de 1704, a siete años de su apertura, y a partir de 1715, bajo la gestión del arzobispo Lanciego, comenzó a graduar cada año, entrando en franca competencia con San Pedro y San Pablo. Es indudable que la mano del activo arzobispo Lanciego Eguilaz se dejó sentir también en la consolidación del colegio aquí estudiado, pues el promedio anual de graduados aumentó de 12.6 a 21 al final de su gobierno. Su sucesor, el arzobispo Vizarrón Eguiarreta, elevó ese promedio a 25.6 en 1748:

CUADRO 2
Promedios trienales de graduados
del Seminario Tridentino de México

Año	Trienio
1704-1706	3.6
1707-1709	13.6
1710-1712	1
1713-1715	12.6
1716-1718	17.3
1719-1721	22.3
1722-1724	16.6
1725-1727	21
1728-1730	18.6
1731-1733	22
1734-1736	23
1737-1739	25.3
1740-1742	22.6
1743-1745	25
1746-1748	25.6
1749-1750	24

Fuente: Archivo General de la Nación, Fondo Universidad, México, vols. 167 y 203.

Aunque los promedios muestran alguna baja durante las sedes vacantes del arzobispado (1710-1712, 1728-1729 y 1749-1750), en general la tendencia fue al alza. Cabe advertir que los colegiales que se graduaban eran sólo una parte del conjunto de estudiantes, pues generalmente había más estudiantes externos que no llegaban al término de sus estudios. En su relación *ad limina* de 1720, el arzobispo Lanciego informó al papa que de su clero la mayoría tenía grados universitarios. En cuanto al seminario, expresó que había por entonces 75 estudiantes.[68] En 1723, había un total de 67 alumnos: 16 colegiales de erección,[69] ocho porcionistas,[70] cuatro estudiantes[71] de metafísica, once de física, trece de lógica, cinco mayoristas en latín, cuatro medianistas en latín y seis minoristas en latín también.[72]

De la población estudiantil del tridentino, los únicos que tenían la obligación de ordenarse de sacerdotes eran los colegiales de erección, estrictamente hablando, pues para ello eran las becas; en eso no era diferente a otros similares, como el de Guadalajara.[73] Aunque no es seguro que todos los alumnos del seminario siguieron la carrera eclesiástica, es muy probable que quienes conformaban su núcleo, colegiales y porcionistas, sí lo hicieran, sin descartar que muchos de los estudiantes externos también se integraran. Es indudable que la presencia del tridentino abrió las puertas del clero a muchos jóvenes pobres de la capital, pues de otra manera habría sido más difícil. En un primer acercamiento, comparando la matrícula de órdenes sacerdotales de la primera mitad del siglo XVIII con el índice de colegiales, tenemos que de 705 estudiantes del seminario al menos 191 sí llegaron a ordenarse; es decir, 27 por ciento. Y se expresa "al menos" porque faltan las matrículas de varios años (1712-1717, 1727-1732 y 1745-1750) que seguramente aumentarían el número de colegiales clérigos. No sería exagerado decir que hasta 50 por ciento de colegiales y alumnos del seminario se sumaron a la población clerical del arzobispado en la primera mitad del siglo XVIII.

Otro indicador sobre el impacto del seminario en el arzobispado es la proporcionalidad en el origen colegial de los opositores a curatos. En el con-

[68] Eduardo Chávez Sánchez, *op. cit.,* p. 207.

[69] Es decir, que recibían una de las becas originales, sin pagar nada.

[70] En estos casos, los estudiantes pagaban una porción o anualidad para recibir alojamiento y alimentos en el colegio.

[71] Es probable que estos estudiantes y los siguientes fueran externos; es decir, que sólo asistían a las clases.

[72] *Ibid.,* p. 213.

[73] Carmen Castañeda, "Un colegio seminario del siglo XVIII", en *Historia Mexicana,* vol. XXII, núm. 4, abril-junio de 1973.

curso de 1712, por ejemplo, 25 opositores presentaron relaciones de méritos con la esperanza de adjudicarse las parroquias solicitadas. Comúnmente, los opositores con más méritos eran quienes exponían sus relaciones. De ese grupo, 17 había estudiado en San Pedro y San Pablo, y de ellos cinco eran doctores; del seminario conciliar sólo opositaron tres, todos bachilleres.[74] En cambio, durante la provisión de curatos de 1749 la proporción se invirtió, pues once opositores eran del seminario tridentino y sólo cuatro provenían de San Pedro y San Pablo.[75] Finalmente, en la provisión de 1768, siete opositores eran del tridentino y seis del colegio jesuita.[76]

En la década de 1720, el seminario conciliar se posicionó como el segundo colegio en Nueva España en cuanto al número de alumnos graduados, lo cual demuestra la importancia que pronto llegó a tener, y que contrastaría con la situación general de los seminarios tridentinos en Hispanoamérica y España.[77] Los jesuitas, conocedores de la potencialidad e influencia a las que podía llegar el nuevo seminario diocesano, intentaron tener injerencia en su devenir y, aunque al principio lo lograron, al paso de los años la situación cambió.

Los jesuitas y el Seminario Conciliar de México

A pesar de los problemas internos del conciliar para robustecer sus cátedras y su enseñanza, sus dirigentes y sus colegiales se esforzaron por forjar una identidad en el medio académico más concurrido de la Nueva España, en donde predominaban los colegios jesuitas y la universidad. La creación de un nuevo colegio, dependiente por completo del alto clero del arzobispado y con un potencial de crecimiento e influencia a futuro, disminuyó sensiblemente la hegemonía de los jesuitas en la ciudad de México. En otras palabras, jesuitas y tridentinos iban a competir, tarde o temprano, por los mismos espacios y población estudiantil; los jesuitas se sintieron "invadidos" en su tradicional radio de acción. Aunque el tridentino nunca llegó a igualar

[74] AGN, Bienes Nacionales, 1075, exp. 1, autos hechos sobre la provisión de curatos y beneficios vacantes del año de 1712.

[75] AGN, Bienes Nacionales, 199, exp. 12.

[76] AGN, Bienes Nacionales, 603, exp. 5.

[77] Javier Vergara Ciordia, *op. cit.*, p. 152: "En líneas generales puede decirse que la aportación sacerdotal del seminario tridentino al clero diocesano en Hispanoamérica no fue muy relevante entre el siglo XVI y la primera mitad del XVIII, hecho que tampoco lo fue en España: las universidades y aulas abiertas de jesuitas, dominicos y franciscanos cumplieron con creces esa función".

el número de estudiantes ni el prestigio de San Ildefonso o de San Pedro y San Pablo, sí llegó a rivalizar fuertemente en la influencia ejercida sobre el clero, en cuanto a formación académica y al ascenso de ex colegiales en cargos eclesiásticos. La cercanía de los colegiales conciliares con la mitra y el cabildo eclesiástico aumentó sus posibilidades de colocación, en detrimento de los alumnos jesuitas. A ello, habría que agregar que éstos iban a perder influencia en la formación estudiantil del nuevo seminario. De hecho, durante los exámenes a clérigos los examinadores del arzobispado enviaban a los aspirantes reprobados, sin importar dónde se hubiesen formado, a estudiar al tridentino, ayudando así a reforzar su presencia.[78]

Por ello, no es de extrañar que ambos colegios tuvieran varias fricciones a raíz de la tendencia de los jesuitas a ejercer influencia en el devenir del naciente seminario conciliar. Esto no era algo singular del arzobispado de México; en realidad, lo normal en el mundo hispanoamericano fue la intervención, directa o indirecta, de los jesuitas en los seminarios conciliares. De los 33 establecimientos fundados en Indias, entre 1563 y 1767, la tercera parte estaban dirigidos por los seguidores de San Ignacio.[79]

En los años iniciales del seminario conciliar, los estudiantes iban a tomar clases con los jesuitas. Poco después, el segundo rector, Pedro de Aguilar, con el fin de terminar con esa dependencia, dispuso en 1710 que ya no salieran a estudiar a San Pedro y San Pablo, sino que se invitara mejor a los dominicos, como ya se mencionó antes.[80] Poco después, a partir de 1715, hubo ya graduados del tridentino que comenzaron a opositar a las cátedras, los curatos y las canonjías del arzobispado.[81] Según otro rector, los catedráticos de San Ildefonso que también enseñaban en el conciliar buscaron conservar a toda costa las cátedras, valiéndose de influencias extraacadémicas, de su poder y de su dinero. Tal rivalidad habría provocado la aparición de un grupo "anti San Ildefonso" entre los jueces que designaban a los catedráticos, normalmente capitulares de catedral, con lo que al final tuvieron que dejar la enseñanza del seminario conciliar.

---

[78] AGN, Bienes Nacionales, 1271, exp. 1, f. 72v, es el caso de Juan Sainz de Cevallos, de 23 años, quien en 1722 se presentó para lograr las órdenes menores y fue reprobado; el examinador anotó en su registro: "Vaya al seminario y ejercítese en gramática y moral".

[79] Javier Vergara Ciordia, *op. cit.*, p. 131.

[80] Eduardo Chávez Sánchez, *op. cit.*, pp. 186-187.

[81] AGN, Universidad, vol. 52, f. 104r, el rector del tridentino expresó en 1737 que: "de veintidós años a esta parte, que se ha empezado a sazonar el fruto de esta tierna planta en los concursos a curatos, cátedras y canonjías son regularmente más los sujetos que se oponen de este colegio que del de San Ildefonso".

En 1732, a raíz de la creación de una nueva cátedra de teología en la universidad, llamada "Maestro de las sentencias", la cual sólo podía ser leída por los colegiales de San Ildefonso, salieron a relucir nuevas rivalidades.[82] El problema surgió cuando los del tridentino supieron que era obligatorio que todos los estudiantes teólogos de la ciudad de México cursaran la nueva cátedra; hecho que fue cuestionado por el rector Cayetano López Barreda, aunque por entonces el claustro universitario no admitió la protesta.[83] No obstante, los dirigentes del seminario conciliar se impusieron la tarea de echar atrás la obligatoriedad de esa cátedra y escribieron al rey, con el apoyo del arzobispo Vizarrón. Éste, en efecto, junto con la junta de provisión de cátedras de la universidad, escribió a Madrid en 1735, señalando los perjuicios a la universidad y al seminario conciliar. Según los mismos, la nueva cátedra era superflua, pues la enseñanza de Pedro Lombardo ya estaba incluida en las otras cátedras de teología escolástica; además, los colegiales del tridentino ya habían tenido que ir a cursar la cátedra de Suárez, erigida recién en 1725 en la universidad y leída por los jesuitas y, si ahora se les sumaba otra, sería aun más pesado; con la nueva cátedra, se ponía en ventaja a San Ildefonso respecto al resto de los colegios. Finalmente, sugirieron que los jesuitas debían gastar su dinero en más becas para pobres y no en abrir nuevas cátedras.[84]

En 1737, prosiguió el debate, ahora entre el rector de San Ildefonso, Cristóbal de Escobar y Llamas, el catedrático de la nueva cátedra, doctor Jacinto García de Rojas, colegial real de San Ildefonso y el rector del seminario conciliar, doctor José Fernández Palos. Según este último, el principal objetivo de los ildefonsianos era tener sujeto al tridentino para conservar su primacía, pues sólo así se explicaba su inversión de poder y dinero para obtener la cuestionada cátedra y la orden de que todos los estudiantes teólogos deberían cursarla. Pero, además, el rector los acusó de persuadir a estudiantes de no ingresar al tridentino y, en cambio, irse con los jesuitas. Al final de su alegato, el rector Fernández pidió quitar la obligatoriedad de la nueva cátedra con los siguientes argumentos:

[82] Eduardo Chávez Sánchez, *op. cit.*, p. 248. El 3 de septiembre de 1732, por cédula real, se erigió la cátedra de Pedro Lombardo, más conocido como "el Maestro de las sentencias", a favor de los colegiales de San Ildefonso. Cabe mencionar que, previamente, el rector de San Ildefonso había solicitado al claustro universitario la creación de la cátedra y, por entonces, la universidad aceptó llevar el caso ante el rey; véase Mirna Flores Mendoza, "La cátedra del maestro de las sentencias: una disputa entre el Colegio de San Ildefonso y el Seminario Conciliar de México 1728-1742", tesis de licenciatura en Historia, FFyL-UNAM, 2007, p. 29.

[83] AGN, Universidad, vol. 52, fs. 99-108, se trata de una serie de cartas enviadas al rector de la universidad, quien fungió como juez en 1737. Mirna Flores Mendoza, *op. cit.*, p. 34.

[84] Eduardo Chávez Sánchez, *op. cit.*, p. 249.

Si los estudiantes del seminario son pocos, no los hagan menos acobardándo-
los, poniéndoles gravámenes para subyugarlos y dominarlos en todo; si no
saben, no les pierdan el tiempo llevándolos a cursar una cátedra que no sirve
y en que nada han de aprovechar […] déjenles esa hora en su colegio para
que estudien algo más.[85]

El rector y el catedrático de San Ildefonso negaron estas acusaciones,
alegando que en ninguna otra cátedra de teología se explicaba con profundi-
dad a Pedro Lombardo. En 1737, finalmente, el mismo claustro universitario
pidió al rey quitar la obligatoriedad de la cátedra y que sus catedráticos no
pudieran oponerse a otras cátedras.[86] Igualmente, el arzobispo Vizarrón
insistió ante la Corona sobre los perjuicios de la nueva cátedra en los otros
colegios, sugiriendo incluso su desaparición.[87]

En 1738, en Madrid se determinó la no obligatoriedad, y aunque permitió a los catedráticos de San Ildefonso opositar a otras cátedras, ordenó que
fuera sin tomar como mérito su lectura del "Maestro de las sentencias". Los
colegiales del tridentino festejaron esta decisión como una verdadera victo-
ria, burlándose incluso del orgullo de los prestigiados colegiales jesuitas.[88]

Ante ello, los jesuitas criticaron la actitud cambiante de la universidad,
expresando que había sido intimidada por el arzobispo y aun el provincial
pensó en pedir la supresión de la cátedra. No obstante, en 1739 intentaron
reabrir el caso, aunque sin resultados.[89]

La asistencia a la nueva cátedra decreció sustancialmente al perder su carácter obligatorio, a tal punto que su catedrático dejó de asistir. Por último, en la
convocatoria de agosto de 1742 para renovar al catedrático ningún colegial de
San Ildefonso se presentó, con lo cual, la cátedra dejó de proveerse en adelante.[90]

El arzobispo, el cabildo eclesiástico y el claustro universitario lograron
así limitar el poder docente de los jesuitas en la universidad y, paralelamente,
cobijaron al joven seminario conciliar, el cual se consolidó, sin duda, como el
principal proyecto educativo del alto clero del arzobispado en el siglo XVIII.

---

[85] AGN, Universidad, vol. 52, f. 107r.

[86] Mirna Flores Mendoza, *op. cit.*, p. 57.

[87] AGI, México, legajo 462 y Mirna Flores Mendoza, *op. cit.*, p. 57.

[88] Mirna Flores Mendoza, *op. cit.*, pp. 61-62: "José de Rueda colgó un petate de una pared
[…] en el que se mostraba un estudiante del tridentino que con ademanes desacostumbrados
le mostraba la superioridad de su colegio a un sumiso colegial con las insignias del de San
Ildefonso. José de Rueda fue llevado a la real sala del crimen donde se le condenó a cuatro
años de presidio".

[89] *Ibid.*, p. 61; además, Eduardo Chávez Sánchez, *op. cit.*, p. 251.

[90] Mirna Flores Mendoza, *op. cit.*, p. 63

El financiamiento del seminario y la aportación de las doctrinas

Como muchas instituciones educativas coloniales, el seminario conciliar debió afrontar desde sus inicios la difícil tarea de garantizar recursos suficientes para su funcionamiento. Aunque la construcción del edificio se facilitó, lo más difícil fue garantizar rentas líquidas cada año para los salarios de catedráticos y oficiales, la manutención de los colegiales de erección y el mantenimiento de las instalaciones. El clero secular del arzobispado hubo de hacer frente a tal reto, pues no sólo estaba en juego la existencia de su seminario, sino también la subordinación del clero regular al tener éste que subsidiar parte del financiamiento.

EL PLAN DE FINANCIAMIENTO DE 1693

Una vez que se aprobó el seminario conciliar en 1689, la tarea del arzobispo Aguiar fue instaurar fuentes de financiamiento estables. Para ello, siguiendo las directrices tridentinas,[91] reunió una junta de clérigos notables del arzobispado:

> Para tratar y conferir el repartimiento que se ha de hacer a las personas que deban contribuir, las cantidades de pesos de que se ha de componer la renta necesaria para perfeccionar la fábrica material que está comenzada para el colegio seminario [...] y para congrua sustentación de sus colegiales y ministros necesarios.[92]

La junta determinó que la suma anual de contribuciones ascendería a 7 200 pesos, distribuidos como se muestra en el cuadro 3.

Como es posible observar, el reparto de contribuciones se cargaba hacia las parroquias del arzobispado, con 72.5 por ciento y, dentro de ellas,

---

[91] Sobre la forma de financiar los seminarios véase en el Concilio de Trento la sesión XXIII, capítulo XVIII: "Se da el método de erigir seminario de clérigos, y educarlos en él", en Biblioteca Electrónica Cristiana, <http://multimedios.org/docs/d000436/p000004.htm#3-p0.11.1.1>, consultado el 29 de junio de 2010.

[92] AGN, Clero Regular y Secular 214, exp. 1, fs. 21v-22, testimonio de los autos hechos a pedimento de la parte del seminario de la santa iglesia catedral, contra las religiones de santo Domingo, san Francisco y san Agustín, sobre la paga y satisfacción de lo que deben contribuir anualmente los curas y ministros de doctrina. La junta estuvo compuesta por el deán Diego de Malpartida Zenteno, el canónigo doctoral Bernabé Días de Cardona Murillo, el cura decano de catedral Alonso Alberto de Velasco, el abogado de presos y consultor del santo oficio Agustín Pérez de Villarreal, catedrático de Decreto y consultor del santo oficio: "personas nombradas por su señoría ilustrísima, sus venerables deán y clero de esta diócesis".

CUADRO 3

Rentas asignadas al Seminario Conciliar de México en 1693

Contribuyentes	Monto anual en pesos	%
Doctrinas de San Francisco	1 200	
Doctrinas de San Agustín	1 200	
Doctrinas de Santo Domingo	600	
Doctrina de Querétaro	100	
Doctrina de Tolimán	20	
Doctrina de Sichú	15	
SUBTOTAL CLERO REGULAR	3 135	43.5
Curatos seculares de provincias	1 691	
Cuatro curatos del sagrario	144	
Dos curas de la Santa Veracruz	50	
Curato secular de San Miguel	36	
Sacristía catedral	40	
Sacristía del Sagrario	40	
Dos curas de Santa Catarina Mártir	30	
Sacristía de la Santa Veracruz	20	
Sacristía de San Miguel	15	
Sacristía de Santa Catarina Mártir	12	
SUBTOTAL CURATOS Y SACRISTÍAS	2 078	29
Cuarta arzobispal	600	
Mesa capitular	600	
Fábrica espiritual	250	
SUBTOTAL CATEDRAL	1 450	20.1
Hospital del Amor de Dios	200	
Hospital de la Concepción	100	
Hospital de San Juan de Dios	12	
Hospital del Espíritu Santo	12	
Hospital de Querétaro	12	
Hospital de San Juan de Dios, en San Juan del Río	12	
Hospital de Oaxtepec	12	
Hospital de Acapulco	12	

CUADRO 3 (*continuación*)

Contribuyentes	Monto anual en pesos	%
Hospital de San Lázaro	5	
Hospital de San Hipólito	5	
Hospital de San Antonio Abad	5	
SUBTOTAL HOSPITALES	387	5.3
Provisorato de españoles	50	
Provisorato de indios	50	
Juzgado de testamentos	50	
SUBTOTAL DEPENDENCIAS ARZOBISPALES	150	2.1
Total	7 200	100

Fuente: Archivo General de la Nación, Fondo Clero Regular y Secular 214, exp. 1.

las doctrinas eran las principales contribuyentes. El alto clero (arzobispo, cabildo y fábrica de catedral) se haría cargo de otro 20 por ciento y el resto se repartiría entre hospitales y las multas de los tres juzgados dependientes de la curia arzobispal. La junta de clérigos, encabezada por el arzobispo Aguiar, decidió que la renovación de clérigos estaría financiada fundamentalmente por las rentas parroquiales del arzobispado, negociando con el clero regular y la real hacienda para que la "pensión" del nuevo seminario saliera de los recursos asignados por el rey a los religiosos por concepto del sínodo real a las doctrinas. Con ello, las órdenes religiosas se dieron por satisfechas por entonces, pues no se tocarían sus recursos propios. Sin duda que lograr la conformidad del clero regular de esa manera fue todo un logro político del arzobispo Aguiar y Seijas; faltaba, claro, su concreción, que no fue una tarea fácil.

Un indicador de hasta qué punto se logró el proyecto de financiamiento de 1693 lo constituye el número de becas que se distribuyeron en el periodo estudiado. En principio, no pudieron instaurarse las 24 becas proyectadas por Aguiar y Seijas, sino sólo catorce, y aun esta cifra no siempre se alcanzó en la etapa aquí estudiada. Según los registros del archivo del seminario, el ingreso de nuevos colegiales fue muy variable, según se puede advertir en el cuadro 4.

Según los números anteriores, hubo años en los que no ingresaron nuevos colegiales de merced, mientras que en otros periodos el ingreso fue constante. Ello podía estar determinado por el número de becas vacantes, pero, sobre todo, por la disponibilidad de fondos. Los recursos flaquearon

CUADRO 4
Ingresos de colegiales de merced, 1697-1750

Año	Colegiales	Año	Colegiales	Año	Colegiales
1697	16	1715	10	1737	13
1700	2	1716	10	1738	7
1701	ND	1717	ND	1739	2
1702	5	1718	5	1740	ND
1703	ND	1719	8	1741	ND
1704	5	1720	10	1742	ND
1705	ND	1721	5	1743	ND
1706	6	1722	8	1744	3
1707	ND	1723	20	1745	1
1708	6	1724	7	1746	4
1709	6	1731	18	1747	1
1710	9	1732	28	1748	4
1711	11	1733	30	1749	2
1712	9	1734	10	1750	44
1713	10	1735	15		
1714	6	1736	10		
				Total	445

Fuente: Archivo Histórico del Seminario Conciliar de México 199/A-I-1 informes 1697-1726, 199/A-I-2 informes 1727-1731, 199/A-I-3 informes 1732-1737, 199/A-I-4 informes 1738-1755.
ND= No hay datos.

cuando el seminario dejó de percibir, en la década de 1720, las contribuciones de las doctrinas, que representaban 43 por ciento del total, según el plan original del arzobispo Aguiar. Y puesto que el tridentino tenía pocas rentas propias, debió depender en todo momento de la contribución de otras entidades eclesiásticas del arzobispado. Esto no significa que la población estudiantil haya dejado de aumentar por la vía de estudiantes de paga, llamados porcionistas; de hecho, es posible que estos últimos hayan sido más numerosos que los primeros; además, deben considerarse los cursantes que sólo iban a tomar clases, de los que al parecer no hay registros.

Veamos, pues, la evolución que siguió el seminario en su financiamiento para funcionar.

EL CLERO REGULAR Y SU CONTRIBUCIÓN AL SEMINARIO TRIDENTINO

En 1706, los ingresos anuales del colegio se calculaban nominalmente en 8 242 pesos.[93] No obstante, el arzobispo Ortega y Montañés pidió informes al administrador del colegio, preocupado porque tales recursos no se pagaban totalmente. Para 1708, las cuentas no eran satisfactorias, pues muchos curas seculares debían su contribución de varios años atrás,[94] mientras que la real hacienda adeudaba 17 242 pesos, equivalente a cinco años y cuatro meses de las contribuciones de doctrinas. Sólo lo que pagaba el alto clero, 20 por ciento, iba al corriente, lo cual se complementaba con las rentas de siete casas del colegio y el pago de los colegiales porcionistas, pues los hospitales y los juzgados tampoco aportaban.[95] Por entonces, los gastos del colegio ascendían a 4 480 pesos, los que con dificultad se alcanzaban a cubrir.

A todo esto hay que agregar que la política de Felipe V, de recortar gastos de la real hacienda para las iglesias de Indias, perjudicó directamente al seminario de México. En su afán por ahorrar recursos antes destinados a las doctrinas, el monarca emitió en 1704 una cédula que en su parte central ordenaba no contribuir a los conventos

> que no tuvieren necesidad alguna por su opulencia […] bajen la mitad y la tercera parte a los que no tuvieren rentas competentes, y juzgaren debérseles asistir con la mitad o con tres partes de las limosnas que gozan de mi real hacienda.[96]

Aunque por entonces no se cumplió esta orden, sí se hizo a partir de 1714, en respuesta a una cédula de 1713,[97] ocasionando que se suspendieran las contribuciones al seminario conciliar, sin que las órdenes religiosas lo compensaran de manera alguna.

---

[93] AGN, Bienes Nacionales, 644, exp. 43.

[94] Ello puede explicarse debido a que, en los años recientes, los curas habían sido exigidos para pagar el subsidio eclesiástico y donativos para la guerra de Felipe V, como veremos adelante.

[95] AGN, Bienes Nacionales, 410, exp. 18.

[96] Citada en María Angélica Orozco H., "Los franciscanos y el caso del Real Colegio Seminario de México: 1749", en *Actas del IV Congreso Internacional sobre los Franciscanos en el Nuevo Mundo (siglo XVIII)*, Madrid, Deimos, 1993, p. 501.

[97] Real cédula del rey Felipe V del 19 de enero de 1713, que ordena el cumplimiento de otra de 1704.

En 1726, el rector del seminario pidió al arzobispo Lanciego Eguilaz obligar a las doctrinas a que pagaran los 30 000 pesos adeudados hasta entonces, dando inicio a un largo pleito que no culminaría sino hasta 1749,[98] en vísperas ya de la secularización de doctrinas. Las órdenes religiosas se unieron para defenderse y nombraron a un procurador común, quien argumentó que la falta de pago se debía a la suspensión del sínodo y a la limosna de vino y de aceite acostumbrada. En respuesta, el promotor fiscal de la mitra opinó que, aunque se hubieran suspendido esas contribuciones de la real caja, las doctrinas se debían pagar de todos modos. En 1727, Lanciego pidió pruebas a ambas partes. Las órdenes se tardaron otros dos años en hacerlo, con la esperanza de que el rey reiniciara los pagos de la real hacienda, como lo había hecho con los dominicos de Oaxaca en 1725.[99]

El arzobispo Lanciego falleció sin que se llegara a resolver el litigio, mismo que continuó el cabildo en sede vacante. En 1728, ante nuevas quejas del seminario conciliar por la falta de rentas, los miembros del cabildo eclesiástico propusieron no admitir a más colegiales porcionistas pues tardaban en pagar, que los deudores pagaran y que se optimizaran los recursos existentes.[100] En 1731, el provisor del arzobispado insistió en que, a pesar de que el rey hubiera suspendido los pagos a las doctrinas, éstas debían seguir dando la pensión al seminario.[101] Frente a ello, los religiosos interpusieron un recurso de fuerza ante la audiencia y el provisor tuvo que esperar la resolución. Cuando el nuevo arzobispo, José Antonio Vizarrón Eguiarreta, tomó las riendas de la mitra, recordó al rey el problema de las rentas del seminario y la displicencia de los religiosos, achacando a esto que de las 24 becas provistas en la fundación sólo pudieran darse 16, y aprovechando también para criticarlos:

> Pude comprender fácilmente que el radical origen de este desorden consistía en haberse eximido de pagar de hecho muchos de los que están sujetos a la carga de esta canónica contribución, como son los regulares y por razón de las doctrinas, que como curas administran, que siendo sin duda las más, y con imponderable exceso las más pingües de mi distrito, ocasionaban al colegio tan sensible deterioración.[102]

---

[98] María Angélica Orozco H., "Los franciscanos y el caso del Real Colegio Seminario de México: 1749", en *Actas del IV Congreso Internacional sobre los Franciscanos en el Nuevo Mundo (siglo XVIII)*, Madrid, Deimos, 1993, p. 502.

[99] *Ibid.*, p. 505.

[100] Eduardo Chávez Sánchez, *op. cit.*, p. 237.

[101] María Angélica Orozco H., "Los franciscanos y el caso del Real Colegio Seminario de México: 1749", en *Actas del IV Congreso Internacional sobre los Franicscanos en el Nuevo Mundo (siglo XVIII)*, Madrid, Deimos, 1993, p. 505.

[102] AGI, México, **legajo 806, carta de** 31 de diciembre de 1735.

En la misma carta, Vizarrón observó que a las órdenes les sobraba poder para detener el cumplimiento de cualquier disposición. En ese mismo año, los oidores determinaron que el provisor del arzobispado no ejercía fuerza sobre los religiosos. No obstante, y aunque el provisor ordenó entonces hacer cumplir el pago a éstos, pasaron varios años nuevamente para que se volviera a insistir en el asunto. En 1745, de una renta anual estimada en 8 958 pesos, sólo se cobraban 5 106 pesos, pues las doctrinas seguían sin pagar, al igual que los juzgados eclesiásticos y varios curatos seculares. Los gastos por entonces ascendían a 7 133 pesos, por lo que cada año había un déficit de 2 027 pesos.[103] En 1748, el rector en turno del seminario conciliar pidió al cabildo en sede vacante ordenar a los religiosos el pago de su adeudo, que por entonces ya ascendía a la elevada suma de 84 000 pesos, de casi 28 años. En consecuencia, se nombró al canónigo lectoral Fernando Ortiz como juez del colegio, quien tomó medidas drásticas.[104] Ortiz dio a las órdenes seis días para cubrir el adeudo, amenazándolas con aplicar las penas previstas en Trento y en reales cédulas; es decir, privarlas de los frutos e incluso de las doctrinas.

Ante ello, los religiosos propusieron comenzar a pagar nuevamente su contribución anual y seguir esperando la reactivación del pago de sínodos por la real hacienda; además, argumentaba su procurador, se habían reducido las obvenciones parroquiales debido al establecimiento del arancel y la disminución de fieles por las epidemias recientes. No obstante, el 8 de noviembre de 1748 el juez diocesano decretó que los religiosos tenían 24 horas para pagar los 84 000 pesos o, en caso contrario, el alguacil mayor debía embargar los emolumentos de las doctrinas. Frente a una nueva negativa del procurador franciscano, un alguacil se aprestó a embargar los ingresos de las doctrinas de San José, Tlatelolco, Santa María la Redonda y Tlalnepantla.[105] Los frailes se negaron a entregar esos recursos, aduciendo que éstos sólo los recibían los guardianes de los conventos e intentando expulsar a los interventores nombrados por la curia. Luego de ello, Ortiz amenazó con la excomunión y la publicación de edictos ordenando a,

> todos los fiscales, mayordomos de cofradías y demás feligreses que todas las obvenciones, derechos y emolumentos que por razón de dichas doctrinas

---

[103] AGN, Bienes Nacionales, 1768, exp. 1.

[104] María Angélica Orozco H., "Los franciscanos y el caso del Real Colegio Seminario de México: 1749", en *Actas del IV Congreso Internacional sobre los Franciscanos en el Nuevo Mundo (siglo XVIII)*, Madrid, Deimos, 1993, p. 507.

[105] *Ibid.*, p. 509.

deben pagar los den y entreguen a dichos [...] ministros de ellas para que éstos las pongan en manos de los interventores.[106]

A los fieles se les amenazaba igualmente con la excomunión si no cooperaban.

Acorralada, la orden franciscana propuso entonces pagar cada año 2 400 pesos, 1 200 del adeudo y 1 200 del año corriente. Sin embargo, el juez no accedió e insistió en el embargo. Finalmente, franciscanos y agustinos aceptaron pagar 17 200 pesos de contado y 2 400 pesos, según la propuesta anterior. Esta nueva oferta sí fue aceptada por el seminario conciliar y el juez, con la condición de que las órdenes firmaran un acuerdo, reconociendo el adeudo, además de que se les pidió pagar los costos del litigio y el salario de los interventores.

El conflicto entre el seminario conciliar y las órdenes religiosas puede entenderse como otro "frente de batalla" agregado a lo que se vivía con los jueces de doctrina, las transformaciones en la composición social de las parroquias, el cobro del subsidio eclesiástico y la tendencia secularizadora de Lanciego Eguilaz, como veremos en capítulos subsiguientes. ¿Qué motivación podían tener los frailes para contribuir con un colegio en donde se estaban formando precisamente aquellos clérigos que estaban ansiosos por sustituirlos en las parroquias? De esa manera, si en 1694 los frailes aceptaron contribuir y, aparentemente, hasta 1714 simplemente permitieron transferir sus partidas de la real hacienda al colegio, con la suspensión de aquéllas por la Corona la situación cambió. Las órdenes no quisieron seguir contribuyendo, pues ello implicaría tocar las rentas y obvenciones de las doctrinas; es decir, su principal sustento.

Por el lado del seminario, a pesar de la falta de contribuciones de las doctrinas, ello no fue obstáculo para que siguiera su marcha, aunque quizá sí limitó la posibilidad de abrir más cátedras y becas. Como bien ha indicado Orozco,[107] el pleito de la contribución conciliar tenía más un sentido político que económico, y demostró que a medida que trascurrieron los años los religiosos no pudieron evitar obedecer los decretos de la mitra; esto es, habían perdido apoyos en Madrid y en el palacio virreinal, por lo cual no pudieron más resistir con fuerza, como lo habían hecho durante tanto tiempo. El final de este conflicto a favor del seminario y de la mitra

---

[106] *Idem.*

[107] María Angélica Orozco H., "Los franciscanos y el caso del Real Colegio Seminario de México: 1749", en *Actas del IV Congreso Internacional sobre los Franicscanos en el Nuevo Mundo (siglo XVIII)*, Madrid, Deimos, 1993, p. 510.

demuestra también que existían ya las condiciones para iniciar por fin la tan deseada secularización de las doctrinas por el clero secular desde el siglo XVI en el arzobispado.

§

A pesar del conflicto siempre latente con el clero regular y la rivalidad con los jesuitas, el seminario se convirtió en una opción para hijos de familias pobres del arzobispado que deseaban ingresar al sacerdocio, a diferencia de San Pedro y San Pablo, que continuó con su convocatoria en el nivel virreinal. El cuidado puesto en el recién fundado seminario reafirmó la necesidad de contar con espacios específicos para la formación de un clero que respondiera específicamente a las políticas de la mitra del arzobispado de México. Fue tarea, sin lugar a dudas, de los arzobispos Ortega y Montañés, Lanciego Eguilaz y José Antonio Vizarrón regularizar la vida de esta institución que pronto rivalizó con el célebre colegio jesuita de San Pedro y San Pablo.

Para mediados del siglo XVIII varios cientos de alumnos del seminario tridentino se habían graduado en la universidad y una buena parte de ellos habían ingresado al clero secular; junto con la mitra, habían hecho del colegio el segundo en importancia por el número de alumnos y graduados, no sólo del arzobispado, sino de todo el virreinato en un periodo relativamente corto, superando incluso a los de Puebla. La consolidación del seminario era una realidad para la tercera década del siglo XVIII, a pesar de los problemas con los jesuitas y del financiamiento de las órdenes religiosas. Este hecho refleja claramente que había una demanda creciente de estudios y órdenes sacerdotales por parte de un sector social que las autoridades calificaban de pobre. La contribución del seminario a la renovación del clero secular y a su aumento fue indudable.

Por lo concerniente a las demandas de la Corona para renovar al clero, Felipe V podía estar satisfecho con las acciones de la mitra del arzobispado de México a favor del seminario tridentino. Pero la buena marcha de esta institución no bastaba, pues en Madrid los ministros reales tuvieron una posición crítica respecto a los criterios que se manejaban en Indias para otorgar las órdenes sacerdotales; asunto que también se ventiló en la capital novohispana.

LA ORDENACIÓN SACERDOTAL: CRÍTICAS EN MADRID Y AUMENTO DE EXIGENCIAS EN MÉXICO

> *El gran número de personas que entran en el estado eclesiástico, secular y regular, es un punto que llama toda la atención del soberano. A nadie se puede prohibir que abrace el estado a que Dios le llama; pero toca al buen gobierno prevenir, quitar los motivos que puedan inclinar a entrar sin verdadera vocación en el estado eclesiástico.*[108]

La renovación clerical en Nueva España antes de Felipe V

En la segunda mitad del siglo XVI, comenzó un nuevo proyecto de clero, dirigido por los obispos novohispanos con la anuencia de la Corona española, luego de que se descartó la opción del clero indígena, planteada por los franciscanos en la década de 1530.[109] Años después, en el Concilio de Trento, se dieron las directrices para la reforma del clero,[110] en respuesta a las críticas de los protestantes sobre la vida poco ética y la ignorancia de sus miembros. Para ello, se hizo hincapié en tres aspectos básicos: el perfil del sacerdote ideal, la creación de seminarios para su educación y los mecanismos para la ordenación sacerdotal. Sobre el primero, se especificaron edades mínimas, nacimiento legítimo, linaje honorable, de buena vida y costumbres,[111] y que por lo menos supieran latín.[112] También se exigió

---

[108] José del Campillo y Cosío, *Nuevo sistema de gobierno económico para América*, Edición, estudio y notas de Manuel Ballesteros Gaibros, Madrid, Grupo Editorial Asturiano, 1993, p. 96.

[109] George Baudot, *La pugna franciscana por México*, México, Conaculta/Alianza Editorial Mexicana, 1990, pp. 34-35.

[110] Véase sobre todo la sesión XXIII "El sacramento del orden", en Biblioteca Electrónica Cristiana, < http://multimedios.org/docs/d000436/p000004.htm#3-p0.11.1.1>, consultado el 29 de junio de 2010.

[111] *Ibid.*, sesión XXIII, capítulo V, "Qué circunstancias deban tener los que se quieren ordenar" y capítulo VII "Del examen de los ordenandos".

[112] *Ibid.*, sesión XXIII, capítulo XI, "Obsérvense los intersticios y otros preceptos en la colación de las órdenes menores".

que todo aspirante tuviera un patrimonio propio y con qué sustentarse, para salvaguardar "el estado de honor del clero".[113]

Respecto a los procedimientos para la ordenación, las resoluciones tridentinas reafirmaron una jerarquía de órdenes, pese a la crítica protestante sobre su invalidez.[114] El concilio defendió su existencia y puntualizó el mecanismo de la ordenación sacerdotal. En primer lugar, se establecieron siete órdenes, divididas en menores y mayores; a las primeras correspondían, en orden ascendente de importancia, las de portero, exorcista u ostiario, lector y acólito; a las segundas las de subdiácono, diácono y presbítero.[115] Para acceder a cualquiera de ellas, los clérigos debían informar sobre su nacimiento, vida y conducta; para las órdenes menores debían tener al menos 14 años de edad y para las mayores: 22, 23 y 25 años, respectivamente.[116] Los obispos debían convocar a temporadas específicas para atender las solicitudes de ordenación.[117] Sin embargo, la tarea que el concilio encargó a los obispos para garantizar la reforma del clero y, dentro de ésta, la formación del nuevo sacerdocio, era compleja, difícil de lograr a corto o mediano plazo, y más en América, en donde las instituciones diocesanas eran aún incipientes.

En 1565, durante el segundo concilio mexicano, no se trató específicamente el asunto de la ordenación.[118] Sólo hasta el tercer concilio de 1585 se puntualizaron los requisitos, de acuerdo con la normativa tridentina: los aspirantes deberían pasar por un examen previo a la obtención de cualquier orden sacra para "restituir el orden eclesiástico a su antiguo esplendor".[119] Igualmente, se expresaron los conocimientos mínimos para alcanzar cada

[113] *Ibid.*, sesión XXI, capítulo II, "Exclúyense de las sagradas órdenes los que no tienen de qué subsistir".

[114] *Ibid.*, sesión XXIII, "Doctrina del sacramento del orden" y "Cánones del sacramento del orden".

[115] *Ibid.*, sesión XXIII, "Doctrina del sacramento del orden", capítulo II ,"De las siete órdenes".

[116] *Ibid.*, sesión XXIII, capítulo VI, "Para obtener beneficio eclesiástico se requiere la edad de catorce años: quien deba gozar del privilegio del fuero" y capítulo XII, "Edad que se requiere para recibir las órdenes mayores: sólo se deben promover los dignos".

[117] *Ibid.*, sesión XXIII, capítulo VII, "Del examen de los ordenandos" y VIII, "De qué modo y quién debe promover los ordenandos".

[118] Leticia Pérez Puente, Enrique González González y Rodolfo Aguirre Salvador, "I y II concilios", en María del Pilar Martínez López-Cano (coord.), *Concilios provinciales mexicanos. Época colonial*, México, IIH-UNAM, 2004, CD.

[119] María del Pilar Martínez López-Cano, Elisa Itzel García y Marcela Rocío García, "III concilio y Directorio", en María del Pilar Martínez López-Cano (coord.), *Concilios provinciales mexicanos. Época colonial*, México, IIH-UNAM, 2004, CD, libro 1, título IV, "De la ciencia necesaria para las sagradas órdenes y para la cura de almas", parágrafo I: "Procedan los obispos con mucha precaución al conferir las órdenes".

orden, desde los clérigos de menores hasta los sacerdotes de misa.[120] Para ello, se destacaba la figura del examinador sinodal, especificando cuáles serían sus tareas.[121] En el apartado, "De la vida, fama y costumbres de los que se han de ordenar", el tercer concilio pedía que los candidatos hubieran "vivido con aquella pureza y honestidad que corresponde".[122] Para probarlo, los aspirantes debían proporcionar una información de vida y costumbres de testigos "fidedignos". También se exigía no tener antecedente judicial alguno.

En cuanto al origen social, se decretó que: "Los indios y los mestizos no sean admitidos a los sagrados órdenes sino con la mayor y más cuidadosa elección; pero de ningún modo los que estén notados de alguna infamia".[123] Este señalamiento era resultado de la polémica que en años anteriores se había suscitado sobre el derecho o no de los indios a los estudios mayores y al sacerdocio.[124] Se prohibía igualmente ordenar a mulatos y descendientes de moros. Otro requisito fue la comprobación de tener un beneficio o un patrimonio propio para mantener la decencia del clero. Una excepción, que iba a ser trascendente en el futuro, fue que los aspirantes podrían ordenarse, aun careciendo de patrimonio, si en cambio sabían una lengua indígena.[125] El tercer concilio recogía así tres cédulas anteriores de Felipe II, de 1574, 1578 y 1580, que prescribían el aprendizaje de las lenguas a los curas.[126] Esta disposición provocaría, a la larga, que el clero secular estuviera en condiciones de competir con los frailes en cuanto al conocimiento de los idiomas y, en consecuencia, por el control de la feligresía indígena.

En el siglo XVII, la Corona decretó varias reformas sobre el origen social de los ordenados. En la ley VII, del título VII, libro I, de la *Recopilación de*

---

[120] *Ibid.*, parágrafos II a VII.

[121] *Ibid.*, "Del examen que ha de preceder a los órdenes", parágrafo I, "Los obispos elijan examinadores en el sínodo diocesano"; parágrafo II, "Juramento que han de prestar los examinadores"; parágrafo III, "Sea denunciado al obispo el examinando que haya dado o prometido algo a los examinadores".

[122] *Ibid.*, parágrafo I, "No promuevan los obispos a ninguno que no sea bien morigerado, ni al que tenga costumbre de jugar".

[123] *Ibid.*, libro 1, título IV, parágrafo III: "Los indios y los mestizos no sean admitidos a las sagradas ordenes sino con la mayor y más cuidadosa elección; pero de ningún modo las que estén notados de alguna infamia".

[124] Margarita Menegus y Rodolfo Aguirre Salvador, *Los indios, el sacerdocio...*, *op. cit.*, capítulo I, "Los indios, el sacerdocio y la Universidad, siglo XVI".

[125] María del Pilar Martínez López-Cano, Elisa Itzel García y Marcela Rocío García, "III concilio y Directorio", en María del Pilar Martínez López-Cano (coord.), *Concilios provinciales mexicanos. Época colonial*, México, IIH-UNAM, 2004, CD, libro 1, título IV, parágrafo 1, "Ningún clérigo secular sea admitido a las órdenes si no tiene beneficio".

[126] María Bono López, "La política lingüística en la Nueva España", en *Anuario Mexicano de Historia del Derecho*, vol. IX, 1997, Biblioteca Jurídica Virtual, México, IIJ-UNAM, 1997, versión en línea.

Indias, se reafirmó el permiso para poder ordenar a mestizos, de calidad similar a los españoles.[127] Resulta difícil saber el alcance de esta apertura, pero no fue un hecho aislado, pues en la segunda mitad del siglo XVII, especialmente en la década de 1690, la Corona española amplió a los indios el mismo derecho y aun otros. En marzo de 1697, se emitió una real cédula que fue fundamental para entender la ulterior demanda de estudios mayores, grados universitarios y órdenes sacras por parte de los indios nobles. La Corona se declaró a favor del ascenso generalizado de la nobleza indomestiza a las instituciones antes exclusivas de los españoles. Los indios nobles fueron igualados a los hidalgos, mientras que a los indios tributarios se les consideró del mismo rango que a los españoles limpios de sangre, del llamado "estado general".[128] Al finalizar el siglo XVII, normas conciliares y disposiciones reales redefinieron, pues, el perfil del clérigo en Nueva España respecto a su origen social. Lo importante para las generaciones de clérigos del siguiente siglo fue que Felipe V conservó tal normativa y los arzobispos que nombró para México permitieron en la práctica el ingreso de los indios al sacerdocio.

Intentos de reforma del clero en España y el arzobispo Lanciego

Las críticas al bajo clero español no eran nuevas a principios del siglo XVIII; al menos desde los dos siglos anteriores la reforma del clero había sido una preocupación de la Corona y en especial sus orígenes, su preparación y su ordenación. Aunque en Trento se habían especificado los requisitos, muchas veces no se cumplían;[129] lo nuevo fue la actitud guardada por el gobierno de Felipe V al respecto, luego de los acontecimientos de la guerra de sucesión. En ésta, recordemos, una buena parte del clero aragonés reconoció como nuevo rey al archiduque Carlos, desconociendo las aspiraciones del Borbón.

---

[127] "Que los prelados ordenen de sacerdotes a los mestizos, con información de vida y costumbres, y provean que las mestizas puedan ser religiosas con la misma calidad. Encargamos a los arzobispos y obispos de nuestras Indias que ordenen de sacerdotes a los mestizos de sus distritos, si concurrieren en ellos la suficiencia y calidades necesarias para el orden sacerdotal; pero esta sea precediendo diligente averiguación y información de los prelados, sobre vida y costumbres, y hallando que son bien instruidos, hábiles, capaces y de legítimo matrimonio nacidos. Y si algunas mestizas quisieren ser religiosas y recibidas al hábito y velo en los monasterios de monjas, provean que, no obstante cualesquiera constituciones, sean admitidas en los monasterios y a las profesiones, precediendo la misma información de vida y costumbres." *Recopilación de leyes..., op. cit.,* f. 32r.

[128] AGN, Reales Cédulas Originales, 27, exp. 11, 26 de marzo de 1697.

[129] Antonio Domínguez Ortiz, *La sociedad española..., op. cit.,* pp. 49-67.

En consecuencia, los ministros de Felipe V formularon una serie de críticas a la Iglesia y su clero para intentar cambiar las cosas. Una de ellas fue la referida a la relajación de requisitos para obtener las órdenes sacerdotales,[130] misma que predispuso a prelados como Lanciego Eguilaz a fijar su atención en el asunto.[131]

En México, un informe temprano de Lanciego Eguilaz a Madrid señaló los problemas hallados en la cuestión de la ordenación sacerdotal, sobre todo durante la sede vacante que lo antecedió.[132] Durante ésta, entre 1708 y 1712, el cabildo eclesiástico nombró una *junta de órdenes,* compuesta por el tesorero Rodrigo García Flores de Valdés, el canónigo lectoral Agustín de Cabañas y el canónigo doctoral José de Torres Vergara, la cual se encargó de revisar los casos problemáticos de clérigos que se iban a ordenar.[133] A juzgar por el elevado número de nuevos clérigos que por entonces se ordenaron, tal junta fue muy flexible para autorizar el acceso al sacerdocio, pues en ninguna otra época del periodo aquí estudiado hubo tantos. García Flores y Torres Vergara, ambos criollos, eran cabeza de una clientela que promovía a clérigos nativos.[134] Por su parte, Cabañas había sido cuestionado años antes por haber sido un niño expósito, como veremos en el tercer capítulo. Es probable que estas circunstancias expliquen la blandura en los requisitos.

Ya antes el prelado que antecedió a Eguilaz, en este caso Juan Antonio Ortega y Montañés, 1700-1708, había hecho notar las singularidades de la clerecía, especialmente su pobreza, aunque en el contexto de justificar el porqué se tardaban en pagar el recién establecido subsidio eclesiástico.[135] Igualmente, el arzobispo posterior a Lanciego, José Antonio Vizarrón Eguiarreta, 1730-1748, opinó que el clero criollo era ignorante y mediocre, incluyendo a los doctores.[136]

---

[130] *Ibid.,* pp. 54-55. En 1713, el fiscal general Melchor de Macanaz criticó el descuido en ordenar a jóvenes sin vocación, especialmente en sede vacante. Para ello, proponía como solución que los colegios garantizaran la verdadera vocación. El obispo de Cartagena, Belluga, aplaudió tales críticas y coincidió en que en sus diócesis había muchos clérigos inútiles o díscolos.

[131] En Yucatán, el obispo Juan Gómez de Parada, quien gobernó por la misma época que Lanciego Eguilaz, hizo serios intentos por responder al llamado de Madrid sobre cumplir con las exigencias conciliares en las ordenaciones sacerdotales. Veáse Gabriela Solís Robleda (ed.), *Contra viento y..., op. cit.,* p. 17.

[132] AGI, México, legajo 805, carta del arzobispo Lanciego al rey de 3 de abril de 1715.

[133] AGN, Bienes Nacionales, 236, exp. 5.

[134] Rodolfo Aguirre Salvador, "De las aulas al cabildo eclesiástico. Familiares, amigos y patrones en el arzobispado de México, 1680-1730", en *Tzintzun, Revista de Estudios Históricos,* núm. 47, enero-junio de 2008, Morelia, Universidad Michoacana de San Nicolás de Hidalgo, pp. 75-114.

[135] Antonio de Robles, *Diario de sucesos notables (1665-1703),* tomo III, México, Porrúa, 1972, p. 287.

[136] Rodolfo Aguirre Salvador, "Los límites de la carrera eclesiástica en el arzobispado de México (1730-1747)", en Rodolfo Aguirre Salvador (coord.), *Carrera, linaje y patronazgo.*

Sin embargo, la diferencia de Lanciego Eguilaz fue que no se conformó con verter críticas al clero, sino que puso manos a la obra e hizo los ajustes que creyó más convenientes para mejorar el proceso de ordenación, cumplir con los requisitos exigidos por Trento y ser congruente con las preocupaciones de Madrid. Gracias a esa preocupación, durante su gestión se generó una serie documental que nos indica el cuidado que se puso en el asunto. Su estudio nos habla mucho de lo que la mitra esperaba de los clérigos, en cuanto a su procedencia social, su preparación y su patrimonio.[137]

El arzobispo Lanciego utilizó todos los recursos a su alcance para regular la ordenación de nuevos clérigos y sacerdotes. Cada temporada de ordenación dio inicio cuando el prelado publicó la convocatoria para que los candidatos presentasen sus solicitudes; el secretario de Cámara y Gobierno las recibió, remitiéndolas luego al arzobispo, quien verificó que no hubiera impedimentos canónicos. En esas peticiones, los aspirantes daban a conocer si eran domiciliarios del arzobispado o de otras diócesis; la orden u órdenes deseadas y que cumplían con la totalidad de los requisitos conciliares, básicamente su origen legítimo, la edad y a título de qué pretendían ordenarse.[138] Una vez aceptada su candidatura, los clérigos debían demostrar sus conocimientos, patrimonio y calidad social; para ello, debían superar varias pruebas.

LA REVISIÓN DE LOS CONOCIMIENTOS E ÍNDICES DE APROBACIÓN Y REPROBACIÓN

Con atención a lo estipulado en Trento, se nombraron examinadores sinodales, generalmente curas de la ciudad de México, que revisaron los conocimientos de gramática latina, teología moral, doctrina cristiana (evangelios, catecismo, breviario de párrocos) y lenguas indígenas.[139] Con Lanciego, los tres principales fueron Pedro Ramírez del Castillo, José López Contreras y Juan José de la Mota; el primero era examinador de latín y náhuatl, mientras que el segundo y el tercero lo eran de latín y teología moral. Además de éstos, el prelado nombró a otros examinadores eventuales, como en 1722,

---

Clérigos y juristas en Nueva España, Chile y Perú, México, CESU-UNAM/Plaza y Valdés, 2004, pp. 73-109.

[137] No hay trabajos que atiendan específicamente el proceso de ordenación de nuevos clérigos. La historiografía deja la idea de que los aspirantes no tenían más que desear ser clérigos para obtener las órdenes sacerdotales.

[138] AGN, Bienes Nacionales, 41, exp. 5, solicitudes de Órdenes sacerdotales 1700-1720, y exp. 6, órdenes sacerdotales de 1723.

[139] AGN, Bienes Nacionales, 41, exp. 6, fs. 39-39v.

cuando Nicolás de Vargas Machuca, catedrático de lengua en la universidad, fungió como examinador de otomí,[140] o Francisco de Estrada, quien examinó a cuatro clérigos en el idioma mazahua.[141] Cuando acudieron aspirantes de otros obispados, Lanciego se reunió en su palacio con los examinadores para realizar las pruebas.

El análisis de un libro de exámenes, que abarca de 1717 a 1727 y que no debe confundirse con las matrículas de órdenes en donde sólo se anotaba a los aprobados, puede darnos una mejor idea sobre lo que sucedía en los sínodos del palacio arzobispal.[142] El libro está conformado por 2 153 registros de igual número de exámenes. Al margen de cada registro, se anotaron las calificaciones que los sinodales imponían al examinado: aprobado o reprobado para el orden solicitado, muy bueno o deficiente en lengua, en gramática o moral. Incluso se anotaban algunas recomendaciones: "estudie más gramática", "vaya al seminario", "ejercite más la lengua", por mencionar las más recurrentes. El número de exámenes que se realizaron, para todas las órdenes, fue variable año con año.

El número de exámenes no corresponde con el número de personas, pues en realidad se trata de aproximadamente 791 clérigos,[143] quienes presentaron un promedio de tres exámenes. La fluctuación de exámenes de un año a otro indica que las circunstancias de los ordenantes variaban, como por ejemplo, de acuerdo con el número de estudiantes que terminaban sus estudios en los

---

[140] AGN, Bienes Nacionales, 1271, exp. 1, "Título censura de la lengua otomí en los ordenandos en estas temporas de Santa Lucía del año de mil setecientos y veintidós por el bachiller don Nicolás de Vargas Machuca, catedrático de la lengua otomí y nombrado por sinodal en dicho idioma por el Ilustrísimo y Reverendísimo señor arzobispo de México"; algunas de las calificaciones vertidas por este sinodal fueron: "Don Juan de la Barrera: es eminente otomí, nativo, aplicándose puede salir gran ministro", "Don Antonio Bernal: tiene buenos principios de otomí, su propio idioma es la mazahua", "Don José Fernández: está corto en la lengua, la habla poco y la pronuncia menores", "Br. Don Dimas Miguel de Olmedo: tiene copia de voces, alguna pronunciación, no entiende algunas oraciones".

[141] AGN, Bienes Nacionales, 1271, exp. 1, año de 1722 y 41, exp. 6, f. 137. En otros casos, los aspirantes eran enviados con examinadores eventuales, algún cura experto por ejemplo, cuando había que hacerles exámenes especiales, por ejemplo en canto y oraciones de misa. Juan Antonio Fábrega examinó en canto y oraciones de misa a algunos aspirantes a presbíteros que le envió el arzobispo.

[142] AGN, Bienes Nacionales, 1271, exp. 1. Esta fuente destaca por su escasez, pues hasta ahora no he hallado referencia sobre una similar para otros periodos arzobispales del siglo XVIII.

[143] En algunos casos, hay ciertas dudas sobre si algunas variantes en nombres parecidos corresponden a un mismo clérigo o no. En tales ocasiones, se comparó el resto de los datos para decidir tal cuestión. Por supuesto que siempre cabe la posibilidad del error, pero considero que tal margen de equivocación no afecta en lo más mínimo las tendencias generales.

Cuadro 5

Exámenes por año de aspirantes al sacerdocio, 1717-1727

Año	Número de exámenes	Aprobados	%	Reprobados	%	No se registra resultado	%
1717	126	97	7*	26	20	3	2
1718	99	52	52	14	14	33	33
1719	193	145	75	41	21	7	4
1720	187	90	48	57	30	40	21
1721	206	55	26	52	25	99	48
1722	261	114	43	77	29	70	26
1723	239	151	63	84	35	4	1
1724	164	100	61	53	32	11	7
1725	299	157	52	74	25	68	23
1726	187	110	59	69	37	8	4
1727	192	102	53	75	39	15	8
Totales	2 153	1 173	54	622	29	358	17

Fuente: Archivo General de la Nación, Bienes Nacionales, 1271, exp. 1.
* No se anotan los decimales de cada resultado porcentual.

colegios;[144] también hay que tomar en cuenta a clérigos de otras poblaciones que llegaban de vez en vez a ordenarse.[145] Del total de exámenes efectuados, 54 por ciento fue aprobatorio, mientras que 29 por ciento fue reprobatorio. Este hecho es muy relevante porque prueba que la ordenación sacerdotal no era mero trámite ni que todo aquel que así lo deseara, por ese simple

[144] En 1717, hubo 61 colegiales que se graduaron entre ambos colegios, en 1718 fueron 98 y en 1724 fueron 73, por ejemplo; véase Rodolfo Aguirre Salvador, "Grados y colegios en la Nueva España, 1704-1767", en *Tzintzun, Revista de Estudios Históricos*, núm. 36, julio-diciembre de 2002, pp. 50-51. Por supuesto que no necesariamente debe haber una relación directa entre los colegiales y los nuevos clérigos, pero sí es un hecho que muchos de los primeros obtenían después las órdenes sacerdotales.

[145] Cuando una diócesis carecía de obispo, se permitía que el cabildo en sede vacante examinara a los aspirantes para las órdenes sacerdotales y extendiera una especie de certificados de aprobación llamados "cartas dimisorias" para ir ante otro obispo y alcanzar su objetivo.

CUADRO 6

Resultados de exámenes por orden sacerdotal, 1717-1727

	A	%	B	%	C	%	D	%	E	%
Aprobados	479	62.5	62	42.3	232	62.8	192	53.1	1 165	55.1
Reprobados	167	21.8	261	42.2	89	24.1	91	25.2	608	28.7
No se registra el resultado	120	15.6	95	15.3	48	13.0	78	21.6	341	16.1
Total de exámenes	766	100	618	100	369	100	361	100	2 114*	100

Fuente: Archivo General de la Nación, Bienes Nacionales, 1271, exp. 1.
A= Órdenes menores, B= Subdiáconos, C= Diáconos, D= Presbíteros, E= Total.
*No se han incluido 39 exámenes en cuyo registro no se especifica la orden solicitada; factor que explica también el porqué los porcentajes finales difieren, en forma mínima, de los del cuadro anterior.

deseo, tenía garantizado su acceso al clero. Si analizamos el resultado de los exámenes, según la orden, se hallan matices interesantes.

Según los resultados anteriores, podemos confirmar la idea sabida de que era más fácil conseguir las órdenes menores que encontrarse con las mayores. Las razones pueden hallarse en las mismas anotaciones de los sinodales: el joven daba "buenas esperanzas" de convertirse en un buen sacerdote, daba muestras de tener aptitudes para proseguir con su formación, prometía aprender una lengua, o bien, se le aprobaba para que pudiera acceder a la renta de una capellanía. Queda claro que las exigencias de los sinodales eran menores, en cuestión de capacidad académica o de conocimientos, y que la política fue de no cerrar, de inicio, la posibilidad a los candidatos, a menos que se tuviera una razón clara. El nivel de exigencia respecto a las lenguas, por ejemplo, era variable, dependiendo de la orden solicitada y a título de qué se pretendían ordenar. A un clérigo de menores que pedía ordenarse a título de capellanía, los sinodales le aceptaban sin mayor reparo un conocimiento mínimo de vocablos indígenas. En cambio, a un clérigo de menores que se ordenaría sólo a título de lengua, se le pedía ya hablar con fluidez el idioma, pues se consideraba que el individuo iba a vivir de ese conocimiento. Para las órdenes mayores aumentaban, obviamente, las exigencias, aun cuando el diácono o presbítero quisiera ordenarse a título de capellanía.

La orden en donde más reprobaban, entre 1717 y 1727, era la de subdiácono. Todo indica que, si para las órdenes menores se exigía sólo un mínimo de aptitudes y conocimientos, para las siguientes se aumentaban sustancialmente las exigencias, sirviendo como un auténtico filtro para obtener la máxima orden de presbítero, lo cual también ayudaría a explicar el porqué una buena parte del clero estuvo constituida por clérigos de órdenes menores. Un ejemplo elocuente es el de Juan Vicente Benítez, quien realizó doce exámenes entre 1719 y 1727. En el primero, no tuvo problemas en obtener las órdenes menores a título de idioma otomí. Sin embargo, en los siguientes años fue reprobado una y otra vez en su intento por alcanzar el subdiaconado. En 1724, incluso ya se había graduado de bachiller en Artes en la universidad, pero ni ello le valió. Según los sinodales, su dominio de la lengua fue siempre mediocre, al igual que el latín, y puesto que no tenía capellanía, no hallaban mayores méritos para aprobarlo.[146] Algunas de las calificaciones reprobatorias de los examinadores fueron: Pedro Nolasco Bejarano: "hijo legítimo - no lee con decencia - construye algo tiene el tino de mover el cuerpo violentamente - dijo algo de oración - nada de lengua y es único título";[147] Nicolás Fernández: "hijo legítimo - desengañarle porque no sabe leer y menos construir - está en 25 años";[148] Antonio Marcelino Flores: "hijo legítimo - natural - no lee palabra - no da esperanzas de leer bien - desengáñese".[149]

Como es posible observar, sin un nivel mínimo de gramática latina, los sinodales de Lanciego se negaron a dar cualquier orden a los estudiantes; podían tolerar deficiencias en la lengua indígena, confiando en una superación futura, no así con el latín.

LA REVISIÓN DEL PATRIMONIO

Respecto al patrimonio, los aspirantes debían manifestar a qué título querían ordenarse.[150] En el caso de quienes declaraban poseer la renta de una o más capellanías, se investigaba su veracidad en el juzgado de testamentos y ca-

---

[146] AGN, Bienes Nacionales, 1271, exp. 1, fs. 12, 20v, 30, 42, 51v, 63, 75, 134, 150, 160, 172v y 203v.
[147] *Ibid.*, f. 145v.
[148] *Ibid.*, f. 123.
[149] *Ibid.*, f. 210v.
[150] AGN, Bienes Nacionales, 41, exp. 5, "Ilustrísimo y reverendísimo señor. El bachiller don Juan Manuel Jacinto de Vera, domiciliario de este arzobispado, natural de la ciudad de Santiago de Querétaro, hijo legítimo de don Roque de Vera y doña Gertrudis Bernarda de Adame, vecinos de dicha ciudad, parezco ante vuestra señoría ilustrísima en la mejor forma que puedo y digo que en atención a saber se sirve vuestra señoría ilustrísima de celebrar órdenes en estas próximas temporas de San Matías, por ser mi deseo el servir a Dios administrando a los próximos en el bien espiritual se ha de dignar vuestra señoría ilustrísima de conferirme prima tonsura y cuatro órdenes menores a título de mi capellanía y el idioma otomí".

pellanías; para quienes venían de otra diócesis, se les pedía una certificación de tener ya en posesión canónica una fundación.[151]

Aunque en la normativa conciliar no estaban explícitamente mencionadas las capellanías, cumplían muy bien con la exigencia de que todo clérigo tuviera con qué sustentarse para salvaguardar la decencia del estado eclesiástico. La popularización de la capellanía, tanto en España[152] como en Nueva España es indudable, al permitir a los hijos disfrutar una renta mínima para vivir, además de servir para el ingreso a la Iglesia. De hecho, las familias acomodadas y ricas dejaban a su descendencia varias de esas fundaciones para que disfrutaran una vida más o menos holgada, en caso de que el hijo clérigo no pudiera hacer una carrera eclesiástica exitosa. Entre 1717 y 1727, 56.2 por ciento de los clérigos, es decir, 376 individuos, solicitaron ordenarse a título de capellanía. De éstos, 217 declararon tener sólo ese sustento, mientras que 159 expresaron querer ordenarse a título de capellanía y de alguna lengua indígena;[153] este solo dato refleja la importancia que había adquirido la fundación de capellanías para la renovación del clero en el arzobispado de México.

Por supuesto que la mitra verificaba que el clérigo, en efecto, gozaba de tal renta, pues a decir de prelados como Ortega y Montañés, muchas capellanías no se cobraban porque las haciendas o los inmuebles en donde los capitales estaban impuestos se hallaban en ruinas;[154] para ello, se contaba con la ayuda del juzgado de testamentos, capellanías y obras país, cuyo titular sancionaba el disfrute o no de la renta. Para los jóvenes era muy importante alcanzar las órdenes, pues en caso contrario no podían gozar de las rentas de su o sus capellanías. Puesto que para oficiar las misas obligatorias y poder percibir la renta el capellán titular de una fundación debía ser presbítero, es entendible la búsqueda expedita de las órdenes. En el caso de lo capellanes titulares que aún no eran presbíteros, la opción era nombrar a un capellán interino, presbítero, que oficiara las misas, a cambio de lo cual se le pagaba una parte convenida de las rentas. En ocasiones, las órdenes se le daban al clérigo, entre otras consideraciones, para que por fin

[151] AGN, Bienes Nacionales, 779, exp. 2, colaciones de capellanías de clérigos para poder ordenarse de mayores.

[152] Maximiliano Barrio Gozalo, "El clero bajo sospecha a principios del siglo XVIII. El informe de Macanaz y la respuesta de los obispos", en *Investigaciones Históricas*, núm. 22, 2002, p. 53. En Sevilla, 91 por ciento de los clérigos se ordenaba a título de capellanía por entonces.

[153] Rodolfo Aguirre Salvador, "El ingreso al clero desde un libro de exámenes del arzobispado de México, 1717-1727", en *Fronteras de la Historia. Revista de Historia Colonial Latinoamericana*, vol. 11, Colombia, Instituto Colombiano de Antropología e Historia, 2006, p. 221.

[154] Ernesto de la Torre Villar, Estudio preliminar, coordinación, bibliografía y notas, *Instrucciones y Memorias de los Virreyes Novohispanos*, México, Porrúa, 1991, pp. 677-678.

pudiera disfrutar su capellanía. Tal fue el caso de José Martínez de Ordoñana, a quien en 1727 se le confirió la primera tonsura "para que se pueda colar su capellanía y tenga tiempo de aplicarse en la gramática".[155] En contraste con lo anterior, casi no hay clérigo que se haya ordenado a título de patrimonio ni menos aún por algún beneficio eclesiástico, como era común en España.

LA REVISIÓN DE LA CALIDAD SOCIAL DE LOS ORDENANTES

Los orígenes sociales de la clerecía del arzobispado fueron otro de los aspectos que preocuparon al arzobispo Lanciego. Desde su punto de vista, la ilegitimidad era algo común en los clérigos de su jurisdicción.[156] En consecuencia, durante su gestión se cuidó mucho de que los ordenantes pudieran demostrar ser hijos legítimos y de orígenes sociales aceptables. Para ello, se pedía a los clérigos dos comprobantes: una certificación de la fe de bautismo del cura del lugar de nacimiento y la información de limpieza y legitimidad sustentada por dos o tres testigos de buen nombre. Tales informaciones también eran llamadas de *moribus et vita*, reminiscencia de siglos anteriores, o bien, "de legitimidad, limpieza y buenas costumbres";[157] su procedencia y extensión eran variables: algunas se hacían en el lugar de origen ante el cura o la autoridad local y eran más extensas que las realizadas ante el secretario del arzobispo, más cortas y, a veces, con sólo dos testigos.[158] Los testimonios

[155] AGN, Bienes Nacionales, 1271, exp.1, f. 208.

[156] Rodolfo Aguirre Salvador, "El ascenso de los clérigos de Nueva España durante el gobierno del arzobispo José Lanciego y Eguilaz", en *Estudios de Historia Novohispana*, núm. 22, 2000, p. 78.

[157] AGN, Bienes Nacionales, 41, exp. 6, "Información de la legitimidad, limpieza, vida y costumbres del bachiller don Diego Días Nava Bernal, vecino de Ixtlahuaca. Para tonsura y cuatro grados. Hecha ante el bachiller don Andrés Bernal de Salvatierra cura juez eclesiástico de la villa de Ixtlahuaca". Tales informaciones no eran exclusivas del ámbito de la ordenación, sino que también se pedían en los conventos, en los colegios o en la universidad y habían llegado a asociarse totalmente con las pruebas de la limpieza de sangre. Georgina Flores Padilla, "Las informaciones de legitimidad, limpieza de sangre y buenas costumbres en el archivo del Colegio de San Ildefonso de la ciudad de México" y Rodolfo Aguirre Salvador, "Las informaciones de legitimidad y limpieza de sangre en la Real Universidad de México. Siglo XVIII", en Gustavo Villanueva Bazán (coord.), *Teoría y práctica archivística II*, (colección Cuadernos del Archivo Histórico de la UNAM, núm. 12), México, CESU-UNAM, 2000, pp. 111-130 y 131-140, respectivamente; también Albert A. Sicroff, *Los estatutos de limpieza de sangre. Controversias entre los siglos XV y XVII*, Madrid, Taurus, 1985.

[158] AGN, Bienes Nacionales, 41, exp. 6, f. 26. La información de legitimidad y limpieza del clérigo Pedro Montes de Oca se resumió en un pequeño papel así: "por Montes de Oca en 2 de septiembre de 1723. Antonio de Roxas, español, vecino de esta ciudad, dueño de tienda de colores en la calle de la acequia, casa del mayorazgo de los Borjas, de 41 años, le conoce de 8 años. Jura de *vita et moribus*".

se ponían por escrito y una vez que eran aprobados se permitía a los interesados proseguir con sus exámenes ante los sinodales.[159] Caso aparte era el de aquellos clérigos que tenían algún impedimento, como por ejemplo los hijos de padres ilegítimos o desconocidos. En estas ocasiones, el proceso de ordenación se complicaba debido a que se exigían más pruebas.

En el libro de exámenes de 1717-1727, la primera cualidad que se anotaba de los clérigos estaba relacionada con su legitimidad, demostrada con la presentación de la fe de bautismo y las declaraciones de tres testigos. Prácticamente no hay registros en el libro que omitan ese requisito, lo cual confirmaría la preocupación de las autoridades eclesiásticas, pues en esa época se presentaban en la ciudad de México altas tasas de ilegitimidad, tanto en los españoles como en los mestizos.[160] Por supuesto que no se puede descartar que varias de esas fes de bautismo de los clérigos expresaran un estatus más que un estricto origen racial.

Algo que llama la atención es que, a pesar de la presentación de la fe, el ser español no se registraba; en cambio, sí se hacía cuando se trataba de algún indio o *mesti-indio*. No es posible, a partir sólo de la información de la fuente, encontrar explicación a por qué se actuó así. También está el asunto de los mestizos, pues no se halla, en la documentación consultada al menos, un solo registro de ellos, a pesar de que ya habían sido aceptados en el sacerdocio y confirmados en la *Recopilación de Indias* de 1681. Es muy posible que un buen número de mestizos, sin poder precisar en qué porcentaje, sí accediera a las órdenes con la etiqueta de "español". El problema estriba en saber por qué la mitra no lo reconoció abiertamente en sus registros, como con los indios.[161] ¿Sería acaso que ante la evidencia de que los clérigos mestizos presentaban fe de bautismo de "español", documentos que expedían sus mismos curas, la mitra prefirió omitir el asunto para no comprometerse?

[159] AGN, Bienes Nacionales, 1177, exp. 7: paralelamente, la curia publicaba amonestaciones impresas que se pegaban en las puertas de la iglesia parroquial de donde el ordenante era feligrés; se hacía responsable al párroco de recibir las posibles denuncias y hacer un informe por escrito a la Secretaría de Cámara y Gobierno del arzobispo. Una amonestación, en su parte central, expresaba lo siguiente: "para que si alguno tuviere algún impedimento que ponerle, así en su legitimación y limpieza, como en su vida, costumbres, lo declaren, pena de excomunión mayor". Tal procedimiento estaba igualmente estipulado en los concilios.

[160] Pilar Gonzalbo, *Familia y orden colonial*, México, El Colegio de México, 1998, p. 178.

[161] Incluso podemos sospechar de cierto descuido, consciente o inconsciente, de los escribanos de la curia a la hora de redactar los registros. En el caso de Juan de Valencia, en su expediente individual de 1723 se declara abiertamente cacique del pueblo de Santiago Atlatonco, provincia de Texcoco, mientras que en su registro, en el libro de exámenes, simple y sencillamente omite tal condición, en comparación con los otros indios que sí aparecen. Véanse tales informaciones en AGN, Bienes Nacionales, 1261, exp. 1 y 1271, exp. 1, f. 107.

Lo cierto es que la ambigüedad priva en cuanto a la calificación del origen racial del clero. Habrá que esperar nuevas investigaciones que profundicen en este asunto siempre complicado.

Los examinadores sinodales también revisaban a los aspirantes tanto en su aspecto físico como en su personalidad. Respecto al primer rubro, pueden hallarse en el libro de exámenes anotaciones sobre algún defecto físico: "le falta un pedazo de una oreja", "algo sordo", "atravesado de ojos" o "contrahecho", por ejemplo. Ciertamente, no hay una gran cantidad de este tipo de calificaciones, pero dan cuenta de la preocupación de los sinodales por cuidar la buena presencia de los futuros sacerdotes, misma que también estaba prevista en la normativa conciliar. Respecto a la personalidad, en la época se esperaba hallar en ellos el "genio eclesiástico"; esto es, actitud amable y conciliadora, y humildad y modestia. Algunos calificativos al respecto fueron: "buen genio", "parece modesto" o "de gran modestia y buenas y aun ejemplares virtudes". Pero, igualmente, los sinodales no dejaban de señalar actitudes contrarias, como por ejemplo: "no sabe ni sus modales lo merecen", "soberbio" o "cuidado con este porque parece arrogante y vivo".

LA REVISIÓN DEL EJERCICIO DE LAS ÓRDENES SACRAS

Otro documento que se les pedía a los clérigos que pasaban de una orden a otra era una certificación de haber ejercido previamente las tareas propias de la orden precedente, como la siguiente:

> El bachiller don Francisco de Fuentes, cura por su majestad del santuario y parroquia de Nuestra Señora de Guadalupe, certifico que el bachiller don José de Brito, clérigo de primera tonsura, ha servido con sobrepelliz en varias ocasiones a las misas solemnes que se han cantado en dicha mi parroquia, recibiendo con frecuencia y repetición la sagrada eucaristía. Y porque conste, doy la presente en ocho de diciembre de mil setecientos veintidós años. Bachiller Francisco de Fuentes [rúbrica].[162]

Esta exigencia de la mitra era sumamente importante para la formación práctica de la clerecía que, por vocación o por necesidad, buscaba integrarse al clero parroquial. La formación académica no era suficiente, así que los miembros debían aprender el oficio de cura. Si bien en las aulas

---

[162] AGN, Bienes Nacionales, 1261, exp. 1.

habían aprendido latín, filosofía y moral, y se habían ejercitado en el arte de la oratoria y la elocuencia, ello no bastaba para atender las necesidades espirituales y de sacramentos de una parroquia.

Las tareas básicas que debían aprender, y luego certificar ante la mitra eran, para las órdenes menores, el *ostiario,* que se encargaba de ayudar en la comunión y de cuidar las entradas de las iglesias, cerrando y abriendo sus puertas; el *lector,* que se encargaba de las lecturas ordinarias en la iglesia; el *exorcista,* de la expulsión ritual de espíritus malignos; y el *acólito,* que auxiliaba al cura durante las celebraciones litúrgicas. En las órdenes mayores, al *subdiácono* correspondía la lectura solemne de la epístola durante la misa; al *diácono,* la lectura del evangelio, y al *presbítero,* la celebración de la eucaristía y la administración plena de sacramentos.[163]

Dado que no había cursos formales para aprender todo esto, pues ni en las relaciones de méritos consultadas ni en los planes de estudio de los colegios se hace referencia explícita al respecto, los clérigos debían aprender el oficio de alguna forma. Por ello, después de obtener alguna orden, los clérigos eran enviados a las diferentes parroquias a aprender el oficio pastoral de manera práctica. Marcos Reynel, luego de ordenarse de subdiácono y diácono en 1724: "pasó al curato de Yanhualica a ejercerlos, en donde predicó continuamente el santo evangelio y explicó la doctrina cristiana, ayudando a los oficios de semana santa y a todo lo que al diácono es perteneciente".[164] Manuel Agüero recibió una formación intensiva en la sierra de Cuautzingo, en un curato con quince pueblos de visita, bajo la vigilancia del cura titular.[165] José Manuel de Lora y Escobar expresó que: "inmediatamente que se ordenó y celebró su primera misa, se fue al partido de Tizayucan, en donde administró [...] tres años y medio".[166] En ese curato, Lora se ejercitó en el confesionario diariamente, así como en sermones morales y panegíricos, y pláticas doctrinales en castellano y en mexicano. En premio a sus nuevas capacidades, el arzobispo lo nombró cura coadjutor de Tetela del Volcán. Varios clérigos incluso regresaban a sus pueblos de origen a aprender con el cura de su parroquia. Por supuesto que, para aquellos clérigos que no deseaban seguir la línea parroquial y sólo necesitaban el presbiterado para

---

[163] Manuel Teruel Gregorio de Tejada, *Vocabulario básico de la historia de la Iglesia,* Barcelona, Crítica, 1993, pp. 259-261.

[164] AGN, Bienes Nacionales, 603, exp. 5.

[165] *Idem:* en su relación, Agüero calificaba así su aprendizaje como ministro: "se portó con tal aceptación de su cura, que a su satisfacción pasó a administrar por sí solo lo restante del tiempo hasta ahora la ayuda de la parroquia de Santa María Tlaolan".

[166] *Idem.*

hacer una carrera eclesiástica diferente, quedarse en sus casas, buscar otro tipo de empleos o sólo vivir de sus capellanías, ese aprendizaje era pasajero.

La obtención de la máxima orden de presbítero estaba rodeada de todo un ritual, pues era la culminación de un proceso y el inicio de otro; la primera misa de un presbítero era un acontecimiento muy importante para la familia. Cuando en 1697 el bachiller Felipe Chacón de la Barrera realizó su primera misa, tuvo como padrino de altar al doctor José Adame y Arriaga, arcediano y comisario general de Cruzada, y como padrinos de "agua" al gobernador del marquesado del Valle, Antonio de Deza y Ulloa, caballero de Santiago, y a Miguel de Ubilla, contador del tribunal de cuentas y también caballero de Santiago, sin duda, todo un "aparato social".[167]

Una vez que los ordenantes superaban este conjunto de exámenes y requisitos, el arzobispo ordenaba registrarlos en la matrícula general de órdenes, como lo ordenaban los concilios, aunque no con la totalidad de los datos ahí mencionados.[168] Finalmente, se les citaba para la ceremonia de la ordenación, que se acostumbraba efectuar en el oratorio del palacio arzobispal, en donde el mismo arzobispo otorgaba la orden, según disposición conciliar.[169]

El fomento de clérigos lenguas
como factor de equilibrio en el clero regular

Aparte debemos hablar de la cuestión del conocimiento de las lenguas indígenas como título de ordenación, pues conlleva implicaciones políticas importantes. El control de la evangelización y el dominio de los idiomas nativos estuvieron estrechamente vinculados desde el siglo XVI. Las órdenes religiosas supieron pronto que el camino más expedito para cristianizar a los indios era hablar sus lenguas; misión compleja debido a su diversidad,

---

[167] AGN, Bienes Nacionales, 777, exp. 3.

[168] Tal se ordena en el libro I, título X, parágrafo XXXVI del tercer concilio: "el notario o secretario nombrado al efecto, escriba en dicho registro a todos los promovidos a órdenes, constando en él los nombres de los ordenados, sus padres, pueblo, diócesis e iglesia donde se celebraron los órdenes, los títulos por que fueron promovidos, los testigos, día, mes y año, firmado por él y por los examinadores. Este registro se ha de guardar en el archivo de la iglesia catedral junto con los demás papeles de ella", María del Pilar Martínez López-Cano, Elisa Itzel García y Marcela Rocío García, "III concilio y Directorio", en María del Pilar Martínez López-Cano (coord.), *Concilios provinciales mexicanos. Época colonial*, México, IIH-UNAM, 2004, CD.

[169] AGN, Bienes Nacionales, 41, exp. 6, fs. 18ss.

por lo que pronto se dieron a la tarea de aprenderlas, y a mediados del siglo XVI ya había verdaderos expertos.[170] Ello explica, por un lado, la relación que se estableció entonces entre la formación sacerdotal y el aprendizaje de los idiomas; y, por el otro, el apoyo para su preservación. El mismo Bartolomé de Las Casas ya había aconsejado que los prelados aprendieran las lenguas para desarrollar mejor sus funciones.[171] No obstante que la Corona insistió en castellanizar a los indios,[172] Felipe II acabó impulsándolas también en la formación del clero: la cédula del patronato de 1574 ordenó a las autoridades eclesiásticas que para la provisión de cualquier cargo eclesiástico prefirieran "a los que mejor supieren la lengua de los indios".[173] Otra cédula de 1578 disponía que cualquier clérigo o religioso que fuera a ocupar algún cargo en las parroquias de indios debería saber "la lengua general", y que los que no la supiesen deberían aprenderla en alguna cátedra.[174]

Hacia 1580, el monarca emitió una cédula más que tuvo amplias repercusiones en el futuro del clero secular novohispano.[175] En ella, el rey obligaba al clero a saber la lengua de sus feligreses, para lo cual pidió a los obispos no ordenar: "a ninguna persona que no sepa la lengua general de los dichos indios".[176] En ese mismo documento, se dispuso la creación de una cátedra de lengua en la Real Universidad de México con el mismo objetivo.[177] Paralelamente, detractores del clero regular acusaron a los frailes de conservar los idiomas para apartar a los naturales de los españoles y consolidar su poder; otra acusación fue que los indios se conservaban así en sus ritos e idolatrías. Los religiosos se defendieron alegando que, al conocer bien las lenguas, podían enseñar mejor la fe a los nativos. Para fines

---

[170] Esta problemática fue señalada hace ya muchos años por Robert Ricard, *La conquista espiritual de México. Ensayo sobre el apostolado y los métodos misioneros de las órdenes mendicantes en la Nueva España de 1523-1524 a 1572*, México, FCE, 1986, especialmente el capítulo II: "Preparación etnográfica y lingüística del misionero".

[171] María Bono López, *op. cit.*, p. 12.

[172] *Ibid.*, p. 24.

[173] *Recopilación de las Leyes...*, *op. cit.*, tomo I, libro I, título VI, ley XXIX, p. 26.

[174] *Idem*.

[175] Real cédula de 19 de septiembre de 1580, en John T. Lanning, *Reales cédulas de la Real y Pontificia Universidad de México de 1551 a 1816*, México, Imprenta Universitaria, 1946, pp. 296-298.

[176] *Ibid.* p. 297.

[177] No obstante, la fundación de las cátedras de lenguas aún tardaría, pues todavía en 1626, el proyecto de estatutos para la universidad, ordenado por el virrey marqués de Cerralvo, seguía insistiendo en la provisión de la cátedra de lengua mexicana. *Proyecto de estatutos ordenados por el virrey Cerralvo (1626)*, edición crítica de Enrique González González, México, CESU-UNAM, 1991, pp. 172-173.

del siglo XVI, la Iglesia en su conjunto acabó por aceptar que, puesto que la castellanización de los nativos se llevaría mucho más tiempo, lo mejor era fomentar la formación de clérigos lenguas; por ello, no es de extrañar que en el tercer concilio mexicano, en 1585, se tratara el asunto directamente:

> Considerando, además, este sínodo la suma necesidad que hay en esta provincia de ministros que sepan bien la lengua materna de los indígenas, decreta que los que supieren alguna de estas lenguas sean promovidos a los sagrados órdenes, aun cuando no tengan beneficio, patrimonio o pensión que les dé lo suficiente para mantener la vida. Porque es verosímil que a estos no obste, para que se ordenen, el peligro de mendigar; pues si a las costumbres, a la ciencia y a la edad requeridas, se agrega también el uso de la lengua de los indios con que puedan administrar a estos los sacramentos y demás ministerios espirituales, este recurso puede juzgarse suficiente para que puedan adquirir su sustento con decoro del orden eclesiástico.[178]

El considerar el conocimiento de una lengua como un "patrimonio intelectual" del clérigo se convirtió en un estímulo muy importante para la clerecía del arzobispado de México; además, esta disposición dirigía su mirada a minar la preponderancia de los frailes en cuanto al conocimiento de las lenguas y al control de la población indígena, dándose así otro paso a favor del clero secular para la esperada secularización de las doctrinas.

Años después, el obispo de Puebla, Juan de Palafox, creó la cátedra de náhuatl en el recién fundado Seminario Conciliar de San Pedro y San Juan;[179] además, el prelado recomendó en sus cartas pastorales que los párrocos debían adquirir el dominio de las lenguas para facilitar la administración espiritual, así como que debían tener un vocabulario de las mismas.[180]

Por esa misma época, la Corona retomó el asunto de la castellanización indígena, lo cual no era necesariamente una contradicción, sino la otra cara de una misma política de largo plazo. En 1636, se ordenó a los curas y doctrineros de indios y, en 1686, a los funcionarios, que hicieran efectiva la enseñanza del español a los indios.[181] En 1690, el obispo de Oaxaca explicó

---

[178] Libro I, título IV, párrafo I: "Ningún clérigo secular sea admitido a las órdenes si no tiene beneficio", en María del Pilar Martínez López-Cano, Elisa Itzel García y Marcela Rocío García, "III concilio y Directorio", en María del Pilar Martínez López-Cano (coord.), *Concilios provinciales mexicanos. Época colonial*, México, IIH-UNAM, 2004, CD.

[179] David A. Brading, *Orbe indiano. De la monarquía católica a la república criolla, 1492-1867*, México, FCE, 1993, p. 260, nota 4.

[180] *Ibid.*, pp. 534-535.

[181] María Bono López, *op. cit.*, pp. 25-26.

cuál era el estado de conocimiento de la lengua castellana en los indios de su jurisdicción, luego de más de 160 años de evangelización:

> en la visita que acaba de hacer de la costa del sur, halló en uno u otro pueblo algunos pocos niños indios que, examinados por el mismo obispo, le han dicho parte de la doctrina cristiana en la lengua castellana, pero solamente profiriendo lo material de las voces sin inteligencia de lo que dicen [...] que a ningún prelado de las Indias importa tanto se logre mi deseo como a él por hablarse en su obispo veinticuatro diversas lenguas, algunas de voces tan ásperas y difíciles de pronunciar que se articulan parte por las narices y parte por la garganta [...] Y por eso son imposibles de escribir y de gravísimo cuidado suyo hallar ministros idóneos en tanta variedad de idiomas.[182]

La pervivencia de las lenguas indígenas no sólo en Oaxaca, sino en todo el virreinato fue, pues, una constante que incidió directamente en la formación del clero secular. La reconstitución de las comunidades indígenas en el siglo XVII[183] implicó también el reforzamiento de sus idiomas. La problemática de hallar ministros que supieran las lenguas en el arzobispado de México quizá no era tan acusada en comparación con la de Oaxaca, pero era evidente que en el siglo XVIII los arzobispos seguían buscando clérigos que dominasen bien el náhuatl, el otomí o, más difícil aún de hallar, el mazahua o el huasteco.

A mediados de esa centuria, el arzobispo Manuel Rubio y Salinas, quien inició una campaña sistemática de creación de escuelas de castellano en su jurisdicción,[184] seguía quejándose de que los misioneros no hubieran enseñado el español a los indios, pues desde su punto de vista no era posible explicar los misterios de la fe en sus lenguas, y consideraba de la máxima importancia hacer desaparecer su uso.

No obstante, la realidad volvió a mostrarle que esa tarea llevaría más tiempo y, en consecuencia, siguió solicitando clérigos conocedores de las lenguas,[185] aun cuando no tuviera una buena opinión de ellos.

[182] AGN, Reales Cédulas Originales, 23, exp. 41, fs.202-203 v.

[183] Véanse los trabajos de Marcelo Carmagnani, *El regreso de los dioses. El proceso de reconstitución de la identidad étnica en Oaxaca. Siglos XVII y XVIII*, México, FCE, 1988, y de Tomás Jalpa Flores, "La construcción de los nuevos asentamientos en el ámbito rural: el caso de las cabeceras de la Provincia de Chalco durante los siglos XVI y XVII", en *Estudios de Historia Novohispana*, núm. 39, julio-diciembre de 2008, pp. 17-42.

[184] Dorothy Tanck de Estrada, *Pueblos de indios y educación en el México colonial, 1750-1821*, México, El Colegio de México, 1999, p. 158.

[185] María Bono López, *op. cit.*, p. 33.

Todavía en el cuarto concilio provincial mexicano se aceptó la ordenación de clérigos a título de lengua, aunque se estableció que fueran sólo
aquellos que demostraran tener de qué vivir para evitar que anduvieran
mendigando.[186]

EL APRENDIZAJE DE LAS LENGUAS POR EL CLERO Y SU CALIFICACIÓN

Según el libro de exámenes de 1717-1727, 54.8 por ciento de los clérigos
examinados expresaron conocer una lengua. Ese solo dato demuestra el
fracaso de las políticas desde dos siglos atrás por castellanizar al total de la
población indígena y la aceptación de la Iglesia para incluir en la formación
de sus ministros un idioma nativo. Los principales idiomas aprendidos por
los clérigos del arzobispado eran el náhuatl y el otomí, y sólo algunos sabían
mazahua, matlatzinca, huasteco, totonaco o pame, hablados en regiones
específicas del arzobispado. Claro que el conocimiento de las lenguas era
desigual entre los clérigos. Según los criterios de calificación usados por los
sinodales, podemos dividirlos en tres niveles de conocimiento de las lenguas.
Treinta y cinco por ciento de los ordenantes, 134 individuos, fueron considerados desde "buenos" hasta "eminentes" conocedores de los idiomas,
capaces de administrar todos los sacramentos sin necesidad de alguna otra
preparación. Así fue el caso del presbítero José Barba Coronado, de quien
se anotó: "eminente lengua, aprobado para el orden y para administrar a
indios por el presbiterado anual";[187] ello no quiere decir que todos hayan
logrado la orden por su solo dominio del idioma, pues 35 fueron reprobados,
aunque no por la lengua, sino por deficiencias en el latín.[188]

Un segundo sector de clérigos, 155 sujetos, 41 por ciento del total, fue calificado como "suficiente" en alguna lengua para administrar y predicar la doctrina.
De ellos, 108 alcanzaron la orden deseada y 47 también fueron reprobados por
sus deficiencias en el latín. Diego Casimiro Garduño, quien se ordenó de subdiá-

---

[186] Libro 1°, título IV: "De la edad y calidades de los que han de ordenar y del escrutinio
que se ha de hacer", parágrafo 8°, en Luisa Zahino Peñafort (comp.), *El cardenal Lorenzana
y el IV Concilio Provincial Mexicano*, México, Miguel Ángel Porrúa/UNAM/Universidad de
Castilla-La Mancha-Cortes de Castilla-La Mancha, 1999, pp. 70-71.

[187] AGN, Bienes Nacionales, 1271, exp. 1, f. 44.

[188] *Ibid.*, f. 22 y f. 25. Tal fue el caso de José Martínez Orejón, quien pidió la orden de
diácono en 1719, a título de mexicano. Los sinodales lo reprobaron y su calificación final fue:
"aprobado en lengua, aprenda gramática". En el caso del clérigo Francisco de Sales, también
reprobado, el resultado de sus exámenes fue anotado de forma más explícita: "buen mexicano
pero idiota en la gramática".

cono a título de capellanía y mazahua, fue calificado: "en lengua: mediano".[189] Francisco Gerardo Legorreta alcanzó las órdenes a título también de mazahua, gracias a que el sinodal anotó: "nativo en lengua y suficiente en ella".[190]

El restante 25 por ciento de los clérigos de ese periodo, 90 individuos, recibió calificaciones muy poco favorables en el idioma; 28 de ellos incluso fueron reprobados por ese hecho, y es que a aquellos que se querían ordenar a título sólo de idioma, se les exigía un mayor conocimiento. Eso sucedió con Pedro Nolasco Bejarano, quien intentó ordenarse a título de mazahua; su sinodal de lengua anotó: "nada de lengua y es único título".[191] El sinodal de Manuel Antonio González fue más explícito en la justificación que se anotó para reprobarlo: "no tiene título porque el otomí que propone no lo tiene en grado que constituya título, ni en la pronunciación ni en la inteligencia".[192]

Las mayores capacidades al respecto se pedían a los presbíteros que tenían como único patrimonio la lengua: tenían que hablarla y entenderla con precisión, además de que debían explicar con eficacia la doctrina cristiana y los sacramentos; de no ser así, había muchas probabilidades de que fueran reprobados y se les pedía regresar cuando estuvieran mejor preparados. En otras ocasiones, el sinodal reprobaba a un clérigo, no porque no supiera hablar la lengua, sino porque no la comprendía, como en el examen de náhuatl del licenciado José Castellanos, cuya calificación fue: "tiene algunos tenues principios del idioma, sabe las oraciones como papagayo".[193] Caso diferente fue el de aquellos clérigos que, a pesar de estar deficientes en lengua, fueron aprobados, bien porque también contaban con el respaldo de la renta de una capellanía, o porque demostraban que para su desempeño futuro en la Iglesia no necesitaban tanto saber un idioma indígena.[194]

Había tres formas de acceder a las lenguas indígenas por parte de los clérigos. Una de ellas era el aprendizaje desde niños por haber convivido con indios en sus pueblos, como fue el caso de Juan García de Enciso, quien expresó que sabía la lengua *ab infantia*,[195] o el de Bartolomé Fernández, origi-

---

[189] *Ibid.*, f. 186v.

[190] *Ibid.*, f. 211v.

[191] *Ibid.*, f. 145v.

[192] *Ibid.*, f. 216.

[193] AGN, Bienes Nacionales, 1271, exp. 1, "Examinados en el idioma mexicano para primera y cuatro grados".

[194] *Ibid.*, f. 163v. Así lo confirman los exámenes de Miguel Martínez Aguilar, ordenado de presbítero en 1725; sus calificaciones fueron: "lee razonable, construye algo [latín], estudia cánones, algo tartamudo, se aprueba por estar estudiando, reprobado en lengua, pase por ser profesor de letras".

[195] AGN, Bienes Nacionales, 1075, exp. 1, f. 85.

nario de Teoloyucan, en donde aprendió, "con todo esmero el idioma otomí por ser el que hablan aquellos naturales".[196] El haber aprendido una lengua indígena en la niñez no era una garantía de que su nivel de conocimiento fuera suficiente para la administración, como lo comprobó bien el doctor Ignacio Ramón Moreno, originario de Actopan, quien, aunque pudo ordenarse con otomí y alcanzar el curato de Tequisquiapan, tuvo aún que aprender a predicar en el mismo.[197] Una segunda forma de aprender lenguas de los clérigos era estudiando en libros y asistiendo a cátedras. Ése fue el caso del doctor Miguel de Araujo, quien, desengañado de la carrera académica en la capital, giró sus pretensiones hacia la línea de curatos de habla mexicana:

> Tiene asimismo hecha oposición en el presente concurso y para esto, en muy corto tiempo, se impuso en las reglas del arte que, para aprender el idioma mexicano, dispuso uno de los más célebres y modernos maestros de él, tomando de memoria las oraciones, sacramentos, mandamientos, artículos y demás rudimentos de nuestra santa fe, con el formulario que para administrar el viático y extrema-unción, con la más corriente práctica del confesionario.[198]

Las cátedras de lengua de la universidad de México y del seminario tridentino fueron fundamentales en la formación de muchos clérigos del arzobispado. Para Juan Faustino Juárez Escobedo, más que la obtención de los grados, quizá fue de mayor importancia el aprendizaje de la lengua náhuatl en la universidad; conocimiento que sería básico para su posterior trayectoria eclesiástica.[199] Si la mitra consideraba que algún clérigo hablante nativo no tenía un buen nivel, lo enviaba a estudiar. Algunos, como el bachiller Antonio Martínez de Garate, iban a Puebla a estudiar filosofía y lengua mexicana.[200] Se consideraba que, aunque tuvieran el conocimiento práctico de una lengua, varios necesitaban estudiarla aun más para poder administrar, como el bachiller José Ildefonso de la Herrán: "aun siendo nativo en el idioma mexicano, por ser oriundo del pueblo de Ozumba, cursó la cátedra en dicho pontificio seminario".[201] Y es que en las cátedras, como

---

[196] AGN, Bienes Nacionales, 1075, exp. 1.

[197] AGN, Bienes Nacionales, 603, exp. 5.

[198] *Idem.*

[199] AGN, Bienes Nacionales, 199, exp. 12: "El día 27 de febrero del año de 1726 recibió certificación de haber cursado la cátedra de la lengua mexicana en la Real Universidad desde el año de 24, en donde aprendió dicha lengua con aplauso de su catedrático el reverendo padre maestro fraile Jacinto González, religioso de Nuestra Señora de la Merced".

[200] AGN, Bienes Nacionales, 1075, exp. 1, f. 109.

[201] AGN, Bienes Nacionales, 603, exp. 5.

las del seminario conciliar, el aprendizaje de las lenguas se enfocaba, obviamente, a practicar la administración espiritual en otomí o mexicano, como lo señaló el catedrático de náhuatl Carlos de Tapia Zenteno:

el bachiller don Manuel Aguero ha cursado la cátedra de lengua mexicana [...] con la mayor aplicación, haciendo no solo las pláticas de práctica, que acostumbro señalar a cada uno en cada semana, sino aun pidiendo licencia para escribir y enmendar otras que hacía particularmente, con cuyo ejercicio salió tan aprovechado, que pudo debidamente recibir a este título, hasta el sagrado orden de presbítero, y estar capaz de administrar fructuosamente los santos sacramentos.[202]

Finalmente, la tercera forma de aprendizaje era la de aquellos clérigos que primero se ordenaban y sólo después iban, no a las cátedras o a los libros, sino con los indios, expresamente a aprender para poder algún día llegar a administrar en lengua indígena; clérigos pobres, necesitados de ser contratados como ayudantes, no les quedaba otro camino que aceptar la exigencia de saber alguna lengua. Francisco Antonio de Avilés, clérigo de menores, no tuvo otro remedio que salir de la ciudad:

por no tener quien me mantuviera en esta ciudad, me fui a la de Toluca, en casa de un deudo quien por amor de dios me mantuvo en ella, mientras me perfeccioné en el idioma mexicano [...] y juntamente me ejercité en estudiar la teología moral con los religiosos de aquel lugar.[203]

En el caso del bachiller Blas Sánchez Salmerón, al ya no poder mantenerse en la ciudad para continuar sus estudios teológicos, se fue: "con el bachiller don Nicolás de Madera, cura entonces de Chiapa de Mota de este arzobispado, en cuya compañía me perfeccioné en el idioma otomí".[204] Miguel Benítez de Ariza, luego de graduarse en filosofía, se fue a tierra caliente a estudiar lengua.[205] Bernardino Pablo López Escobedo se fue en 1745 con el cura de Tlachichilco como ayudante y ahí aprendió el tepehua.[206]

No faltaron clérigos que, en cuanto obtuvieron la titularidad de una capellanía, abandonaron el estudio de las lenguas, buscando distanciarse

[202] *Idem.*
[203] AGN, Bienes Nacionales, exp. 1075, exp. 1, f. 87.
[204] *Ibid.*, f. 108.
[205] AGN, Bienes Nacionales, 199, exp. 12.
[206] *Idem.*

de curatos y cargos marginales.[207] Asimismo, el aprendizaje de una lengua podía estar en función de las expectativas de colocación de los opositores a curatos. Francisco Pérez Luzardo era originario de Ixtlahuaca, en donde aprendió mazahua, lengua poco conocida en el clero, por lo que incluso fue examinador sinodal. Sin embargo, por el corto número de curatos de esta lengua, decidió estudiar también otomí para tener más posibilidades de obtener un beneficio.[208] Por su parte, Diego Antonio Rodríguez declaró abiertamente cuál había sido su interés en servir como vicario en Misquiahuala por nueves meses:

> Echó matrícula en la facultad de sagrados cánones, que no prosiguió por su suma pobreza. Por el mes de agosto de dicho año se retiró al pueblo de Misquiahuala a aprender el idioma otomí, que consiguió en termino de tres años, a cuyo título fue admitido a órdenes [...] luego fue vicario del partido de Misquiahuala, que sirvió nueve meses, sin otro interés que el practicar el idioma.[209]

Cada forma de conocimiento de la lengua tenía sus ventajas y desventajas, al decir de los examinadores. En el caso de los clérigos "nativos", su principal cualidad era la expresión oral fluida de la lengua y su fácil comunicación con los indios. No obstante, para llegar a ordenarse, debían aprender a traducir bien del latín al náhuatl u otomí, por ejemplo, el catecismo o los sacramentos. Dado que ya tenían cierta forma de hablar coloquialmente la lengua ("lengua vulgar" decían los examinadores), les costaba trabajo cambiar su pronunciación a la hora de explicar los evangelios. Cuando Pedro Montes de Oca se examinó en 1726 para ordenarse de menores, aunque fue aprobado, su sinodal no dejó de registrar sus defectos en la lengua: "sabe lo común de la lengua, le falta lo que toca a administración".[210] Igual fue el

---

[207] *Idem*; el bachiller don Antonio de Melo Vasconcelos: "Estudió el idioma otomí un año, a cuyo título se hubiera ordenado a no haber sido nombrado en su colegio capellán de una capellanía, por haber concurrido en él las circunstancias de colegial antiguo, pasante, etc. con la que se promovió hasta el sacro orden de presbítero, sacó luego licencias generales de confesor y predicador".

[208] AGN, Bienes Nacionales, 199, exp. 12. "Está ordenado a Titulo de dicho Idioma; y después estudió el Otomí, en el que tiene hechas seis oposiciones, cuatro a Curatos, y dos para refrendar licencias de Confesar. En el Concurso pasado de Curatos, entró con los Idiomas mazahua y otomí; y habiendo sido examinado, no les pareció â los Sinodales de dicho Otomí, estaba apto para Cura; y con este motivo se ha dedicado con mucho empeño â perfeccionarse en él".

[209] AGN, Bienes Nacionales, 199, exp. 12.

[210] AGN, Bienes Nacionales, 1271, exp. 1, f. 116.

caso de Cristóbal de la Puente, de quien se dijo: "en lengua nativo, le falta el teotlatolli y porque es título venga en las próximas órdenes".[211]

Las dificultades para los clérigos que aprendían lenguas en cátedras y libros no eran menores: el academicismo los volvía quizá buenos gramáticos, pero muy mecánicos a la hora de hablar o comprender. Los examinadores señalaban que eran "torpes" en la pronunciación y "cortos" para entender. En 1726, Jorge Martínez de la Vaza se ordenó de menores a título de otomí; su sinodal de lengua anotó: "lengua aprendida por arte, copia de voces, violenta pronunciación, con ejercicio se perfeccionará".[212] Por ello es que no eran raros los clérigos que seguían perfeccionando las lenguas de manera más práctica y se iban a vivir a los pueblos de indios con ese propósito. Un excelente ejemplo es el del presbítero Felipe de la Puente, quien en 1720 fue ordenado, pero los sinodales lo enviaron a seguir estudiando mexicano: "principios de mexicano, sabe el catecismo pero en bruto y sin inteligencia, vaya a entenderlo entre los indios y vuelva en septiembre para licencia de confesar en mexicano. Administre en el partido en castellano".[213]

Las siguientes expresiones de los sinodales, en el cuadro 7, sobre la competencia de los clérigos lenguas, nos pueden ayudar a entender qué se esperaba de ellos; en este caso, se trata de los examinados en otomí por José Antonio Estrada y Salvatierra en septiembre de 1726.

ÍNDICES DE ORDENACIÓN A TÍTULO DE LENGUA

Las matrículas de órdenes sacerdotales demuestran que varios cientos de clérigos se ordenaron a título de idioma y que los arzobispos permitieron esa vía, algunos mucho más que otros, con lo cual un mayor número de jóvenes pobres pudieron acceder al sacerdocio.

Durante la gestión del arzobispo Aguiar y Seijas, entre 1680 y 1698, las matrículas indican que pocos clérigos se ordenaban a título de lengua. En contraste, el número de ordenados con el mismo título aumentó sensiblemente en el periodo 1717-1727, del arzobispo Lanciego Eguilaz. Lo interesante es llegar a saber si fue el arzobispo quien estableció la proporción 50 por ciento capellanías/50 por ciento lenguas por entonces, aunque todo indica que así fue.

---

[211] *Ibid.*, f. 196v. El concepto de "teotlatolli" se refiere a la doctrina cristiana en lengua náhuatl.

[212] *Ibid.*, f. 182.

[213] *Ibid.*, f. 44v.

CUADRO 7
Calificaciones de otomí

ÓRDENES MENORES

Nombre	*Calificación*
Br. Manuel Antonio Gonzáles	"tiene sólo principios y mala pronunciación"
Br. Pedro de Lugo	"le puede servir la lengua de título y la sabe bien"
Br. Antonio Sánchez Gamero	"mexicano y otomí, habla el idioma otomí muy bien"
Br. Manuel de Herrera	"ha aprendido por arte, tiene copia de voces la pronunciación que es violenta, la perfeccionará con el ejercicio"
Br. Manuel Serón	"tiene principios buenos"
Br. Juan Díaz de Posadas	"tiene principios buenos"
Br. Antonio José Valdéz	"mazahua y otomí, y en este último idioma está perfecto"

SUBDIÁCONOS

Nombre	*Calificación*
Br. Ildefonso José Gonzáles	"tiene principios y aun en ellos está torpe"
Br. José de Oriarte y Guzmán	"está sólo con principios moderados"
Br. Manuel Beltrán	"tiene principios buenos"
Br. Simón Ramírez Tenorio	"es nativo y está suficiente en la lengua"
Br. Juan Manuel de Careaga	"tiene sólo principios"
Br. Ildefonso de Herce	"tiene principios muy cortos y pronuncia mal"
Br. Antonio de Herrera	"mexicano y otomí y en este último idioma, aunque es nativo está algo torpe"
Br. José Fernández Fontecha	"muy malos principios y poquísimas voces, con malísima pronunciación"

DIÁCONOS

Nombre	*Calificación*
Br. Andrés de Olaco	"la lengua la sabe bien"
Br. Joaquín Ramón de Frías	"estudió por arte y está insuficiente"
Br. Nicolás Caraballeda	"está suficiente"
Br. Gabriel José de Rebolledo	"está muy inteligente porque la habla y la entiende con perfección"

PRESBÍTEROS

Nombre	*Calificación*
Br. Nicolás Baptista	"es nativo pero está torpe e ignora algunas voces y necesita de ejercicio"

Fuente: Archivo General de la Nación, Bienes Nacionales, 1271, exp. 1.

Cuadro 8
Títulos de ordenación por lengua, 1683-1744

Año	Total de ordenaciones	A título de lengua	%
1683	143	15	10.4
1684	127	14	11
1685	233	11	4.7
1686	104	4	3.8
1687	49	3	6.1
1712	99	9	9
1713	43	7	16.2
1714	30	7	23.3
1715	56	5	8.9
1716	125	9	7.2
1717	109	32	29.3
1718	110	49	44.5
1719	169	68	40.2
1720	46	15	32.6
1721	36	24	66.6
1722	61	24	39.3
1723	53	31	58.4
1724	29	14	48.2
1725	71	48	67.6
1726	46	26	56.5
1727	90	47	52.2
1732	184	30	16.3
1733	195	30	15.3
1734	147	32	21.7
1737	105	15	14.2
1740	263	33	12.5
1744	138	33	23.9
Totales	861	635	

Fuentes: Archivo Histórico del Arzobispado de México, caja 17, exp. 35, 1682-1687; caja 41, libro 3, 1700-1706; caja 41, libro 2, 1710-1712; caja 41, libro 1, 1713-1720; caja 42, libro 1, 1732-1744; Archivo General de la Nación, Bienes Nacionales, 1271, exp. 1.

¿Por qué fomentó Lanciego la ordenación a título de lengua? Llama la atención que los mayores índices sean a partir de 1718, luego de su visita pastoral al arzobispado, en la cual se percató de la necesidad de un mayor número de ayudantes de cura conocedores de lenguas. Es muy probable que el fomento de clérigos lenguas por Lanciego obedeciera tanto a razones políticas como sociales: contrapesar la presencia de los religiosos, por un lado, y responder a la demanda social de órdenes para ciertos sectores de familias, por el otro; sin importar que no hubiera suficientes beneficios para ellos. Igualmente, es posible pensar que Lanciego fomentó el título de lengua como parte de su plan para justificar mejor el traspaso de las doctrinas a clérigos, según sus negociaciones con Roma, como veremos adelante. Finalmente, cabe destacar que el arzobispo contó con el apoyo del alto clero del arzobispado para tal empresa.

El arzobispo que sucedió a Lanciego, José Antonio Vizarrón Eguiarreta, tuvo cambios en su política de ordenación, pues si al inicio de su gestión permitió las lenguas, hubo temporadas en que dejó de admitirlas, obligando a las nuevas generaciones a buscar una capellanía, como lo explicó el bachiller Miguel Benítez de Ariza:

> Se fue a Alahuistlán, tierra caliente, a aprender el idioma mexicano, y para socorrer a sus padres enseñó gramática al bachiller don Miguel González, hoy ya presbítero. Se ordenó con este título de menores, y en el ínterin […] se cerró el pase a dicho idioma, y no obstante vino tres veces a suplicar le admitiese el ilustrísimo señor arzobispo, con el título de mexicano. No habiendo sido admitido con este título, fiado en Dios, se fue a su patria, y discurriendo de adonde podía conseguir capellanía, se resolvió a trabajar una mina casi personalmente, la que en pocos días se puso rica, con que mantuvo a sus padres, socorrió pobres, y fundó una capellanía de tres mil pesos de principal, de que es patrón y con cuyo título se ordenó.[214]

No obstante que el arzobispo Vizarrón aceptó menos clérigos lenguas, un sector de la clerecía siguió ordenándose por esa vía. Sin duda que no pudo o no quiso desaparecer su fomento, luego de la dinámica de su antecesor y que fue bastante benéfica para jóvenes pobres del arzobispado; además, la existencia de ese tipo de sacerdotes no dejó de ser una fuente de presión para los religiosos doctrineros. Ya en 1756, en plena marcha la secularización, el arzobispo Rubio y Salinas declaró haber reconocido a por lo menos 174 clérigos lenguas, en respuesta a las críticas de los religiosos sobre la falta de

[214] AGN, Bienes Nacionales, 199, exp. 12.

ese tipo de expertos en el clero secular.[215] Sin duda, los afanes del arzobispo Lanciego Eguilaz no habían sido en vano.

§

Llegados a este punto se puede afirmar que en la primera mitad del siglo XVIII hubo dos tendencias respecto a la ordenación de nuevos clérigos: el fortalecimiento de los instrumentos e instancias decretados por los concilios para ese efecto y una mayor apertura social mediante la aceptación de las lenguas como título para ordenarse. En el gobierno de Lanciego Eguilaz, en especial, podemos percibir una persistencia por normalizar el cumplimiento de los requisitos marcados en los concilios, en respuesta al ambiente de Madrid sobre el asunto. Pero, igualmente, este gobierno también fue sensible al beneficio que se daba a un sector de su clerecía al admitir más ordenaciones a título de lengua; y, en tercer lugar, sobre la necesidad de demostrar a los religiosos que su clero era capaz de administrar las doctrinas de indios bajo su cargo.

Todos los requisitos marcados eran exigidos a los clérigos: edad, legitimidad de nacimiento, información de vida y costumbres, exámenes de conocimientos, poseer un patrimonio con qué vivir, amonestación pública. Sin duda que, al menos formalmente, los arzobispos buscaron la mejoría de su clero desde donde ellos podían tener más control: el proceso de ordenación. La formación lingüística del clero secular, por otro lado, funcionaría como un argumento a favor de la secularización, pues echaba por tierra el alegato antiguo del clero regular de que los clérigos ignoraban las lenguas y por ello no debían estar al frente de las parroquias.

Respecto a la apertura social, el régimen social ideado en los concilios del siglo XVI, clérigos de origen español, comenzó a cambiar significativamente a principios del siglo XVIII; el acceso de indios y mestizos es la mejor prueba de ello. Si bien se trató de cumplir la normativa conciliar, a más de un siglo de distancia del Concilio de Trento y del tercero mexicano, la realidad que presentaba el clero era ya diferente, por lo cual los prelados hubieron de afrontar las nuevas circunstancias. Ahora bien, ¿cuál fue la respuesta de la sociedad y sus familias ante estas políticas de renovación del clero de las autoridades eclesiásticas y la Corona?

---

[215] David A. Brading, *Una Iglesia asediada...*, op. cit., p. 81.

DINÁMICAS DE LA POBLACIÓN CLERICAL: ENTRE LA CONTENCIÓN Y LA APERTURA DE ORDENACIONES

También he reconocido en mi clero considerable
multitud y gran pobreza, y lo que peor es, mezclado
de sujetos de padres no conocidos, cuyo pernicioso
efecto resulta de la indiscreción con que a bulto
y sin distinción, se ordenan muchos en la sede vacante,
más por empeños y motivos temporales que por
divina vocación, debiendo decir a vuestra majestad
que este género de clérigos suele dar más quehacer.[216]

Si bien la mitra tenía sus propios objetivos e ideas sobre el tipo de clerecía que deseaba para atender las necesidades del arzobispado y responder a las preocupaciones de Madrid, tales metas estaban mediadas por la sociedad novohispana. Muchas familias, tanto de las ciudades como de pueblos y villas, enviaban a sus hijos a los colegios para que algún día se convirtieran en sacerdotes, sin importarles demasiado las críticas que se hacían en Madrid sobre la falta de vocaciones o la actitud de la mitra en el mismo sentido.

El hecho fue que, cada año, decenas y decenas de jóvenes intentaban sumarse a las filas del clero, buscando satisfacer expectativas de su familia o de ellos mismos.

Para un sector social de la Nueva España, el sacerdocio fue siempre una opción deseable para uno o más de sus hijos, independientemente de si tuvieran o no vocación; ese destino podía cubrir diferentes demandas: manutención, prestigio, privilegios y prerrogativas. En el arzobispado de México, se presentaron durante la primera mitad del siglo XVIII, sin duda, condiciones propicias para el ascenso de clérigos a las prebendas, algo que despertó también amplias expectativas en le resto de la clerecía.

---

[216] AGI, México, legajo 805, carta del arzobispo José Lanciego de Eguilaz a Felipe V, de 3 de abril de 1715.

Si a mediados del siglo XVI el clero secular en el arzobispado era de origen peninsular sobre todo, poco arraigado a la tierra,[217] reducido[218] y esperando más bien volver rico a España,[219] dos siglos después la situación había cambiado sustancialmente, pues la clerecía nativa era muy numerosa y heterogénea, tanto en sus orígenes raciales como sociales y de niveles de riqueza o pobreza. ¿Pudo la mitra establecer un equilibrio entre las críticas de Madrid, la renovación clerical para atender al arzobispado y las demandas de la sociedad? O, mejor aún, ¿quiso hacerlo? En las siguientes páginas, partiendo de una aproximación a los orígenes sociales y geográficos del clero secular, así como del análisis de su evolución cuantitativa, se han buscado posibles respuestas a estas interrogantes.

Los motivos para ingresar al clero secular

La clerecía del arzobispado, como la de muchas otras diócesis del imperio español, era un universo heterogéneo en donde convergían diferentes intereses y objetivos, desde la inclinación plenamente sacerdotal, pasando por el logro de rango social para las familias y el individuo, el encumbramiento en la alta jerarquía eclesiástica y los círculos de poder virreinal, hasta la simple búsqueda de un ingreso para vivir. Es difícil, en un momento dado, separar algunas de estas motivaciones en los clérigos de la época, aunque en ocasiones es posible señalar cuál de ellas era más importante; lo que es indudable es que aquel individuo que ingresaba al clero cambiaba en menor o mayor medida su situación personal en cuanto a su rango social.

[217] León Lopetegui y Félix Zubillaga, *Historia de la Iglesia en la América española. Desde el descubrimiento hasta comienzos del siglo XIX. México. América Central. Antillas*, Madrid, Editorial Católica, 1965, p. 188 (Colección Biblioteca de Autores Cristianos): "Muchas de las primeras experiencias del clero secular americano no fueron felices desde el punto de vista espiritual. Hay que achacar a la novedad de las circunstancias, al aislamiento inicial, a los ejemplos vistos, al deseo de regresar pronto con qué vivir en España y a la escasa formación intelectual y ascética de muchos de ellos".

[218] *Ibid.*, p. 189: "Ya en 1575 había ciento cincuenta y ocho clérigos en la archidiócesis de Méjico. Llama la atención que ya entonces se cuenten entre ellos setenta y ocho del país, junto a setenta y uno peninsulares y nueve extranjeros".

[219] *Ibid.*, p. 437, por ello el arzobispo Montúfar, en 1556, apuraba al Consejo de Indias a crear las condiciones para la formación de clérigos locales, aludiendo precisamente a la cuestión el origen geográfico: "Estos tales [clérigos de la tierra] como nacidos acá, no tendrán el hipo de ir a España que tienen los clérigos que de allá viene, ni la codicia del que viene de España, y vivirá con más recelo a lo que es obligado, por pensar que ha de permanecer en la tierra, y darse gran remedio y asiento de estos pobladores en criarles y doctrinar sus hijos".

La vocación sacerdotal o, como se expresaba en la época, el "genio eclesiástico", era una motivación alegada la mayoría de las veces por los aspirantes a sacerdotes, aunque muchas era sólo una formalidad. El bachiller Juan Manuel Jacinto de Vera, natural de Querétaro, por ejemplo, expresó su vocación con las siguientes palabras: "ser mi deseo el servir a Dios administrando a los prójimos en el bien espiritual".[220] No obstante, había serias reservas y dudas sobre la vocación alegada por aquéllos, como el arzobispo José Lanciego cuando expresó al rey que muchos buscaban ordenarse "más por empeños y motivos temporales que por divina vocación".[221]

Uno de esos motivos temporales, presente en muchos de los clérigos, eran los privilegios y las exenciones que otorgaba pertenecer a la Iglesia. Sin importar el origen social u otras razones, la inmunidad eclesiástica era algo sumamente estimable para todo clérigo. Un obispo de Michoacán y su cabildo expresaron que los criollos se sentían atraídos a la Iglesia porque el privilegio de la inmunidad personal separaba al clero de los seglares:

> El derecho de ser juzgado por magistrados de su mismo estado y clase era, en realidad, una de las concesiones más codiciadas por los súbditos del Rey. Nobles, académicos, comerciantes, mineros y militares, todos gozaban de este vestigio de la jurisprudencia medieval, el derecho de fuero.[222]

Por ello no faltaban seglares que solicitaban vestir hábitos clericales para disfrutar parte de esos privilegios. En 1730, el abogado José Ignacio de Pedraza y Torre pidió definir si tenía inmunidad eclesiástica verdadera debido a que desde once años atrás, con licencia del provisor del arzobispado, Carlos Bermúdez de Castro vestía hábitos clericales y usaba corona en la cabeza. En su solicitud, Pedraza argumentó que puesto que iba a echar matrícula en facultad mayor deseaba hacerlo en traje decente, siendo de su interés seguir el estado eclesiástico. La inquietud del abogado era si, en un momento dado, el fuero lo protegía o no, y si podía aspirar en todo momento a las órdenes sacras, o en caso contrario, seguir gozando del privilegio de los hábitos y también del fuero. Para su suerte, el provisor del arzobispado le extendió nueva licencia para vestir hábitos y usar una corona muy pequeña, "con calidad que se porte con toda honestidad y decencia correspondiendo a los deseos que expresa".[223]

---

[220] Basta ver los escritos que los clérigos del arzobispado presentaban durante las temporadas de ordenaciones, por ejemplo, en AGN, Bienes Nacionales, 41, exp. 5.

[221] AGI, México, legajo 805, carta al rey de 3 de abril de 1715

[222] Nancy M. Farris, *op.cit.*, p. 161.

[223] AGN, Bienes Nacionales, 136, exp. 42, "El licenciado don José Ignacio de Pedraza,

Pero si la búsqueda del fuero unía a la clerecía, la diversidad social y económica de sus familias de origen condicionaba también sus expectativas para colocarse en las instituciones eclesiásticas. En el caso del bajo clero, entendido aquí como aquél constituido por curas y vicarios rurales con pocos ingresos, clérigos subempleados o desocupados, sus motivos para buscar las órdenes sacerdotales no eran diferentes a los del mundo hispánico en general,[224] y es fácil advertir las necesidades terrenales que pensaban satisfacer al convertirse en clérigos. Los más pobres, evidentemente, veían en el sacerdocio ante todo una posibilidad de vivir de la administración de sacramentos, sin importar en qué jerarquía fueran ubicados. Más que la búsqueda de la inmunidad eclesiástica que, por supuesto, siempre era bienvenida, los clérigos desheredados procuraban cuanto antes ir a auxiliar a algún cura, como vicarios o ayudantes, para comenzar a tener ingresos que los aliviaran de su estrechez económica; no trataban tanto de satisfacer una vocación, existiera o no, sino más bien de sustentar a su familia. La siguiente carta de 1702, dirigida al arzobispo Ortega y Montañés, confirma plenamente este tipo de expectativas familiares:

> Doña Juana de Salas Sotomayor, puesta a los pies de la grandeza de vuestra excelencia, le pido y suplico, por la virgen santísima de los Dolores, le conceda licencia al bachiller Juan Francisco de Vargaianta, mi hijo, para que pueda jurar su domicilio en el obispado de la Puebla por hallarse actualmente con un tío suyo, beneficiado del pueblo de Zacatlán de las Manzanas, quien siempre lo ha tenido en su compañía, alimentándolo, enseñándolo para que pueda conseguir el estado de ordenarse, pues dándole vuestra excelencia su licencia, lo podrá conseguir, pues *no tengo yo ni sus hermanas otro amparo*.[225]

---

abogado de esta real audiencia, que viste hábitos clericales, con licencia, sobre que se declara si goza o no del fuero eclesiástico por dicho vestuario".

[224] Antonio Domínguez Ortiz, *La sociedad española..., op. cit.*, vol. II, capítulo III: "El bajo clero secular", p. 66: "Muchos tomaban órdenes sin propósito definido, para hacerse capaz de beneficios, sin intención de ordenarse de misa, para sustraerse a las exacciones fiscales y a las vejaciones de la justicia secular [...] Estos tipos indefinidos, medio seglares y medio clérigos, tenían comportamientos que entonces no producían ni extrañeza ni escándalo; turbas de jóvenes clerizones alborotaban con motivo de la inmunidad eclesiástica y aun atacaban a la justicia real, mal representada por unos fementidos alguaciles y corchetes. Su atuendo y maneras no tenían mucho de clerical [...] La deficiente formación, ausencia de vocación auténtica y escasez de medios propios de subsistencia es lo que explica la multitud de quejas a propósito de estos estratos inferiores del clero; del 'inmenso número de clérigos que ay ociosos, sin oficio ni beneficio y enteramente idiotas, que se ordenan no por mayor perfección, sino por eximir sus casas y familias de tributos'".

[225] AGN, Bienes Nacionales, 1061, exp. 21. Las cursivas son del autor.

Otro bachiller, José Días de Aguilar, simple y llanamente declaraba su intención de ordenarse para poder mantener a su familia, sin hacer ninguna alusión a su vocación sacerdotal: "por cuanto me hallo con suma pobreza, y mis padres de avanzada edad, cargados de niñas doncellas, se ha de dignar su caritativa y acostumbrada piedad de admitirme para el sagrado orden de diácono".[226] En el caso de Nicolás Manuel de Heredia, presbítero, la única herencia que recibió fue la obligación de mantener a su madrastra y a su familia:

> Por muerte de mi padre y señor, Diego de Heredia, y por su mandado, me hice cargo (sin haberme quedado algunos bienes, sino dependencias de dicho mi padre, que actualmente estoy pagando con parte de la corta renta que tengo de capellanía) de su esposa, con dos hijos pequeñitos y un niño expuesto de dicho mi padre, español, con la demás familia correspondiente a dicha señora, a quienes mantengo con el punto y solicitud que es notoria viviendo en su compañía y cuidando de la educación de dichos niños.[227]

En otro nivel de expectativas, se hallaban aquellos clérigos con ingresos modestos, pero suficientes como para realizar sus estudios y formación sin grandes tropiezos y sin necesidad de buscar recursos desde la etapa estudiantil; por lo menos, tendrían asegurada la renta de una o más capellanías que sus padres u otros familiares les habían destinado para ordenarse. Contando con ese respaldo económico, ellos eran buenos candidatos para ordenarse, seguir sus estudios y permanecer en la ciudad de México para "meritarse", sobre todo opositando a cuanto concurso de curatos se abriera, darse a conocer con la mitra y esperar en un tiempo perentorio conseguir un curato en propiedad, o por lo menos en interinato, por más periférico que fuera, e iniciar la carrera por los mejores curatos del arzobispado. Antonio de Chávez Lizardi, natural de Querétaro y colegial real de San Ildefonso, decidió, a los 27 años de edad, ingresar al clero del arzobispado e iniciar una carrera eclesiástica sin salir de la capital. Para ello, contaba ya con la renta de tres capellanías, pero el arzobispo Lanciego le exigió también saber algún idioma de la provincia; en consecuencia, Chávez prometió el mexicano.[228] En los años siguientes, en efecto, Chávez Lizardi llegó a destacar en la universidad y en la curia arzobispal.[229]

---

[226] AGN, Bienes Nacionales, 1261, exp. 1, parte 2.
[227] AGN, Bienes Nacionales, 1075, exp. 2.
[228] AGN, Bienes Nacionales, 357, exp. 2.
[229] Rodolfo Aguirre Salvador, *Por el camino...*, *op. cit.*, pp. 125-148.

Mención aparte merecen los hijos de caciques que ingresaban al clero, debido al vínculo que existía entre el ejercicio de poder local, entre los pueblos e indios tributarios con el poder complementario que podía dar la administración de sacramentos en los mismos espacios; por ello, no es extraño encontrar que la tendencia de los clérigos indios haya sido ejercer en sus regiones de origen. Un buen ejemplo de ello, es la trayectoria del cacique de Querétaro y gobernador de Xerécuaro, Felipe de Santiago Jiménez, quien en 1702 se ordenó de menores a título de otomí, siguiendo, según él mismo, su inclinación eclesiástica, pero sin explicar el porqué entonces había gobernado localmente por varios años.[230]

Asimismo, hay que distinguir los motivos de hijos segundones de familias ricas o acomodadas, quienes evidentemente no ingresaron al clero para sobrevivir de alguna manera, aspecto que ya tenían garantizado con varias capellanías, herencias y hasta patrimonio propio, sino más bien buscando un lugar en el alto clero. En este sector, es donde podemos encontrar a los clérigos que hacen una carrera eclesiástica, pues no solamente cuentan con los recursos suficientes para seguir estudiando y residir en la ciudad por muchos años, sino también con vínculos cercanos a prebendados, funcionarios de la mitra y dignidades eclesiásticas.[231] De hecho, el alto clero del arzobispado de México tenía una clientela clerical conformada por sobrinos, ahijados, protegidos o amigos, para quienes la ordenación sacerdotal era un mero trámite, una fase previa para integrarse, más temprano que tarde, a la alta jerarquía dirigente.[232] Así, para los miembros del alto clero el sacerdocio no era sino la vía para hacer una carrera eclesiástica hacia prebendas, canonjías y dignidades acordes con un estatus familiar renombrado. El obispo de Puebla, Domingo Pantaleón Álvarez de Abreu, expresó en ese sentido, en 1746:

> Se han aumentado en estos dominios de vuestra majestad las personas de distinción que, destituidas de otro asilo, aplican a sus hijos a los estudios por negarles otra intendencia lo estéril de empleos políticos y militares a que dedicarlos, en continuación de sus honoríficos nacimientos, de que resulta que la mayor parte se halla colocada en el estado eclesiástico.[233]

[230] AGN, Bienes Nacionales, 1061, exp. 21.
[231] Rodolfo Aguirre Salvador, *El mérito y...*, *op. cit.*, pp. 279-392.
[232] Rodolfo Aguirre Salvador, "De las aulas al cabildo eclesiástico. Familiares, amigos y patrones en el arzobispado de México, 1680-1730", en *Tzintzun, Revista de Estudios Históricos*, núm. 47, enero-junio de 2008, pp. 75-114.
[233] AGI, México, legajo 643.

Y, en efecto, un clérigo rico, minero, Pedro de Valdés y Portugal, descendiente de una familia antigua y poderosa, expresó sin ambages que, dado su linaje[234] y el servicio de su familia[235] y él mismo a la Corona, lo menos que merecía era un curato en propiedad: "me ha de honrar, con uno de los mejores curatos de esta ciudad, y más cuando los méritos heredados lo claman y los adquiridos no lo desmerecen".[236]

Las calidades sociales y la procedencia geográfica del clero

Algo que caracterizó al clero del siglo XVIII en el arzobispado de México fue su diversidad social. Sin duda que los procesos de mestizaje, integración social, formación de economías regionales y movilidad social vividos en Nueva España durante el siglo XVII se reflejaron también en la composición social del clero del arzobispado, haciéndolo más diverso y dificultando el uso de categorías sociales fijas para definirlo. De hecho, los términos "español" o "indígena" pueden significar un origen racial, pero también una categoría jurídica, o bien, una calidad social. Otro factor que complica el asunto es la situación ambigua de los mestizos, que podían hacerse pasar por españoles o por indios, si así les convenía en un momento dado. La ambigüedad y el disimulo a la hora de calificar el origen social de muchas personas del siglo XVIII estaba presente también en el clero, como lo reflejan algunas expresiones de los examinadores sinodales del arzobispado. Sobre la solicitud del subdiácono Anastasio de Moya para ascender a diácono en 1722, un examinador anotó:

> A este sujeto se denunció secretamente que tenía de mulato y, habiéndose remitido carta de mandato del arzobispo mi señor, al cura beneficiado de Xocotitlán, para que hiciere información secreta de la calidad de los padres del susodicho, consta ser hijo de Antonio de Moya, español, y de doña Isabel de Villegas, loba [...] nótese que éste, en el subdiaconado, no fue denunciado de su impedimento y así pasó.[237]

[234] AGN, Bienes Nacionales, 1075, exp. 1, f. 117: "soy caballero notorio hijodalgo, limpio de toda mala raza, legítimo conquistador, y poblador de estos reinos".

[235] *Idem*: "conquistado tantos reinos para que haya curatos que se pretendan, pacificado tantas naciones bárbaras, para que hayan oído el evangelio y se conviertan. Cosa que si mis progenitores, derramando su sangre con tanta lealtad y cristiandad no hubieran hecho no sucediera; de manera que, cualquier mérito que en el concurso se pondere, es argumento fortísimo para hacer el mío mayor, pues nadie ignora que cuantas más excelencias se hallan en el oro, tantas más estimaciones se merece el planeta que lo produce".

[236] AGN, Bienes Nacionales, 1075, exp. 1, f. 118v.

[237] AGN, Bienes Nacionales, 1271, exp. 1, ff. 76v-77.

La dificultad que conllevaba tener seguridad en cuanto al origen racial de muchos de los habitantes de la Nueva España intentó solucionarse con el uso del concepto de "calidad", el cual no sólo se refería al origen étnico o a una condición jurídica, sino que comprendía también el estilo de vida, la riqueza o pobreza y el prestigio o desprestigio social de la persona; es decir, una combinación de aspectos usados por las personas de la época colonial para definirse.[238] En el caso de la Iglesia, el asunto se volvía aun más importante debido a las exigencias de la normativa conciliar para aceptar en su seno a españoles legítimos, limpios de sangre y de buena vida y virtudes, como se vio en el capítulo anterior. En consecuencia, los clérigos y los sacerdotes debieron esforzarse por demostrar una calidad social intachable o, por lo menos, aceptable.

De esa manera, en la primera mitad del siglo XVIII el grueso del clero secular del arzobispado de México se autodeclaraba de origen español, proveniente de matrimonios legítimos,[239] aunque con recursos económicos limitados. La primera acepción, español, era declarada por los clérigos en sus relaciones de méritos, en sus fes de bautismo y por los testigos que presentaban durante los trámites para alcanzar las órdenes sacras.[240] No obstante, en la primera mitad del siglo XVIII se inició el arribo, muy moderado aún pero ya continuo, de clérigos de la nobleza indígena; proceso que no tenía precedentes en Nueva España.[241]

Aunque en el siglo XVI los franciscanos intentaron crear un clero regular indígena,[242] el ensayo pronto acabó;[243] la poca inclinación de los alumnos

---

[238] Pilar Gonzalbo, *Familia y orden...*, *op. cit.*, p. 14: "las personas se diferenciaban según su calidad, y que ésta no sólo dependía de caracteres biológicos según su calidad, sino también de su situación familiar, del nivel de su posición económica, del reconocimiento social, de la categoría asignada a su profesión u ocupación y del prestigio personal".

[239] AGN, Bienes Nacionales, 1271, exp. 1, libro de exámenes de clérigos.

[240] Este tipo de información sobre la clerecía del arzobispado de la primera mitad del siglo XVIII puede verse en AGN, Bienes Nacionales, 298, exp. 1, 41, exps. 5 y 6; 357, exp. 2; 464, exp. 6; 1216, exp. 1; 878, exp. 1; 29, exp. 51 y 315, exps. 14-24; las relaciones de méritos pueden consultarse en las provisiones de curatos, como por ejemplo: AGN, Bienes Nacionales, 199, exp. 12; 603, exp. 5 y 18, y 1075, exp. 1.

[241] Si bien es cierto que en los siglos XVI y XVII algunos indios accedieron al sacerdocio, fueron casos más bien excepcionales, y no producto de una política general, como la iniciada a fines del siglo XVII y continuada por los Borbones. Al respecto, puede consultarse Margarita Menegus y Rodolfo Aguirre Salvador, *Los indios...*, *op. cit.*

[242] George Baudot, *op. cit.*, pp. 33-35.

[243] AGI, México, legajo 19, núm. 11, en una misiva del 20 de agosto de 1550, el virrey confirmaba la exclusión de los indios de los estudios mayores: "Los naturales bien se aplican a la gramática. Parece a los religiosos y personas doctas que los tratan y entienden, que por ahora no conviene ponerlos en otras ciencias y que les basta para su poco ser y entendimiento saber la doctrina cristiana".

indios del Colegio de Santa Cruz de Tlatelolco, en la década de 1530, a la disciplina de los regulares mostró la inmadurez del proyecto. El entusiasmo de los franciscanos les impidió valorar mejor los obstáculos culturales y sociales para esa empresa; además, desde el punto de vista político, agregar el poder del sacerdocio a la nobleza indígena iba en contra de los intereses de la minoría blanca dominante. Esta tendencia excluyente continuó en las décadas posteriores, cuando en el primer concilio provincial mexicano se prohibió expresamente dar las órdenes a mestizos, indios y mulatos.[244] El arzobispo Alonso de Montúfar también declaró al rey su rechazo al respecto.[245]

No obstante, en 1585, entre los decretos del tercer concilio mexicano se incluyó uno que permitía que algunos indios y mestizos sobresalientes en sus estudios pudieran acceder al sacerdocio.[246] Aunque desde entonces se abrió esta posibilidad, influida por el papa Gregorio XIII e impulsada por el arzobispo Moya de Contreras,[247] no hay evidencias sobre una presencia significativa de indios en el clero del siglo XVII, salvo contadas excepciones. A fines del siglo XVII el gobierno de Carlos II promovió cambios importantes en el régimen social del clero, al impulsar el ingreso de indios y mestizos a éste. En 1691, los consejeros sugirieron a Carlos II que una cuarta parte de las becas de los seminarios conciliares que se fundaran en las Indias se destinaran a los hijos de los caciques; como resultado, en la cédula de 21 de julio de ese año, que sancionaba la fundación del Seminario Conciliar de México, se dispuso también la creación de becas para indios.[248] En 1697, cuando abrió sus puertas el seminario, el arzobispo Aguiar y Seijas dotó cuatro becas para indios nobles, de las 16 del total.[249] En ese mismo año, se emitió una cédula

---

[244] En el capítulo XLIV, se prohíbe expresamente que se den órdenes a quien, "descendiere de padres o abuelos quemados o reconciliados, o de linaje de moros o fuere mestizo, indio o mulato, y se hallare alguna de las sobredichas cosas no sean admitidos". Leticia Pérez Puente, Enrique González González y Rodolfo Aguirre Salvador, "I y II concilios", en María del Pilar Martínez López-Cano (coord.), *Concilios provinciales mexicanos. Época colonial*, México, IIH-UNAM, 2004, CD.

[245] Margarita Menegus y Rodolfo Aguirre Salvador, *op. cit.*, p. 26.

[246] María del Pilar Martínez López-Cano, Elisa Itzel García y Marcela Rocío García, "III concilio y Directorio", en María del Pilar Martínez López-Cano (coord.), *Concilios provinciales mexicanos. Época colonial*, México, IIH-UNAM, 2004, CD., libro 1, título IV, parágrafo III: "Los indios y los mestizos no sean admitidos a las sagradas órdenes con la mayor y más cuidadosa elección; pero de ningún modo los que están anotados de alguna infamia".

[247] Margarita Menegus y Rodolfo Aguirre Salvador, *op. cit.*, p. 26.

[248] AGI, Santo Domingo, 876, legajo. 26, f. 79v, citado en Eduardo Chávez Sánchez, *op. cit.*, p. 142.

[249] Archivo Histórico del Seminario Conciliar de México (AHSCM), 199/D-II-2, fs. 6v-7, copia de las constituciones para el Seminario Conciliar de México, de Francisco Aguiar y Seijas.

que fue fundamental para la posterior demanda de estudios mayores, grados y órdenes por parte de los indios nobles.[250] La Corona se declaraba a favor del ascenso generalizado de la nobleza indomestiza a las instituciones antes exclusivas de los españoles, más allá de la tendencia histórica para sólo catequizarlos. La cédula en cuestión es densa en cuanto que sintetiza las medidas antes descritas para favorecer y premiar a los indios vasallos del rey. El documento comienza recordando la orden de permitir a los "indios mestizos" el sacerdocio y a las mestizas la profesión de una religión; enseguida, plantea el asunto de si los indios podían acceder, como los españoles, a los puestos eclesiásticos o seculares, gubernamentales, políticos y de guerra, que pedían limpieza de sangre y nobleza.

La política del rey a favor de la movilidad de los indios, en especial de su nobleza, tuvo como argumento que, puesto que desde la época prehispánica hubo una jerarquía entre ellos, y tal diferencia se preservó con la institución del cacicazgo, el acceso a los cargos de españoles debía considerar tales calidades. Así, la Corona equiparó a los indios nobles con los hidalgos, y a los indios tributarios con los españoles limpios de sangre "que llaman del estado general"; para éstos, sólo se había previsto la apertura de escuelas de castellano, mientras que para los caciques se destinó la cuarta parte de las becas de los seminarios conciliares, recordando el recién fundado de México. La última parte de la cédula ordenaba a virreyes, audiencias, gobernadores, obispos y cabildos catedralicios hacer cumplir todas esas disposiciones y, aun más, les impuso la responsabilidad de recibir las representaciones de los indios, cuyos méritos se consideraran acreedores de premios, y hacerlos llegar a Madrid.

Al finalizar el siglo XVII, este conjunto de normas conciliares y disposiciones reales había definido formalmente el perfil del clérigo para Nueva España: sus parámetros académicos y sociales. La apuesta de los arzobispos de la centuria siguiente fue ponerlos en práctica. A pesar de que todavía en 1696 el obispo-virrey Ortega y Montañés intentó expulsar a los estudiantes no españoles de la universidad de México, su intento fue inútil.[251]

En la Iglesia se tuvo, pues, que aceptar la dinámica social de la clerecía. El acceso por decreto real de indios a cargos de gobierno o eclesiásticos muy pronto tuvo consecuencias locales, pues desde fines del siglo XVII se

---

[250] AGN, Reales Cédulas Originales, 27, exp. 11, de 26 de marzo de 1697.

[251] Rodolfo Aguirre Salvador, "Universidad y diversificación social del estudiantado en la ciudad de México, siglo XVII", en María de Lourdes Alvarado y Leticia Pérez Puente (coords.), *Cátedras y catedráticos en la historia de las universidades e instituciones de educación superior en México. I. La educación colonial*, México, IISUE-UNAM, 2008 (Colección digital).

puede verificar el arribo de hijos de caciques a la universidad, el seminario y el sacerdocio.

Ya en la época de Felipe V, el ministro José del Campillo y Cosío insistió en la creación de colegios para indios y el impulso al clero indígena: "fundar seminarios donde se educasen hijos de indios y se instruyesen para ser con el tiempo buenos curas párrocos y misioneros de sus compatriotas".[252] En la ciudad de México, se impulsó por las mismas épocas la reapertura del Colegio de Tlatelolco, según el modelo de 1536, para retomar los estudios mayores.[253] Igualmente, ya en la era de Carlos III se intentaría fundar el Colegio de San Carlos Borromeo para la nobleza indígena.[254] Todavía en el cuarto concilio provincial mexicano se habló de fortalecer un clero indígena como remedio para desterrar la idolatría y las supersticiones de la población nativa.[255]

Así, no fue casual que en el siglo XVIII hubiera una tendencia creciente de la nobleza indígena por alcanzar el sacerdocio. Entre 1717 y 1726, hubo al menos 24 indios y caciques que solicitaron alguna orden sacra en el arzobispado.[256] En el Seminario Conciliar de México, alrededor de 40 hijos de caciques ocuparon

[252] José del Campillo y Cosío, *op. cit.*, p. 100.

[253] Margarita Menegus y Rodolfo Aguirre Salvador, *op. cit.*, pp. 110-113.

[254] Margarita Menegus, "El colegio de San Carlos Borromeo: un proyecto para la creación de un clero indígena en el siglo XVIII", en Margarita Menegus (coord.), *Saber y poder en México. Siglos XVI al XX*, México, CESU-UNAM/Miguel Ángel Porrúa, 1997, pp. 197-244.

[255] Gerardo Lara Cisneros, "Justicia eclesiástica para indios en el arzobispado de México, siglo XVIII", tesis doctoral, México, FFyL-UNAM, 2010, p. 82.

[256] AGN, Bienes Nacionales, 1271, exp. 1, los nombres de los indios son: Miguel Tadeo de los Ángeles, Nicolás Bautista Ballesteros y Cristóbal Barrientos, de 16 años; Nicolás Hipólito de Bautista y Juan de Cabrera, de 23 años; José Domingo de la Mota, de 16 años; Nicolás Miguel Francisco Coronel, de 24 años; José García y Manuel Antonio González, de 19 años; Pablo Martín Hernández de León, de 38 años; Diego Hernández de los Santos, de 27 años; Francisco Luis Hernández y Mateo Jacinto, de 28 años; Lucas Francisco Juárez, de 22 años; Jacinto Osorio Mateo y Felipe Pérez de Otupa, de 20 años; Dionisio de Rojas y Sebastián de Rojas, de 24 años; Pablo Ignacio Sáenz, de 13 años; Francisco de Sales, de 21 años; Juan Ignacio Salvatierra, de 20 años; Miguel de Santiago y Manuel de Zermera y Nájera.* En cuanto al título por el que buscaron ordenarse, sólo uno lo hizo por capellanía, otro por suficiencia de conocimientos, tres por capellanía y lengua mexicana y el resto, 18, por alguna lengua solamente, como mexicana, otomí o mazahua. Los resultados no fueron tan buenos para todos, pues nueve de ellos fueron rechazados para la orden que pretendían, básicamente por deficiencia en el latín o la lectura, mas no en el idioma. Los catorce que sí fueron aprobados, igualmente tuvieron como principal cualidad su dominio de alguna lengua indígena, a lo que agregaron un conocimiento apenas suficiente de latín y doctrina, lo cual era considerado por lo sinodales como aceptable por tratarse de indios. De los 23 indios antes dichos, sólo uno, Miguel Tadeo de los Ángeles, alcanzó el presbiterado por esos años.

*Nota: El documento consultado no consigna las edades de estos dos últimos indios.

las becas de erección entre 1697 y 1749. Asimismo, un número indeterminado de indios habría acudido como alumnos externos a tomar clases. Fuera del arzobispado, hijos de caciques, procedentes de los obispados de Puebla y Oaxaca especialmente, buscaron también el acceso al sacerdocio.[257] Entre 1703 y 1822, se graduaron en la universidad de bachilleres no menos de 200 caciques e indios, la mitad de ellos originarios del arzobispado.[258] Gracias a la apertura a indios y mestizos de las órdenes sacerdotales, hubo un mayor arraigo social del clero secular en la población.

Respecto a los mestizos, en la ley VII, del título VII, libro I, de la *Recopilación de Indias* se permitió la ordenación de mestizos, de calidad similar a los españoles.[259] A pesar de ello, en la documentación es difícil hallar a mestizos registrados como clérigos, a diferencia de los indios que, conforme transcurre el siglo XVIII, van en aumento; esto no quiere decir que no hayan estado presentes, sino que había mayores prejuicios en su contra. Prueba de ello es que clérigos como Luciano Páez de Mendoza, hijo de caciques de Amecameca, en la provincia de Chalco, preferían identificarse como indios o españoles que como mestizos, como lo eran en realidad.[260] ¿Cuántos clérigos "españoles" o "indios" eran mestizos en realidad? Es probable que un buen número de éstos accediera al clero presentando fe de bautismo de español.

Aun cuando las leyes ya permitían el paso de los mestizos al sacerdocio, al parecer la sociedad aún tenía resistencias a aceptarlos abiertamente, incluyendo a las autoridades eclesiásticas. ¿Era un secreto a voces el que los clérigos mestizos presentaban fes de bautismo de "español"?; además, estaba el hecho de que estos documentos habían sido expedidos por curas nombrados por la mitra, por lo que cuestionarlos era cuestionarse a sí mismos, como ya se señaló en el capítulo precedente.

El límite formal para negar las órdenes fue la condición de no pertenecer a una casta, principalmente la de los mulatos. Al sospechar de algún aspiran-

---

[257] Margarita Menegus y Rodolfo Aguirre Salvador, *op. cit.*

[258] Rodolfo Aguirre Salvador, "El ingreso de los indios al clero secular: el caso del arzobispado de México, 1691-1822", en *Takwá, Revista de Historia de la División de Estudios Históricos y Humanos de la Universidad de Guadalajara*, núm. 9, 2006, pp. 75-108.

[259] *Recopilación de leyes...*, *op. cit.*, f. 32r: "Que los prelados ordenen de sacerdotes a los mestizos, con información de vida y costumbres, y provean que las mestizas puedan ser religiosas con la misma calidad. Encargamos a los arzobispos y obispos de nuestras Indias que ordenen de sacerdotes a los mestizos de sus distritos, si concurrieren en ellos la suficiencia y calidades necesarias para el orden sacerdotal".

[260] Margarita Menegus y Rodolfo Aguirre Salvador, *op. cit.*, pp. 216-221 y AGN, Bienes Nacionales, 1261, exps. 1 y 1271, exp. 1, f. 107.: en el caso de Juan de Valencia, en su solicitud de 1723 se declaró cacique de Santiago Atlatonco, provincia de Texcoco, mientras que en el libro de exámenes, simple y sencillamente se omite tal condición.

te, los funcionarios de la curia encargados de recibir los papeles probatorios denunciaban ante el arzobispo, quien de inmediato ordenaba hacer una investigación. Anastasio de Moya fue denunciado como mulato y el arzobispo ordenó al cura de su pueblo hacer una investigación de oficio al respecto.[261]

Otro aspecto que preocupaba a la Iglesia sobre los orígenes sociales de la clerecía era el de los nacimientos ilegítimos. En el siglo XVII, el virrey Mancera observó que en la clerecía había mucha "bajeza de sangre".[262] Algo parecido expresó el obispo-virrey de Ortega y Montañés en 1696:

> No menos, señor excelentísimo, es reparable los muchos que *ex defecto natalium* ocurren a su santidad a impetrar breve para ordenarse y cuantos se han ordenado y ordenan así, en que si pudiese haber algún remedio, seria bien que su majestad hiciese pedir y suplicar a su santidad lo uno, porque así este número no fuese tan crecido y, lo otro, para que la dignidad sacerdotal fuese más estimada y respetada.[263]

No es gratuito que el asunto sobre que en Roma se daban muchas dispensas a clérigos de nacimiento dudoso fuera uno más de los que se discutieron en varias negociaciones entre Felipe V y el papado.[264] Aun en el alto clero de México se presentaban casos, como cuando en 1700 el prebendado Agustín Cabañas fue cuestionado por no haber presentado dispensa papal de su calidad de haber sido infante expósito para ordenarse de sacerdote, opositar a curatos y recibir una prebenda. El aludido redactó un largo escrito en el que defendía como legítima su condición de expuesto.[265] Aunque por entonces el arzobispo no resolvió nada, con el tiempo Cabañas ascendió a canónigo lectoral y en 1711, en sede vacante, formó parte de la junta de órdenes para ventilar casos problemáticos de clérigos ordenantes, en donde al parecer tuvo una posición flexible.[266] ¿Por qué esperar entonces que en el bajo clero ocurriera algo diferente? Lanciego Eguilaz informó, en ese sentido, en una carta al rey, que el clero del arzobispado estaba "mezclado de

[261] AGN, Bienes Nacionales, 1271, exp. 1, fs. 76v y 77.

[262] "Informe del virrey Antonio Sebastián de Toledo, marqués de Mancera (1664-1673)", en Ernesto de la Torre Villar, Estudio preliminar, coordinación, bibliografía y notas, *Instrucciones y memorias de los virreyes novohispanos*, tomo 1, México, Porrúa, 1991, p. 598.

[263] "Instrucciones de Juan de Ortega y Montañés (1696) a su sucesor", en *Ibid.*, p. 678.

[264] Maximiliano Barrio Gozalo, "El clero bajo sospecha a principios del siglo XVIII. El informe de Macanaz y la respuesta de los obispos", en *Investigaciones Históricas*, núm. 22, 2002, p. 61.

[265] AGN, Bienes Nacionales, 1285, exp. 20, "auto sobre que el doctor Agustín de Cabañas exhiba el breve con que se le dispensaron los impedimentos para obtener las sagradas órdenes y la prebenda de media ración en la catedral".

[266] AGN, Bienes Nacionales, 236, exp. 5.

sujetos de padres no conocidos".[267] En consecuencia, durante su gestión se cuidó mucho de que los ordenantes pudieran demostrar ser hijos legítimos.

Aunque el ser hijo de padres naturales o desconocidos podía salvarse con una dispensa papal, el carecer de ésta podía conducir al rechazo del aspirante. Algunos casos comprueban tales criterios en el arzobispado. En 1719, José Barba Coronado y Antonio de Cantabrana hubieron de presentar una dispensa papal por tener un defecto de nacimiento;[268] por el contrario, en 1720, Antonio Vicente de Vargas pidió las órdenes menores, pero le fueron negadas por ser expuesto. En los registros de la mitra se anotó: "No se admite por expuesto y de padres ignorados, como el mismo concilio prohíbe".[269] La diferencia fue la dispensa papal, por supuesto. En otros casos, a los clérigos les ayudaba mucho la recomendación de miembros de la aristocracia novo-hispana, como cuando en 1707 el bachiller Gregorio Rodríguez de Cosgaya necesitó comprobar ser hijo natural de sus padres, concebido cuando éstos eran solteros y sin ningún compromiso, para lo cual presentó como testigos al conde De la Cortina, a su hermano y al rector del Colegio de San Gregorio. Vicente Gómez de la Cortina, conde De la Cortina, declaró que los padres naturales del bachiller eran originarios de Cosgaya, obispado de Santander, y que en los últimos años el bachiller había vivido en su casa, llevando una vida honesta y recogida. Luego, el promotor fiscal del arzobispado reflejó en su parecer la importancia que podían tener los testigos para compensar un defecto de nacimiento:

> No pueden ser más circunstanciados los tres testigos que se examinaron. Los señores conde de la Cortina, doctor y maestro don Pedro Gómez de la Cortina y el actual rector del real colegio de San Gregorio de esta corte, presbíteros ambos de esta diócesis, demás de sus empleos y de ser bien reputados.[270]

Así, el ser hijo natural de familias aristócratas o ricas facilitaba mucho el acceso al sacerdocio, como lo demostró el bachiller Pedro de Valdés y Portugal, hijo del doctor del mismo nombre, en 1710.[271]

[267] AGI, México, legajo 805, carta al rey de 3 de abril de 1715.
[268] AGN, Bienes Nacionales, 1271, exp. 1, f. 14.
[269] Ibid., f. 27v.
[270] AGN, Bienes Nacionales, 873, exp. 24: "Información dada por el bachiller don Gregorio Rodríguez de Cosgaya, clérigo presbítero de este domicilio, en la que acredita ser hijo natural de don Manuel Rodríguez de Cosgaya y doña María de Celis, para los efectos que en ellas se expresan".
[271] AGN, Bienes Nacionales, 507, exp. 44, información sobre la calidad, méritos y letras del bachiller Pedro de Valdés y Portugal.

Si, en cambio, se era hijo natural de familias anónimas y sin recomendaciones convenientes, siempre se corría el riesgo de no ser admitido en las filas del clero, como lo experimentó en 1711 el bachiller Juan de Arteaga, quien además era cojo. Su caso fue turnado por entonces a una junta de órdenes para que ésta decidiera sobre el asunto. La resolución fue negativa, debido a que: "hecho inspección y reconocimiento del defecto del pie que padece, hallaron sus señorías ser muy notable y en esta conformidad declaraban y declararon no poder dispensar en dicho defecto, como ni tampoco en el natal que padece".[272]

En el seminario conciliar, con el tiempo se admitieron también hijos ilegítimos, aunque con la restricción de no poder usar la beca de colegiales. Chávez Sánchez opina que la necesidad de clérigos con vocación y que supieran hablar las lenguas indígenas puede explicar su aceptación en ese colegio. Según el mismo autor, los estudiantes mestizos eran quienes más presentaban la condición de ilegítimos.[273]

Sobre el nivel socioeconómico, llama la atención la dificultad para determinar la ocupación u oficio de los padres o familiares de la mayoría del clero del arzobispado, pues casi ningún clérigo lo mencionó en sus solicitudes para la ordenación, y cuando alguno sí lo hizo, generalmente se trató de personas notables de la comunidad o del gobierno virreinal. No es difícil pensar que el común de los clérigos careciera de padres encumbrados que ostentar, como quienes sí los tenían no dudaban en hacerlo. Estaríamos entonces ante una clerecía proveniente básicamente de estratos medios urbanos y rurales, con recursos moderados o apenas suficientes para costear estudios de los hijos. El arzobispo Lanciego, a tres años de su arribo a la mitra mexicana, en 1715, expresaba al respecto que en su clero había "una gran pobreza".[274]

Hubo también una minoría clerical, identificada en muchos casos por sus altos grados académicos y que se ostentaba como descendiente de españoles nobles, sobre todo hidalgos. Doctores en Cánones o en Teología, la mayoría clérigos, se declaraban como hijos de familias distinguidas más que ricas. La calidad social y la honorabilidad familiar eran caras a todos ellos.[275] Aun cuando la universidad se conformaba únicamente con que demostraran su limpieza de sangre, así se tratase del español más pobre de la comunidad, 40

[272] AGN, Bienes Nacionales, 236, exp. 5, año de 1711: el bachiller Juan de Arteaga sobre que se le dispensen los defectos que padece y sea admitido a órdenes sacerdotales.

[273] Eduardo Chávez Sánchez, *op. cit.*, p. 315.

[274] Al menos es lo que expresó el obispo Ortega y Montañés a principios del siglo XVIII, y después Lanciego Eguilaz, hacia la década de 1720. AGN, Reales Cédulas Originales, 31, f. 68, cédula de 8 de junio de 1702 y AGI, México, legajo 805, carta al rey del 3 de abril de 1715.

[275] Rodolfo Aguirre Salvador, *El mérito y...*, *op. cit.*, pp. 90-102.

por ciento de los doctores del siglo XVIII declararon tener algún tipo de nobleza. Entre 1701 y 1728, se graduaron de doctor en la universidad 206 estudiantes, la mayoría en teología o en cánones.[276] De las personas que obtuvieron el título, 185 eran clérigos, es decir, 76 por ciento; el resto estuvo constituido por médicos, legistas y alguno que otro canonista o artista.

De esos 185 doctores clérigos, 139 residían en México y provenían de las élites regionales y urbanas que, aunque no llegaban al más alto nivel del poder económico, político y social, sí tenían buenas relaciones con los virreyes, oidores, grandes comerciantes, mineros o terratenientes. Ciento nueve padres pertenecían a un estrato social que participaba en el comercio local o regional, con grados militares de la milicia y cargos en los ayuntamientos de ciudades o villas. Para un alcalde ordinario, un capitán de milicia o un mercader local el mejor destino que podía procurar a sus hijos era el de los estudios y la carrera eclesiástica. Estos descendientes de los grupos de poder local fueron realmente quienes persiguieron los cargos públicos por sus apetecidas rentas o salarios y el prestigio de que gozaban; además, otra ventaja que tenían estas familias era su cercanía con los sectores más poderosos del virreinato. Varios padres fueron personajes encumbrados que procuraron una carrera exitosa para sus hijos "segundones"; me refiero a un pequeño grupo de magistrados de la real audiencia, jueces del poderoso Tribunal del Consulado de México, altos funcionarios de la real hacienda, un almirante, dos gobernadores, grupo que apenas llega a la decena. Doce padres más fueron doctores universitarios y otros trece se desempeñaron en varias profesiones o fueron empleados de nivel medio en diferentes instituciones. Finalmente, sólo seis se dedicaron a oficios mecánicos: curtidor, vidriero, armero o panadero, constituyendo casos excepcionales.

Otro aspecto del medio social en que los doctores clérigos se desenvolvieron, o pretendieron hacerlo, fue, sin duda, el de las relaciones que establecían al buscar padrinos del grado de doctor. Carmen Castañeda ha demostrado que en Guadalajara, a fines del siglo XVIII, los padrinazgos formaban parte de un sistema de solidaridades e influencias para la obtención y el aprovechamiento de cargos públicos por ambas partes.[277] No obstante,

---

[276] AGN, Universidad, 116, registros de grados de licenciados y doctores en todas facultades, 1703-1756.

[277] Carmen Castañeda en dos artículos, "Una élite de Guadalajara y su participación en la Independencia", en *Encuentro*, núm 4, El Colegio de Jalisco, julio-septiembre de 1985, y "La formación de la élite en Guadalajara, 1792-1821", en Carmen Castañeda (ed.), *Élite, clases sociales y rebelión en Guadalajara y Jalisco, siglos XVIII y XIX*, Guadalajara, El Colegio de Jalisco, 1988, ha demostrado que los padrinos de los doctores de la Universidad de Guadalajara pertenecieron a los más poderosos grupos políticos y económicos de la región; tal relación de padrinazgo

para el caso de los doctores eclesiásticos de México esa dinámica no es tan clara, pues los padrinazgos pudieron tener diferentes funciones y matices; es decir, dada la procedencia geográfica y la heterogeneidad de intereses y relaciones que se daban cita en la capital virreinal, difícilmente puede establecerse una sola función de los padrinos. En el siguiente cuadro, se resume la procedencia y ocupación de los padrinos de los doctores eclesiásticos del arzobispado de México.

CUADRO 9

Cargos y títulos de padrinos de doctores, 1701-1728

Procedencia u ocupación de los padrinos	Número
Nobles y caballeros de órdenes militares	49
Alto clero (obispos, prebendados, funcionarios de curia)	44
Comerciantes	31
Doctores y catedráticos	29
Magistrados de la real audiencia	7
Oficiales reales de hacienda, tribunal de cuentas	7
Miembros de los ayuntamientos	5
Tesoreros reales	5
Presbíteros	4
Castellano de Acapulco	1

Fuente: Rodolfo Aguirre Salvador, "El ascenso de los clérigos de Nueva España durante el gobierno del arzobispo José Lanciego y Eguilaz", en *Estudios de Historia Novohispana*, núm. 22, 2000.

En el cuadro, sólo se señala el título o la ocupación de los padrinos que se mencionan en los expedientes de grado; es posible que varios de los nobles también fueran comerciantes u oficiales de república, pero no lo consignaron en la documentación. De cualquier modo, tal información muestra la tendencia de los doctores eclesiásticos y sus familias por conseguir el reconocimiento de la élite de la ciudad de México y de la Nueva España. El abanico no es muy amplio, pues sólo cinco tipos de personajes acaparan la mayoría de las preferencias doctorales: alto clero, ricos comerciantes,

significó para los noveles doctores influencia y recomendaciones para obtener los mejores cargos y nombramientos. La misma autora, en su artículo "La Real Universidad de Guadalajara y el cabildo eclesiástico de Guadalajara, 1792-1821", en Carmen Castañeda (coord.), *Historia social de la Universidad de Guadalajara*, Guadalajara, Universidad de Guadalajara/CIESAS, 1995, ha señalado que el interés de las familias de los doctores por buscar padrinos en el alto clero de Guadalajara fue buscar recomendaciones para conseguir prebendas del rey.

nobles titulados y caballeros de las órdenes militares, así como miembros destacados de la corporación universitaria.

Respecto a la procedencia geográfica del clero del arzobispado, recurriremos a una fuente indirecta: los registros de los bachilleres en Artes de la Real Universidad de México para la década de 1741-1750, en donde se registró su lugar de nacimiento. La pertinencia de esta fuente se explica debido a que muchos de esos bachilleres fueron después clérigos del arzobispado, lo cual nos da una idea muy aproximada sobre la procedencia geográfica de la clerecía. Para ello, se consultaron los registros de los colegios de la ciudad de México, principalmente los del jesuita de San Pedro y San Pablo, y los del seminario conciliar.

CUADRO 10

Origen geográfico de los colegiales de la
ciudad de México, 1741-1750

Obispado/región	Colegiales		%
México	7		1.7
Michoacán	74		9.4
Guadalajara	55		7
Puebla	41		5.2
Provincias internas	24		3
Regiones del imperio español	14		1.8
Oaxaca	12		1.5
Nueva Vizcaya	3		0.3
Yucatán	1		0.1
Totales	789		100

Fuente: Archivo General de la Nación, Universidad 167 y 293.

Los porcentajes anteriores no dejan lugar a dudas sobre el origen endogámico del clero del arzobispado, pues más de 70 por ciento provenía de la misma región, especialmente de la ciudad de México (385 colegiales), seguida a gran distancia de poblaciones importantes, tales como Toluca, Taxco, Querétaro o Pachuca. El resto se reparte entre distintas poblaciones del centro, norte y sur del arzobispado, con lo cual se demuestra que las familias españolas de todos los rincones deseaban tener hijos clérigos. El 30 por ciento restante de los colegiales de la ciudad de México provenía principalmente de los obispados vecinos de Michoacán, Guadalajara y Puebla, y en menor cantidad de otras regiones, incluyendo algunos peninsulares o de fuera de Nueva España, lo cual refleja la atracción que el arzobispado ejercía en el clero de otras regiones.

La procedencia local de la mayoría de los clérigos del arzobispado indica que se trataba de clérigos que habían nacido, vivido y estudiado localmente, que tenían estrechos vínculos con la población y que conocían de cerca sus problemáticas y a sus autoridades. Sin duda, se trataba de una clerecía que podía hacerse cargo de la administración parroquial de la población del arzobispado, prescindiendo de los servicios de los religiosos.

Así, los individuos que conformaban el clero secular de la primera mitad del siglo XVIII provenían de varios estratos sociorraciales: criollos de diversos niveles de riqueza y educación, mestizos integrados a alguna de las dos repúblicas formales y algunas docenas de nobles indígenas. Era, sin duda, un clero más diverso que antes. La documentación consultada refleja que, aunque se nutría sobre todo de jóvenes considerados españoles, ya no eran éstos la totalidad. Esta tendencia siguió adelante, acentuándose en la segunda mitad del siglo XVIII, cuando cada vez más indios, mestizos, expuestos e ilegítimos pudieron acceder a los estudios y al sacerdocio.[278]

La evolución de la población clerical 1682-1742

La magnitud numérica sobre el clero del arzobispado fue y sigue siendo un aspecto de difícil estudio; aun los mismos prelados, que tenían un archivo y personal a su disposición, desconocían la cifra precisa. En la documentación, se perciben los apuros de las autoridades para saber el número y el destino de su clerecía; aunque existen varias apreciaciones, no pasan de ser números gruesos. Hacia la década de 1670, el virrey marqués de Mancera, por ejemplo, consideraba que en el arzobispado había alrededor de 2 000 clérigos; cantidad que consideraba excesiva, suponemos que en proporción con la población española.[279] En 1696, el por entonces virrey interino y obispo de Michoacán, Juan Ortega y Montañés, sin mencionar una cifra concreta tampoco, opinó igualmente que el clero secular era enorme. En 1715, el arzobispo José Lancie-

---

[278] AGN, Universidad, vol. 81 y Rodolfo Aguirre Salvador, "Algunas problemáticas sociales del estudiantado de la Real Universidad de México en el siglo XVIII", en María de Lourdes Alvarado y Rosalina Ríos (coords.), *Grupos marginados de la educación en América Latina, siglos XIX y XX*, México, IISUE-UNAM/Bonilla Artigas Editores, 2011, pp. 135-158.

[279] "Informe del virrey Antonio Sebastián de Toledo, marqués de Mancera (1664-1673)", en Ernesto de la Torre Villar, Estudio preliminar, coordinación, bibliografía y notas, *Instrucciones y memorias de los virreyes novohispanos*, México, Porrúa, 1991, tomo II, p. 597.

go Eguilaz informaba al rey que su clero era mucho, al igual que su pobreza, y ello se debía a que en sedes vacantes se permitía la ordenación de forma indiscriminada, aunque tampoco daba cifras exactas.[280] Las palabras del arzobispo Lanciego nos indican que el número de clérigos dependía también de la política de ordenación de cada autoridad en turno; es decir, si normalmente los capitulares en sede vacante no tenían un límite para conceder las órdenes, en sede plena, prelados como él pusieron más cuidado al respecto.

¿A qué se debía tal incapacidad para conocer números verídicos? Pudo deberse a varias razones. Una era la falta de registros sistemáticos de ordenaciones sacerdotales; aunque teóricamente en cada diócesis debía llevarse un registro o matrícula de las órdenes sacerdotales que en cada temporada se iban otorgando,[281] en el arzobispado de México no es posible saber desde cuándo se sistematizó esa información, pues sólo a partir de 1682 se conocen libros de matrículas y, aun así, hay lagunas en varios años posteriores.

Además del problema de los registros, otro factor que impedía saber con precisión el tamaño de la población clerical del arzobispado era la movilidad de los clérigos; puesto que la mayoría carecía de un beneficio y desempeñaba tareas temporales por algunas semanas o meses en diferentes lugares, aun fuera del arzobispado, sus desplazamientos eran frecuentes. Igualmente, hay que tomar en cuenta a los sacerdotes de otros obispados que a la larga se integraban a la clerecía del arzobispado y que no se registraban sino hasta tiempo después. En este sentido, Stefano sostiene que en el obispado del Río de la Plata el prelado sólo tenía algún control con los clérigos que disfrutaban de algún beneficio eclesiástico, pero no así con el resto, que se las entendían por su cuenta para sustentarse.[282] No hay que dudar que en Nueva España sucediera algo parecido. El hecho fue que una de las primeras acciones de cada prelado al llegar por primera vez a la mitra era ordenar la comparecencia de todo clérigo de su jurisdicción para que

---

[280] AGI, México, legajo 805, carta al rey del 3 de abril de 1715.

[281] Tal se ordena en el libro I, título X, parágrafo XXXVI del tercer concilio provincial mexicano: "el notario o secretario nombrado al efecto, escriba en dicho registro a todos los promovidos a órdenes, constando en él los nombres de los ordenados, sus padres, pueblo, diócesis e iglesia donde se celebraron los órdenes, los títulos por que fueron promovidos, los testigos, día, mes y año, firmado por él y por los examinadores. Este registro se ha de guardar en el archivo de la iglesia catedral junto con los demás papeles de ella". Véase María del Pilar Martínez López-Cano, Elisa Itzel García y Marcela Rocío García, "III concilio y Directorio", en María del Pilar Martínez López-Cano (coord.), *Concilios provinciales mexicanos. Epoca colonial*, México, IIH-UNAM, 2004, CD.

[282] Roberto di Stefano, "Abundancia de clérigos, escasez de párrocos: las contradicciones del reclutamiento del clero secular en el Río de la Plata (1770-1840)", en *Boletín del Instituto de Historia Argentina y Americana "Dr. Emilio Ravignani"*, tercera serie, núms. 16-17, Buenos Aires, 1997-1998, pp. 33-59.

presentara sus títulos de ordenación o licencias para residir, predicar o confesar, si es que venían de otros obispados. Así lo hicieron, en efecto, los arzobispos del siglo XVIII al menos, buscando tener control sobre la presencia y las actividades de la clerecía.[283] Pero, sin duda, la fuente más segura para aproximarnos al desarrollo de la población clerical son los registros de matrícula.

Entre 1682 y 1744, se otorgaron en el arzobispado al menos 3 933 órdenes, debido a que no hay información para varios años en ese mismo periodo, como puede advertirse en el cuadro 11.

Puesto que hay lagunas importantes de años que no nos permiten seguir con precisión todo el periodo de 1682 a 1744, considero que la mejor manera de interpretar los datos es por gestión arzobispal o de sede vacante, pues de esa forma se pueden destacar mejor los matices de cada gobierno. Durante el lapso que va de 1682 a 1687, que corresponde a los primeros años de gobierno del arzobispo Aguiar y Seijas, el promedio anual de órdenes asignadas fue de 122; durante los años del siguiente arzobispo, Ortega y Montañés, entre 1700 y 1706, el promedio descendió a 87; en cambio, en la sede vacante de 1710-1711, el promedio se fue hasta 365, para luego descender en la época del arzobispo Lanciego, 1712-1720, a 84. El promedio anual aumentó otra vez con el arzobispo Vizarrón, entre 1732 a 1744, a 137.

En tales fluctuaciones se refleja, por un lado, la demanda de las familias novohispanas y, por el otro, los criterios que cada gobernante del arzobispado tuvo para la renovación del clero. Por supuesto que los índices de matrículas deben matizarse con el número de clérigos, pues muchos de éstos podían obtener varias órdenes sacerdotales en un solo año.

Con esa decantación de los registros, se buscó establecer mejor las tendencias de ordenación, cuyo resultado puede observarse en el cuadro 12, que registra a individuos, no a matrículas, y que arroja cifras reveladoras sobre la renovación de la clerecía en el arzobispado de México.

En los 43 años que fue posible contar con información suficiente, comprendidos en el periodo 1682-1744, hubo 3 046 nuevos clérigos en el arzobispado, con un promedio anual de 71. De acuerdo con cada orden, la proporción fue la siguiente: 35 por ciento eran clérigos de menores, 17 por ciento subdiáconos, 17 por ciento diáconos y 31 por ciento presbíteros; es decir, sólo una tercera parte del total de nuevos clérigos llegaba hasta el sacerdocio y estaba en condiciones de concursar por los beneficios y las prebendas, una tercera parte no pasaba de las órdenes menores, quedando en la periferia, y otra tercera se quedaba a medio camino.

---

[283] Archivo Histórico del Arzobispado de México (en adelante AHAM), caja 90, libros 3 y 4, caja 91, libros 3 y 6.

CUADRO 11
Índice de matrículas de órdenes por año,
arzobispado de México, 1682-1744

Año	Órdenes menores	Subdiáconos	Diáconos	Presbíteros	Total
1682	29	9	18	24	80
1683	64	37	25	17	143
1684	56	33	9	29	127
1685	127	47	33	26	233
1686	73	31	0	0	104
1687	27	10	7	5	49
1700	7	9	17	18	51
1701	19	22	34	25	100
1702	30	15	17	30	92
1703	33	29	21	20	103
1704	46	26	39	26	137
1705	39	28	25	28	120
1706	6	0	0	0	6
1710	161	103	49	144	557
1711	77	24	45	28	174
1712	20	24	21	34	99
1713	2	2	13	26	43
1714	8	9	6	7	30
1715	28	5	12	11	56
1716	60	24	19	22	125
1717	45	22	29	13	109
1718	33	31	24	22	110
1719	70	40	38	21	169
1720	16	0	0	0	16
1732	74	43	40	27	184
1733	59	49	38	49	195
1734	40	61	20	26	147
1737	33	18	31	23	105
1739	0	0	2	1	3
1740	97	61	49	56	263
1741	64	0	0	1	65
1744	57	14	41	26	138
Totales	1 500	826	822	785	3 933

Fuentes: Archivo Histórico del Arzobispado Mexicano, caja 17, exp. 35, 1682-1687; caja 41, libro 3, 1700-1706; caja 41, libro 2, 1710-1712; caja 41, libro 1, 1713-1720; caja 42, libro 1, 1732-1744; Archivo General de la Nación, Bienes Nacionales 1271, exp. 1.

CUADRO 12. Índice de nuevos clérigos por año, 1682-1744

Año	Órdenes menores	Subdiáconos	Diáconos	Presbíteros	Total
1682	7	2	7	24	40
1683	29	19	13	6	77
1684	42	8	2	27	79
1685	59	27	28	26	40
1686	38	30	0	0	68
1687	27	8	7	5	47
1700	1	3	5	18	27
1701	9	3	12	25	49
1702	13	0	5	29	47
1703	16	11	5	20	52
1704	23	8	17	26	74
1705	26	34	24	26	110
1706	4	0	0	0	4
1710	99	31	41	42	313
1711	53	17	36	27	133
1712	13	3	8	34	58
1713	0	1	5	26	32
1714	4	2	5	7	18
1715	7	1	8	12	28
1716	30	3	6	22	61
1717	28	14	27	25	94
1718	21	9	13	26	69
1719	33	10	16	23	82
1720	18	9	4	23	54
1721*	15	11	7	17	50
1722*	25	11	12	27	75
1723*	20	7	6	15	48
1724*	7	5	2	4	18
1725*	40	11	9	35	95
1726*	19	8	13	16	56
1727*	32	21	12	20	85
1732	36	12	14	27	89
1733	35	44	27	49	155
1734	39	59	20	26	144
1737	26	10	30	22	88
1739	0	0	1	1	2
1740	74	49	42	40	205
1741	54	0	0	1	55
1744	52	11	36	26	125
Totales	1 074	512	525	935	3 046

Fuentes: AHAM, caja 17, exp. 35, 1682-1687; caja 41, libro 3, 1700-1706; caja 41, libro 2, 1710-1712; caja 41, libro 1, 1713-1720; caja 42, libro 1, 1732-1744; Archivo General de la Nación, Bienes Nacionales, 1271, exp. 1.
*Para estos años se cuantificaron los clérigos aprobados en el libro de exámenes de clérigos, a falta de matrículas.

Cuando revisamos los promedios por gestión arzobispal o sede vacante, los números de clérigos son consistentes con los expresados arriba sobre matrículas. Así, en el periodo de Aguiar y Seijas hubo un promedio anual de 75.1 nuevos clérigos. Durante la gestión del siguiente arzobispo, Ortega y Montañés, el promedio fue de 51.8, un descenso significativo de 32 por ciento. Para la sede vacante de 1710-1711, el promedio aumentó de forma impactante a 223. En el gobierno de Lanciego Eguilaz vuelve a descender a 57.7 para luego ascender durante la gestión de Vizarrón Eguiarreta a 108.5 clérigos por año.

Si seguimos el mismo orden cronológico, se observa que el promedio descendió durante los primeros años del siglo XVIII respecto a la década de 1680; ello pudo deberse a que Aguiar y Seijas impulsó la presencia del clero secular en las provincias del arzobispado durante la visita pastoral que realizó, mientras que Ortega y Montañés, escéptico sobre el origen del clero, y quien no visitó el arzobispado, estuvo más ocupado atendiendo las exigencias de Felipe V, y bien pudo inhibir las ordenaciones. El hecho es que en los años posteriores a la desaparición de Ortega y Montañés, durante la sede vacante de 1710-1711, el promedio se cuadruplicó a 223 nuevos clérigos cada año, lo que nos indica claramente que muchos de los aspirantes al sacerdocio, que no eran pocos, prefirieron esperar la ausencia del prelado y la flexibilidad de la sede vacante. Entre 1709 y 1711, el cabildo en funciones de gobierno del arzobispado se dio a la tarea de examinar y dar cartas dimisorias a los clérigos para ir a ordenarse a otros obispados, con tal de no detener sus aspiraciones; esto demostraría también que, al menos en sede vacante, quienes decidían la distribución de órdenes en el arzobispado no tenían como criterio guardar una proporcionalidad entre los beneficios y los empleos eclesiásticos disponibles con la demanda de aspirantes. En comparación, los arzobispos Ortega y Montañés y Lanciego Eguilaz sí reflejan preocupación por el destino de los nuevos clérigos y por buscar cierto equilibrio con los empleos eclesiásticos disponibles.

Este fenómeno no pasó inadvertido para el siguiente arzobispo, Lanciego Eguilaz, quien acusó ante el rey que el cabildo eclesiástico había permitido muchas ordenaciones, durante la sede vacante, previa a su llegada, "a bulto y sin distinción".[284] En Madrid, no eran ajenos a esa circunstancia. José Campillo y Cosío, por entonces secretario del Despacho Universal de Indias y Marina, en su *Nuevo sistema de gobierno económico para América*, escrito en 1743, atrajo la atención precisamente sobre el número excesivo de clérigos, haciendo un llamado al monarca para prevenirlo.[285]

---

[284] AGI, México, legajo 805, carta al rey del 3 de abril de 1715.
[285] José del Campillo y Cosío, *op. cit.*, p. 96.

Pero, ¿cómo podían las autoridades, ya sea en Madrid o en Nueva España, impedir la ordenación de muchos jóvenes criollos, mestizos y hasta indios nobles, si por entonces el cabildo eclesiástico de México estaba dominado por clérigos criollos que patrocinaban el ascenso de los de la tierra y desarrollaban trayectorias eclesiásticas que sustentaban el derecho de los novohispanos a gobernar en su propia patria?[286] Esos mismos capitulares llegaron a convencer al arzobispo Lanciego sobre la necesidad de defender los intereses del clero local. No obstante, si por un lado el mismo arzobispo promovió a los capitulares y favoreció la apertura social al sacerdocio, por el otro, exigió mejor preparación y una mayor renta de capellanías a aquellos que quisieran ordenarse con este título. Así, fijó un mínimo de 300 pesos de renta anual a los aspirantes; hecho que, sin duda, retrajo a muchos jóvenes ante la falta de capellanías con un capital mínimo de 6 000 pesos, algo que, sin embargo, no continuó después de ese prelado.

No sabemos si durante la sede vacante de Lanciego, entre 1729-1731, el cabildo eclesiástico permitió la ordenación de muchos más clérigos, como dos décadas antes. Lo que sí es posible establecer es que durante la gestión del siguiente arzobispo, Vizarrón Eguiarreta, con todo y que éste tampoco tenía una buen opinión del clero local, el promedio de nuevos clérigos casi se duplicó respecto a la anterior; la demanda de órdenes fue al alza hacia las décadas centrales del siglo XVIII. Un buen indicador sobre el crecimiento del clero secular, lo constituye la solicitud de grados de bachiller en Artes en la universidad. Se sabe que la población estudiantil del virreinato creció significativamente por esos años; en las décadas centrales del siglo XVIII, se alcanzaron los más altos índices en cuanto a la demanda de grados de bachiller no sólo en el arzobispado, sino en todo el virreinato.[287] El binomio grado de bachiller-orden sacra alcanzaría por esa época su mayor arraigo en suelo novohispano. Así, después de 1730, se llegó a los más altos promedios de clérigos, lo cual no puede explicarse simplemente tomando en cuenta el crecimiento de las feligresías parroquiales ni la necesidad de un mayor número de ministros auxiliares en las parroquias, tanto urbanas como rurales, puesto que hubo una contención en el número de vicarios.

Por otro lado, no podemos descartar que, puesto que el arzobispo Vizarrón estuvo ocupado durante la primera mitad de su mandato al frente del

[286] Rodolfo Aguirre Salvador, "De las aulas al cabildo eclesiástico. Familiares, amigos y patrones en el arzobispado de México, 1680-1730", en *Tzintzun, Revista de Estudios Históricos*, núm. 47, Morelia, Universidad Michoacana de San Luis Hidalgo, enero-junio de 2008, pp. 74-114.

[287] Rodolfo Aguirre Salvador, *El mérito y…, op. cit.*, pp. 228-247.

virreinato, ello pudo facilitar la relajación de las exigencias para la ordenación por parte de los capitulares a cargo. Lo cierto es que, a pesar de saberse por propios y extraños que faltaban beneficios, empleos y capellanías para el clero secular, las ordenaciones aumentaron, lo cual demuestra que la demanda de órdenes no estaba sólo en función del número de empleos disponibles, sino también en la búsqueda de los privilegios, las exenciones y el rango social que confería la pertenencia al clero. Si bien esto no es ningún secreto y ya otros estudios han llegado a la misma conclusión, hay otra cuestión adyacente que no ha sido lo suficientemente aclarada: ¿por qué la mitra siguió ordenando a decenas y decenas de clérigos cada año, a sabiendas de que no podía dar acomodo a buena parte de ellos? El arzobispo Lanciego, que fue más exigente y ordenó a menos clérigos, tuvo que aceptar en la década de 1720 que la situación de su clero no era muy diferente a cuando arribó a México, según veremos en un capítulo posterior. Su sucesor, que tenía una pésima opinión del clero local, ordenó a más jóvenes; era obvio que éstos no podrían sustituir a los ya acomodados, quienes se aferraron a sus beneficios y empleos eclesiásticos de por vida. Hay entonces que considerar que la demanda de órdenes obedecía, por un lado, a la búsqueda de beneficios pero, por otro, a una demanda de familias de diferente estrato social que buscaban satisfacer distintas necesidades con el sacerdocio de sus hijos.

El cabildo eclesiástico de México tuvo mucho que ver también con el asunto en cuestión: su mayor cercanía a los intereses de la población local y al conocimiento que tenían de las familias y los estudiantes de los colegios y de la universidad los hizo favorecer el crecimiento del clero local, con o sin la suficiente preparación. La mayoría de los miembros del cabildo eran doctores y catedráticos en esas instituciones; es decir, formaban a los mismos que aspiraban al sacerdocio, por lo que negarles luego la ordenación significaba también cuestionar sus propias tareas docentes. El problema venía después, cuando esos clérigos sin vocación se hacían notar desfavorablemente, aun más allá del arzobispado. En 1717, el obispo de Oaxaca se quejó, ante el arzobispo de México, de un clérigo capitalino ordenado precisamente durante esa sede vacante y residente en Antequera.

> Que se llama don Julián de Luzena, del cual me aseguran que ni sabe rezar ni decir misa y los medios con que me dicen que se ordenó, antes que vuestra señoría ilustrísima viniese, no son dignos aun de referirse; me tiene lleno de pleitos gran parte del obispado, ha vivido y vive muy distante de la ciudad, le he mandado que salga y vaya a su arzobispado.[288]

[288] AGN, Bienes Nacionales, 636, exp. 6, f. 23.

Por último, no podemos descartar que por razones políticas la mitra buscara equilibrar el número de clérigos con el de frailes ordenados, que no eran pocos.

§

En la primera mitad del siglo XVIII, es posible observar un clero muy diferente ya a ese conjunto disperso y sin dirección del siglo XVI; se trata de generaciones de clérigos provenientes de toda la geografía arzobispal, aun cuando la mayoría estaban asentados en la capital; es una clerecía local, arraigada y que comparte muchos de los intereses de la sociedad novohispana del centro, no obstante su heterogeneidad en cuanto a sus orígenes sociales, su formación, su nivel de riqueza, sus aspiraciones y sus ocupaciones. A pesar de que la mayoría sigue siendo considerada de origen "español", hay ya pequeños grupos de indios y mestizos, varios de ellos suponemos que mulatos en realidad, mismos que ya no desparecerán, sino por el contrario, se consolidarán como minorías "normales" en el transcurso del siglo XVIII. Aunque la mayoría se decía descendiente de matrimonios bien constituidos, debemos tomar con reserva "tanta legitimidad", pues por entonces había altas tasas de ilegitimidad, además de que la mitra no era muy exigente en cuanto a recibir los testimonios de buena vida, costumbres y referencias familiares de los clérigos al momento de otorgarles las órdenes sacras.

La heterogeneidad en el clero se reflejaba bien en el origen familiar y los niveles de riqueza, pues prácticamente todos los estratos sociales tenían descendientes en la Iglesia: desde hijos de caballeros de órdenes militares, hidalgos, pasando por oidores, altos funcionarios de la administración virreinal, sobrinos de obispos y prebendados, juristas, catedráticos, hasta caciques, labradores, rancheros e incluso uno que otro oficial mecánico. En otras palabras, la clerecía era una puerta amplia para los diferentes estratos de la sociedad colonial, o como se decía entonces, para clérigos de diferentes calidades. Aunque los privilegios, los fueros y las exenciones los unificaban en un momento dado y les daban una apariencia de igualdad, en la práctica social no era lo mismo un clérigo de órdenes menores, sobrino de un obispo, que tenía varias capellanías y una prebenda asegurada, que un presbítero descendiente de una modesta familia de labradores de la sierra, con pocas o nulas relaciones en la capital, y para quien su máxima aspiración era convertirse en vicario o teniente en su pueblo natal, ganando 300 pesos anuales, con lo cual podía considerarse satisfecho.

Sin duda que las diferencias sociales atravesaban la clerecía por completo, enriqueciendo notablemente una tipología clerical en donde es posible hallar diferentes aspiraciones a trayectorias eclesiásticas y variadas respuestas ante el reto que significaba ser clérigo en una sociedad como la novohispana; y más en una época, como la primera mitad del siglo XVIII, marcada, por un lado, por las transformaciones que se dieron en la población y las parroquias del arzobispado, así como por los esfuerzos de arzobispos como Lanciego Eguilaz por hallar beneficios y ocupaciones a los presbíteros desocupados y, por el otro, caracterizada por la política de Felipe V para extraer la mayor parte de las rentas eclesiásticas. El clero secular se encontró en medio de tales corrientes, sin que ninguna llegara a prevalecer en la práctica, aunque sí resintió una mayor presión recaudatoria de Madrid. Pero, ¿cómo podían ser más cooperativos con la real hacienda, si a pesar del cambio parroquial registrado por entonces no hubo un aumento sustancial de beneficios o cargos que generaran más renta eclesiástica? Sin duda, fue un clero impaciente que esperaba que tarde o temprano se dieran los cambios a su favor. Por otro lado, aunque aquí no ha sido abordado, debe señalarse el factor de las ordenaciones del clero regular; es decir, ¿fueron los prelados indiferentes al número de frailes que solicitaban órdenes cada año? Me inclino a pensar que no, pues ante la demanda incesante de frailes por ordenarse es probable que los arzobispos buscaran algún equilibrio con el clero secular.

SEGUNDA PARTE

BENEFICIOS ECLESIÁSTICOS, EMPLEOS Y CAMBIO PARROQUIAL: ENTRE LA ESPERANZA Y LA FRUSTRACIÓN

JUNTOS PERO DESIGUALES: EL BAJO CLERO DE LA CIUDAD DE MÉXICO

Suma pobreza que padece todo mi clero porque,
exceptuando los prebendados de mi santa Iglesia y
tal o cual eclesiástico que tiene algún patrimonio,
los demás viven de sus capellanías, cuya inestabilidad,
por fundarse en casas o en depósitos que llaman
irregulares, estoy experimentando cada día por la quiebras
que se hacen de que resulta que perecerían muchos si yo no les
asistiese con el estipendio de la misa, sin que esta mi silla
tenga otra cosa con que alentarlos.[289]

En vez de patria, es madrastra común.[290]

Es más que sabida la tendencia de los clérigos, en el mundo católico, a establecerse en las ciudades debido a las mayores oportunidades de educación, empleo, relaciones sociales y rentas. Los del arzobispado no eran la excepción, pues tanto aquellos que buscaban promoverse a los altos cargos como quienes simplemente buscaban una ocupación estable y rentable aspiraban a residir de manera permanente en la capital virreinal. Desde el siglo XVI, una de las principales concentraciones de clérigos en Nueva España fue la de la capital y así continuó durante el resto de la era colonial. Su protagonismo fue claro en la insurrección de 1624, que terminó con el gobierno del virrey marqués de Gelves.[291] Sin embargo, ¿qué tanto era la capital una tierra de oportunidades para los clérigos? ¿O era sólo un espejismo para la mayoría? ¿Es qué acaso México era, en muchos sentidos, la capital de los anhelos, más que de las realizaciones?

---

[289] AGI, México, legajo 805, carta del arzobispo José Lanciego Eguilaz al rey, de 30 de marzo de 1717.

[290] Bachiller Tadeo Acosta, cura de Tlachichilco. AGN, Bienes Nacionales, 665, exp. 13, año de 1749.

[291] Jonathan I. Israel, *op. cit.,* pp. 144-147.

Hay indicios de que el aumento de empleos y beneficios en la capital estuvo más bien estancado, a despecho de su fama de grandeza. Esta situación, que puede generalizarse a todos los obispados novohispanos, contrasta visiblemente con la de la península ibérica, en donde la creación de beneficios eclesiásticos fue muy superior aunque, claro, con grandes desigualdades de renta también. Como fuere, en España la mayoría de los clérigos se ordenaba a título de algún beneficio o capellanía, que seguían detentando de por vida. En contraste, los obispados novohispanos carecían de un sistema beneficial como el peninsular, en donde había una tipología de beneficios desconocidos en América, especialmente los llamados "menores", que sustentaban al bajo clero.[292] Con todo, en la ciudad de México se decidía el futuro de cientos de clérigos: su preparación, la obtención de grados, órdenes y capellanías, el desarrollo de una carrera eclesiástica o la consecución de algún beneficio. De ahí que, sin importar si eran nativos o foráneos, había diario un movimiento de clérigos que difícilmente se presenciaba en algún otro obispado del virreinato.

Si bien no se pretende aquí mostrar un cuadro acabado sobre las ocupaciones, los empleos y las actividades del clero de la capital, se ha intentado hacer una aproximación más precisa de lo que la historiografía ha señalado hasta ahora, con la intención de superar el lugar común que se formuló desde la era colonial de que el grueso del clero era pobre, mal preparado y sin oficio ni beneficio.[293] Ciertamente, al comparar al llamado bajo clero con los capitulares o los curas de catedral, podemos encontrar distancias extremas, pero las situaciones intermedias eran más frecuentes de lo que suponemos. Así, aunque por un lado podemos hallar a ricos presbíteros, algunos dueños de mayorazgos y casas de alquiler, o incluso con mujer e hijos[294] y, por el otro, a verdaderos clérigos indigentes, lo más común era un sector mayoritario de clérigos y presbíteros que, aunque sin poseer un beneficio, desempeñaban múltiples cargos subordinados, temporales, generalmente de modestos ingresos, pero que les servían para subsistir mientras continuaban con la perpetua espera de algo mejor.

---

[292] Maximiliano Barrio Gozalo, "El sistema beneficial en la España del siglo XVIII. Pervivencias y cambios", en *Cuadernos Dieciochistas*, núm. 2, Universidad de Salamanca, 2001, pp. 73-107.

[293] Rodolfo Aguirre Salvador, "En busca del clero secular: del anonimato a una comprensión de sus dinámicas internas", en María del Pilar Martínez López-Cano (coord.), *La Iglesia en Nueva España, problemas y perspectivas de investigación*, México, IIH-UNAM, 2010, pp. 185-213.

[294] AGN, Bienes Nacionales, 210, exp. 10, sumaria de los delitos de que se acusa a Juan Jaso de la Mota, presbítero. Véase también sobre este personaje el texto de Marcelo da Rocha Wanderley, "Generación tras generación. El linaje Portugal: genealogía, derecho, vocación y jerarquías eclesiásticas", en Rodolfo Aguirre Salvador (coord.), *Espacios de saber, espacios de poder. Iglesia, universidades y colegios en Hispanoamérica, siglos XVI-XIX*, México, IISUE-UNAM/Bonilla Artigas Editores, en prensa.

El clero de la capital: nativos y foráneos

La ciudad de México, como capital novohispana y sede de los más altos poderes del virreinato, albergaba también una de las mayores concentraciones
de clérigos en Hispanoamérica. La densidad de instituciones eclesiásticas,
tribunales, corporaciones y centros de educación atraía a una población
clerical que sobrepasaba la de cualquier otra ciudad virreinal, a excepción
de Puebla. Es comprensible entonces la impresión de los arzobispos cuando,
al llegar a la capital, hallaban a cientos de clérigos de bajo perfil académico,
moviéndose de un lado a otro, pretendiendo ocupar mejores empleos; exageraban un poco cuando expresaban que no tenían oficio ni beneficio, pues
en realidad muchos sí tenían alguna ocupación temporal pero deseaban
cambiarla por otra estable y bien remunerada.

En la década de 1720, el arzobispo Lanciego Eguilaz hizo un cálculo
de al menos 440 miembros del clero secular que residían en la capital.[295]
Dos décadas después, un registro de las capellanías de la ciudad de México
arrojó un total de 452 clérigos.[296] Hacia 1753, en un censo de la población
de la capital, que comprende a tres de los cuatro cuarteles centrales, se
registran 293 clérigos;[297] cantidad que es consistente con las dos anteriores.
Estas cifras son conservadoras si tomamos en cuenta que muchos clérigos
estaban fuera de cualquier registro de la mitra, especialmente los foráneos,
pero sirven para darnos una idea general del tamaño de la clerecía capita-
lina. En 1758, el arzobispo Rubio y Salinas calculó 1 000 presbíteros en toda
su jurisdicción.[298] En la ciudad de México, había un movimiento constante
de clérigos y la mitra carecía de un mecanismo o sistema de registro capaz
de determinar con precisión cuál era el tamaño de la población clerical de
México en un momento dado.

La clerecía de la capital estaba conformada tanto por clérigos nativos
como por inmigrantes. Los primeros eran aquéllos nacidos en la ciudad,
mientras que los segundos provenían de otras poblaciones, ya sea dentro
del mismo arzobispado o de otros obispados, como ya se mencionó en el
capítulo anterior, y que se trasladaron a vivir a la capital. Aunque los de
otras diócesis teóricamente debían "jurar domicilio" ante el arzobispo, previa

[295] AGI, México, legajo 703, "Cartas y expedientes de personas eclesiásticas del distrito
de aquella audiencia, años de 1722 a 1724".

[296] AGN, Bienes Nacionales, 932, exp. 12.

[297] Eduardo Báez Macías, *Planos y censos de la ciudad de México, 1753*, Primera y segunda partes, en *Boletín del Archivo General de la Nación de México*, series 1 y 2, 1930-1976, México, AGN/
Fundación MAPFRE Tavera/Fundación Hernando de Larremendi, s/f (Edición digital).

[298] AGI, Indiferente General, 2549.

información por escrito de su vida en la diócesis de origen y sancionada por su prelado, en la práctica un número indeterminado de clérigos foráneos residieron libremente, sin conocimiento de la mitra. Estos clérigos tenían múltiples motivos para viajar a la capital: estudiar, visitar a familiares, curarse de alguna enfermedad, atender asuntos en alguno de los tribunales de justicia, negocios, opositar a curatos, cátedras o canonjías, buscar algún empleo o iniciar una carrera eclesiástica.[299] Nos interesa destacar sobre todo los últimos tres factores, pues provocaban una estadía permanente que a la larga los podría convertir en parte del "venerable clero"[300] de la ciudad, como se le denominó en la década de 1730.

Para la mayoría de los clérigos foráneos que se decidían a probar fortuna en la capital, las cosas no fueron sencillas. José Bautista Jiménez Frías, originario del obispado de Oaxaca, y que hizo sus estudios en México, pasó verdaderos apuros esperando una oportunidad en la Iglesia: "ha ejercitado el oficio de ayo y preceptor de muchos niños en cuya enseñanza e instrucción ha empleado algunos años, por no tener otro medio para adquirir su manutención".[301] En 1704, José Hurtado de Castilla, clérigo del obispado de Michoacán, pidió licencia al arzobispo para jurar domicilio en la capital, debido a que no tenía cómo mantenerse en su región de origen, y en la capital ya había logrado una cátedra en la universidad y el cargo de defensor del juzgado de testamentos.[302] El bachiller Miguel de Hinostroza, originario de Guadalajara, pidió en 1703 jurar domicilio, buscando sustento en el arzobispado y así poder mantener a cinco hermanas. Poco antes de ello, había muerto el obispo fray Felipe Galindo, a cuya familia pertenecía, con lo que quedó desocupado y sin ingresos.[303] Manuel Francisco Cárdenas, presbítero de Guadalajara, juró domicilio en 1700 al lograr una "Conveniencia para su congrua sustentación en la ciudad de México".[304] Resulta claro entonces que la competencia por los cargos eclesiásticos se dio no sólo entre los originarios del arzobispado, sino también con los de otras regiones.

El caso es que las nuevas generaciones de clérigos de la primera mitad del siglo XVIII crecían en número, buscaban más oportunidades de ocupación, presionaban para ocupar más capellanías de misas, se desplazaban de los colegios a la universidad, de ésta a la curia, a las oposiciones a curatos,

---

[299] Pueden verse varias docenas de solicitudes para jurar domicilio en el arzobispado, en AGN, Bienes Nacionales, 1061, exp. 21.

[300] AGN, Bienes Nacionales, 932, exp. 12.

[301] AGN, Universidad, 129, fs. 478-481v, año de 1775.

[302] AGN, Bienes Nacionales, 1061, exp. 20.

[303] Ibid., exp. 21.

[304] Ibid., exp. 29, año de 1700.

a las congregaciones de sacerdotes y a las casas del alto clero, yendo tras "conveniencias" en los aposentos de sus superiores, especialmente de los arzobispos,[305] beneficios o por lo menos buenos empleos para vivir conforme a su estado eclesiástico. Había un sector que en especial era motivo de atención: los presbíteros que año con año se iban sumando al universo de sacerdotes.[306] Los prelados, por supuesto, eran conscientes de la situación del clero urbano. En un escrito dirigido al papa, el arzobispo Lanciego expresó que había 117 sacerdotes de misa en espera de un beneficio eclesiástico o de un cargo remunerado.[307] El arzobispo Vizarrón, en 1732, y el arzobispo Rubio y Salinas, en 1749, señalaron al rey lo numeroso del clero en su jurisdicción y los pocos beneficios que era posible ofrecerles.[308] Con todo, la ciudad de México brindaba al clero diversos atractivos que explican su gran presencia ahí. Uno de ellos eran los títulos universitarios.

La búsqueda de grados universitarios

La historia del clero secular, y en especial la del arzobispado, no puede entenderse sin relacionarla con la de la Real Universidad de México, a pesar de que desde su fundación en 1551 fue considerada un estudio general y público, sin afiliación a corporación alguna. No obstante, la formación de clérigos y la repartición de grados académicos a los mismos fue una de sus principales funciones en la época colonial. Desde el siglo XVI, las universidades del mundo hispánico se convirtieron en semilleros de funcionarios y

---

[305] El secretario del arzobispo Lanciego declaró, en ese sentido, que un gran número y diversidad de clérigos acudían a esa, "secretaria, así de este arzobispado como de los obispados sufragáneos y ultramarinos, a diversos negocios y dependencias". AGN, Bienes Nacionales, 1285, exp. 25, f. 10v, año de 1726.

[306] AGN, Bienes Nacionales, 1271, exp. 1, un documento de 1722 da cuenta del estado de ocupación de los 179 presbíteros que se ordenaron entre 1713 y 1722; de ellos, 37 por ciento residía en la capital, desempeñando diferentes ocupaciones, tales como sacristán, ayudante de cura, músico de catedral, capellán de coro, organista, maestro de ceremonias de catedral, capellán de misas, abogado o catedrático. Otros presbíteros, 21 por ciento, no tenían un empleo determinado y solamente se anotó que vivían en México. Ante esa realidad de falta de empleos remunerados, es fácil comprender por qué los presbíteros pobres, tarde o temprano, buscaban acomodo fuera de la capital, con la esperanza de algún día poder regresar. En efecto, el resto de los presbíteros, o sea 42 por ciento, estaban colocados en los diferentes curatos del arzobispado, subordinados a los curas titulares como ayudantes, coadjutores o vicarios.

[307] AGI, México, legajo 703, "Cartas y expedientes de personas eclesiásticas del distrito de aquella audiencia. Años de 1722 a 1724".

[308] AGI, México, legajo 806.

clérigos al servicio de la Corona y de la Iglesia.[309] La segunda mitad del siglo XVI fue determinante para que la universidad de México uniera su futuro al de la Iglesia. Como han demostrado varios estudios, el alto clero secular de esa época tuvo mucho interés en consolidar una universidad al servicio de las instituciones eclesiásticas, en donde un renglón importante era, precisamente, la creación de una clerecía criolla.[310] Las condiciones estaban dadas para que los arzobispos y los cabildos catedralicios se interesaran en dirigir la universidad, enfrentándose a los miembros de la real audiencia y al virrey, quienes tenían sus propios proyectos e intereses en el estudio general.

Simultáneamente, Felipe II promovió que en la carrera eclesiástica en Indias los grados universitarios tuvieran un peso importante. En la cédula del patronato de 1574, en donde se puntualizaba la forma en que la Corona nombraría los cargos eclesiásticos y las prebendas, se declaró que los letrados con grado de teología y cánones fueran preferidos en las dignidades, las canonjías y las prebendas.[311] Igualmente, para ocupar las canonjías de oficio de las catedrales se advertía que debían ser ocupadas por graduados en alguna facultad; las cosas ya no resultaron tan claras cuando la cédula tenía que ver con los beneficios simples y los curatos; es decir, el grueso de los cargos destinados al clérigo medio. En el documento en cuestión, en ningún momento se hace alusión expresa, como para las prebendas y las canonjías, a la posesión de grado o cursos de facultad para poder aspirar a uno de esos beneficios; en realidad, los criterios de selección se dejan al arbitrio del prelado.[312]

La cédula del patronato enunciaba también ciertos principios generales para designar a los clérigos, mismos que estuvieron sujetos a variadas

---

[309] Richard L. Kagan, *Universidad y sociedad en la España moderna*, Madrid, Tecnos, 1981a.

[310] Clara I. Ramírez González y Armando Pavón Romero, "La carrera universitaria en el siglo XVI. El acceso de los estudiantes a las cátedras", en Renate Marsiske, *Los estudiantes. Trabajos de historia y sociología*, México, CESU-UNAM, 1989, pp. 56-100 y Enrique González González, "Legislación y poderes públicos en la universidad colonial mexicana (1551-1668)", tesis doctoral, Valencia, Universidad de Valencia, 1990.

[311] "Queremos que para las dignidades, canonjías y prebendas de las iglesias catedrales de las Indias, en las presentaciones que hubiéremos de hacer, sean preferidos los letrados a los que no lo fueren", Leticia Pérez Puente, Enrique González González y Rodolfo Aguirre Salvador, "I y II concilios, estudio introductorio, trascripción paleográfica y anexos", en María del Pilar Martínez López-Cano (coord.), *Concilios provinciales mexicanos. Época colonial*, México, IIH-UNAM, 2004, CD.

[312] *Idem:* "Y de los que así se opusieren, y de todos los demás que al prelado pareciere ser competentes personas para el tal oficio o beneficio, habiéndolos examinado e informándose de sus costumbres y suficiencia, elija dos personas de ellos, los que según Dios y su conciencia le parecieren más competentes para el tal oficio y beneficio".

interpretaciones, como se desprende de la orden de Felipe II a los virreyes y obispos, a la hora de enviar relaciones de clérigos beneméritos a España:

> hagan lista de todas las personas eclesiásticas y religiosas y de los hijos y vecinos y de españoles que estudian y quieren ser eclesiásticos, y de la bondad, letras y suficiencia y calidades de cada uno, expresando sus buenas partes y así mismo los defectos que tuvieren.[313]

Aunque en ningún momento se expresaba que los aspirantes a los beneficios eclesiásticos debían tener grados, sí se mencionaba la posesión de letras y que fueran estudiantes.

De esa forma, si bien la normativa eclesiástica no exigía la posesión de grados a los clérigos, salvo para prebendas y canonjías, la gran mayoría las obtenían en el siglo XVIII. Desde el siglo XVI, los obispos consideraron que la consecución de grados podía ser parte de la preparación intelectual del clero, al ser una constancia de la posesión de ciertos conocimientos básicos que daba a su poseedor una "sanción pública de idoneidad". A partir de ello, fue cada vez más común que los clérigos se graduaran en alguna facultad, pues eran preferidos para ocupar cargos eclesiásticos; ello lo sabía muy bien el alto clero novohispano, en el que casi todos los jerarcas eran doctores.[314] Los clérigos al servicio de los obispos, por ejemplo, destacaban generalmente por la posesión de varios grados, aun cuando no tuvieran mucha experiencia en la cura de almas. Los prelados solían favorecer más a presbíteros con buenas trayectorias académicas que a los curas rurales, ya alejados de las aulas. En los sínodos para ordenar a nuevos clérigos, un joven bachiller alcanzaba sin dificultad la primera tonsura y las órdenes menores por suficiencia. Finalmente, para aquellos clérigos sin demasiado ánimo de integrarse a las tareas espirituales el grado les podía abrir otras puertas fuera de las instituciones eclesiásticas. No es raro hallar a una gran cantidad de bachilleres clérigos alejados de tareas espirituales para los que el grado fue más importante.

De esa manera, el título universitario se convirtió en un mérito necesario para la mayoría de los clérigos que perseguían un beneficio o cargo eclesiástico; si la universidad de México debió a algún sector la demanda de miles de grados a lo largo de la época colonial, ése fue la clerecía. En el siglo XVIII, la búsqueda de grados por parte de la clerecía novohispana llegó a su apogeo, pues las instituciones eclesiásticas alcanzaron su mayor crecimiento; ello por más que un claustro universitario de 1753 quisiera precisamente negar esa relación histórica,

---

[313] *Idem.*
[314] Rodolfo Aguirre Salvador, *El mérito y...*, *op. cit.*, pp. 287-392.

buscando impedir la creación de una segunda universidad en Nueva España que pudiera competirle, e igualmente defendiendo la expedición de grados académicos que sólo la de México había tenido hasta entonces.[315]

Asimismo, los actos académicos de la universidad eran muy concurridos por los clérigos, pues representaban un espacio de lucimiento intelectual y de construcción de relaciones para sus futuras carreras. En el arzobispado, el nuevo seminario conciliar no hizo sino seguir con esa tendencia y, en consecuencia, sus alumnos participaron también en la búsqueda de grados y de los frecuentes actos académicos universitarios; hecho este último que no dejó de ser criticado por el tercer rector, Manuel Claudio Pellicer, quien en 1723 pidió al deán del cabildo de la catedral pusiera el remedio, aunque éste le pidió esperar. En una visita posterior al tridentino, los visitadores de la mitra recomendaron escribir a la universidad para informarle que los colegiales ya no irían a los actos, pues eran fuente de distracciones y desorden para ellos;[316] disposición que nunca se llevó a efecto, según puede advertirse en las relaciones de méritos de los clérigos posteriores a ese año, que siguieron nutriéndose de una significativa actividad en la universidad.[317]

Para la primera mitad del siglo XVIII, la gran mayoría de los clérigos del arzobispado contaba con al menos el grado de bachiller, a juzgar por las matrículas de órdenes de esa época.[318] Entre 1717 y 1727, se ordenaron en el arzobispado aproximadamente 791 individuos en todas las órdenes.[319] De ellos, 467 tenían el grado de bachiller, 14 de doctor, 15 de licenciado y dos de maestro de artes; es decir, 498 contaban ya con algún grado, predominando el de bachiller, alrededor de 63 por ciento del total. Este porcentaje es un mínimo si tomamos en cuenta que varios de los clérigos que no declararon grado eran apenas estudiantes y muchos lo obtuvieron después. Por ello, no es arriesgado decir que más de 90 por ciento de ese clero llegó a poseer al menos el grado de bachiller.

Pero si los grados significaron para el clero, en general, una parte de su patrimonio intelectual, para una buena parte del capitalino, quizá la mayoría, las capellanías de misas eran la base de su sustento económico y la garantía de poder permanecer en la capital, en espera de mejores conveniencias.

---

[315] Rodolfo Aguirre Salvador, "De seminario conciliar a universidad. Un proyecto frustrado del obispado de Oaxaca, 1746-1774", en Rodolfo Aguirre Salvador (coord.), *Espacios de saber, espacios de poder. Iglesia, universidades y colegios en Hispanoamérica, siglos XVI-XIX*, México, IISUE-UNAM/Bonilla Artigas Editores, en prensa.

[316] Eduardo Chávez Sánchez, *op. cit.*, pp. 210-211 y 226.

[317] AGN, Bienes Nacionales, 199, exp. 12.

[318] AHAM, caja 17, exp. 35 (1682-1687); caja 41, libro 3 (1700-1706); caja 41, libro 2 (1710-1712); caja 41, libro 1 (1713-1720); caja 42, libro 1 (1732-1744); AGN, Bienes Nacionales, 1271, exp. 1.

[319] AGN, Bienes Nacionales, 1271, exp. 1.

El resguardo de las capellanías

Varios estudios han demostrado ya el valor económico que tuvieron las capellanías en la era colonial y han mencionado también su importancia para el clero, aunque sin profundizar en esto último. No obstante que sabemos con precisión los mecanismos de fundación de capellanías, la importancia que sus capitales tenían para la economía de la época y la curva evolutiva para el caso de Puebla, del siglo XVI a principios del XIX,[320] no se ha estudiado con detenimiento a los capellanes por sí mismos, las capellanías que disfrutaban individualmente y las rentas que les generaban, así como las problemáticas a las que se enfrentaron para cobrarlas.

La popularización de la capellanía en Nueva España es indudable; la existencia de una gran población clerical en la ciudad de México se explica en buena medida por la de cientos de capellanías, mismas que suplieron la falta de beneficios eclesiásticos.[321] Con su renta, se mantenían cientos de clérigos. Cervantes Bello ha señalado que, en el obispado de Puebla, la consolidación de las capellanías en el siglo XVII sirvió para fortalecer al clero secular criollo;[322] que los fundadores seglares de capellanías sobrepasaron con mucho a los eclesiásticos, quienes habían iniciado las fundaciones en el siglo XVI, y que tales fundaciones favorecieron la formación de un clero urbano, "que no tenía forzosamente que aprender una lengua para oficiar".[323] Esta idea de calificar al siglo XVII como la etapa de consolidación de las capellanías ha sido apoyada por Martínez López-Cano, quien calcula que para mediados de esa centuria entre 800 y 850 clérigos se sostenían con ellas en el arzobispado de México.[324] La proliferación de capellanías también benefició al culto, pues los

[320] Véanse al respecto los trabajos de Gisela von Wobeser, *Vida eterna y preocupaciones terrenales. Las capellanías de misas en la Nueva España, 1700-1821,* México, UNAM, 1999; Francisco Javier Cervantes Bello, "Las capellanías, la salvación y la piedad en una ciudad novohispana. Puebla de los Ángeles (México) en el siglo XVII", en *Neue Zeitschrift für Missionswissenschaft,* núm. 58, 2002/1, pp. 45-55; María Isabel Sánchez Maldonado, "La capellanía en la economía de Michoacán en el siglo XVIII", en María del Pilar Martínez López-Cano (coord.), *Iglesia, Estado y economía. Siglos XVI al XIX,* México, UNAM/Instituto Mora, 1995, pp. 119-129 y Marcela Rocío García Hernández, "Las capellanías de misas en la Nueva España", en María del Pilar Martínez López-Cano (coord.), *La Iglesia en Nueva España. Problemas y perspectivas de investigación,* México, UNAM, 2010, pp. 267-302.

[321] Para Maximiliano Barrio Gozalo, "El sistema beneficial en la España del siglo XVIII. Pervivencias y cambios", en *Cuadernos Dieciochistas,* núm. 2, Universidad de Salamanca, 2001, p. 76, las capellanías pueden considerarse, de hecho, beneficios eclesiásticos.

[322] Francisco Javier Cervantes Bello, *op. cit.,* p. 54.

[323] *Ibid.,* p. 55.

[324] María del Pilar Martínez López-Cano, "Las instituciones eclesiásticas y el crédito

capellanes debían pagar 10 por ciento de sus rentas por concepto de aceite, vino y cera en los templos en donde se celebraran las misas.

En Madrid, el ministro de Felipe V, José del Campillo, calificó ese fenómeno como nocivo para la sociedad, en consonancia con el rechazo generalizado en la corte al exceso de clero de la época:

> En América un hijo de un hombre de bien, no inclinándose al comercio, no tiene carrera decorosa en que entrar, lo que da motivo a la excesiva fundación de capellanías, para tener pan seguro y aumentar el cuerpo eclesiástico; y a proporción de los hombres que no se casan, hay mujeres que no hallan con quién casar.[325]

Así, el crecimiento del clero secular se puede explicar más por la proliferación de las capellanías que por el aumento de curatos o beneficios eclesiásticos.

Los capellanes de la capital virreinal eran considerados como un sector diferenciado, con características y perfiles propios, a decir del arzobispo Rubio y Salinas:

> Otro crecido número de eclesiásticos hay en este arzobispado, ordenados a título de capellanías y de estos algunos siguen la línea de curatos, otros la de cátedras, algunos la abogacía y no pocos la asistencia de las religiosas en el cargo de capellanes, confesores y sacristanes. La mayor parte de todos estos apenas se ordenan y obtienen licencias de predicar y confesar, se ejercitan en estos dos ministerios, sin adquirir otro mérito ni proseguir el estudio, contentos con las utilidades de su patrimonio y por lo mismo, son muy raros los que se hacen distinguir de los prelados, que los contemplan en la clase de meros operarios sin proporción para mayores destinos. Muchos de esta clase no piensan más que gastar las legítimas que heredaron dándose tanta prisa, que en poco tiempo se ven reducidos a la mayor pobreza; entonces, suelen buscar un cura que los recoja, le asisten y sirven en calidad de vicarios y pocas veces suben a curatos si no han mudado de vida y recuperado el estudio, que abandonaron.[326]

---

al mediar el siglo XVII: conventos de religiosas y capellanías en la ciudad de México", en Alicia Mayer y Ernesto de la Torre Villar (eds.), *Religión, poder y autoridad en la Nueva España*, México, UNAM, 2004, pp. 353 y 356.

[325] José del Campillo y Cosío, *op. cit.*, p. 98.

[326] AGI, México, legajo 2547, febrero de 1764, informe reservado de la clerecía del arzobispado de México, por Manuel José Rubio y Salinas.

LAS CAPELLANÍAS COMO TÍTULO DE ORDENACIÓN

Para la primera mitad del siglo XVIII, las capellanías siguieron siendo un recurso clave para el clero. Wobeser sostiene que el apogeo del número de capellanías en Nueva España se dio entre fines del siglo XVII y principios del siguiente, aunque después decreció, debido a que: "la economía enfrentaba una fuerte crisis y aumentaron las presiones de la metrópoli española sobre los recursos económicos de las colonias americanas, en particular sobre los bienes eclesiásticos y de obras pías".[327] En este sentido, la ampliación de ordenaciones a título de lengua en algunas décadas del periodo aquí estudiado parecería ser la respuesta al estancamiento de las capellanías; pero veamos lo que reflejan los títulos de ordenación de clérigos entre 1683 y 1744.

Cabe señalar que los títulos de ordenación registrados en el cuadro 12 corresponden en su gran mayoría a órdenes mayores, puesto que para las menores normalmente bastaba con aprobar los exámenes de conocimiento. Como es posible advertir, fueron más los subdiáconos, diáconos y presbíteros que se ordenaron a título de capellanía respecto a quienes lo hacían con alguna lengua indígena, a excepción de la década 1718-1727, durante la segunda parte de la gestión del arzobispo Lanciego Eguilaz, quien fomentó más espacios para los clérigos lenguas, como vimos en un capítulo anterior. El predominio del título de capellanías refleja la importancia que habían adquirido para la renovación del clero en el arzobispado de México. Según el libro de exámenes del arzobispado, entre 1717 y 1727, 45 por ciento de los clérigos de órdenes menores (160 de 355) pretendían ordenarse a título de capellanía; en los subdiáconos fue 60 por ciento (93 de 154); en los diáconos 53 por ciento (57 de 107) y en los presbíteros 61 por ciento (149 de 242).[328]

El arzobispo Lanciego impuso un mínimo de 300 pesos de renta para dar alguna orden mayor, queriendo asegurar así que los nuevos clérigos que se ordenaran en adelante tuvieran ingresos decorosos, como ordenaba la normativa conciliar. Esta medida provocó que varios clérigos tuvieran que irse a ordenar a otra diócesis, al no alcanzar ese requisito.[329]

Para los jóvenes, era muy importante alcanzar las órdenes, pues en caso contrario no podían gozar de las rentas completas de sus capellanías. Puesto

[327] Gisela von Wobeser, *op. cit.*, p. 9.
[328] AGN, Bienes Nacionales, 1271, exp. 1.
[329] AGN, Bienes Nacionales, 1075, exp. 2, año de 1713. Fue el caso de Diego Marcelo de Zurita, clérigo de menores que buscaba el de subdiácono, quien pidió al arzobispo que, puesto que sólo tenía 150 pesos de una capellanía, se le permitiera regresar a Puebla, pues en ese obispado sí lograría el grado. Lanciego, lejos de perdonar la corta renta, ordenó que se le devolviera su domicilio anterior, aceptando así que él pedía más renta.

Cuadro 13
Títulos de ordenación en el arzobispado de México, 1683-1744

Año	Total de ordenaciones	A título de capellanía	%	A título de lengua	%
1683	143	52	36	5	10.4
1684	127	20	15.7	14	11
1685	233	43	18.4	11	4.7
1686	104	21	20	4	3.8
1687	49	16	32.6	3	6.1
1712	99	21	21.2	9	9
1713	43	32	74.4	7	16.2
1714	30	12	40	7	23.3
1715	56	23	41	5	8.9
1716	125	44	35.2	9	7.2
1717	109	26	23.8	32	29.3
1718	110	22	20	49	44.5
1719	169	28	16.5	68	40.2
1720	46	20	43.4	15	32.6
1721	36	6	16.6	24	66.6
1722	61	17	27.8	24	39.3
1723	53	13	24.5	31	58.4
1724	29	8	27.5	14	48.2
1725	71	18	25.3	48	67.6
1726	46	16	34.7	26	56.5
1727	90	24	26.6	47	52.2
1732	184	80	43.4	30	16.3
1733	195	100	51.2	30	15.3
1734	147	74	50.3	32	21.7
1737	105	55	52.3	15	14.2
1740	263	125	47.5	33	12.5
1744	138	125	90.5	33	23.9

Fuentes: Archivo Histórico del Arzobispado Mexicano, caja 17, exp. 35, 1682-1687; caja 41, libro 3, 1700-1706; caja 41, libro 2, 1710-1712; caja 41, libro 1, 1713-1720; caja 42, libro 1, 1732-1744; Archivo General de la Nación, Bienes Nacionales 1271, exp. 1

que el capellán titular de una fundación, para oficiar las misas obligatorias y poder percibir la renta debía ser presbítero, es entendible la búsqueda expedita de las órdenes. En el caso de los capellanes titulares que aún no eran presbíteros, la opción era nombrar a un capellán interino que oficiara las misas, a cambio de lo cual se le pagaba una parte de la renta y el resto era para el primero;[330] en ocasiones, las órdenes se le daban al clérigo específicamente para que pudiera cobrar la renta de su capellanía.[331] Las autoridades eclesiásticas comprendían que, sin los recursos de las capellanías, muchos jóvenes no podrían mantenerse estudiando, lo que podía significar perder clérigos talentosos.

CAPELLANES RICOS, CAPELLANES POBRES

Como sucedía con el resto de la clerecía, los capellanes de misa provenían de diferentes orígenes sociales.[332] Para la primera mitad del siglo XVIII, podemos hallar a familias ricas o acomodadas que tenían la capacidad de destinar varios miles de pesos para fundar varias capellanías con el objeto de asegurar una renta sustancial a su descendencia, que les permitiera vivir bien sin tener que depender de la obtención de un beneficio eclesiástico, algún empleo asalariado o estar sujeto a las autoridades eclesiásticas;[333] aunque alguna de las capellanías sufriera la merma de su renta, quedaba la del resto. Tal fue el caso de José de Montemayor, quien hacia 1724 gozaba de la renta de cuatro capellanías, con una renta de 1 000 pesos anuales, o de Luis de Zapata, quien de nueve capellanías disfrutaba de una renta de 1 465 pesos, comparable a la de un racionero de la catedral de México.[334]

Por otro lado, estaban aquellas capellanías fundadas por familias más modestas que con trabajo habían logrado fundar una para algún hijo

[330] Gisela von Wobeser, *op. cit.,* p. 82.

[331] AGN, Bienes Nacionales, 1271, exp.1, f. 208. Como José Martínez de Ordoñana, a quien en 1727 se le confirió la primera tonsura, "para que se pueda colar su capellanía y tenga tiempo de aplicarse en la gramática".

[332] Gisela von Wobeser, *op. cit.,* p. 82.

[333] Esta independencia económica de capellanes "ricos" los distanciaba de las autoridades del arzobispado, al no tener más que la obligación de oficiar misas, aunque siempre quedaba el recurso de pagar también por ello; tal condición la ha destacado Roberto di Stefano en su artículo "Abundancia de clérigos, escasez de párrocos: las contradicciones del reclutamiento del clero secular en el Río de la Plata (1770-1840)", en *Boletín del Instituto de Historia Argentina y Americana "Dr. Emilio Ravignani"*, tercera serie, números 16-17, 1997-1998, pp. 33-59.

[334] AGN, Bienes Nacionales, 752, exp. 21 y AGI, México, legajo 2549; en 1759, por ejemplo, un racionero de la catedral de México ganaba 2 808 pesos y un medio racionero 1 404.

o pariente, y que con el paso del tiempo el capital impuesto se mermaba o la propiedad en donde se hallaba invertida se arruinaba. En estos casos, se trataría de capellanías "frágiles" que no garantizaban una renta segura ni satisfactoria para los capellanes, por lo cual éstos debían buscar empleos alternos; situación similar a lo que acontecía en España.[335]

Para clérigos desheredados, había posibilidad de conseguir que la mitra les asignara alguna capellanía en la que la mitra era patrona, sobre todo aquellas en las que al morir el primer capellán no había más herederos forzosos. En otros casos, a pesar de que por disposición testamentaria se debía fundar alguna capellanía, y esto no se llevaba a cabo, no faltaban aspirantes a clérigos que denunciaban tal irregularidad para solicitar el nombramiento de capellanes.[336]

Durante la primera mitad del siglo XVIII, existieron al menos 835 clérigos que, teóricamente, cobraban rentas de un número mayor de capellanías;[337]

[335] Antonio Domínguez Ortiz, *La sociedad española...*, *op. cit.*, p. 65: "¿Cuál era la procedencia de este clero, cuál su objetivo al ingresar en el estado sacerdotal? Tratándose de una capellanía o de un beneficio simple, sin cura de almas, es difícil admitir que existiera auténtica vocación. En muchos casos, serían segundones de familias hidalgas que resolvían su caso personal de una manera segura, aunque mezquina, acogiéndose a un beneficio de presentación familiar. Otros serían hombres de modesto origen y pocas aspiraciones que llevaban una existencia apacible, o bien, combinaban los exiguos ingresos de su beneficio con otros más o menos compatibles con su carácter sacerdotal".

[336] AGN, Bienes Nacionales, 961, exp. 1, año de 1719: el bachiller Pedro Pablo de Cabañas explicaba que 37 años antes dos vecinos de Pachuca habían instituido en su testamento la fundación de una capellanía de 3 000 pesos y dejado como primer capellán a su propio hijo, Miguel Benítez Torrero, a condición de que éste se ordenase. Sin embargo, los padres murieron y el hijo nunca se ordenó ni instituyó la capellanía como decía el testamento, en perjuicio de las almas a quienes se dejaron las misas. Por ello, ahora el estudiante Cabañas lo denunciaba, "motivos que tengo para hacer la denuncia, como el hallarme sumamente pobre y sin tener capellanías algunas y estudiando Filosofía y lengua y mis padres ser sumamente pobres, sin tener modo alguno de darme capellanía y haber tenido noticia de esta vacante ocurro a este juzgado y ante vuestra señoría para que se sirva demandar se libre despacho para que la persona en quien parare dicha fundación remita a este juzgado los títulos de ella y siendo como llevo referido, declarar dicha finca por bienes espirituales y del fuero y jurisdicción eclesiástica declarándome en virtud de denunciador por capellán propietario de ellas para que a su título me ordene hasta el sacro orden de presbítero". Al final, Cabañas pedía que todas las diligencias se hicieran en el juzgado eclesiástico de Pachuca para evitarle más gastos y costos. El juez, en efecto, ordenó notificar a los poseedores de los bienes de Torrero hacer cumplir la fundación de la capellanía, bajo pena de excomunión.

[337] AGN, Bienes Nacionales, 574, exp. 6; 752, exps. 21 y 932, exp. 12. A raíz de la recaudación del subsidio eclesiástico, se hicieron dos censos de capellanes, en 1724-1725 y en 1744. Para la primera década del siglo XVIII, aunque no se hizo algo similar, ha sido posible rastrear muchas capellanías en las declaraciones de los curas del arzobispado. Igualmente, hubo más

número que representaba una de las mayores concentraciones en el virreinato, aunque, por otro lado, no se comparaba con el de las diócesis peninsulares, pues sólo en la ciudad de Sevilla había, en el siglo XVII, 3 500 capellanías.[338] Así, los promedios de renta por concepto de capellanías en la capital eran los siguientes:

CUADRO 14
Promedio de rentas de capellanías en México, 1700-1744

Rangos de renta anual en pesos	Número de capellanes	%	Renta del total de capellanes	Promedio de renta por capellán
40-98	28	3.3	1 795	64
100-200	384	46	57 504.5	150
201-300	153	18.3	40 468	264
305-400	82	10	29 736.5	362
402-500	68	8.1	31 453	462
505-600	46	5.5	25 919	563
614-700	23	2.7	15 101.5	656
717-800	17	2	12 833	755
815-900	9	1	7 688	854
902-1 000	14	1.6	13 394	956
1 025-1 107	3	0.3	3 207.5	1 069
1 222-1 250	4	0.4	4 957.5	1 239
1 315	1	0.1	1 315	1 315
1 475	1	0.1	1 475	1 475
1 750	1	0.1	1 750	1 750
1 805	1	0.1	1 805	1 805
Totales	835		250 402.5	

Fuente: Archivo General de la Nación, Bienes Nacionales, 574, exp. 6; 752, exps. 21 y 932, exp. 12.

capellanías que capellanes, pero no se ha podido hacer un cálculo aproximado, debido a que la documentación de 1744 no especifica ese dato. Para 1724-1725, en cambio, se registraron 548 capellanías distribuidas entre 270 clérigos, un promedio de dos por individuo. Con base en esa documentación, es posible formarnos una buena idea sobre el mundo de las capellanías y los capellanes del arzobispado de México en la primera mitad del siglo XVII.

[338] Antonio Domínguez Ortiz, *La sociedad española...*, *op. cit.*, pp. 60-61.

Como se observa, los 835 capellanes se repartían una renta anual de alrededor de 250 000 pesos, provenientes de un capital nominal de 5 000 000 de pesos, una cantidad por demás estimable y que corrobora la centralidad de las capellanías para el clero secular del siglo XVIII. Del total de capellanes, 85 por ciento aproximadamente residía en la capital; eran parte del clero urbano que se venía formando desde el siglo XVII y que para las primeras décadas del siguiente constituía una presencia cotidiana.

Sin embargo, había una clara desigualdad en las rentas percibidas por los capellanes. Casi la mitad de ellos, 46 por ciento, tenía un promedio de renta de 150 pesos anuales, cantidad apenas suficiente para pagar la renta de un cuarto y sus alimentos.[339] Un cura de la época consideró que esa cantidad era indecente para poder vivir;[340] por eso, varios capellanes desempeñaban otras tareas para aumentar sus ingresos, tales como las de músico, ayudante de coro, sacristán o maestro de estudiantes; ocupaciones de bajos ingresos igualmente. No obstante, según Hipólito Villarroel, estos capellanes citadinos se negaban a abandonar la ciudad:

> Resisten salir a administrar fuera, estando los más de los curatos mal servidos por falta de operarios, o bien porque en realidad no les acomoda el estipendio, o porque pretextando que no les es adaptable el temperamento de los pueblos, quieren más bien estarse de míseros en México, que vivir con lo necesario fuera.[341]

No faltan tampoco varios curas o ayudantes de curas en este grupo; es decir, que no todos estaban concentrados en la ciudad de México, aunque la gran mayoría declaró que sólo tenía de renta la de su capellanía. Es difícil que intentaran mentir al respecto, pues si la mitra se lo proponía tenía medios para averiguar si tenían otros ingresos en la Iglesia.

---

[339] AGN, Bienes Nacionales, 752, exp. 3, tres clérigos pagaban de renta, por esos mismos años, lo siguiente: el bachiller Luis del Castillo, por un cuarto en la plazoleta de San Gregorio, 72 pesos; el licenciado Simón Álvarez, por un cuarto en la calle del Colegio de San Pedro y San Pablo, 84 pesos; y el licenciado Agustín de Celedón, por un cuarto en las casas viejas junto al Colegio de San Andrés, 120 pesos.

[340] AGN, Bienes Nacionales, 1030, exp. 2, año 1746, una cifra así fue calificada de indecente por el cura de Zacualpan, José Domínguez: "algunos días ha que vacó el oficio de notario eclesiástico de este juzgado, por muerte de don Juan Tello de Góngora, y tiene reconocido que los emolumentos anuales de este oficio serán como de ciento cincuenta pesos arreglados al arancel, cosa muy corta para ocuparse persona decente".

[341] Hipólito Villarroel, *Enfermedades políticas que padece la capital de esta Nueva España*, México, Conaculta, 1994, p. 55.

CUADRO 15
Clérigos con más renta de capellanías
en el arzobispado de México, 1700-1744

Capellán	Renta anual	Capellán	Renta anual
Br. Agustín del Castillo	614	Br. Nicolás de Villegas	795
Br. Alonso Velásquez Gastelú	618	Lic. Joaquín del Pino	800
Br. Carlos de Cuevas	625	Br. Manuel Xinaesio	800
Br. Juan de la Vega y Vic	625	Juan Félix Ramírez Ponce de León	815
Br. Felipe Neri Chacón de la Barrera	634	Dr. Pedro Castillo Vergara	820
Br. Pedro Santo de Ortega	639.5	Dr. Manuel Antonio Luyando y Bermeo	848
Br. Joaquín de Ortega	647	Br. Pedro Borja Altamirano y Reynoso	850
Br. Nicolás Páez	649	Br. Alonso de Contreras Villegas	850
Lic. Juan de Aguiar y Ulloa	650	Dr. José Garaicoechea	850
Dr. Miguel de Aldabe	650	Br. Pedro Alcántara Narváez	855
Juan de Contreras	650	Br. Tadeo Manrique de Lara	900
Lic. Andrés Díaz de Rábago	650	Br. Pedro Ruiz de Castañeda	900
Br. Leandro Goxenechea y Careaga	650	Br. Julián Gutiérrez Dávila	902.5
Br. Nicolás Maldonado	650	Br. José de Alzate y Valdés	910
Br. José de Meave	650	Antonio Pérez de Ayala	917.5
Lic. Miguel Agustín Montes de Oca	650	Br. Bartolomé de Ribera	925
Dr. Agustín de Vergara	650	Dr. Mateo José Melava	930
Br. Francisco Albornoz	700	Dr. Pedro Diez de la Barrera	950
Br. Francisco Borja	700	Br. Felipe Ruiz Aragonés	950
Br. José de Rivera Calderón	700	Dr. Andrés Berrio	950
Br. Diego Sáenz Moreno	700	Br. Juan Manuel de Montalvo	975
Br. Felipe Velasco de la Torre	700	Br. Manuel Romo de Vera	984
Br. José de Villasis	700	Dr. Manuel Ignacio Gorostiaga	1 000
Br. Juan Miguel de Sámano	717	Br. José de Montemayor	1 000
Br. Juan Manuel Carrillo	717.5	Br. Manuel de Rebolledo y Santoyo	1 000
Br. José Manuel García del Valle	725	Br. José Susoeta	1 000
Dr. José Cayetano de Larrea	730	Br. José López de Ondatigui	1 025
Br. Diego de Vergara Gaviria	740	Br. José Tapia y Medina	1 075
Br. Antonio Montemayor	750	Lic. Francisco Javier de Velasco y Oviedo	1 107.5
Br. Nicolás Monterde	750	Dr. Leonardo Terralla	1 222
Br. Juan María de Padilla	750	Br. Pablo Gómez de Cervantes	1 235.5
Dr. Francisco Antonio Anselmo Peña y Torres	750	Br. Nicolás Manuel de Heredia	1 250
Br. Gabriel de Rivera Calderón	750	Br. José Muñoz de Castro	1 250
Br. Mayorano José Soria Velásquez	750	Br. José de Lizardi y Valle	1 315.5
Br. José de Ilarregui	752	Br. Luis de Zapata	1 475
Lic. Pedro Anfoso Mayoral	775	Br. Francisco Ruiz de Castañeda	1 750
Br. Joaquín Téllez de Adame	781.5	Br. Francisco Javier Torices y Cano	1 805
Renta global			63 526

Fuente: Archivo General de la Nación, Bienes Nacionales 574, exp. 6; 752, exps. 21 y 932, exp. 12.

Un segundo sector, 42 por ciento, lo constituyen los capellanes que cobraban de renta entre 201 y 600 pesos; muchos de ellos duplicaban y triplicaban los ingresos del primer grupo. Una característica de este segundo grupo, es que la gran mayoría residía en la ciudad de México, pues sólo 8 por ciento declaró vivir en las provincias. Estos últimos eran básicamente parte del clero parroquial subordinado, algunos otros como jueces eclesiásticos, recolectores de diezmos y unos más que vivían en sus propiedades o simplemente como hijos de familia sin tener una ocupación o cargo eclesiástico.

Los capellanes restantes, un pequeño grupo de 74 de clérigos, que representan apenas 12 por ciento del total, gozaban de 25 por ciento de la renta total de capellanías del arzobispado, como quedó asentado en el cuadro 15, en el que se recuperan los nombres y las rentas de esos afortunados clérigos.

Este grupo de clérigos tenía ingresos más o menos estables por este concepto, y algunos incluso recibían el equivalente a los emolumentos de los mejores curatos de arzobispado; es evidente que estos sacerdotes difícilmente buscarían un curato rural en el arzobispado, pues de ellos sólo tres fueron párrocos.[342] Más bien estaríamos hablando de individuos que tenían la posibilidad y la aspiración de hacer carrera en la capital, aguardando por años un buen ascenso, gracias al respaldo económico de sus capellanías. Un buen ejemplo es el del doctor Leonardo Terralla, peninsular, miembro de la familia del arzobispo Vizarrón Eguiarreta y quien tuvo el apoyo del prelado para hacer una carrera eclesiástica de altos vuelos;[343] no sería raro comprobar que las capellanías de las que disfrutó fueron conseguidas por su protector. Otros clérigos de este selecto grupo de capellanes provenían de familias criollas de estirpe, con grandes propiedades, cargos y mayorazgos, como Pablo Gómez de Cervantes, Francisco Ruiz de Castañeda o Luis de Zapata.

PROBLEMÁTICAS DE LAS CAPELLANÍAS

En 1696, el entonces obispo de Michoacán y virrey interino, Juan Antonio de Ortega y Montañés, señalaba que muchos sacerdotes, aunque se ordenaban a título de capellanía, ello no significaba que tenían solvencia económica:

---

[342] Se trata de Pedro Díez de la Barrera, Pedro Santos de Ortega y Alfonso Velásquez Gastelú. Sólo otros dos capellanes vivían fuera de la ciudad: Juan Félix Ramírez Ponce de León, en Teotihuacán, y Juan Miguel de Sámano, en Toluca.

[343] Rodolfo Aguirre Salvador, "Los límites de la carrera eclesiástica en el arzobispado de México (1730-1747)", en Rodolfo Aguirre Salvador (coord.), *Carrera, linaje y patronazgo. Clérigos y juristas en Nueva España, Chile y Perú*, México, CESU-UNAM/Plaza y Valdés, 2004, pp. 73-109.

Gravan con las fundaciones de capellanías las haciendas y casas, superando los avalúos al ser y sustancia de ellas para [así] ajustar la congrua del que se ha de ordenar […] los que con este fraude proceden, al fin de que se ordene su hijo y sea clérigo, de que resulta que, ordenado no tenga congrua, y se halla y porte sin la decencia correspondiente a la dignidad sacerdotal que se le confirió.[344]

La problemática señalada por Ortega y Montañés no desapareció en el siglo XVIII, pues el arzobispo Lanciego hizo notar lo mismo;[345] de ahí la importancia del juzgado de testamentos y capellanías del arzobispado, pues regulaba y solucionaba los problemas derivados de las capellanías. Aunque muchos clérigos se ordenaban con éstas, según hemos vista ya, no es raro hallar que varios tuvieran problemas de titularidad o cobro de rentas. En 1722, el promotor fiscal de la curia, Felipe Neri de Apellaniz, expresó también su opinión sobre la situación de las capellanías del arzobispado, a raíz del cobro del subsidio eclesiástico:

La gran pobreza en que hoy se hallan los eclesiásticos por haberse perdido las más de sus capellanías con la ruina de las fincas, y falencia de algunos hombres de comercio en que estaban aseguradas sus principales; por lo cual no ha hecho diligencia alguna el que responde, y en representación del muy ilustre venerable clero de esta diócesis, suplica al señor juez comisario sobresea y dé por conclusa su comisión, estimando para ello todo lo referido, como que le consta no sólo por las noticias que los mismos autos le ministraran, sino también por las experiencias que a dicho señor juez comisario le asisten de las cortedades que comúnmente padecen los eclesiásticos, manteniéndose por la mayor parte con el escaso socorro de una pitanza, y a expensas del señor juez comisario y otros señores capitulares que, piadosamente liberales, los auxilian con sus limosnas, por lo cual, y siendo del agrado del señor juez comisario, volverá el que responde la memoria y auto suso expresado, o ejecutara lo que sea más del agrado del señor juez comisario.[346]

Y, en efecto, el retraso o la falta del pago de rentas a los capellanes, fueran o no familiares de los fundadores o patrones de las capellanías, se presentó comúnmente; incluso llegaron a darse demandas de un clérigo a

[344] "Instrucciones de Juan de Ortega y Montañés (1696) a su sucesor", en Ernesto de la Torre Villar, Estudio preliminar, coordinación, bibliografía y notas, *Instrucciones y Memorias de los Virreyes Novohispanos*, tomo I, México, Porrúa, 1991, pp. 677-678.

[345] AGI, México, legajo 805, carta del arzobispo José Lanciego Eguilaz al rey, de 30 de marzo de 1717.

[346] AGN, Bienes Nacionales, 574, exp. 3.

su padre por incumplimiento en algún punto de la fundación.[347] De una muestra de 30 casos del juzgado de testamentos, entre 1710 y 1729, 19 eran referentes a reclamos de capellanes por ese asunto a los dueños de casas o haciendas en donde estaban impuestas las fundaciones.[348] El atraso en los pagos podía deberse a varias situaciones: problemas de rentabilidad en las haciendas[349] o casas impuestas, fallecimiento de los propietarios, concursos de acreedores, nuevos propietarios que se negaban a reconocer el gravamen de las capellanías,[350] arrendatarios que no se consideraban obligados con las capellanías vinculadas con las propiedades que arrendaban.[351] Incluso hubo casos en que propiedades particulares de caciques, gravadas con el capital de una capellanía, estuvieron en riesgo de convertirse en bienes de comunidad, con el consiguiente perjuicio al capellán. Así le sucedió en 1729 al bachiller Miguel de Zepeda, clérigo de menores, mayordomo del convento de Balvanera y capellán de una fundación impuesta en unos ranchos de Temascalcingo, con principal de 1 000 pesos. El problema fue explicado así por el capellán al juez de testamentos:

> El común y naturales del pueblo de Temascalcingo intentan ciertos graváme-
> nes para instituir bienes de comunidad entre los cuales tratan de imponerse
> sobre los ranchos nombrados San Pedro y Xicalpa, los cuales son fundos sobre

[347] AGN, Bienes Nacionales, 961, exp. 1, Bernabé Antonio de Mendoza, diácono, capellán de una fundación de 2 000 pesos sobre una casa en Zinacantepec y dos solares en México, pedía obligar a los fundadores, su padre y su tío, cumplieran con la obligación contraída en la escritura de fundación, de dar 500 pesos para edificar en los solares, pues su atraso iba en detrimento de su capellanía.

[348] AGN, Bienes Nacionales, 961, exp. 1.

[349] *Idem*; Sebastián de Cortázar, subdiácono, capellán propietario de una fundación hecha por Juan de Cortázar, de 2 000 pesos impuestos en un ingenio de azúcar de las religiosas de Santa Inés, reclamaba que el mayordomo le debía 200 pesos y pedía su pago. El juez pidió informe al mayordomo del convento de religiosas de Santa Inés, quien respondió que no tenía con qué pagar.

[350] AGN, Bienes Nacionales, 961, exp. 1, Juan del Villar, capellán interino de una fundación hecha por el presbítero Juan de Cantoral, con principal de 2 000 pesos, impuestos en casas del barrio de Santa Catarina Mártir. Su dueño, Diego Pacheco, las había vendido a Francisco Miranda, quien se negaba a pagar los réditos de la capellanía de dos meses. El juez ordenó pagar a los deudores.

[351] *Idem*; Nicolás Manuel de Heredia, capellán propietario de una fundación de 5 000 pesos, impuestos en haciendas de la jurisdicción de Hueypoxtla y en casas de México, reclamaba al escribano real Juan de Valderrama el pago de lo atrasado, o bien embargar sus bienes. Valderrama declaró que el obligado a pagar la capellanía no le había arrendado las casas, por lo cual era improcedente que el capellán se dirigiera a él, además de que había pagado las rentas hasta entonces.

que está impuesta una capellanía que gozo [...] Y porque la cortedad de sus tierras y bienes raíces apenas reportaba el referido principal con lo que se me debe de réditos (que hasta el día presente son como ciento cincuenta pesos), no obstante que días pasados se sirvió vuestra señoría de mandar se me pagase mayor cantidad en virtud de despacho, no se me satisfizo íntegramente por la cortedad y atrasos que padece dicha finca. En cuya conformidad se ha de servir vuestra señoría (justicia mediante) de mandar despachar otro so las penas a su arbitrio impuestas, así al licenciado don Agustín de Piña y Vanda, cura de dicho partido, y al alcalde mayor de la jurisdicción de Metepec, don Andrés Montúfar, no inquieten, innoven ni perturben a los poseedores de dichos ranchos, que son doña Juliana García y Mendoza, india cacique, viuda de don Hilario Chimal, asimismo cacique, quienes siempre me han reconocido por tal capellán.[352]

Por entonces, era juez de testamentos Francisco Rodríguez Navarijo, provisor y vicario general, quien le dio la razón al capellán y ordenó al juez eclesiástico más cercano a Temascalcingo obligar a los caciques a pagar lo atrasado al capellán; también pidió al cura y al alcalde no entrometerse en gravar los ranchos. Y es que los litigios de las propiedades en donde estaban impuestas las capellanías no eran raros, pues entre 1697 y 1704 se registraron en el juzgado de testamentos hasta 150 demandas de ese tipo, con el consiguiente daño a las rentas de las capellanías.[353]

Otra dificultad de los capellanes residentes en la capital fue que, al tener capellanías impuestas en haciendas foráneas, tenían que desplazarse fuera de la ciudad para cobrar los réditos, lo que implicaba un gasto extra que disminuía su renta. Ante ello, solían pedir la intervención del juzgado para obligar a los hacendados a pagarles en la misma ciudad.[354]

Afortunadamente para los capellanes de esta época, la política del juzgado de testamentos fue apoyarlos siempre que se tratara de cobrar sus rentas, y en ella José de Torres Vergara, juez por casi cuatro décadas (1692-1727), tuvo mucho que ver. Sin duda que las instancias judiciales de la

[352] AGN, Bienes Nacionales, 961, exp. 1.

[353] AGN, Capellanías, 193, las demandas a las propiedades tendieron a crecer en número: en 1697 fueron 12; en 1698, 10; 1699, 9; 1700, 16; 1701, 9; 1702, 25; 1703, 33, y 1704, 36.

[354] AGN, Bienes Nacionales, 961, exp. 1, Juan Ubaldo de Anguita Sandoval y Roxas, capellán propietario de una fundación de 4 000 pesos, impuestos en una hacienda llamada "Los Jardines", en Apa-Tepeapulco, de Francisco Yáñez, vecino de ahí, pedía arreglar con el hacendado el pago de sus tercios en la misma ciudad de México, pues la cobranza hasta Apa le generaba gastos y atrasos. El juez ordenó a Yáñez que, con persona de su confianza y abonada, pagase en México a Ubaldo.

mitra funcionaron bien para ayudar al clero a cobrar sus capellanías, y para ello se apoyaban en los jueces eclesiásticos locales. Ese juzgado tenía poder efectivo para proteger los intereses de las capellanías y evitar, hasta cierto punto, los problemas señalados por Ortega y Montañés a fines del siglo xvii. La mitra, sin embargo, lo más que podía hacer era tratar de garantizar la buena marcha de las capellanías, que se fundaran las que se había ordenado y que las rentas se pagaran, pero no podía impedir la acumulación ni evitar la falta de liquidez de muchas.

Por otro lado, los capellanes con deudas podían sufrir el embargo de la renta de sus fundaciones al no cumplir con sus pagos. La mitra, así como los apoyaba para que recibieran sus rentas, también apoyaba a los acreedores de los capellanes, enajenando los ingresos de las fundaciones. Pedro García, vecino y almacenero de México, denunció ante la curia que el presbítero Cristóbal Méndez le debía más de 80 pesos por concepto de cacao y azúcar, y puesto que el deudor no se hallaba en la ciudad, pedía embargar los réditos de sus capellanías para que se le pagase. La mitra pidió verificar la deuda y, de ser cierta, se procedería al embargo.[355] Con todo, muchos clérigos preferían buscar alguna capellanía en la capital que tener que trabajar como ayudante o vicario de curas rurales, lo que significaba el alejamiento de la ciudad y, por tanto, de la posibilidad de conseguir algún día un beneficio eclesiástico.

El clero parroquial de la capital

Como sucedía en todas las diócesis, los curatos de la capital novohispana eran los más codiciados por la clerecía, más que por sus rentas,[356] porque significaban una antesala directa a prebendas, canonjías y dignidades cate- dralicias.[357] A principios del siglo xviii, había cuatro curatos de clérigos en la capital: el del sagrario de catedral, el de la Santa Veracruz, el de Santa Catarina Mártir y el de San Miguel, este último fundado apenas en 1692.

[355] AGN, Bienes Nacionales, 665, exp. 13, año de 1749, varios litigios sueltos contra clérigos. Otro ejemplo es el del bachiller Bartolomé Gamboa, presbítero de la capital, quien debía 100 pesos a un español vecino por concepto del alquiler de dos caballos, y no había pagado; por ello, el acreedor pedía que de las rentas de su capellanía se le pagara lo debido.

[356] AGN, Bienes Nacionales, 893, exps. 7 y 9, entre 1720 y 1721, la parroquia de la Santa Veracruz reportó de obvenciones anuales 1 083 pesos y la de San Miguel 2 836.

[357] AGI, México, legajo 2547, el arzobispo Rubio y Salinas, en su memorial sobre el estado del clero de su jurisdicción, recomendaba a todos los curas de la capital así: "Todos los curas de México se hallan proporcionados al ascenso, sin especial nota, excepto el que nombré al principio, según la inclinación que ha manifestado".

El más importante, no sólo de México sino de todo el arzobispado, era el del sagrario, anexo a la catedral metropolitana, el cual era atendido por un conjunto amplio de clérigos, incluyendo cuatro curas titulares. Hacia 1711, había 23 clérigos con los siguientes cargos e ingresos:

CUADRO 16

Cargos en el curato del sagrario de México hacia 1711

Nombramiento	Número	Salario individual en pesos
Curas	4	2 837 [358]
Sacristán mayor	1	1 595
Ayudante de viático	4	172
Ayudante de óleos	3	120
Sacristanes menores	5	ND*
Acólitos	6	ND

Fuente: Archivo General de la Nación, Bienes Nacionales, 853, exp. 2.
* No hay datos.

En cuanto a los curatos de San Miguel, Santa Catarina y Santa Veracruz, cada uno era atendido por dos curas;[359] en el último, había dos sacristanes y un ayudante.[360] Las sacristías eran también beneficios eclesiásticos cuyos nombramientos tocaban a los obispos o sedes vacantes, sin que tuviera que haber concurso de oposición, aunque sí debía haber aprobación del vicepatrono.[361]

En la capital, los clérigos mejor librados en cuanto a la consecución de empleos eran los doctores, quienes, además de tener la plataforma académica de la universidad, eran los candidatos naturales para las mejores parroquias, la curia y las prebendas de catedral. Su protagonismo en México no deja lugar a dudas: acaparaban los ascensos y las mejores posibilidades de hacer carrera.[362] Doctores teólogos y canonistas hacían valer su estatus académico

[358] Además, cada cura recibía otros 75 pesos por su asistencia al coro de catedral.

[359] AGN, Bienes Nacionales, 853, exp. 2.

[360] AGN, Bienes Nacionales, 893, exp. 7, año de 1724, el sacristán mayor recibía al año 464 pesos, cuya tercera parte debía darla al segundo sacristán menos 48 pesos para el ayudante.

[361] AGN, Clero Regular y Secular, 94, exp. 1, f. 90, "Vuestra excelencia, por lo que toca al real patronato, aprueba y confirma el nombramiento de sacristán de la iglesia de San Miguel, hecho por el exmo. Señor don Juan de Ortega y Montañés en el bachiller don Antonio Cano". Sobre la presentación directa de los obispos: AGN, Reales Cédulas Originales, 36, exp. 54, f. 148.

[362] Rodolfo Aguirre Salvador, *El mérito y...*, *op. cit.*, pp. 279-368.

para obtener los curatos de las ciudades importantes, de los puertos o los reales mineros. Asimismo, los presbíteros que habían podido destacar en las tareas académicas de algún colegio o la universidad, podían esperar pronto un buen curato. Los catedráticos, en especial, eran favorecidos por los sínodos que calificaban a los opositores a curatos.

En la provisión de los curatos de la capital, entraban en juego varios intereses y estrategias de promoción; los prelados trataban de acomodar lo mejor posible a sus familiares y recomendados, y los capitulares otro tanto, pero también era un factor importante la figura del virrey. En 1707, salieron a concurso dos curatos de catedral; en las ternas, los primeros lugares fueron ocupados por clérigos allegados al arzobispo Ortega y Montañés. No obstante, el virrey, sorpresivamente, escogió a los segundos lugares, provocando protestas de los favoritos del prelado en Madrid.

Los nominados en el primer lugar, el doctor Miguel Ortuño de Carriedo, abogado y cura de Santa Catarina, y el doctor Pedro del Castillo Vergara, cura de Santa Veracruz, expresaron que era una injusticia del virrey Albuquerque.[363] Castillo, en especial, cuestionó la decisión del virrey de no escoger a los primeros lugares de la terna, puesto que el Concilio de Trento disponía la elección de los más dignos para ocupar los beneficios eclesiásticos. Si era notorio que los primeros lugares eran los más dignos de cada concurso, continuaba el ofendido cura, el que el virrey no los hubiera elegido cuestionaba la autoridad del arzobispo y quitaba honra a los agraviados.[364] Castillo agregó que el virrey tenía como política ignorar los primeros lugares de las ternas, como ya lo había hecho en los obispados de Puebla y Michoacán. Respecto a uno de los elegidos por el virrey, expresó que no era el más digno:

> Lo confirió al bachiller don Diego de Salvatierra, beneficiado del pueblo de Tarasquillo, uno de los acomodados beneficios del arzobispado, en donde se

---

[363] AGI, México, legajo 817: "protestan el que no hacen esta contradicción por memorial o petición excusándolo primero fomentar discordias entre príncipes eclesiástico y secular; lo segundo especialmente por conservar la paz que ha vista de la violenta presentación de dicho señor excelentísimo virrey, pudiera alterarse y perturbarse la cual aun con el notorio agravio que se les ha hecho desean se mantenga como fieles leales vasallos de Su Majestad ante cuya real persona protestan defender la autoridad sagrada de su prelado y los derechos que les asisten, y le oponen a su gusto les haga algunos desaires públicos usando el del gran poder que tiene y con que se halla".

[364] AGI, México, legajo 817: "el virrey […] me quitó la honra y perjudicó la fama; pues es presunción, que halló en mí cosa por donde desmereciese aquel primer lugar que me dio mi reverendo prelado, y la honra, como mejor vida de los vasallos, es la que vuestra majestad, con toda su soberanía y poder absoluto, más atiende".

ha mantenido por espacio de más de treinta y seis años, regalado, acomodado y rico, administrando por sus vicarios, viviendo lo más del año fuera de su beneficio, con varios motivos, ya de enfermo y ya de paseante en México, sin constar ni saberse haya predicado ni administrado por sí, ni hay noticia auténtica que en todos estos años haya hecho oposición a otro curato; pues en un sínodo en que entró el año de 1705 salió con una no muy decente calificación.[365]

Al final de su carta, el cura acusó a los elegidos por el virrey de haber negociado su elección:

Esta variación de nóminas, procedió (señor) de haberlos tenido el virrey de vuestra majestad patentes cinco días en su secretaría dando margen con esto a que los de los segundos y terceros lugares hiciesen las diligencias y empeños, ruegos y negociaciones que omito decir a vuestra majestad en veneración de la representación regia [...] Lamentable cosa es (señor) que perdieren cuatro en la presente ocasión, por no tener empeños, ni recomendaciones, lo que lograron otros cuatro por este género de respectos.[366]

Sin embargo, de tales argumentos, en Madrid se dio por cerrado el caso, respaldando la decisión del virrey. Este caso demuestra que para los curatos más importantes la competencia era muy fuerte y no era fácil para los prelados o cabildos acomodar sin más a sus protegidos.

No obstante el caso de Salvatierra, lo común fue que los curas del sagrario fueran destacados en sus estudios, ya sea en los colegios o en la universidad y varios eran incluso catedráticos. Juan José de la Mota y José Pereda Chávez así lo demuestran.[367] Otros ejercieron la abogacía, desde donde ascendieron a cargos en los gobiernos diocesanos; una vez instalados ahí, insistieron en oposiciones a curatos y canonjías. Para varios, la obtención de un curato en catedral podía ser incluso la culminación de una trayectoria. El caso de Juan José de la Mota ilustra bien el fracaso de un cura de sagrario por ingresar al cabildo de México y es un buen ejemplo de que un amplio ejercicio académico y público, así como excelentes recomendaciones, no siempre bastaban para encumbrarse.

La carrera de De la Mota fue reconocida en el Consejo de Indias. Este doctor tuvo una gran presencia en la universidad, en donde llegó a ser catedrático de propiedad y rector; además, ejerció por muchos años cargos en la curia de los arzobispos Lanciego y Vizarrón, lo que le valió ser recomendado

---

[365] *Idem.*
[366] *Idem.*
[367] AGN, Universidad, 94, 95 y 102, y AGI, Indiferente General, 238, núm. 6, respectivamente.

por los grupos académicos y eclesiásticos más importantes de México, como el arzobispo Lanciego:

> En las nóminas que recibirá vuestra majestad de los sujetos propuestos para la prebenda doctoral de esta santa iglesia, va en segundo lugar el doctor don José Quiles, doctoral de la santa iglesia de Valladolid, sujeto de letras y benemérito aunque debo decir a vuestra majestad que el voto mío y el de otros tres capitulares fueron por el doctor don José de la Mota, cura de la parroquial de Santa Catalina de esta corte y catedrático de Vísperas de esta universidad en sagrados cánones, en que se da a entender así el ejercicio de sus letras y repetidas oposiciones a cátedras y curatos, como el mérito que ésta haciendo a esta santa iglesia en el ejercicio de tantos años de párroco, en cuya consideración, tuve por dictamen de justicia ponerle en el segundo lugar para la dicha doctoral, estimando sus letras y méritos más en servicio de esta santa iglesia que otro, siendo equidad muy racional que en igualdad sean y deban preferirse los domésticos a los que no lo son, y más cuando a los mismos interesados se les hace más apreciable un curato de México que alguna prebenda fuera de él. Digo esto a vuestra majestad porque, deseando llenar esta mi santa iglesia de hombres de letras, estimaré a grande favor que vuestra majestad se digne se tenga presente dicho doctor don José de la Mota para las vacantes que hay y hubiere, como lo espero de la grande justificación de vuestra majestad, cuya vida guarde nuestro señor los muchos años que la santa iglesia desea.[368]

Sin embargo, este clérigo nunca pudo ingresar al cabildo mexicano, a pesar de haber desarrollado una carrera similar o superior a muchos otros doctores eclesiásticos que incluso llegaron a ser dignatarios u obispos. Sin duda, Juan José de la Mota vivió en una época de férrea competencia entre los doctores eclesiásticos del arzobispado de México.

Cargos en los conventos: confesores, capellanes y mayordomos

Ocupaciones que gozaron también de muchos adeptos en la capital novohispana fueron, sin duda, aquéllas ofrecidas en los conventos de monjas. El arzobispo Manuel Rubio y Salinas las consideró, en un informe de 1758, como indigentes.[369] Según este mismo prelado:

> El número copioso de clérigos que se ejercitan en confesar religiosas puede verse en su correspondiente nómina que por varias razones me pareció ex-

[368] AGI, México, legajo 805.
[369] AGI, Indiferente General, 2549.

tender con la individualidad que manifiesta; una es la que insinué hablando de esta clase de operarios que *rara vez apetecen otro ejercicio ni se proporcionan para las prebendas de las iglesias* y otra la del estado que tendrán estas comunidades con tan crecido número de confesores y diversidad de dictámenes sobre que tienen un prelado mucho tiempo en que emplearse para reformar abusos contrarios a la regla de cada monasterio. Cuyo instituto apenas se conoce y aun por lo mismo añado el número de regulares confesores de religiosas en solo los conventos de mi filiación.[370]

En otro informe de 1764, se registran hasta 924 nombramientos de confesores (62 por ciento clérigos y 38 por ciento frailes), así como 34 puestos de capellanes en la ciudad de México, distribuidos en trece conventos y dos hospitales de la siguiente manera:

CUADRO 17
Nombramientos de confesores y de capellanes en conventos
y hospitales del arzobispado, 1764

Convento	Clérigos seculares confesores	Frailes confesores	Clérigos seculares capellanes
La Concepción	74	41	3
Jesús María	69	28	3
San José de Gracia	57	28	4
San Bernardo	67	31	2
Santa Inés	40	24	1
Balbanera	52	13	2
La Enseñanza	ND	17	2
La Encarnación	58	47	2
Regina Celi	48	37	2
San Lorenzo	45	20	2
Santa Teresa	6	7	2
Nuevo de Santa Teresa	8	5	2
Capuchinas	ND	ND	2
San Jerónimo	49	53	3
Hospital del Amor de Dios			1
Hospital de Jesús Nazareno			1
Totales	573	351	34

Fuente: Archivo General de Indias, México, legajo 2547.
ND=No hay datos.

[370] AGI, México, legajo 2547, informe reservado de la clerecía del arzobispado de México por Manuel José Rubio y Salinas. Las cursivas son del autor.

Ignoro si los confesores recibían alguna gratificación por esa actividad, aunque me inclino a pensar que sí; lo más probable es que su importancia residiera en que era un mérito que podía, en un momento dado, incidir a favor del clérigo para lograr otros cargos. Respecto a los clérigos, los 573 nombramientos recaían en realidad en 223 individuos, debido a que la mayoría confesaba en dos o más conventos. Pero la actividad como confesor rebasaba el ámbito de los conventos. Regularmente, durante las diversas fiestas religiosas del año, en las cuales se obligaba a toda la feligresía a confesarse, los curas solicitaban confesores extra para hacer frente a esa necesidad, creándose así actividades temporales, sobre todo para clérigos jóvenes aún sin oficio ni beneficio.

Por otro lado, el cargo de capellán de alguna comunidad conventual sí recibía un salario fijo, y aunque no era vitalicio, por lo regular un clérigo lo ocupaba durante varios años. Los puestos de capellanes mayores los ocupaban doctores, curas y prebendados de la catedral; el resto estaba en manos de los bachilleres. Los salarios podían variar de un convento a otro, pero todos estaban dentro de rangos más o menos previsibles; por ejemplo, en el de San Bernardo, un capellán ganaba 200 pesos al año,[371] en el de San José de Gracia: 125 pesos.[372] En el de San Lorenzo había un salario diferenciado entre el capellán mayor y el segundo capellán: el primero ganaba 250 pesos y el segundo sólo 200.[373] Estos promedios de ingresos son equiparables a los que recibían los tenientes de curas en los pueblos; tales cargos ayudaban a amortiguar la creciente demanda de ocupación de los clérigos de la capital virreinal. En los mismos conventos, otro cargo buscado era el de sacristán, que percibía salarios similares a los de capellán.

Clérigos "vagabundos" y "limosneros"

Si el clero parroquial, los capellanes de misas, los confesores y capellanes de conventos eran conjuntos bien identificados en la capital, no sucedía lo mismo con el resto de clérigos y presbíteros, de quienes se desconocía su número, sus ocupaciones y sobre todo sus ingresos. Sin duda que la mayoría de este sector indefinido era pobre y vivía de lo que podía, cambiando de una a otra actividad, eclesiástica o no, legal o no, y combinando todo tipo de empleos temporales. Un recurso muy usado era ganar limosnas por

[371] AGN, Bienes Nacionales, 752, exp. 7.
[372] *Ibid.*, exp. 8.
[373] *Ibid.*, exp. 10.

celebrar misas, como sucedía en la península ibérica,[374] aunque, claro, esta actividad sólo podía ser desarrollada por los presbíteros; Rubio y Salinas la consideraba como propia de sacerdotes "indigentes".[375]

No era raro encontrar a presbíteros de otras diócesis que se mantenían en la ciudad de México oficiando misas, en espera de hallar pronto algo mejor.[376] El arzobispo Lanciego intentó poner remedio a ello. El presbítero Juan de Bustamante, con el pretexto de un pleito, llegó de Puebla y ya llevaba 6 años en México celebrando misa y confesando en el colegio de doncellas de la ciudad, en cuyos alrededores vivía, sin saberse si tenía licencia para ello; además, no se sabía bien de qué vivía, e incluso se decía que tenía juego público. Lanciego ordenó, entonces, "que cualquiera de los notarios de esta curia eclesiástica proceda a recibir una secreta sumaria información al tenor de los puntos que incluye este auto".[377] Un primer testigo declaró que Bustamante, en efecto, confesaba y que aun él mismo le había encomendado decir un sermón. No sabía si tenía o no juego público. Un segundo, capellán del colegio de doncellas, agregó que cuando le pidió licencia a Bustamante para decir misa, el acusado ya no regresó a la iglesia, sino sólo a confesar a algunas doncellas que eran sus "hijas de confesión". En cuanto a lo del juego, sabía sólo lo que decía la voz común. Por último, un tercero reafirmó lo de los anteriores testigos y mencionó otras iglesias en donde había celebrado y confesado. Algunos conocidos le dijeron que sí tenía juego público.

Cuando finalmente se consiguió la comparecencia de Bustamante, éste dijo que había llegado a México para salvar de la muerte a un primo hermano, sentenciado a muerte en la audiencia, pues eran de familia noble.

[374] Antonio Domínguez Ortiz, *La sociedad española...*, *op. cit.*, vol. II, p. 62: "El estipendio de la misa era uno de los ingresos básicos; se comprende que se generalizara la costumbre de decirla diariamente, aunque todavía en la segunda mitad del siglo XVI no estuviera esta práctica bien vista. En un memorial que San Juan de Ribera presentó al Concilio de Santiago el año 165, se lamentaba del 'grandísimo desorden de que los sacerdotes digan cada día misa sin dejar un solo día por tener que comer, como los que ejercitan oficios mecánicos' [...] La misa diaria rara vez faltaba al clérigo, porque además de las numerosas funciones era costumbre encargarlas en cantidades extravagantes, ya para impetrar una gracia, ya para agradecerla, y, sobre todo, como sufragio".

[375] AGI, Indiferente General, 2549.

[376] AGN, Bienes Nacionales, 1061, exp. 21, como fue el caso de Pedro Bohórquez, domiciliario del obispado de Nueva Vizcaya, pero que vivía en la capital con un hijo, quien estaba estudiando. En 1707, solicitó al arzobispo prorrogar su estancia y su licencia para oficiar, pues aunque tenía una capellanía en Durango, no recibía renta alguna y sólo tenía la promesa de que sería capellán del nuevo gobernador de Nueva Vizcaya.

[377] AGN, Bienes Nacionales, 1285, exp. 25, año de 1726, sumaria información secreta, contra Juan de Bustamante, clérigo presbítero del obispado de Puebla de Los Ángeles, por hallarse en México sin licencias y faltando a su ministerio.

Afirmó que había presentado la licencia de su prelado para viajar a México y que cuando fue a pedir licencias para confesar y celebrar a la Secretaría de Cámara y Gobierno, no logró su objetivo, sino sólo que el secretario le dijera verbalmente que podía usar dichos permisos. Luego de esa investigación, el promotor fiscal, Flores Moreno, opinó que el acusado había mentido, celebrado y confesado sin tener licencias en realidad; que a su provisor, en Puebla, le dijo que vendría a México a graduarse de licenciado y, a su obispo, que tenía un pleito en el Consejo de Indias, y ninguna de las dos cosas era cierta. Proponía que debía ser encarcelado y dar noticia a su prelado para que dispusiera de él. Y en cuanto a los capellanes y sacristanes de las iglesias que le habían permitido celebrar y confesar debían ser amonestados. El arzobispo Lanciego aceptó el parecer de su promotor fiscal, ordenó embargar los bienes del acusado y publicó un edicto que prohibía a los clérigos foráneos celebrar, predicar o confesar si carecían de licencias. Luego de ello, en efecto, Bustamante fue recluido en la cárcel del arzobispado y se le incautaron sus bienes, trasladándolo a Puebla, en donde se le siguió proceso.

En la época aquí estudiada, una misa en estas condiciones se pagaba por un peso; si, en el mejor de los casos, un presbítero oficiaba todos los días del año, podía aspirar a ganar 365 pesos; cifra que está en el promedio de ingresos de los vicarios de parroquia o capellanes de misas. Sin embargo, difícilmente un presbítero anónimo alcanzaba tal frecuencia de celebraciones.

De no lograr las misas de "pitanza", la variedad de ocupaciones era amplia en verdad: José de Villaseñor, por ejemplo, ganaba 250 pesos administrando ciertas obras pías que tenían como patrón al cabildo eclesiástico;[378] Juan José Toscano y Aguirre se ganaba la vida como administrador y apoderado de los capellanes de la fundación de Álvaro Lorenzana,[379] mientras que Juan del Campo lo hacía enseñando gramática a catorce niños.[380] Así, la vida para estos clérigos sin beneficio y sin un buen oficio era menos que grata en la ciudad de México. En 1749, un cura llegó a expresar sobre ésta que, "en vez de patria, es madrastra común".[381]

Otros clérigos tenían ocupaciones más mundanas. En 1704, el bachiller Antonio Sebastián de Morales, clérigo de menores, pidió licencia para jurar domicilio en el obispado poblano, argumentando que pasaba más tiempo en la hacienda de su madre que en México. El arzobispo pidió parecer a su promotor fiscal, quien expresó que el motivo del cambio no podía justifi-

---

[378] AGN, Bienes Nacionales, 1075, exp. 2.
[379] AGN, Bienes Nacionales, 665, exp. 13, año de 1749, varios litigios sueltos contra clérigos.
[380] Eduardo Báez Macías, *op. cit.*
[381] AGN, Bienes Nacionales, 665, exp. 13, año de 1749.

carse puesto que la hacienda era administrada por mayordomo, además de que Antonio sólo era hijo adoptivo, un huérfano, y que su madre tenía dos hijos, éstos sí legítimos. Se agregaba que Antonio tenía dispensa de natales para poderse ordenar. Ante tales argumentos, el prelado negó la licencia al pretendiente.[382] Otros clérigos preferían la profesión de médicos de sus parroquias, como el bachiller Nicolás de Armenta, médico con dispensa papal, quien fue acusado ante el arzobispo por el juez eclesiástico de Querétaro de exceder los límites de su permiso para ejercer esa profesión.[383] Por su parte, el presbítero José de Aguilera fue denunciado en 1713 como dueño de un "juego público de naipes" en el puente de la Aduana.[384]

Ante las problemáticas de los clérigos en la capital novohispana descritas atrás, es comprensible que los prelados tuvieran serias dudas sobre su destino como parte del estado eclesiástico; todos coincidían en afirmar que su clerecía era mucha y los empleos disponibles pocos, entendiendo por empleos los nombramientos estables que les asegurasen un desempeño seguro y previsible de su ministerio sacerdotal, y evitar así ocupaciones que las autoridades consideraban indignas. Pero la realidad, como muchas veces ocurría, distaba de tener esas posibilidades; en su lugar, vemos a los clérigos citadinos buscando todos los días algún empleo, por temporal y poco pagado que fuera, pues los beneficios, los nombramientos de importancia y la posibilidad de emprender una carrera eclesiástica estaban lejos de la gran mayoría. A los arzobispos no les quedaba otra opción que usar una y otra vez las pocas opciones de crear empleos que tenían a su alcance, otorgando licencias para confesar, predicar y celebrar misas, así como fomentando en los curatos los servicios de auxiliares y vicarios de los curas titulares, con la doble intención de mejorar los servicios espirituales del pueblo y de dar ocupación a las nuevas generaciones de clérigos que se agregaban en la capital. Y es que la situación en los curatos de las provincias había cambiado en los últimos años, generando amplias expectativas para la clerecía, mismas que no siempre pudieron cumplirse.

[382] AGN, Bienes Nacionales, 1061, exp. 21.

[383] *Idem.*

[384] AGN, Bienes Nacionales, 1075, exp. 2, diversas peticiones y memoriales sueltos sobre pretensiones de becas, pagos de patentes de cofradías, compras de casas de los conventos, licencias para salir de este arzobispado, nombramientos de notarios foráneos, etcétera.

VIEJOS Y NUEVOS ESCENARIOS EN LAS PARROQUIAS DE PROVINCIA

En los partidos que administra mi religión hay
obrajes y haciendas de labor y ganado, pobladas de
muchos españoles, negros y mulatos, y en ellas se
ocupan y asisten los más naturales, se hace trabajosa
la administración [...] sin que los muchos de dichos
obrajes y haciendas paguen derecho alguno a los
religiosos y así es imposible [...] acudir a tanto y tan
crecido trabajo adonde no hallan ninguna
compensación.[385]

Junto a las críticas que sobre la Iglesia y sus miembros se vertían en Madrid y su influjo en prelados como Lanciego Eguilaz, así como los cambios que se estaban experimentando en la composición social de la clerecía, debemos considerar también las transformaciones de la feligresía parroquial y su incidencia en la organización eclesiástica. La dimensión parroquial del arzobispado nos remite a problemáticas diferentes a las del clero de la capital; cada parroquia puede estudiarse no sólo como una parte de la diócesis, sino como un microuniverso con sus propias peculiaridades, dinámica y necesidades.[386]

El tejido parroquial[387] del arzobispado de México era uno de los más grandes de Hispanoamérica. Para la década de 1670, se contabilizaban 222

---

[385] AGN, Clero Regular y Secular, 150, exp. 1, fs. 68-68v, fray Sebastián de Soto, procurador general de la provincia de Santiago de México, orden de predicadores, en 1676.

[386] En ese sentido, Óscar Mazín señaló que: "La historia parroquial está aún por hacerse; ella nos aclararía no pocos aspectos sobre la configuración de los pueblos de México: su geografía, los sistemas agrarios de cada paisaje, las lenguas, los ritos y la toponimia. En la cultura religiosa del inmenso tejido parroquial, predominaron ya desde el último tercio del siglo XVIII en adelante, diversas formas de convivencia del clero diocesano rural con los grupos de aquella sociedad". Véase su artículo "Reorganización del clero secular novohispano en la segunda mitad del siglo XVIII", en *Relaciones. Estudios de Historia y Sociedad,* núm. 39, 1989, pp. 69-86.

[387] En este trabajo, se usará el término "parroquias" para hablar indistintamente de aquéllas

doctrinas y 71 curatos, más los de la capital;[388] es decir, por cada tres doctrinas sólo había un curato. Esto nos indica la gran presencia que aún por
entonces tenían las órdenes religiosas en la administración espiritual de esa
jurisdicción. No obstante, desde fines del siglo XVII y, sobre todo durante la
primera mitad del XVIII, la proporción doctrinas/curatos se modificó, minando el predominio histórico de los religiosos. Los poco más de 20 nuevos
curatos crearon renovadas expectativas en el clero secular, a la vez que se
vivió un repliegue en las doctrinas. Paralelamente, factores como el aumento
demográfico y la recomposición en la población de las parroquias cambiaron
las condiciones del otrora poderío de los religiosos en los pueblos de indios,
favoreciendo una mayor presencia e influencia de los clérigos seculares.

El aumento de la feligresía

Se ha señalado que en el periodo 1680-1750 Nueva España vivió un crecimiento económico que se explica en buena medida por un aumento en la
producción de la plata, la industria y la población, así como la ocupación
del norte cercano.[389] Esto habría tenido como fundamento la formación de
una economía interna en el siglo XVII, encabezada por la población española;[390] pero este proceso fue desigual: mayor en la región central de México
y Puebla, seguido de Oaxaca, Yucatán, Guadalajara, Michoacán, San Luis
Potosí, Zacatecas y, al final, Durango.[391]

La estructura económica del centro novohispano, asiento del arzobispado, tenía como eje rector el gran mercado de consumo, manufactura y
capitales de la ciudad de México. Alrededor de ella orbitaban ciudades, villas
y poblados: "desde los ubicados en el propio valle hasta Toluca, Cuernavaca,
Pachuca, Jilotepec y los centros mineros regionales";[392] en las ciudades
de Querétaro y México se hallaba el mayor número de obrajes de textiles;

---

administradas por frailes o por clérigos; "curatos" para hablar de las parroquias bajo cuidado
del clero secular y "doctrinas" para aquellas que estaban a cargo de los frailes.

[388] Leticia Pérez Puente, *Tiempos de crisis...*, *op. cit.*, pp. 257 y 323.

[389] David A. Brading, "El mercantilismo ibérico y el crecimiento económico en la América
Latina del siglo XVIII", en Enrique Florescano (comp.), *Ensayos sobre el desarrollo económico
de México y América Latina (1500-1975)*, México, FCE, 1987, pp. 293-314.

[390] Enrique Florescano e Isabel Gil, "La época de las reformas borbónicas y el crecimiento económico. 1750-1808", en *Historia General de México*, tomo II, México, El Colegio de México, 1987, p. 480.

[391] *Ibid.*, p. 521.

[392] Manuel Miño Grijalva, *El mundo novohispano. Población, ciudades y economía, siglos XVII
y XVIII*, México, FCE/El Colegio de México, 2001, p. 119.

CUADRO 18
Crecimiento indígena en las provincias comprendidas en el arzobispado de México

Provincia	1626-1650 (Tributarios)	1743 (Familias)
Acapulco	309	442
Actopan	1 092	2 750
Apa-Tepeapulco	143	297
Cempoala	190	438*
Chalco	4 316	4 593
Chilapa	1 480	2 494
Coatepec	560	827
Coyoacán	1 781	3 430
Cuautitlán	1 193	2 231
Cuautla	849	1 408
Cuernavaca	5 258	4 954
Ecatepec	443	1 024
Huachinango	1 900	4 483*
Huayacocotla	2 084	3 558
Huejutla	372	852*
Iguala	376	532
Ixcateopan	*800*	*1 725*
Ixmiquilpan	790	2 387
Lerma	*130*	*643*
Malinalco	*1 405*	*2 657*
Metepec	*4 380*	*14 150*
Mexicalcingo	462	892
México	*7 630*	*8 400*
Meztitlán	*3 570*	*5 458*
Otumba	350	709
Pachuca	*136*	*479*
Pánuco	*600*	*1 423*
Querétaro	*700*	*5 506*
San Luis de la Paz	*ND*	*2 343*
Sochicoatlán	*873*	*2 268*
Tacuba	*2 473*	*3 965*
Taxco	1 012	1 047
Temascaltepec-Sultepec	*1 011*	*3 163*
Tenango del Valle	*2 447*	*5 650*
Teotihuacan	305	1 036
Tetela del Río	525	1 195

CUADRO 18 *(continuación)*

Provincia	1626-1650 *(Tributarios)*	1743 *(Familias)*
Tetela del Volcán	165	205
Tetepango Hueypoxtla	1 236	2 378
Texcoco	1 565	5 913
Tixtla	1 350	2 838
Tochimilco	342	891
Toluca	1 491	2 200
Tula	706	1 266
Tulancingo	2 500	3 106
Valles	*1 342*	*11 494*
Xilotepec	*1 470*	*7 179*
Xochimilco	2 686	3 440
Zacualpa	269	775
Zimapan	250	820**
Zumpango	662	1 206

Fuente: Peter Gerhard, *Geografía histórica de la Nueva España 1519-1821,* México, UNAM, 1986.
* No hay datos.
** Se trata en este caso de individuos, no de familias.
Nota: Las provincias en donde se crearon nuevos curatos se marcan con cursivas.

los valles de México y de Toluca seguían fungiendo como el granero de la capital, aunque también participaban en el abastecimiento de los centros mineros cercanos; las poblaciones de Texcoco, Chiconcuac, Atenco, Chalco, Zempoala y Toluca se distinguieron por la agricultura y el trabajo textil doméstico. Una excepción fue la región de Cuernavaca y Amilpas, zona azucarera en recesión hasta 1750, cuando comenzó su recuperación. Este dinamismo económico fue acompañado por la recuperación demográfica. El crecimiento de la población indígena, por ejemplo, entre mediados del siglo XVII y mediados del XVIII, aunque lento fue consistente, como se ve en el cuadro 18.

Los porcentajes de crecimiento fueron variables y se debieron no únicamente a los nacimientos, sino también a migraciones originadas por las oportunidades de trabajo, o a la huida de la epidemia de 1737-38.[393] Aunque en el cuadro no están contemplados los otros grupos sociorraciales, hay claros indicios de que, en términos porcentuales, los españoles y los mestizos

[393] Manuel Miño Grijalva, *op. cit.,* p. 128: "La migración indígena a tierras bajas comenzó a principios del siglo XVII y se aceleró en el XVIII, especialmente después de 1738, ante los efectos del matlazáhuatl".

crecieron aun más que los indígenas.[394] En este sentido, la composición social de las parroquias "de indios" del arzobispado era distinta respecto a épocas anteriores. En este sentido, en Michoacán es claro que después de las congregaciones de principios del siglo XVII, fueron llegando españoles, mestizos y mulatos, primero a estancias y ranchos, y posteriormente se fueron integrando a la vida de los pueblos de indios, en buena medida gracias a su asistencia a las celebraciones religiosas o a que formaban cofradías.[395] En el siglo XVIII, esos núcleos no indígenas aumentaron considerablemente. Todo indica que algo similar sucedió en el arzobispado, a juzgar por las palabras de un franciscano del último cuarto del siglo XVII al referirse al tema:

> En la erección de las doctrinas que administran los religiosos en esta Nueva España el principal motivo fue el administrar a los naturales de ella, por cuyo trabajo, además de los derechos ordenados del arancel por los bautismos, matrimonios, entierros, etc., se sirvió de concederles la limosna, el salario que se paga en las reales cajas, como a los beneficiados seculares, y en donde hay encomenderos pagan también por sus indios, y aunque se fueron agregando algunos españoles, mulatos, mestizos y negros, en que por ser pocos no se hizo al principio, *hasta que creciendo y fundándose grandes y numerosas haciendas y distantes del pueblo y cabecera, fue creciendo el trabajo de la administración y el número de la feligresía.*[396]

En la costa sur del arzobispado, para el siglo XVIII predominaba ya una población mestiza y mulata, y aunque más al norte, por Chilapa y Chilpancingo, aún había población indígena predominante, también los mulatos y mestizos estaban muy presentes. Las haciendas adquirieron una gran importancia en esta zona: de ganado o volantes, ocupaban a cientos de servidores mestizos y mulatos que era difícil regular por las parroquias; igualmente, las de caña en las Amilpas. En la zona de Taxco, Zacualpa y Sultepec, así como Cacalotenango, predominaban las haciendas de beneficio, con cientos de trabajadores no indios. En el caso de Taxco, el mayor centro

[394] *Idem;* los efectos en las cabeceras de los partidos de Morelos colonial se dejaron sentir así: "Aunque el número de tributarios permanecía constante, e incluso disminuía, en las cabeceras importantes los no indígenas y la 'gente de razón' no sólo eran mayoría, sino que ocupaba las tierras agrícolas comunales y los solares mediante el pago de una renta".

[395] Felipe Castro Gutiérrez, "Indeseables e indispensables: los vecinos españoles, mestizos y mulatos en los pueblos de indios de Michoacán", en *Estudios de Historia Novohispana*, núm. 25, julio-diciembre de 2001, pp. 59-80.

[396] AGN, Clero Regular y Secular, 150, exp. 1, fs. 68-68v, fray Sebastián de Soto, procurador general de la provincia de Santiago de México, orden de predicadores, 1676. Las cursivas son del autor.

minero del arzobispado con 2 500 familias, tuvo una influencia notable para la creación de haciendas agropecuarias complementarias, que dependían básicamente de las ricas cosechas de maíz de Iguala.[397]

Así, para la primera mitad del siglo XVIII, varias de las doctrinas presentaban nuevas condiciones: una población mestiza o española, asentada en las cabeceras, en haciendas o ranchos de la localidad, que también haría sentir su presencia en la organización parroquial.

En Chalco, provincia considerada indígena, hacia 1743 había al menos 272 familias de españoles y mestizos, que representaban 6 por ciento del total. En la provincia de Texcoco, eran ya cerca de 13 por ciento y en la de Ixmiquilpan representaban hasta 24 por ciento.[398] Aun en las misiones del norte del arzobispado, la custodia de Tampico y la zona de la Huasteca, el número de vecinos no indios comenzaba a ser considerable.[399] Por supuesto que seguía habiendo curatos en donde casi toda la población continuaba siendo indígena, como Tlahuac, Oapan o Tixtla.[400]

El aumento de la población no indígena incidió en la demanda de servicios espirituales y provocó que hacendados y rancheros, con la ayuda de cabildos indígenas, demandaran cambios en las parroquias, como veremos a continuación. Este fenómeno no fue exclusivo del arzobispado de México, pues en el siglo XVII, en la diócesis de Chiapas se inició algo similar.[401]

Algunos testimonios de la época hablan precisamente sobre los apuros de los curas para atender una mayor feligresía; de hecho, la creación de varios de los nuevos curatos del arzobispado durante la primera mitad del siglo XVIII se debió justamente a esa mayor solicitud de servicios espirituales y a la incapacidad de los ministros para satisfacerla.

---

[397] Daniele Dehouve, *Entre el caimán y el jaguar. Los pueblos indios de Guerrero*, México, CIESAS/INI, 2002 (Colección Historia de los Pueblos Indígenas de México).

[398] Francisco de Solano (ed.), *Relaciones geográficas del arzobispado de México. 1743*, Madrid, V Centenario del Descubrimiento de América/Centro Superior de Investigaciones Científicas (CSIC), 1988, 2 tomos (Colección Tierra Nueva e Cielo Nuevo).

[399] AGN, Clero Regular y Secular, 93, f. 197, años de 1719-1721.

[400] Francisco de Solano (ed.), *op. cit.,* tomo I, p. 40 y tomo II, pp. 474-480.

[401] Amos Megged, *Cambio y resistencia: la religión indígena en Chiapas, 1521-1680*, México, CIESAS/Universidad de Haifa, 2008, p. 148: "Para las primeras décadas del siglo XVII, 'gente de razón' (españoles, mestizos y mulatos) que residía permanentemente en grandes comunidades indígenas en la provincia y recibía servicios religiosos que los sacerdotes dominicos administraban a toda la población, comenzó a expresar su deseo de establecer sus propias parroquias en el interior de las comunidades".

La dinámica de curatos y doctrinas en la primera mitad del siglo XVIII

Según la densidad de curatos y doctrinas, podemos definir cinco zonas geográficas, por orden descendente: una, los valles de México y de Toluca, que concentraban la mayor cantidad de población; dos, la región de Cuernavaca-Amilpas; tres, Pachuca y Meztitlán; cuatro, la región Pánuco-Tampico; y cinco, el corredor Taxco-Acapulco. Las doctrinas, por ejemplo, se localizaban esencialmente en los valles centrales de México y Toluca, Cuernavaca-Amilpas y Meztitlán-Sierra Alta. En comparación, los curatos predominaban en los reales mineros de la región de Pachuca y Real de Monte, Sultepec-Taxco, así como la zona sur, desde Iguala-Ixcateopan hasta Acapulco. Por supuesto que hubo provincias en donde coexistían curas de los dos cleros, como Metepec, Xilotepec, Querétaro o Pánuco.

Esta distribución responde al devenir histórico de la evangelización en el arzobispado; es decir, desde el siglo XVI las órdenes mendicantes se establecieron en los más importantes núcleos de población indígena, despreocupándose de aquellas zonas con señoríos o habitantes indígenas menos importantes. Estas zonas, junto con los reales mineros bajo cuidado especial de la Corona, fueron destinadas desde el siglo XVI al cuidado del clero secular. Así, de inicio, el número de curatos no podía compararse con el de las doctrinas, por las enormes diferencias en la densidad de población.

El clero secular del arzobispado avanzó de los curatos de la tierra caliente del sur y los reales mineros hacia los valles centrales de México y Toluca, buscando nuevas opciones a las difíciles condiciones climáticas y de aislamiento que debía enfrentar en las tierras cálidas o sierras. Taylor nos recuerda este aspecto, que siempre pesó en las demandas de los curas seculares:

> Ni los ministros arquidiocesanos ni sus curas párrocos podían entusiasmarse mucho por este territorio del Pacífico que, como el del Golfo, se consideraba pobre, insalubre y particularmente difícil de administrar. Un clérigo podía verse obligado a viajar por tres o cuatro días sobre veredas apenas transitables, bajo un calor asfixiante, para escuchar una confesión.[402]

En esas condiciones, es entendible la inevitable comparación de los curatos de tierra caliente del clero secular y las templadas, fértiles y bien pobladas doctrinas de los valles centrales del arzobispado. Mientras no se inició su secularización en 1749, ¿qué hizo el clero secular al respecto?

---

[402] William B. Taylor, *Ministros de lo sagrado...*, *op. cit.*, p. 55.

LA REVITALIZACIÓN DE LOS CURATOS

Entre 1670 y 1749, la diferencia numérica entre doctrinas y curatos se acortó significativamente, no como resultado de secularizaciones, sino por división de curatos. Si para 1670 el clero secular administraba 24 por ciento de las parroquias del arzobispado, hacia mediados del siglo XVIII llegó a poseer hasta 93 curatos, esto es, 36 por ciento del total, tomando en cuenta que las órdenes mendicantes administraban 140 doctrinas y 26 misiones. Un avance, sin duda, significativo, aunque aún insuficiente para las expectativas de la clerecía.

Aunque en el periodo aquí estudiado ninguna doctrina del arzobispado fue secularizada, con excepción de un pueblo sujeto a la doctrina agustina de Meztitlán, los curatos aumentaron en forma importante, pues si en 1670 se contabilizaban 71, sin contar los de catedral, en las décadas siguientes se agregaron 22, a los que habría que sumar la vicaría de Los Remedios, dada la importancia que tenía para el clero secular el cargo de vicario, y el poblado de Atlamaxac, que aunque sólo era ayuda de la doctrina franciscana de Tepexpan,[403] estaba atendida por clérigos del arzobispado, y que aquí consideraremos también como vicaría. El cambio operado cobra mayor relevancia si pensamos que ya desde fines del siglo XVI había 70 curatos,[404] y hasta 1670 sólo había uno más, excluyendo los de la catedral.[405] El aumento fue sustancial, pues el número de curatos creció en poco más de medio siglo, hasta 33 por ciento. La mayor parte de los nuevos curatos se creó en zonas periféricas, con excepción de tres en Metepec y tres en el Valle de México.

Los nuevos curatos no fueron resultado de secularización de doctrinas alguna, como ya se ha mencionado, sino más bien de la conversión de pueblos de visita o vicarías en curatos, como fue el caso del santuario de Guadalupe, que antes dependía de la parroquia de Santa Catarina Mártir, o bien, de la subdivisión directa, como Huazalingo, que antes fue visita de Yanhualica; San Felipe, visita de Ixtlahuaca; Lerma, visita de Tarasquillo; Ozoloapan, visita de Temascaltepec; Tecualoya, visita de Zumpahuacan, o Peña de Francia, visita de Chiapa de Mota. De las otras parroquias aún no sabemos con precisión cómo se originaron, pero lo más probable es que haya sido algo similar.[406]

[403] Francisco de Solano (ed.), *op. cit.*, tomo II, p. 324.
[404] Gerónimo de Mendieta, *Historia eclesiástica indiana*, México, Porrúa, 1980, p. 546.
[405] Leticia Pérez Puente, *Tiempos de crisis...*, *op. cit.*, p. 323.
[406] AGN, Reales Cédulas Originales, 32, exp. 12, f. 2, en otras partes de la Nueva España se hicieron por la misma época subdivisiones también, como en Oaxaca o Guadalajara. El

Una mayor demanda de servicios espirituales de las feligresías y la incapacidad de los curas para satisfacerla fueron motivos determinantes para la creación de los nuevos curatos; tres casos bien documentados así lo permiten ver: Guadalupe, San Felipe de Ixtlahuaca y Lerma, en el fértil valle de Toluca. En los dos últimos, no fueron indios quienes solicitaron la división, sino hacendados y rancheros.

Las razones que dio el bachiller Francisco Fuentes Carrión para solicitar la conversión de la vicaría de Guadalupe en curato incluían precisamente el crecimiento inusitado de la feligresía:

> Motivo relevante para que, según derecho, no solo puedan sino que se deban erigir nuevas parroquias, por lo cual así lo ordena el santo concilio de Trento, mandando a los señores obispos que aun siendo con repugnancia de los mismos curas, pongan y erijan otros.[407]

Además, el movimiento de vicarios era constante, por lo cual ninguno tenía arraigo en sus feligreses, lo cual se resolvería con un cura beneficiado y, por tanto, permanente. A ello habría que agregar, continuaba el vicario Fuentes, que un cura permanente manejaría con más cuidado las alhajas y las limosnas del santuario. Excepcionalmente, los curas de la cabecera de Santa Catarina Mártir estuvieron de acuerdo con la separación de Guadalupe, aceptando que no tenían los recursos suficientes para atender eficazmente la vicaría. En vista de ello, el arzobispo Ortega y Montañés autorizó la división.

En el caso de San Felipe, cuya cabecera era Ixtlahuaca, los labradores recibieron el apoyo de los cabildos indígenas en su petición al gobierno del arzobispado, por entonces el cabildo de catedral, hacia 1709. Las principales razones que argumentaron para justificar la división fueron la distancia a la cabecera, la profusión de peones en las haciendas y ranchos, así como la incapacidad de un solo cura para atender todos los servicios espirituales demandados.[408] Los

---

obispo de Guadalajara había subdividido beneficios y creado ocho misiones: cuatro de ellas y un pueblo de tlaxcaltecas en la provincia de Coahuila, dos en Nayarit y una en las Californias. Las subdivisiones habían sido aprobadas por el vicepatrón.

[407] AHAM, caja 23, exp. 32, fs. 2-5, sobre la conversión de Guadalupe en curato.

[408] AGN, Clero Regular y Secular, 92, exp. 1, f. 103, 23 de septiembre de 1709: "ocurrió ante nos la parte de diferentes vecinos, dueños de haciendas y ranchos, y de los fiscales, alcaldes y demás común y naturales de los pueblos de San Felipe, de San Agustín, de el de los Baños, de Ocotepec, de San Pablo y de Santiago, representando que antes de que se procediese a su provisión se debía hacer división de dicho curato [...] habiendo tanta distancia en dichos pueblos, haciendas y ranchos, aunque tuviese muchos vicarios asistiendo en ella, aunque fueran muy puntuales, no era posible que prontamente pudieses acudir a la administración de los santos sacramentos, de que se había seguido morir muchos sin recibirlos [...] y en la haciendas y ranchos si sus dueños no tenían posibilidad de mantener capellán, tampoco se celebraba".

Cuadro 19
Nuevos curatos y vicarías de clérigos
en el arzobispado de México, 1670-1749

Curato	Provincia	Fecha de creación	Referencia
1. Sichú de españoles	San Luis de la Paz	Entre 1670-1706	AGN, Bienes Nacionales (BN) 527, exp. 19
2. Real Omitlán	Pachuca	Entre 1670-1706	AGN, BN, 527, exp. 19
3. Malinaltenango	Zacualpa	Entre 1670-1706	AGN, BN, 527, exp. 19
4. Tecualoya	Malinalco	Década de 1690	Peter Gerhard, p. 175
5. Tequisquiapan	Querétaro	Entre 1670-1716	AHAM, caja 36, exp. 15
6. Temoaya	Metepec	Entre 1670-1720	Cordillera de 1723
7. Malacatepec	Metepec	1684	Gerhard, p.181
8. Coscatlán	Valles	1688	AGN, BN, 739, exp. 7
9. Ozoloapan	Temascaltepec-Sultepec	1690	Peter Gerhard, p. 277
10. San Miguel	Ciudad de México	1692	AHAM; Peter Gerhard, p. 186
11. Tescaliacac	Tenango del Valle	Antes de 1693	AGN, Clero Regular y Secular (CRS) 214, exp. 1
12. Peña de Francia	Xilotepec	Fines siglo XVII	Peter Gerhard, p. 394
13. Guadalupe	México	1702	Guía del Archivo Histórico de la Basílica de Guadalupe
14. Querétaro de españoles*	Querétaro	1705	AGN, CRS, 148
15. San Felipe Ixtlahuaca	Metepec	1709	Cordillera de 1723
16. Lerma	Lerma	1709	AGN, CRS, 92, exp. 1
17. Huazalingo	Sochicoatlán	1722	AGN, CRS, 149, f. 109
18. Alahuistlán	Ixcateopan	1722	AGN, CRS, 149, f. 109
19. Atlahaytlan-Totomaloyan	Temascaltepec-Sultepec	1723	*Relaciones geográficas/1743*
20. Pánuco**	Pánuco	1732	*Relaciones geográficas/1743*
21. Almoloya	Sultepec	1739	AGN, BN, 1030
22. Xacala	Meztitlán	1749	AGN, BN, 603, exp. 5 y CRS, 150, fs. 142 y ss.
23. Atlamaxac***	Teotihuacan	ND	*Relaciones geográficas/1743*
24. Los Remedios***	Tacuba	ND	AGN, BN, 500 exp. 4

Fuentes: Elaboración propia con base en Peter Gerhard, *Geografía histórica de la Nueva España 1519-1821*, México, UNAM, 1986, Francisco de Solano (ed.), Relaciones geográficas del arzobispado de México, 1743, Madrid, V Centenario del Descubrimiento de América/Centro Superior de Investigaciones Científicas, 1988, 2 tomos (Colección Tierra Nueva e Cielo Nuevo) y documentos del AGN.

* De españoles, sólo por algunos años.
** Antes era abadía.
*** Vicarías de clérigos.
ND=No hay datos.

Mapa 1. Curatos seculares del arzobispado de México, 1680-1750

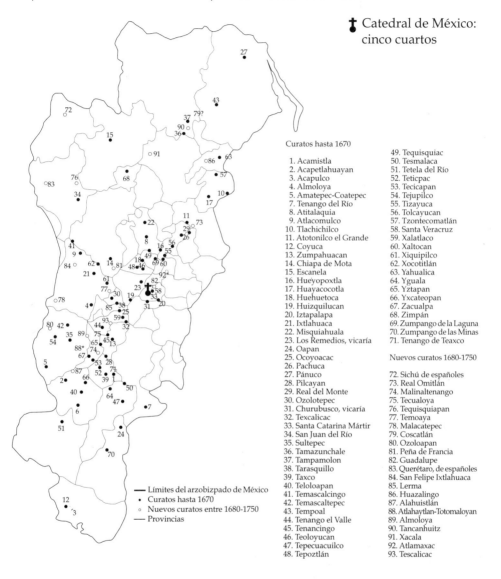

✝ Catedral de México:
cinco cuartos

Curatos hasta 1670

1. Acamistla
2. Acapetlahuayan
3. Acapulco
4. Almoloya
5. Amatepec-Coatepec
7. Tenango del Río
8. Atitalaquia
9. Atlacomulco
10. Tlachichilco
11. Atotonilco el Grande
12. Coyuca
13. Zumpahuacan
14. Chiapa de Mota
15. Escanela
16. Hueyopoxtla
17. Huayacocotla
18. Huehuetoca
19. Huizquilucan
20. Iztapalapa
21. Ixtlahuaca
22. Misquiahuala
23. Los Remedios, vicaría
24. Oapan
25. Ocoyoacac
26. Pachuca
27. Pánuco
28. Pilcayan
29. Real del Monte
30. Ozolotepec
31. Churubusco, vicaría
32. Texcalicac
33. Santa Catarina Mártir
34. San Juan del Río
35. Sultepec
36. Tamazunchale
37. Tampamolon
38. Tarasquillo
39. Taxco
40. Teloloapan
41. Temascalcingo
42. Temascaltepec
43. Tempoal
44. Tenango el Valle
45. Tenancingo
46. Teoloyucan
47. Tepecuacuilco
48. Tepoztlán

49. Tequisquiac
50. Tesmalaca
51. Tetela del Río
52. Teticpac
53. Tecicapan
54. Tejupilco
55. Tizayuca
56. Tolcayucan
57. Tzontecomatlán
58. Santa Veracruz
59. Xalatlaco
60. Xaltocan
61. Xiquipilco
62. Xocotitlán
63. Yahualica
64. Yguala
65. Yztapan
66. Yxcateopan
67. Zacualpa
68. Zimpán
69. Zumpango de la Laguna
70. Zumpango de las Minas
71. Tenango de Teaxco

Nuevos curatos 1680-1750

72. Sichú de españoles
73. Real Omitlán
74. Malinaltenango
75. Tecualoya
76. Tequisquiapan
77. Temoaya
78. Malacatepec
79. Coscatlán
80. Ozoloapan
81. Peña de Francia
82. Guadalupe
83. Querétaro, de españoles
84. San Felipe Ixtlahuaca
85. Lerma
86. Huazalingo
87. Alahuistlán
88. Atlahaytlan-Totomaloyan
89. Almoloya
90. Tancanhuitz
91. Xacala
92. Atlamaxac
93. Tescalicac

— Límites del arzobipado de México
• Curatos hasta 1670
○ Nuevos curatos entre 1680-1750
— Provincias

Fuentes: Elaboración propia con base en Peter Gerhard, *Geografía histórica de la Nueva España 1519-1821*, México, UNAM, 1986; Leticia Pérez Puente, *Tiempos de crisis, tiempos de consolidación. La catedral metropolitana de la Ciudad de México, 1653-1680*, México, CESU-UNAM/El Colegio de Michoacán/Plaza y Valdés, 2005; AGI, México, legajo 338; AGN, Bienes Nacionales, Clero Regular y Secular; Francisco de Solano (ed.), *Relaciones geográficas del arzobispado de México. 1743*, Madrid, V Centenario del Descubrimiento de América/Centro Superior de Investigaciones Científicas, 1988, 2 tomos (Colección Tierra Nueva e Cielo Nuevo) y documentos del AGN.
* Ubicación aproximada.

hacendados serían los más beneficiados, pues evitaban así tener que pagar capellanes particulares para sus haciendas. Los solicitantes explicaban también que el arzobispo Aguiar y Seijas ya había intentado la división, pero que por oposición del cura anterior no se había podido hacer; ahora proponían que la cabecera del nuevo curato fuera San Felipe, y que comprendiera otros pueblos, haciendas y ranchos como visitas. Al recibir el caso, el virrey lo remitió al fiscal de la real audiencia y después al real acuerdo, quienes no tuvieron objeción alguna, lográndose así la creación del curato de San Felipe de Ixtlahuaca.

En el mismo año de 1709, se creó también el curato de Lerma. En este caso, los promotores fueron los propios vecinos de ese poblado, sujeto a la parroquia de Tarasquillo, quienes explicaron que desde hacía más de 25 años los arzobispos nombraban vicario para su pueblo, con independencia del cura de la cabecera, y que se mantenía la iglesia con decencia y ornato. Al presente, continuaban, Lerma tenía 150 familias de españoles y 80 de indios. Tarasquillo y sus sujetos eran de idioma otomí, mientras que Lerma era de mexicano. Para que la nueva cabecera no careciese de pueblos sujetos se proponía agregar algunos ranchos y Tultepec, de idioma mexicano también y que pertenecía al curato de Ocoyoacac.[409]

Para ventilar esta solicitud, el cabildo en sede vacante comisionó al racionero Francisco Ximenes Paniagua para hacer la averiguación necesaria. El racionero confirmó los argumentos de los demandantes y agregó que con el nuevo curato se aliviaría el trabajo del cura de Tarasquillo, pues siempre tenía la necesidad de pagar a un vicario de mexicano que administrara en Lerma; aun más, los vecinos se comprometían a pagar 1 000 pesos de salario al nuevo cura. El virrey, por consejo del fiscal y del real acuerdo, pidió al cabildo que especificara cómo se garantizaría el ingreso de 1 000 pesos al nuevo cura, pues en los autos no quedaba claro. El cabildo volvió a pedir al racionero Paniagua que investigara cuál sería la congrua fija y qué cantidad saldría de bautismos, casamientos y entierros. Los demandantes, por supuesto, juraron que pagarían por lo menos 1 000 pesos al nuevo cura. Luego de todo ello, el virrey consintió en la separación.

Estos casos muestran el efecto que en la vida parroquial tuvo el aumento demográfico en los pueblos y en las haciendas del arzobispado, lo cual provocó, asimismo, que los hacendados se interesaran en la administración eclesiástica. Y es que la migración de indios a las haciendas y ranchos causó, por supuesto, inquietudes en los curas por lo que a los intereses parroquiales concernía. El cura de Ozolotepec, Nicolás López Xardón, expresó en

---

[409] AGN, Clero Regular y Secular, 92, exp. 1, f. 105.

1724 que 12 años atrás había acudido ante el virrey duque de Linares para pedir remedio a la salida indiscriminada de los indios de su parroquia. Por entonces, con auxilio de la real justicia, se remedió en algo tal situación, pero después más indios se salieron, tanto a México como a las haciendas de otras jurisdicciones. En opinión del cura de Ozolotepec, a los indios no debía permitírseles seguir en las haciendas: "por no aprender la doctrina, oír misa, cumplir con el precepto anual y no vivir sujetos al registro de sus curas, teniendo en dichas haciendas, con la impunidad, mucha licencia para embriagarse y perpetrar los desafueros y abominaciones".[410] El cura agregaba en su queja que los indios ausentes dejaban de pagar sus tributos y, lo más importante para él, se perjudicaban los ingresos parroquiales:

> En perjuicio de la iglesia y de su cura porque no viviendo en su distrito defraudan los derechos que para la sustentación de sus ministros causaran, y niegan aquellas contribuciones que erogaran para la fábrica, culto y ornato de su parroquia, lo cual padece mi parte en la material fábrica de su iglesia que no ha concluido por este motivo, pues ausentándose dejan desierta y sin cultivar las tierras de cuyos frutos pende todo lo que pueden erogar en beneficio de su cura y parroquia.[411]

Los agricultores, agregaba el cura, endeudaban a los indios para tenerlos siempre a su disposición; por ello, debía auxiliarlo el alcalde mayor de Metepec, para sacarlos de las haciendas y castigar a los dueños que se resistieran. Pero también hubo opiniones favorables hacia los hacendados. En 1704, la hacienda de beneficio de metales, San Pedro Nolasco, bajo cuidado espiritual de la doctrina agustina de Atotonilco el Grande, solicitó al virrey duque de Alburquerque permiso para construir una capilla, debido a que la gente que ahí trabajaba, más de 400, no oía misa en las fiestas, pues había una gran distancia hasta la cabecera.[412] El alto funcionario pidió informes al alcalde mayor y al doctrinero, para luego conceder el permiso a Hipólito del Castillo, dueño de la hacienda.

Llama la atención el caso de los reales mineros, Atotonilco, Ozoloapan y Omitlán, que respondieron indudablemente a un buen momento de los minerales, aunque siempre cabía la posibilidad de que cambiara su suerte. Hacia 1705, el cura del Real de Atotonilco se quejaba de la despoblación de varios pueblos sujetos a la cabecera, debido a una baja de los minerales, lo cual repercutía directamente en los ingresos parroquiales.[413] En Querétaro, en

---

[410] AGN, Clero Regular y Secular, 149, f. 133, año de 1724.
[411] *Idem.*
[412] AGN, Clero Regular y Secular, 92, exp. 1.
[413] AGN, Bienes Nacionales, 500, exp. 8.

cambio, se creó en 1705 una parroquia de españoles bajo administración de clérigos seculares, aunque sólo duró hasta 1708. Sin embargo, lo importante en esa ciudad fue que la misma clerecía local tomó en sus manos el objetivo de minar la presencia franciscana en la segunda ciudad más importante del arzobispado.

De esa forma, entre fines del siglo XVII y la cuarta década del XVIII, los cambios operados en la feligresía de diferentes parroquias del arzobispado incidieron directamente en su subdivisión. Pero no sólo eso, sino que esas subdivisiones aumentaron las expectativas del clero secular por la apertura de más curatos; pero al no suceder tal irremediablemente se pensaba que la mejor solución seguía siendo la secularización de las doctrinas.

El arzobispo Lanciego Eguilaz se hizo eco de tales perspectivas y actuó en consecuencia, como se verá más adelante. No obstante, los nuevos curatos tuvieron su importancia, pues dieron ocupación a por lo menos medio centenar de clérigos, entre curas y ayudantes. Otra consecuencia de la creación de esos curatos tuvo que ver también con la extensión de los juzgados eclesiásticos, pues en catorce de ellos, los curas fungieron también como jueces diocesanos.[414] Pero también en las doctrinas se vivieron importantes modificaciones.

EL REPLIEGUE DE LAS DOCTRINAS

El primer cambio importante que hay que destacar respecto a las doctrinas del arzobispado es su número, pues si en 1673 se contabilizaban 222,[415] 70 años más tarde, en el preámbulo de la secularización, habían disminuido a 166, incluyendo 26 misiones.[416] Aun así, los frailes siguieron detentando 64 por ciento del total de parroquias del arzobispado, incluyendo las administradas por el clero secular.[417] En el siguiente cuadro, se puede observar la distribución de doctrinas y misiones en el clero regular.

---

[414] Se trata de: Cuscatlán, Sichú de españoles, Huazalingo, Omitlán, Temoaya, San Felipe Ixtlahuaca, Malacatepec, Ozoloapan, Malinaltenango, Tecualoya, Alahuistlán, Real de Atotonilco, Ixtapa y Almoloya.

[415] AGI, México, legajo 338, citado en Leticia Pérez Puente, *Tiempos de crisis...*, *op. cit.*, p. 257.

[416] Véase mapas 2, 3 y 4 de este libro.

[417] Cifras que desmienten estudios anteriores que ven precisamente una relación inversa en las diócesis de México y Guadalajara, como por ejemplo William Taylor, *Ministros de lo sagrado...*, *op. cit.*, tomo I, p. 120: "A pesar de una ola de secularizaciones a fines del siglo XVI, los mendicantes lograron conservar la tercera parte de las entidades parroquiales en ambas diócesis".

CUADRO 20
Doctrinas y misiones del clero regular
en el arzobispado de México hasta la década de 1740

Orden	Número de doctrinas	Número de misiones	Total
San Francisco	59	18	77*
San Agustín	57	1	58
Santo Domingo	24	6	30
San Diego	0	1	1*
Totales	140	26	166

Fuente: Archivo General de la Nación, Bienes Nacionales, 218, exps. 5 y 7.
* Peter Gerhard, *Geografía histórica de la Nueva España 1519-1821*, México, UNAM, 1986.

No hay indicios claros que nos ayuden a explicar este aparente descenso de 30 por ciento en el número de doctrinas entre 1673 y 1740; pudo deberse a una diferente manera de contabilizar en ambas épocas, una distinta definición de "doctrina", una efectiva restructuración de las mismas por el clero regular; o bien, a una combinación de estas causas. Aunque normalmente todos los conventos tenían anexas doctrinas, casas, vicarías o ayudas de parroquia, sujetas a las anteriores, podían no ser consideradas en la suma total, obedeciendo a una jerarquía propia del clero regular. Al menos en Oaxaca, a principios del siglo XVIII, el obispo Maldonado encabezó una reordenación de varias doctrinas de los dominicos que dio como resultado su disminución y el traspaso de nueve de ellas al clero secular en 1705.[418]

Sin duda que se había iniciado en Madrid una política tendiente a introducir cambios en las órdenes religiosas de Indias y a quitarles las categorías de convento a aquellas casas que no contaran con al menos ocho frailes. Aunque hasta hoy no se ha investigado si lo que sucedió en Oaxaca se repitió en otros obispados novohispanos, es probable que en el arzobispado los religiosos hayan tomado la iniciativa de restructurarse, adelantándose a una intromisión mayor de los virreyes y los arzobispos.

Durante la primera mitad del siglo XVIII, las doctrinas en el arzobispado enfrentaron varias presiones en su contra. En primer lugar, la intervención de otras autoridades, e incluso de los feligreses, para subdividir doctrinas, como vimos también en los curatos; en segundo, la intención del arzobispo Lanciego de convertir las misiones de Pánuco y la Huasteca en doctrinas; y, en

[418] Antonio Rubial, *op. cit.*, pp. 247-248.

tercero, los intentos del clero secular por minar su presencia, tanto en doctrinas rurales como en importantes plazas del arzobispado, como Querétaro.

Los intentos de conversión de visitas de doctrina en nuevas cabeceras siguió un patrón similar al de los curatos; es decir, un sector de la feligresía acudía directamente al arzobispo o al virrey para solicitar la creación de una nueva parroquia, alegando deficiencia en la atención espiritual. Un buen ejemplo de ello sucedió en 1750, con la creación del curato de Xacala, antigua visita de la doctrina de Meztitlán, a solicitud de hacendados de la zona, quienes expresaron que era:

> Notorio el abandono que los curas doctrineros de Meztitlán han hecho del paraje de Xacala, pues toleraron que dispensasen su administración los reverendos padres misioneros más tiempo de cuatro años y sin reclamo alguno, y que después de haber dejado esta administración los padres misioneros con orden de su superior, no ocurrieron a ella los agustinos de Meztitlán, dejando a aquellos feligreses en un continuo desconsuelo sin el santo sacrificio de la misa y demás beneficios espirituales; de que se infiere haber contemplado los doctrineros agustinos por independiente y separado de su administración este paraje de Xacala.[419]

Pero los hacendados pidieron también la separación de otras visitas menores de Meztitlán para complementar el nuevo curato, alegando igualmente abandono de los doctrineros:

> Siendo asimismo constante el modo con que los religiosos agustinos de la doctrina de Meztitlán han administrado los parajes del Potrero y Octupilla porque resulta que precisamente les han ido a celebrar el santo sacrificio de la misa y esto con la limitación de una cada mes, faltando en algunos meses aun este beneficio y duplicando el sacrificio en un día de otros meses y no siendo de precepto, llevando doblado el estipendio, y dejando a los feligreses sin los demás beneficios y administraciones espirituales, y por eso también en un continuo desconsuelo, y resultando igualmente que estos parajes de Octupilla y Potrero están continuados en un mismo territorio con Xacala, y que fueron en lo antiguo de una hacienda y hoy la mayor y más principal parte de los tres parajes es de españoles, manifestándose bastante distancia de estos parajes a la doctrina de Meztitlán y su pueblo más inmediato de Chichicastla, el caudaloso arroyo que media riesgos y dificultades para la cómoda administración, llegándose el que los parajes de Octupilla y Potrero

[419] AGN, Clero Regular y Secular, 150, exp. 1, fs. 144-144v.

no le hacen falta a la doctrina de Meztitlán, porque aun todavía desmembrados de ella queda opulenta y pingüe.[420]

Finalmente, por decreto de 4 de junio de 1750, el virrey autorizó la separación de Xacala, Octupilla y el Potrero para formar un nuevo curato de clérigos seculares, consciente de que en situaciones anteriores similares lo normal hubiera sido que los regulares se hicieran cargo:

> Aunque en otros términos debiera encargarse la administración a los propios agustinos, pero a vista de todo lo referido, y cuando resulta segregado de la doctrina de Meztitlán por abandono de los mismos religiosos el paraje de Xacala, y el ser de un mismo continuado territorio Octupilla y el Potrero, habiéndose calificado por cabecera de esta nueva erección el paraje de Xacala.[421]

No faltó tampoco que algunos pueblos sujetos a curatos quisieran integrarse a una doctrina, aunque hemos hallado sólo un caso al respecto. En 1724, dos pueblos del curato de San Juan del Río, Santa María Mealtongo y San Juan Gedo, pugnaron por separarse con la intención de ser parte de la doctrina franciscana de Aculco.[422] Puesto que había un pleito pendiente ante el arzobispo, el virrey ordenó que en tanto se solucionaba los pueblos siguieran en posesión del cura, no del doctrinero, y pedía a la justicia local garantizarlo así en caso de que los indios se rehusaran.

En otras ocasiones, la subdivisión de una doctrina no tenía éxito, y a lo más que se llegaba era a erigir una ayuda de parroquia con vicario fijo, no por falta de entusiasmo del arzobispo, sino por la escasez de rentas.

En 1718, estando el arzobispo Lanciego en Tarasquillo, visita de Alfaxayuca, los oficiales de la república de indios le pidieron designar un sacerdote fijo, pues debido a la gran distancia hasta la cabecera no recibían los sacramentos necesarios, lo cual se había visto agravado en los últimos tiempos por haber un "crecido número de naturales y vecinos".[423] Ante ello, Lanciego les pidió declarar los recursos que tenían para sostener al nuevo cura. La respuesta de los demandantes fue:

---

[420] *Idem.*
[421] AGN, Clero Regular y Secular, 150, exp. 1, f. 144v, hacia principios del siglo XVIII, la doctrina agustina de Meztitlán, en efecto, declaró ingresos anuales por 2 477 pesos, que eran de los más altos de la orden en ese rubro.
[422] AGN, Clero Regular y Secular, 149, f. 148.
[423] AGN, Clero Regular y Secular, 93, f. 232v.

Mapa 2. Doctrinas y misiones franciscanas, primera mitad del siglo XVIII

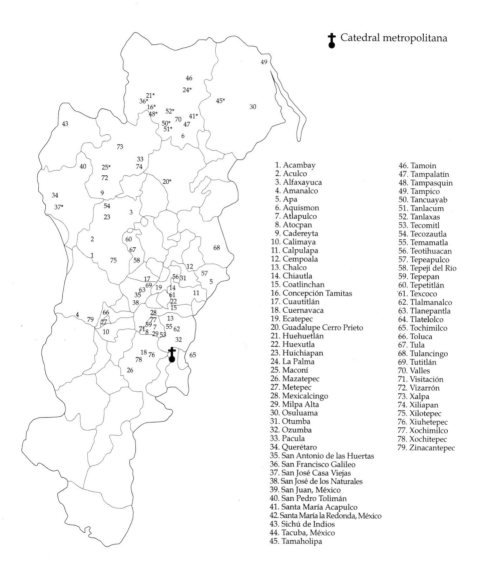

✝ Catedral metropolitana

1. Acambay
2. Aculco
3. Alfaxayuca
4. Amanalco
5. Apa
6. Aquismon
7. Atlapulco
8. Atocpan
9. Cadereyta
10. Calimaya
11. Calpulapa
12. Cempoala
13. Chalco
14. Chiautla
15. Coatlinchan
16. Concepción Tamitas
17. Cuautitlán
18. Cuernavaca
19. Ecatepec
20. Guadalupe Cerro Prieto
21. Huehuetlán
22. Huexutla
23. Huichiapan
24. La Palma
25. Maconí
26. Mazatepec
27. Metepec
28. Mexicalcingo
29. Milpa Alta
30. Osuluama
31. Otumba
32. Ozumba
33. Pacula
34. Querétaro
35. San Antonio de las Huertas
36. San Francisco Galileo
37. San José Casa Viejas
38. San José de los Naturales
39. San Juan, México
40. San Pedro Tolimán
41. Santa María Acapulco
42. Santa María la Redonda, México
43. Sichú de Indios
44. Tacuba, México
45. Tamaholipa

46. Tamoin
47. Tampalatín
48. Tampasquin
49. Tampico
50. Tancuayab
51. Tanlacum
52. Tanlaxas
53. Tecomitl
54. Tecozautla
55. Temamatla
56. Teotihuacan
57. Tepeapulco
58. Tepeji del Río
59. Tepepan
60. Tepetitlán
61. Texcoco
62. Tlalmanalco
63. Tlanepantla
64. Tlatelolco
65. Tochimilco
66. Toluca
67. Tula
68. Tulancingo
69. Tutitlán
70. Valles
71. Visitación
72. Vizarrón
73. Xalpa
74. Xiliapan
75. Xilotepec
76. Xiuhetepec
77. Xochimilco
78. Xochitepec
79. Zinacantepec

Fuentes: Elaboración propia con base en Peter Gerhard, *Geografía histórica de la Nueva España 1519-1821*, México, UNAM, 1986; AGN, Clero Regular y Secular 214, exp. 1; Francisco de Solano (ed.), *Relaciones geográficas del arzobispado de México, 1743*, Madrid, V Centenario del Descubrimiento de América/Centro Superior de Investigaciones Científicas, 1988, 2 tomos (Colección Tierra Nueva e Cielo Nuevo) y documentos del AGN. * Ubicación aproximada.

Tres pesos cada semana que hacen ciento y cuarenta y cuatro pesos cada un
año, quedándole sobre salientes cuatro festividades y otras tres titulares, que
por todas hacen ochenta pesos y dos reales; como también misas de réquiem y
otras de devoción, asimismo casamientos y bautismos, a cuyo fin suplicamos
[...] se sirva de determinar se nos divida y se nos separe de por sí el religioso
de nuestro pueblo el que nos ha de administrar.[424]

El doctrinero de Alfaxayuca se negó a la división de Tarasquillo, declarando que el pueblo estaba bien administrado y que los naturales no
podrían pagar lo que prometían. Ante ello, el arzobispo ordenó al bachiller
Francisco de Acosta, juez eclesiástico de Ixmiquilpan, hacer averiguaciones
sobre la población y las rentas reales de los pueblos. Del padrón parroquial
resultaron 1 697 personas de todos estados y edades, por lo cual se determinó que Tarasquillo sólo podría pagar 300 pesos, mientras que Alfaxayuca
1 186. La conclusión del prelado, misma que compartió al virrey, fue que,
aunque la división era necesaria, por no haber congrua suficiente por ahora
sólo podría ser ayuda de doctrina con un ministro coadjutor de pie fijo. El
virrey fue del mismo parecer.

Igual sucedió con los feligreses de Naucalpan, visita de Tacuba, quienes
pidieron también un ministro fijo, aunque sólo ofrecieron 669 pesos fijos más
el pago de bautizos, matrimonios y entierros. Sólo se les concedió convertirse
en ayuda de parroquia.[425] En Huitzilac, visita de la doctrina franciscana de
Cuernavaca, Lanciego sí recomendó su ascenso a vicaría debido a que estaba
a más de tres leguas de la cabecera, a que frecuentemente sus pobladores se
quedaban sin los sacramentos debidos, a que había ya 300 vecinos y a que
los indios se comprometieron a dar hasta 800 pesos de congrua al nuevo
ministro.[426] Los frailes de Cuernavaca, por supuesto, volvieron a oponerse
a tal división. El virrey, enterado de la situación, pidió parecer al fiscal de
la audiencia, quien opinó que la división no era urgente ni necesaria por
ahora y que, en todo caso, se pidiera a Lanciego que obligara a la doctrina
de Cuernavaca a poner un ayudante fijo en Huitzilac.

No faltaron tampoco críticas al desempeño de los religiosos en las
misiones de la custodia de Tampico. En 1743, desde el punto de vista del
alcalde mayor de la jurisdicción, a diferencia de los clérigos que administraban diligentemente los curatos de Cuscatlán, Tampamolón y Tamazunchale,
los franciscanos:

[424] *Ibid.*, f. 233.
[425] *Ibid.*, f. 284v.
[426] *Ibid.*, fs. 48v-49.

Mapa 3. Doctrinas agustinas en el arzobispado de México, primera mitad del siglo XVIII

† Catedral metropolitana

1. Acatlán
2. Acolman
3. Actopan
4. Aticpac, Teotihuacan*
5. Atlatlauc
6. Atotonilco el Grande
7. Ayotzingo
8. Capulhuac
9. Chalma
10. Chapuluacan
11. Chiapatongo
12. Chichicastla
13. Chiconcuautla
14. Chilcuautla
15. Culhuacán
16. Epazoyucan
17. Guazcasaloya
18. Huauchinango
19. Huejutla
20. Ixmiquilpan
21. Lolotla
22. Malinalco
23. Meztitlán
24. Mixquic
25. Molango
26. Ocuilan
27. Ocuituco
28. San Francisco Tantima
29. San Pablo, México
30. San Sebastián, México
31. Santa Cruz, México
32. Singuiluca
33. Tantoyuca
34. Tecamac
35. Tepehuacan

36. Tepexpan
37. Tequicistlán
38. Tetepango
39. Tezontepec
40. Tianguistengo
41. Tlacolula
42. Tlacuiloltepec
43. Tlanepantla-Cuautenca
44. Tlanchinol
45. Tlaola
46. Tlayacac
47. Tlayacapan
48. Totolpan
49. Totolcingo, Teotihuacan*
50. Xantetelco
51. Xilitla
52. Xochicoatlán
53. Xonacatepec
54. Xumiltepec
55. Yecapixtla
56. Yolotepec
57. Zacualpa de Amilpas
58. Zacualtipan
59. Zagualuca, Teotihuacan*

Fuentes: Elaboración propia con base en Peter Gerhard, *Geografía histórica de la Nueva España 1519-1821*, México, UNAM, 1986; AGN, Bienes Nacionales 218, exp. 7; Francisco de Solano (ed.), *Relaciones geográficas del arzobispado de México, 1743*, Madrid, V Centenario del Descubrimiento de América/Centro Superior de Investigaciones Científicas, 1988, 2 tomos (Colección Tierra Nueva e Cielo Nuevo) y documentos del AGN.
 * Visitas de Teotihuacan atendidas por agustinos de Acolman.
** Ubicación aproximada.

En diez doctrinas [que llaman misiones], que tienen en esta jurisdicción la custodia de Tampico con ministros religiosos en ellas, no se ha experimentado de muchos años a éste, ni se experimenta, celos semejantes hacia el bien de las almas de su cargo. No se ha oído en púlpito, ni fuera de él que en sus idiomas hayan instruido a sus feligreses en lo que necesitan creer y obrar para salvarse […] dejase considerar, por lo expresado y más que omito, el miserable estado de estas doctrinas y en el que se hallan tantas almas de los referidos pames.[427]

Pero si las condiciones estaban cambiando en el seno de las doctrinas, en cuestión de los recursos o ingresos que se percibían por concepto de obvenciones parroquiales las doctrinas seguían siendo mejores; cuestión que no dejó nunca de incomodar a la mitra y a la clerecía del arzobispado.

Obvenciones y rentas de doctrinas y curatos

Desde el siglo XVI, una vez asentado el dominio español en el centro de Nueva España y el de las órdenes mendicantes entre los pueblos de indios, el asunto de cómo debían sostenerse los servicios religiosos representó todo un reto para los actores involucrados. No se trataba únicamente de fijar el monto que cada doctrinero debía recibir de su feligresía, sino que en realidad subyacían aspectos políticos y jurisdiccionales en el hecho mismo de poder o no percibir derechos de los indios, como por ejemplo el diezmo.[428] Aunque las obvenciones no fueron nunca catalogadas como tributo, al ser parte de las exacciones exigidas a los pueblos dominados adquirían el interés para la Corona española. El clero regular siempre reclamó su parte para el mantenimiento de los templos y los ministros, enfrentándose muchas veces a los funcionarios virreinales que defendían el carácter "voluntario" de las limosnas de los naturales.

Los ingresos parroquiales eran, por supuesto, un renglón de sumo interés para cualquier cura secular, pues de ello dependería su sustento y el de su familia, así como la posibilidad de forjarse una pequeña fortuna. Para las autoridades también era de mucha importancia asegurar un mínimo de rentas, dado que ello podía determinar una estancia prolongada de los curas; de hecho, en el siglo XVIII al menos, no se fundaba un nuevo curato si no se garantizaba un ingreso mínimo al nuevo titular, según se ha mencionado antes.

[427] Francisco de Solano (ed.), *op. cit.*, tomo II, p. 536.

[428] Una excelente síntesis sobre los vínculos entre las limosnas, el tributo y las obvenciones parroquiales en el siglo XVI sigue siendo la de Charles Gibson, *Los aztecas bajo el dominio español 1519-1810*, México, Siglo XXI, 1989, **pp.** 124-130.

En el nivel político, las rentas de las doctrinas, así como los bienes conventuales, despertaban interés en propios y extraños. En el clero secular, comenzando por la mitra, las rentas de los regulares no dejaron de ser un asunto siempre presente, no sólo por el antiguo problema del diezmo de religiones, sino también porque la diferencia numérica entre doctrinas y curatos, aunada a la falta de más beneficios para una clerecía en crecimiento, hizo de la secularización de doctrinas una aspiración permanente.

A partir de 1700, con el inicio del subsidio eclesiástico en Indias, las religiones se vieron obligadas, muy a su pesar, a tener que rendir cuentas de sus rentas eclesiásticas a los delegados papales encargados de la recaudación; es decir, los obispos. El establecimiento de este gravamen, aunque repercutió en todo el clero indiano, tuvo mayores consecuencias para el clero regular, pues si por un lado tuvo que aportar una nueva contribución, por el otro, desde el momento mismo en que el cobro se le encomendó al diocesano, los regulares tuvieron que dar información vital de su economía interna. Y no es que el clero secular careciera de noticias sobre el manejo de los sacramentos y las obvenciones en los conventos, sino que ahora, quizá por primera vez en la era colonial, el clero regular se vio obligado a mostrar sus libros contables a funcionarios de la mitra. En 1703, el arzobispo Juan Ortega y Montañés permitió aun que los superiores de las órdenes elaboraran sus relaciones juradas de rentas, sin cotejarlas con sus libros contables.[429] Lanciego Eguilaz fue más estricto, pues además de exigir el cotejo pidió a sus recaudadores recabar testimonios por escrito de feligreses de cada doctrina sobre el monto de los cobros cotidianos de los doctrineros.[430] No contento con ello, este arzobispo envió los autos de cada recaudación a la revisión de su promotor fiscal, antes de aceptar las relaciones de rentas de los regulares. Con ello, la situación financiera de las doctrinas se puso al descubierto, sin descartar, por supuesto, cierto manejo contable de los frailes para subestimar sus ingresos reales.

Las relaciones juradas de rentas que tuvieron que entregar al arzobispo, tanto doctrineros como curas seculares, nos van a servir para analizar

---

[429] Rodolfo Aguirre Salvador, "El arzobispo de México, Ortega y Montañés y los inicios del subsidio eclesiástico en Hispanoamérica, 1699-1709", en Francisco Javier Cervantes Bello, Alicia Tecuanhuey y María del Pilar Martínez López-Cano (coords.), *Poder civil y catolicismo en México. Siglos XVI-XIX*, BUAP/UNAM, 2008, pp. 253-278.

[430] AHAM, caja 36, exp. 15, real cédula al arzobispo de México sobre la recaudación del subsidio de 2 millones de ducados, cobrando 6 por ciento de las rentas del clero, de 20 de marzo de 1722, f. 40.

Mapa 4. Doctrinas dominicas en el arzobispado de México, primera mitad del siglo XVIII

✝ Catedral metropolitana:
● cinco curatos

1. Aguacatlán
2. Amecameca
3. Azcapotzalco
4. Chimalhuacan Atenco
5. Chimlhuacán Chalco
6. Coatepec
7. Coyoacán
8. Cuautla
9. Ecatzingo
10. Hueyapa
11. Ixlapaluca
12. La Nopalera**
13. La Piedad
14. Mixcoac
15. Oaxtepec
16. Puxunguía
17. San Agustín de las Cuevas
18. San Jacinto
19. San Juan del Río**
20. San Miguel de las Palmas**
21. Santa Rosa**
22. Santo Domingo Soriano**
23. Tacubaya
24. Tenango
25. Tepetlaostoc
26. Tepoztlán
27. Tetela
28. Tláhuac
29. Tlaquiltenango
30. Tlatizpan
31. Xuchitepec
32. Yautepec

Fuentes: Elaboración propia con base en Peter Gerhard, *Geografía histórica de la Nueva España 1519-1821*, México, UNAM, 1986; AGN, Bienes Nacionales, 218 exp. 5, Francisco de Solano (ed.), *Relaciones geográficas del arzobispado de México, 1743*, Madrid, V Centenario del Descubrimiento de América/Centro Superior de Investigaciones Científicas, 1988, 2 tomos (Colección Tierra Nueva e Cielo Nuevo) y documentos del AGN.
.* Ubicación aroximada.
** Misión.

y contrastar los ingresos de doctrinas y curatos. Para ello, se analizarán en dos grandes rubros: los ingresos fijos y los "accidentes".[431]

Los ingresos fijos

Los ingresos fijos eran aquellos que año con año tenían ya prestablecidos las parroquias. Lo ideal para el cura era que la mayor parte de sus ingresos fueran de este tipo para así depender menos de la variabilidad del cobro de sacramentos como los bautizos, los matrimonios o la extrema unción para las defunciones. A principios del siglo XVIII había, básicamente, cuatro rentas fijas en el arzobispado: el "sínodo", la "ración", el "pie de altar" y los "censos", "arrendamientos" y "capellanías". El *sínodo real* era una asignación monetaria a cada parroquia por la Corona española, desde el siglo XVI, que se cobraba de las cajas reales para la manutención personal de los curas. El sínodo trascendió la época de su creación y lo encontramos vigente en el arzobispado de México hacia principios del siglo XVIII, aunque no en todas las parroquias. En las doctrinas agustinas, por ejemplo, hacia 1704, 65 por ciento aún disfrutaba de esa concesión real.[432] Ignoro lo que acontecía en las franciscanas o en las dominicas, pero creo que no se alejaría mucho de tal porcentaje.

La *ración* semanal, en cambio, procedía directamente de las feligresías y era pactada de igual manera entre los fieles y el cura. Para la época aquí estudiada se ha encontrado principalmente en las doctrinas. El pueblo, vía su gobernador, pagaba cada semana cierta cantidad de dinero o géneros (maíz, gallinas, huevos, hierba o servicios personales, por ejemplo) al doctrinero.[433] Precisamente era en este renglón en donde los frailes podían

---

[431] AGN, Bienes Nacionales, 218, exp. 7, en 1704, por ejemplo, el provincial de San Agustín, Diego Velásquez de la Cadena, dividía los ingresos de sus conventos y doctrinas de la siguiente manera, al explicar las columnas de la relación jurada de rentas entregada a un funcionario del arzobispo: "La primera asigna la renta fija que tienen cada año los conventos y casas de doctrina regulares, así de réditos de censos a su favor impuestos, como de arrendamientos de casas. La segunda expresa lo que su majestad da de sínodo y algunos encomenderos de algunos pueblos, así dinero como en maíz cada año, a los ministros de doctrina, por el trabajo y ocupación de enseñar la doctrina cristiana a los naturales y administrarles los santos sacramentos. La tercera declara lo que han tenido de obvenciones parroquiales desde primero de enero de mil seiscientos noventa y nueve hasta fin de diciembre del año pasado de mil setecientos y tres. La cuarta numera los réditos de las capellanías que algunos religiosos gozan en que sucede mi religión".

[432] AGN, Bienes Nacionales, 218, exp. 7. En Xilitla, al norte del arzobispado, se pagaban 275 pesos de sínodo; en Meztitlán, 123, y en Acolman, 131, por ejemplo.

[433] *Idem.*

ocultar el monto de sus ingresos a la mitra, al no haber un registro exacto sobre los pagos en especie; era el mismo caso con el servicio personal de indios que aún se prestaba en ciertas doctrinas.

Los ingresos de *pie de altar* estaban constituidos básicamente por celebraciones religiosas cíclicas, tanto de las cabeceras parroquiales como de sus barrios o pueblos sujetos, además de las efectuadas por las cofradías. En primer lugar estaban los diferentes tipos de misas: de las cofradías, los santos patrones, aniversarios, semana santa, Corpus Christi, navidad, fieles difuntos, las dominicales, así como las que los curas celebraban en los centenares de haciendas esparcidas por todo el arzobispado. Este conjunto de celebraciones se repetían, año con año y los curas podían calcular buena parte de sus ingresos gracias a ellas; igualmente, a los curas se les pagaba aparte el monto que recibían por las procesiones que acompañaban a varias de estas celebraciones.

Los pagos provenientes de las cofradías, en especial, eran un aspecto que provocaba fricciones entre los religiosos y la mitra, por cuanto ambos se disputaban su control. Presidir las elecciones de cofradía, revisar sus bienes y cuentas, así como el destino de sus rentas, fueron disputadas entre los curas doctrineros y los jueces eclesiásticos, pero los curas podían fomentar la formación de cofradías o hermandades en cada barrio de la cabecera o de los pueblos sujetos, sabedores de que ello significaría la dotación de más misas, aniversarios y celebraciones. El crecimiento de las feligresías daba pie a su formación, sin lugar a dudas. Los beneficios para ambas partes eran claros: se arraigaba a los fieles en el pueblo, se les dotaba de una identidad propia y un sentido de pertenencia, se fortalecían las prácticas devocionales y las arcas parroquiales. Un cálculo aproximado sobre las cofradías existentes en el arzobispado de México hacia la primera mitad del siglo XVIII, nos confirma la popularidad de tales fundaciones, que ya estudios precedentes han destacado. Según la información surgida a raíz del cobro del subsidio a las rentas de todas las cofradías del arzobispado, se han contabilizado por lo menos 427.[434]

Además de las misas, otros ingresos fijos, casi todos en las doctrinas de religiosos,[435] eran los que se percibían por concepto de *censos*, *arrendamientos* y *capellanías* a favor de la parroquia. Aunque sus montos no igualaban los de las misas, por el hecho de estar fundadas en capitales o bienes perma-

[434] Rodolfo Aguirre Salvador, "Las cofradías de indios en el arzobispado de México al iniciar al siglo XVIII", inédito.

[435] AGN, Bienes Nacionales, 1192, exp. 1, parte 2, los curatos difícilmente disfrutaron este tipo de ingresos. En Tepozotlán, por ejemplo, su cura diferenció así sus ingresos: de "pie de altar anual" o ingresos fijos: misas dominicales, titulares, de pascua, de difuntos o todos santos, de santos, procesiones fijas y misas de cofradías. El cura aclaraba que no había podido cobrar el sínodo ni gozaba de la renta de una capellanía.

nentes constituían un rubro importante para asegurar las rentas anuales.[436] Las rentas fijas de las parroquias podían sufrir afectaciones importantes, como en la doctrina de Tulancingo, en donde hacia 1724 se habían dejado de cobrar las rentas de varios censos y capellanías por la ruina de inmuebles, haciendas o la muerte de los benefactores.[437]

LAS RENTAS VARIABLES O "ACCIDENTES"

El otro rubro general de los ingresos parroquiales lo constituían los "accidentes", llamados así debido a su variabilidad a lo largo de cada año: bautismos, matrimonios y entierros, fundamentalmente, aunque también entraban aquí misas de difuntos particulares, así como los responsos. Los montos cobrados por cada servicio religioso podían variar de una parroquia a otra, pero no en exceso, pues aquí entraba en juego el parámetro del arancel por derechos parroquiales que desde 1638 se había querido imponer en los curatos,[438] aunque normalmente se obedecía más la costumbre.

La principal problemática que se presentaba entre los curas y su feligresía por las obvenciones o "accidentes" tenía que ver con el monto que los primeros cobraban a los segundos por efectuar tales servicios. Se trata de un viejo conflicto que se intentó subsanar con el establecimiento de aranceles o tasas fijas que debían aplicarse en toda la totalidad de la jurisdicción. Lo importante aquí es que había pagos diferenciados, dependiendo del tipo de sacramento por administrar y de la calidad social del fiel. El servicio más caro, en general, tanto para indios como para castas y españoles, era el matrimonio, que podía costar hasta 12 pesos; los segundos, en especial, eran quienes más pagaban por ese concepto. El segundo servicio más caro era el entierro, indudablemente, e igual, los españoles y gentes de razón pagaban más que los indios adultos y éstos más que los indios niños. Los bautismos eran los que menos pagaban, generalmente 4 reales para indios y 6 o 7 para el resto de la población.[439] En el caso de los responsos y las misas de difuntos, los precios eran muy variables, desde algunos reales hasta varios pesos.

[436] AGN, Bienes Nacionales, 218, exp. 7 para las doctrinas agustinas, por ejemplo.

[437] AGN, Bienes Nacionales, 589, exp. 29.

[438] Rodolfo Aguirre Salvador, "Rentas parroquiales y poderes locales en una región novohispana. Yahualica, 1700-1743", en Francisco Javier Cervantes Bello (coord.), *La Iglesia en Nueva España. Relaciones económicas e interacciones políticas*, Puebla, BUAP/UNAM, 2010, pp. 115-140.

[439] Varias tasaciones al respecto pueden verse en AGN, Bienes Nacionales, 218, exp. 2, subsidio eclesiástico del curato de Teoloyuca; 500, exp. 19, subsidio del Real de Atotonilco el Chico; 1192, exp. 1, subsidio de los pueblos de los alrededores de México.

En términos generales, los curas, ya sea clérigos o frailes, percibieron más ingresos por concepto de rentas fijas; aunque los porcentajes fluctúan de una parroquia a otra, es difícil hallar alguna en donde los ingresos "accidentales" sean superiores. Otra conclusión puede esbozarse desde ahora: las misas de todo tipo constituyeron la columna vertebral del sustento del clero parroquial en el arzobispado de México y, dentro de ellas, las titulares, las de cofradías y las de haciendas y ranchos son, en realidad, insustituibles. Las rentas parroquiales sufrían afectación, en mayor o menor medida, ante los cambios demográficos y económicos de sus feligresías. De ahí la importancia, para cualquier cura, regular o secular, de asegurar suficientes rentas fijas para no depender de los bautismos, matrimonios o entierros. A continuación, se procederá a comparar los montos de estos ingresos entre las doctrinas y los curatos.

Promedios de renta

Hacia la primera década del siglo XVIII, durante el arzobispado de Juan Antonio de Ortega y Montañés, los promedios anuales de rentas parroquiales fueron los siguientes:[440]

CUADRO 21
Promedio anual de ingresos parroquiales
en el arzobispado de México hacia 1704

Tipo	Promedio en pesos por parroquia
Doctrinas dominicas	1 418
Curatos de clérigos seculares	1 132
Doctrinas agustinas	1 000

Fuente: Archivo General de la Nación, Bienes Nacionales 218, exps. 5, 7 y 574, y exp. 3.

Según los datos anteriores, las rentas de curatos y doctrinas tenían diferencias cuantitativas significativas hacia principios del siglo XVIII, destacando la mejor situación de las doctrinas dominicas. Por supuesto que estos porcentajes hay que verlos con las reservas del caso, por cuanto un funcionario de la mitra llegó a advertir que era difícil comprobar la certeza de ciertos ingresos de las doctrinas declaradas como pagos en especie, de los cuales no se llevaba un registro ni había manera de comprobarlos fehaciente-

---

[440] En el anexo 1 de este capítulo se consignan los montos de cada parroquia.

mente.[441] En comparación, en las informaciones sobre curatos no se advierte tal problemática. En general, estos índices de rentas son un mínimo, no un máximo, pues los curas evitaban declarar con exactitud –cuando podían, claro–, para evitar pagar más de subsidio eclesiástico.

Los ingresos de las parroquias de principios de siglo XVIII no eran nada despreciables; superaban, por ejemplo, la percepción de un catedrático titular de la universidad de México, que era de 700 pesos,[442] y aunque estaban por debajo de los salarios de los capitulares de catedral, se acercaban a los de los racioneros, por ejemplo.[443] Cuatro décadas más tarde, hacia 1744, los promedios de renta de las parroquias aumentaron en general, destacando las franciscanas y las agustinas:

CUADRO 22
Promedio anual de ingresos parroquiales en el
arzobispado de México hacia 1744

Tipo	Promedio en pesos por parroquia
Doctrinas franciscanas	2 229
Doctrinas agustinas	1 675
Doctrinas dominicas	1 492
Curatos	1 294

Fuente: William Taylor, *Ministros de lo sagrado. Sacerdotes y fieles en México del siglo XVIII*, México, El Colegio de Michoacán/Secretaría de Gobernación/El Colegio de México, 1999, vol. 2.

Los niveles de renta de las doctrinas superan fácilmente a los curatos, que se hallan en el último lugar. Al parecer, la epidemia de 1737[444] no afectó sustancialmente la captación de derechos parroquiales, que se habrían recuperado pocos años después. Ante tal situación es más fácil entender a arzobispos como Lanciego, quien sabía muy bien que con el traspaso de doctrinas se crearían al menos centenar y medio de nuevos beneficios eclesiásticos, dando ocupación a quizá 300 individuos, entre curas y clérigos auxiliares. Igualmente, al constatar la superioridad de rentas de las doctrinas

[441] AGN, Bienes Nacionales, 218, exp. 7.

[442] Rodolfo Aguirre Salvador, *Por el camino...*, *op. cit.*, p. 44.

[443] AGI, México, legajo 817, a principios del siglo XVIII las rentas del arzobispo y los miembros del cabildo eclesiástico eran: arzobispo: 50 000 pesos; deán: 6 000; dignidad: 5 000; canonjía: 4 000; ración: 3 000; media ración: 1 500.

[444] América Molina del Villar, *La Nueva España y el matlazáhuatl 1736-1739*, CIESAS/El Colegio de Michoacán, 2001, pp. 46-52.

hay más elementos para explicar porqué la corona suspendió, entre 1719 y 1720, el pago de la limosna y el sínodo a las doctrinas de su real hacienda. Con todo, hay que advertir que aun con la suspensión del sínodo y la limosna de vino y aceite, las doctrinas seguían teniendo más ingresos que los curatos hacia 1745, cuatro años antes de que se iniciara la secularización en el arzobispado.

A lo largo de este capítulo se ha revisado la cambiante situación de las parroquias del arzobispado: crecimiento poblacional, aumento de curatos, descenso de doctrinas, sin que el dominio de estas últimas desapareciera; fenómeno que tuvo como principal consecuencia el aumento de expectativas del clero secular. Los alrededor de 90 curatos del arzobispado constituyeron una red muy valiosa para la mitra y el clero secular, de la que dependían muchas cosas: la presencia de la iglesia secular en los pueblos, la administración espiritual y el sustento de una parte importante de la clerecía. No obstante tales cambios, las rentas de las doctrinas parecen haber aumentado significativamente hacia la cuarta década del siglo XVIII, a excepción de las dominicas, y aunque en los curatos también lo hicieron, siguieron siendo menores respecto a las primeras. La mitra no pudo hacer mucho al respecto, dada la negativa de Felipe V a iniciar la secularización en 1721, como veremos más adelante; por ello, los arzobispos trataron de convencer a los curas seculares de la necesidad de nombrar más vicarios, argumentando la falta de atención espiritual de muchos pueblos de visita, aunque no fue mucho lo que consiguieron. Con los cambios operados en las parroquias, entre fines del siglo XVII y la primera mitad del XVIII, ¿hasta dónde realmente cambiaron también las condiciones de los clérigos adscritos a las parroquias?

Anexo 1. Rentas de curatos y doctrinas del arzobispado de México

CURATOS

Nombre	Renta en pesos en 1704	Renta en pesos en 1744	Nombre	Renta en pesos en 1704	Renta en pesos en 1744
Acapetlahuayan	954	1 003	Real de Tezicapan	575	713
Almoloya	ND	1 111	Real de Zacualpa	840	1 800
Cuscatlán*	ND	1 913	Real del Monte	2 370	1 227
Acamistla	968	1 070	San Felipe del Obraje*		3 097
Acapulco	2 736	1 396	San Juan del Río	866	2 834
Alahuistlan*	ND	847	Sultepec	1 923	2 258
Amatepec y Tlatlaya	975	1 361	Tamasunchale	1 034	1 809
Atenango del Río	272	800	Tampamolón	1 020	2 905
Atitalaquia	745	1 678	Taraquillo	811	ND
Atlachichilco	ND	1 978	Taxco	1 995	1 888
Atlacomulco	1 729	3 039	Tecualoyan*	520	1 366
Atotonilco el Chico*	756	503	Teloloapan	1 151	754
Chiapa de Mota	ND	1 558	Temascalcinco	3 027	1 596
Churubusco	533	301	Temascaltepec de Españoles	1 200	1 639
Coatepec	1 006	1 500	Temascaltepec de Indios	1 200	1 595

Anexo 1 (*continuación*)

Nombre	Renta en pesos en 1704	Renta en pesos en 1744	Nombre	Renta en pesos en 1704	Renta en pesos en 1744
Coyuca	385	500	Temoaya*	ND	990
Escanela	410	300	Tempoal	524	1 100
Huayacocotla	946	1 058	Tenancingo	2 131	1 995
Huazalingo*	ND	1 019	Tenango de Taxco	856	ND
Huehuetoca	276	ND	Tenango del Valle	1 772	1 486
Hueypoxtla	1 031	659	Teoloyuca	3 045	478
Huizquilucan	1 158	2 300	Tepecuacuilco	ND	1 033
Iguala	281	ND	Tepozotlán	1 515	1 261
Ixcateopan	847	1 158	Tequisquiac	1 080	879
Ixtapan	ND	1 617	Tescaliacac	1 292	1 110
Ixtlahuaca	3 816	2 173	Tesmalaca	733	ND
Iztapalapa	381	1 300	Tetela del Río	449	703
Lerma	ND	3 376	Teticpac	ND	936
Los Remedios*	880	ND	Texupilco	ND	1 415
Malacatepec*	ND	1 071	Tizayuca	ND	1 486
Malinaltenango*	ND	1 383	Tolcayuca	980	ND
Misquiahuala	747	583	Tzontecomatlán	ND	1 200
Oapan	1 068	1 041	Xalatlaco	ND	1 250
Ocoyoacac	1 740	1 900	Xaltocan	1 197	998

Anexo 1 (*continuación*)

Nombre	Renta en pesos en 1704	Renta en pesos en 1744	Nombre	Renta en pesos en 1704	Renta en pesos en 1744
Ozoloapan*	520	660	Xiquipilco	471	1 075
Ozolotepec	639	2 136	Xocotitlán	1 312	ND
Pachuca	1 968	1 959	Yanhualica	2 171	1 817
Pánuco	ND	761	Zimapán	160	4 092
Pilcayan	722	709	Zumpahuacan	652	1 167
Real de Omitlán*	ND	801	Zumpango de la Laguna	ND	1 896
Real de Sichú*	236	685	Zumpango del Rio	846	666

DOCTRINAS AGUSTINAS

Nombre	Renta en pesos en 1704	Renta en pesos en 1744	Nombre	Renta en pesos en 1704	Renta en pesos en 1744
Acatlán	730	1 192	San Sebastián	1 000	ND
Acolman	1 174	1 250	Santa Cruz	949	ND
Actopan	2 609	ND	Santoyuca	1 498	2 275
Atlatlauca	621	616	Tecamac	524	957
Atotonilco el Grande	1 606	2 677	Tetepango	1 072	1 662

Anexo 1 (continuación)

Nombre	Renta en pesos en 1704	Renta en pesos en 1744	Nombre	Renta en pesos en 1704	Renta en pesos en 1744
Ayotzingo	903	869	Tezontepec	441	450
Capulhuac	774	1 276	Tianguistengo	873	2 210
Chalma	250	ND	Tlacolula	261	ND
Chapulhuacan	387	ND	Tlacuiloltepec	359	ND
Chiapatongo	440	ND	Tlalnepantla y Cuautenca	920	591
Chichicastla	448	ND	Tlanchinol	2 113	4 070
Chilcuautla	592	1 222	Tlayacac	236	ND
Culhuacán	789	656	Tlayacapan	1 691	2 201
Epazoyucan	528	983	Totolapan	763	ND
Guazcasaloya	685	1 303	Xalpa	713	ND
Huauchinango	1 967	5 391	Xantetelco	413	862
Huexutla	1 050	761	Xilitla	483	ND
Ixmiquilpan	2 496	3 318	Xochiacoatlán	930	2 669
Lolotla	864	1 110	Xonacatepec	1 810	2 101
Malinalco	1 743	1 775	Xumiltepec	303	283
Meztitlán	2 477	6 348	Yecapixtla	1 213	1 344
Mixquic	745	774	Yolotepec	432	ND
Molango	818	2 349	Zacualpa de Amilpas	1 473	1 716

Anexo 1 (*continuación*)

Nombre	Renta en pesos en 1704	Renta en pesos en 1744	Nombre	Renta en pesos en 1704	Renta en pesos en 1744
Ocuilan	527	1 030	Zacualtipan	1 270	2 344
Ocuituco	681	383	Zinguiluca	561	984
San Pablo	2 551	ND		ND	ND

DOCTRINAS FRANCISCANAS

Nombre	Renta en pesos en 1704	Renta en pesos en 1744	Nombre	Renta en pesos en 1704	Renta en pesos en 1744
Acambay	ND	883	San Pedro Toliman	ND	1 072
Aculco	ND	424	Sichú de Indios	ND	1 125
Alfaxayuca	ND	2 132	Tacuba	ND	2 049
Amanalco	ND	ND	Tecozautla	ND	1 120
Apa	ND	3 762	Temamatla	ND	1 601
Cadereyta	532	1 339	Tepeapulco	ND	1 882
Calimaya	ND	2 098	Tepeji del Río	ND	1 735
Cempoala	ND	1 228	Tepetitlán	ND	931
Chalco	ND	1 747	Texcoco	ND	3 887
Chiautla	ND	525	Tlalmanalco	ND	3 453
Coatlinchan	ND	515	Tlalnepantla	ND	3 968
Cuautitlán	ND	1 972	Tochimilco	ND	2 500

Anexo 1 (continuación)

Nombre	Renta en pesos en 1704	Renta en pesos en 1744	Nombre	Renta en pesos en 1704	Renta en pesos en 1744
Cuernavaca	ND	4 349	Toluca	ND	6 924
Ecatepec	ND	1 476	Tula	ND	1 157
Huexutla	ND	552	Tulancingo	ND	4 792
Huichiapan	ND	3 278	Tultitlán	ND	971
Metepec	ND	1 689	Xilotepec	ND	895
Milpa Alta	ND	1 487	Xiuhtepec	ND	1 948
Otumba	ND	3 153	Xochimilco	ND	4 907
Ozumba	ND	828	Zinacantepec	ND	1 647
Querétaro*	12 106	8 412			

DOCTRINAS DOMINICAS

Nombre	Renta en pesos 1704	Renta en pesos 1744	Nombre	Renta en pesos 1704	Renta en pesos 1744
Amecameca	3 207	3 743	San Agustín de las Cuevas	2 147	1 290
Azcapotzalco	2 521	1 515	San Ángel	1 719	1 345
Chimalhuacán	1 977	2 614	Tacubaya	1 662	1 131
Chuimalhuacán-Atenco	632	1 390	Tenango	1 605	2 838

Anexo 1 (*continuación*)

Nombre	Renta en pesos en 1704	Renta en pesos en 1744	Nombre	Renta en pesos en 1704	Renta en pesos en 1744
Coatepec	621	1 232	Tepetlaostoc	1 047	1 254
Coyoacán	2 835	1 207	Tepoztlán	1 805	1 600
Cuautla	ND	2 025	Tetela	504	282
Ecatzingo	141	500	Tlahuac	1 525	1 703
Hueyapa	551	235	Tlaquitenango	1 871	1 500
Ixtapaluca	504	1 332	Tlatizapan	1 618	2 100
Mixcoac	1 596	1 068	Xuchitepec	597	942
Oaxtepec	2 275	319	Yautepec	1 086	1 664

Fuentes para 1704: Archivo General de la Nación, Bienes Nacionales, 574, exp. 3, para los curatos; y 218, exps. 5 y 7 para las doctrinas. Fuente para 1744: William B. Taylor, *Ministros de lo sagrado. Sacerdotes y fieles en México del siglo XVIII*, México, El Colegio de Michoacán/Secretaría de Gobernación/El Colegio de México, 1999, vol. 2.

* Nuevos curatos.

ND=No hay datos.

EL CLERO PARROQUIAL DE PROVINCIA:
ENTRE LO IDEAL Y LO POSIBLE

Desde el año veintisiete hasta el presente de treinta y nueve he ayudado a la administración de los santos sacramentos, exponiendo mi vida en todas ocasiones y tiempos, tan sólo por el corto salario que los curas me han asignado, no siendo suficiente para mi manutención, pues me hallo sin tener ninguna capellanía y cargado de hermanas doncellas huérfanas, de padre y madre, y hallándose, señor, en este santuario de Nuestra Señora de Guadalupe, una capellanía vaca, por muerte del licenciado don Luis Zapata [...] se sirva de apropiármela para alivio de las necesidades que llevo expresados.[445]

La administración espiritual, la vida cristiana de la feligresía y la salvación de almas, así como su adoctrinamiento permanente, ocupaban un lugar central en las responsabilidades formales de la Corona y de los arzobispos. Buena parte de estas labores eran delegadas al clero parroquial, de ahí que la conformación de este último y su actuación fueran un asunto de preocupación permanente. Aunque los concilios y las leyes reales estipulaban el perfil de los curas y la forma como debían administrarse las parroquias,[446] las inercias locales del arzobispado, la pugna por los curatos de mejores rentas, la desigual distribución del trabajo parroquial y de las obvenciones, así como la demanda siempre insatisfecha de más beneficios y cargos bien remunerados, establecieron una distancia considerable entre lo que los curas y sus vicarios debían lograr y lo que resultaba en la práctica. En las siguientes páginas, se da cuenta de esas problemáticas.

[445] AGN, Bienes Nacionales, 1030, exp. 1, año de 1739, el ayudante de cura, Pedro Miguel Velásquez, al arzobispo de México, pidiendo su ayuda.

[446] Para una descripción general sobre las tareas de los párrocos antes del reinado de Carlos III, véase William B. Taylor, "El camino de los curas y de los Borbones hacia la modernidad", en Álvaro Matute, Evelia Trejo y Brian Connaughton (coords.), *Estado, Iglesia y sociedad en México. Siglo XIX*, México, UNAM/Miguel Ángel Porrúa, 1995.

El nombramiento de curas por concurso y por designación directa

La provisión de curas en los pueblos y villas era un asunto de primera importancia para la Corona y la mitra, debido a que debía garantizarse la administración espiritual permanente a la feligresía. No obstante, ambas autoridades divergían en un punto nodal, pues mientras que la primera exigía siempre concursos de oposición frecuentes para cubrir las vacantes, la segunda estaba más interesada en nombrar curas interinos; acción en la que se podía prescindir del vicepatronato de los virreyes, omitiendo la ley que ordenaba que los curatos vacantes no debían estar más de cuatro meses sin concursar. La designación discrecional de curas interinos era una manifestación de poder de la mitra que le daba la posibilidad de distribuir mercedes entre sus allegados, clientes y recomendados; esto se vio claramente en 1709, en la sede vacante del extinto arzobispo Ortega y Montañés, cuando el virrey Alburquerque tuvo que insistir varias veces a los capitulares para que abrieran el concurso.[447] En el clero, las provisiones despertaban mucho interés, debido a que se trataba de beneficios eclesiásticos menos difíciles de conseguir en el arzobispado, en comparación con las prebendas. No hay información precisa sobre el número de concursos que se efectuaron en el periodo estudiado, pero se pudo consultar los expedientes de siete, que arrojan la siguiente información.

CUADRO 23
Provisión de curatos en el
arzobispado de México, 1700-1749

Año del concurso	Curatos vacantes	Número de opositores
1700	20	72
1709-1710	24	104
1711	3*	6
1711	9	59
1712	7	54
1739	3	19
1749	14	25

Fuente: Archivo General de la Nación, Bienes Nacionales, 603, exp. 18; 338, exp. 2; 236, exp. 22 y exp. 24; 1075, exp. 1; 603, exps. 12 y 199, exp. 12.
* Se trata de una provisión de curatos interinos del sagrario.

[447] AGN, Bienes Nacionales, 338, exp. 2.

Desde los intereses de la clerecía, en la primera mitad del siglo XVIII las provisiones de curatos sirvieron principalmente para un reacomodo de curas en parroquias de mayor interés para ellos y, en segundo lugar, para reclutar a nuevos ministros destinados a las parroquias más pobres y menos demandadas. Así, los opositores a los curatos eran conjuntos integrados por diferentes rangos de clérigos, según su lugar en la jerarquía eclesiástica. Sin duda, los opositores más notables eran los beneficiados que buscaban un curato más conveniente; enseguida, los presbíteros con grado doctoral que tenían una trayectoria académica en la capital, más que en la cura de almas y que decidían buscar una fuente de ingresos estable, como los curatos de primera clase. Después estaban miembros subalternos del clero parroquial, como coadjutores, interinos y vicarios. Al final de la jerarquía de opositores, estaban los presbíteros con grado de bachiller que si acaso tenían alguna experiencia en la administración parroquial como ayudantes eventuales.

Años importantes en la renovación de los curas de esta época fueron los de 1710-1713, pues en el transcurso de tres concursos se proveyeron 40 curatos,[448] algo así como 43 por ciento del total. Durante ese periodo, se reconfiguró el mapa de los beneficiados del arzobispado; el proceso lo inició el virrey Alburquerque cuando en 1709 pidió a la sede vacante proveer los curatos que estaban sin proveer, pues varios tenían más de 3 años así, con lo cual se desobedecían las leyes que ordenaban que ninguna parroquia podía estar vacante más de cuatro meses. En ese año, había 24 parroquias a cargo de coadjutores o interinos nombrados directamente por la mitra o la sede vacante; situación que les daba el poder de otorgar cargos a su clientela clerical, como ya se mencionó. Por ello, es comprensible que los capitulares dieran largas al asunto y que el virrey tuviera que insistir varias veces en la provisión.[449] Ya sin pretextos, la sede vacante tuvo que convocar al concurso.[450]

A la convocatoria de 1709 acudieron 104 clérigos; de ellos, 51 por ciento eran curas del mismo arzobispado que buscaban una parroquia más conve-

[448] AGN, Bienes Nacionales, 338, exp. 2; 236, exps. 22 y 24. Cabe señalar que de la provisión de 24 curatos del concurso de 1710, se produjeron nueve vacantes que se proveyeron en 1711; y de esto último, se produjeron siete nuevas vacantes.

[449] Incluso hubo una discusión entre las partes, pues mientras que el virrey insistía en que el asistente real debía ocupar el segundo sitio en los sínodos de opositores, la sede vacante sólo concedía el último asiento. Luego de varios meses más de retraso, el virrey tuvo que aceptar lo último, no sin declarar que haría saber de todo al rey para que Madrid decidiera en última instancia.

[450] Los curatos a concurso fueron uno del sagrario, Santa Catalina Mártir, Santa Veracruz, Tarasquillo, Tlachichilco, Temascaltepec de los Indios, Real de Minas de Sultepec, Chiapa de Mota, Ixtlahuaca, Ocoyoacac, Tizayuca, Real de Minas de Zimapan, Atotonilco el Chico, Teticpac, Tolcayuca, San Felipe Ixtlahuaca, Lerma, Acapulco, Tenango del Río, San Miguel, Tenango del Valle, uno de Taxco, Ixtapa y Coyuca.

niente a sus intereses, otro 39 por ciento eran simples presbíteros que querían integrarse al clero parroquial, 9 por ciento eran presbíteros con algún cargo menor en la capital y sólo un vicario se presentó, denotando que este sector estaba marginado de los ascensos. Los curatos más buscados eran, lógicamente, los de la capital, seguidos por los de los valles de Toluca y México, y los menos deseados eran los de la tierra caliente del sur. Este perfil de los opositores nos deja ver en quiénes recayeron las provisiones: 16 de los electos ya eran curas, beneficiados o interinos; seis eran presbíteros residentes de la capital, otro era vicario y uno más promotor fiscal del arzobispado. En otras palabras, dos terceras partes de las provisiones fueron destinadas al ascenso de curas y sólo una tercera parte a presbíteros de primera provisión. Los principales curatos de la capital en disputa los ganaron tres curas de la misma capital y otro lo hizo en el de Pachuca, todos ellos con ligas importantes en el cabildo eclesiástico, con cierta trayectoria académica y grado de doctor. De este concurso, resultaron nueve vacantes más que se designaron al año siguiente;[451] en esta ocasión, acudieron 59 opositores con una composición similar al conjunto anterior.

De esta forma, la provisión de curatos en el arzobispado de México significaba, en primer lugar, un recambio de unos curas por otros y, sólo en una segunda instancia la oportunidad para nuevos clérigos de integrarse al clero parroquial, sustituyendo básicamente lugares que dejaban curas fallecidos.

Tamaño y distribución del clero secular parroquial

Cada parroquia, compuesta por el pueblo cabecera y las visitas o vicarías, podía estar atendida por un grupo de clérigos encabezado por el cura beneficiado. El número de clérigos en cada parroquia dependía de varios factores, principalmente las posibilidades de rentas de cada curato, así como de las condiciones de trabajo ofrecidos. No ha sido tarea fácil determinar la distribución del clero parroquial, pues ni siquiera las autoridades eclesiásticas de la época tenían un registro más o menos preciso; conocían bien a los curas titulares, pero no así a sus ayudantes, que normalmente eran designados a discreción por los primeros. A ello, hay que agregar el constante movimiento de los vicarios y ayudantes. Con todo, luego de una búsqueda más o menos exhaustiva en diferentes registros de la época, se ha podido establecer cuántos clérigos administraban cada uno de los curatos del arzobispado de México.

---

[451] Uno de Santa Catalina Mártir, uno de la Santa Veracruz, uno de Pachuca, Cacalotenango, Xaltocan, Temascaltepec, Tempoal, Tecualoya e Ixcateopan.

CUADRO 24
Distribución del clero parroquial
en el arzobispado de México, 1700-1749

Provincia	Curato	Curas	Coadjutores/ interinos	Vicarios ayudantes	Sacristanes	Notarios	Total
Valles	Tamazunchale	1		2			3
	Tampamolón	1					1
	Cuzcatlán	1		2			3
Pánuco	Pánuco	1					1
	Tempoal	1	1	1			3
San Luis de la Paz	Real de Sichú	1		1			2
	Sichú de Indios			1			1
Cadereyta	Escanela	1					1
Meztitlán	Xacala	1		2			3
Sochicoatlán	Yahualica	1		1			2
	Huazalingo	1					1
Querétaro	San Juan del Río	1		3			4
	Tequisquiapan	1		1			2
Zimapan	Zimapan	1		1			2
	Tlachichilco	1		1			2
	Huayacocotla	1	1	1			3
	Tzontecomatlán	1	1	1			3
	Zinguiluca		1				1
Xilotepec	Chiapa de Mota	1		1	1		3
	Peña de Francia	1					1
Tetepango-Hueypoxtla	Titalaquia	1		1			2
	Hueypoxtla	1		1			2
	Misquiahuala	1		2			3
Pachuca	Pachuca	2		2	1	1	6
	Real del Monte	1	2		1	1	5
	Tizayuca	1	1	2			4
	Tolcayuca	1	1	1			3
	Atotonilco el chico	1	1	1	1		4
	Real de Omitlán	1		1			2
Cuautitlán	Huehuetoca	1		1			2
	Teoloyuca	1		1			2
	Tepozotlán	1	1	1			3
Zumpango	Tequisquiac	1		1			2
	Zumpango de la Laguna	1		1			2
	Xaltocan	1		2			3

Cuadro 24 (*continuación*)

Provincia	Curato	Curas	Coadjutores/ interinos	Vicarios ayudantes	Sacristanes	Notarios	Total
Metepec	Almoloya	1	1	1			3
	Atlacomulco	1		1			2
	Ixtlahuaca	1		2			3
	Temascalcingo	1		1			2
	Xiquipilco	1		2			3
	Xocotitlán	1		2			3
	Malacatepec	1	1	1			3
	San Felipe del Obraje	1		1			2
	·Temoaya	1		1			2
Tenango del Valle	Ozolotepec	1		1			2
	Ocoyoacac	1		3			4
	Tenango del Valle	1		2			3
	Xalatlaco	1		1		1	3
	Tescaliacac	1		1			2
Lerma	Tarasquillo	1		1			2
	Lerma	1		2			3
Tacuba	Huizquilucan	1	1	1			3
	Los Remedios	1		1	1		3
México	Guadalupe	1	1	7	2		11
Teotihuacán	Atlamaxac			1			1
Mexicalcingo	Iztapalapa	1		1			2
	Churubusco	1		1			2
Temascaltepec Sultepec	Amatepec y Tlatlaya	1	1	1			3
	Sultepec	2		2			4
	Temascaltepec-Españoles	1		1			2
	Temascaltepec-Indios	1	1	1		1	4
	Texupilco	1		1		1	3
	Ozoloapan	1		1			2
	Atlahaytlan y Totolmaloya	1					1
Zacualpa	Real de Zacualpa	1		1			2
	Zacualpa de Indios	1					1
	Real de Tezicapan	1		1			2
	Ixtapa	1	1	1			3
	Malinaltenango	1		1			2
	Zumpahuacan	1		1			2

CUADRO 24 (*continuación*)

Provincia	Curato	Curas	Coadjutores/ interinos	Vicarios ayudantes	Sacristanes	Notarios	Total
Malinalco	Tecualoya	1	1	2		4	
	Tenancingo	1		2			3
Taxco	Acamistla	1		1			2
	Pilcayan	1		1			2
	Taxco	2	2			4	
	Teticpac	1		1			2
	Tenango de Taxco	1		1		1	3
Ixcateopan	Acapetlahuaya	1	1	1			3
	Apastla	1	1	1			3
	Teloloapan	1					1
	Ixcateopan	1		1		1	3
	Coatepec	1		1			2
	Alahuistlán	1					1
Iguala	Tepecuacuilco	1		1			2
	Iguala	1	1			2	
	Tesmalaca	1		1			2
Chilapa	Tenango del Río	1	1			2	
Tetela del Río	Tetela del Río	1	1	1			3
Tixtla	Oapa	1	1	1			3
	Zumpango del Río	1		1			2
Acapulco	Acapulco	1		2		1	4
	Coyuca	1	1	1			3
	Totales	93	21	109	6	9	238

Fuentes: Elaboración propia con base en Peter Gerhard, *Geografía histórica de la Nueva España 1519-1821*, México, UNAM, 1986; AGN, Bienes Nacionales, varios expedientes primera mitad del siglo XVIII; Francisco de Solano (ed.), *Relaciones geográficas del arzobispado de México, 1743*, Madrid, V Centenario del Descubrimiento de América/Centro Superior de Investigaciones Científicas, 1988, 2 tomos (Colección Tierra Nueva e Cielo Nuevo) y documentos del AGN.

Nota: En el cuadro no está comprendida la población flotante de clérigos que sólo iban por algunas semanas a ejercer sus órdenes, o bien, los presbíteros que acudían en semana santa a ayudar a los curas a confesar a toda la población. En Malacatepec, los presbíteros confesores que en esa semana se contrataban eran entre cuatro y seis.[452]

Durante la primera mitad del siglo XVIII, hasta 238 clérigos pudieron hacerse cargo de la administración espiritual en los curatos: 93 curas beneficiados, 21

[452] AHAM, caja 36, exp. 3, f. 11, "El bachiller don Pedro de los Santos y Ortega, cura beneficiado del partido de Malacatepec, con el bachiller don Antonio Garduño, presbítero, su coadjutor sobre ajustes de cuentas y promoción de la coadjutoría a dicho bachiller Gaduño".

coadjutores o interinos, 109 vicarios, tenientes o ayudantes, seis sacristanes y nueve clérigos notarios; algo así como 2.5 clérigos por parroquia. Este promedio nos explica el porqué había muchas quejas sobre la falta de sacramentos en muchos poblaciones, pues normalmente en cada parroquia había más de tres pueblos de visita.[453] Por supuesto que, más allá de este promedio, había diferencias importantes entre los curatos: en 8 por ciento de ellos sólo estaban los curas titulares; en 49 por ciento, había dos, el cura y un vicario,[454] y en 43 por ciento restante había tres o más clérigos, aunque debe tomarse en cuenta que en este último conjunto entran los curas coadjutores, por lo cual la actividad de los titulares era escasa o nula. También cabe advertir que el número de vicarios y ayudantes podía variar de un año a otro debido a varias circunstancias: la partida o el retorno de los curas titulares, con lo cual se desplazaban los coadjutores o interinos; una feligresía en aumento o en disminución que provocaba a su vez cambios en la demanda de sacramentos, o la época de cuaresma, cuando crecían sustancialmente las celebraciones religiosas y las confesiones y, por tanto, la solicitud de clérigos confesores o celebrantes de misas.

Las parroquias de un solo clérigo se caracterizaban sobre todo por estar asentadas en zonas periféricas y cálidas que no las hacían deseables como para que un vicario se alejara tanto de su región de origen por un salario bajo. Tampamolón, que tenían buenas rentas, no conseguía auxiliares fácilmente; otros curas oscilaban entre la soledad y un vicario, dependiendo de la situación de las obvenciones. En Zumpahuacan, por ejemplo, el beneficiado de 1743 se abstuvo de tener el vicario acostumbrado, "pues el corto estipendio de sus obvenciones no admite tener compañero que lo coadyuve al *pundus* de dicho ministerio".[455] Lo mismo sucedió en Ozoloapan, pues aunque antes de 1743 hubo un vicario, después, expresaba el alcalde mayor de la provincia: "por lo corto de obvenciones, disperso y fragoso del curato, no se puede mantener más del cura, con que lejos, considero no muy abastecidos de pasto espiritual".[456] Texupilco, que llegó a tener hasta tres clérigos a su servicio, hacia 1743 el beneficiado tenía que arreglárselas solo.[457]

[453] Francisco de Solano (ed.), *op. cit.*

[454] En este sector, incluyo los 20 curatos que tuvieron coadjutor o interino; es decir, aunque formalmente tenían tres clérigos, el titular, el coadjutor y un vicario, en la práctica, los titulares no estaban al frente de sus parroquias.

[455] *Ibid.*, tomo I, p. 191.

[456] *Ibid.*, tomo II, p. 314.

[457] *Ibid.*, tomo II, p. 316: Los problemas de administración del curato: "con todo esmero se ejercita en la administración, aunque con las distancias tan grandes, tierra tan áspera y caliente, carencia de ministros porque continuamente el cura se halla solo, pues aguantan poco los compañeros, aun dándoles salarios muy crecidos, contemplo este curato no más abundante en el pasto espiritual".

En cuanto a los curatos que eran administrados normalmente por el titular o coadjutor y un vicario o ayudante, 45 en total, reflejan mejor la situación general de la administración parroquial. El número de clérigos por curato no guardaba relación ni con las rentas, que iban desde algunos cientos de pesos hasta un par de miles, ni con la población de los curatos, pues igual encontramos partidos muy poblados con escasez de fieles; ello nos lleva a considerar que el grueso de los curas, presionados por la mitra y la Corona, intentaba cumplir simplemente con un mínimo de operarios aceptado por entonces, titular y vicario, pero que más allá de eso ya no tenían más motivaciones. En otras palabras, la dupla titular-vicario se había constituido en el promedio aceptado por todos: desde la mitra, pasando por el vicepatrono y, claro, por la clerecía del arzobispado. La inestabilidad de los vicarios, aunque menor, también estaba presente en ese sector.[458]

Por ello, es que aun en varios de los curatos en donde llegó a haber más de dos clérigos, 43 por ciento, al frente de la administración espiritual, no era difícil que al paso de los años disminuyera intermitentemente el número de ministros. En Amatepec-Tlatlaya, por ejemplo, aunque llegó a haber un beneficiado, un interino y un vicario, en la década de 1740 el primero se hallaba solo, con el consiguiente descuido de los fieles.[459] Al parecer, la epidemia de 1737 había afectado la economía de muchos curatos. Casi todos los de este conjunto eran los más apetecibles del arzobispado: los reales mineros de Taxco, Real del Monte, Atotonilco el Chico o Sultepec; los santuarios de los Remedios y Guadalupe; o distritos agrícolas sustanciales, como San Juan del Río, Ocoyoacac o Ixtlahuaca, además del no menos importante puerto de Acapulco. Al ser los curatos más apreciados y ser centros de la atención de autoridades y todo el clero, debían esforzarse un poco más que el resto en la atención sacramental. Y, aun así, podían ser criticados por deficiencia en la atención espiritual, como el de San Juan del Río.[460] Otros curatos de este

---

[458] *Ibid.*, tomo I, p. 165, en Tejupilco, los vicarios no duraban en este curato, aun con salarios altos, debido a las duras condiciones de distancia y caminos. En Zumpahuacan, el cura Pedro Jaraba, servía solo el curato hacia 1743, "y cuando necesita de vicario, le trae", añadía el alcalde mayor.

[459] *Ibid.*, tomo II, p. 306, así la informó el alcalde mayor: "tiene de cura beneficiado hace más de 27 años al bachiller don Juan García de Enciso, muy inteligente en el idioma y celoso en su ministerio; pero como es toda la tierra muy corta y fragosa, no puede administrarlos como se debiera, pues alternativamente asiste 15 días en cada una de las 4 cabeceras".

[460] *Ibid.*, tomo II, p. 280, en San Juan del Río, según el corregidor, había un cura colado y dos tenientes, que atendían dos parroquias, la de españoles y la de indios. El cura replicó que, para que no faltara la asistencia espiritual a los fieles de las haciendas, debían éstas pagar derechos para contratar más vicarios.

conjunto, aunque no tenían buenas rentas,[461] reportaron más de dos ministros. Algunos curatos con más de tres ministros tenían el extra de un notario clérigo en sus respectivos juzgados eclesiásticos quienes, en un momento dado, también podían auxiliar en las tareas sacramentales.[462]

Así, la distribución de curas y vicarios en los curatos del arzobispado guardaba un delicado equilibrio entre las posibilidades de obtener rentas eclesiásticas suficientes, la disponibilidad de vicarios para trabajo "fragoso", las presiones de la feligresía y la tolerancia de la mitra ante las deficiencias en la administración espiritual. Aunque no faltaban quejas de los feligreses por la insuficiencia o incapacidad de los curas, la mitra pedía contratar más vicarios a los beneficiados, pero éstos se concretaban a decir que no había obvenciones suficientes para pagarlos, con lo cual todo quedaba en buenas intenciones a futuro y en pedirles esforzarse más en sus labores pastorales. Y es que, ¿cómo pedir más vicarios, cuando la misma mitra les estaba exigiendo el pago del subsidio y los donativos?; además, puesto que los curas no recibían nada del diezmo, el alto clero parecía compensar esta situación no entrometiéndose en la distribución de las obvenciones parroquiales. De esa forma, la tensión en la administración parroquial del arzobispado estaba determinada por la indudable necesidad de más ministros operarios,[463] la creciente demanda de ocupación de presbíteros y clérigos, la negativa de los beneficiados para contratar a más vicarios y la incapacidad o tolerancia de la mitra para resolver tales contradicciones. No sería sino hasta 1764 cuando, por parte de la Corona, no de la Iglesia, se ordenaría poner tantos vicarios como hicieran falta en los curatos.[464]

Las jerarquías en el clero parroquial

Los titulares de los curatos, mejor conocidos como beneficiados,[465] pueden considerarse la élite parroquial, por cuanto gozaban de pri-

---

[461] Entre 1704 y 1744, el promedio de rentas de los curatos del arzobispado fluctuó entre los 1 132 y los 1 294 pesos. Véase el capítulo V de este libro.

[462] Xacala, Chiapa de Mota, Xaltocan, Xiquipilco, Xocotitlán, Xalatlaco, Tejupilco, Tecualoya e Ixcateopan.

[463] Ibid., tomo II, p. 301, en este sentido, eran excepciones los curatos que recibían ayuda de religiosos vecinos, como en Sultepec, en la década de 1740, en donde los franciscanos ayudaban a explicar la doctrina.

[464] Óscar Mazín, "Reorganización del clero secular novohispano en la segunda mitad del siglo XVIII", en Relaciones. Estudios de Historia y Sociedad, núm. 39, 1989, pp. 71-72.

[465] Manuel Teruel Gregorio de Tejada, op. cit., p. 19: un beneficio eclesiástico era una

vilegios,[466] disponían de las obvenciones parroquiales, podían nombrar o destituir ayudantes, así como ausentarse temporalmente para opositar a mejores curatos, hacer negocios y buenas relaciones en la capital. En ocasiones, con el justificante de una enfermedad, hubo curas que vivieron más en la capital que en sus parroquias, recibiendo de todos modos una buena parte de las obvenciones parroquiales. Como en otros ámbitos de la clerecía, por ejemplo las prebendas y las dignidades, se había establecido una especie de escalafón en el ascenso entre curatos: lo normal fue que los beneficiados jóvenes ocuparan parroquias de tierra caliente, hacia el Golfo o el Pacífico, y después de varios años de trabajo pastoral estaban ya en posibilidad de acercarse a los valles del altiplano. La mayor parte de los curatos estaban bajo la titularidad de presbíteros con grado de bachiller, con excepción de los de mejor renta o los de la ciudad, normalmente en manos de doctores,[467] aunque en la primera mitad del siglo XVIII varios bachilleres ocuparon también buenas parroquias.

Debajo de los beneficiados, los ministros subordinados pueden dividirse en tres rangos: coadjutores e interinos, vicarios o tenientes y ayudantes eventuales. En cuanto a los coadjutores e interinos, normalmente bachilleres, eran nombrados directamente por los arzobispos o, en sede vacante, por el cabildo eclesiástico, quienes definían también la duración en el cargo.[468] El beneficiado podía proponer al candidato y no faltó algún caso en que los propios fieles tuvieran como candidato a un clérigo vecino y quisieran imponerlo, descono-

---

entidad jurídica constituida a perpetuidad por una autoridad eclesiástica, que comprendía un oficio eclesiástico y el derecho del beneficiado a percibir las rentas anexas al primero; es decir, la prebenda. El oficio y las rentas son inseparables.

[466] Andrés Miguel Pérez de Velasco, *El ayudante de cura instruido en el porte a que le obliga su dignidad, en los deberes a que le estrecha su empleo y en la fructuosa práctica de su ministerio*, Puebla, Colegio de San Ignacio, 1766, p. 3: "no quiere ser sacerdote solo *ad honorem*, para disfrutar estimaciones y reverencias, y con el fuero, privilegios y exenciones, sino para ejercitar en la administración de los sacramentos el honorísimo empleo de ecónomo, dispensador del inestimable tesoro de los méritos de Jesucristo, a que su majestad destina a sus sacerdotes".

[467] AGN, Bienes Nacionales, 1004, exp. 52, tradicionalmente, los mejores curatos, por su ubicación y su nivel de ingresos, se destinaban a la élite de los curas. Al respecto, pueden verse los trabajos de William Taylor, *Ministros de lo sagrado...*, op. cit., y Rodolfo Aguirre Salvador, *El mérito y la estrategia...*, op. cit. Hacia la segunda década del siglo XVIII, los curatos a cargo de doctores eran Xalatlaco, de Francisco Coto; Tenango del Valle, de Andrés Moreno Bala; Iztapalapa, de Gaspar de León; Xaltocan, de José Ramírez del Castillo; Real de Pachuca, de Manuel Butrino Mújica y Real del Monte, de Pedro Diez de la Barrera.

[468] AHAM, caja 36, exp. 3, el coadjutor de Malacatepec sustituyó al beneficiado durante 17 años, entre 1708 y 1725, y aunque el titular quiso cambiarlo, la mitra dejó claro que no tenía ese privilegio.

ciendo al designado por la mitra, como en Ozolotepec; hecho que ocasionó una ruda respuesta del arzobispo.[469] Los coadjutores sustituían a los beneficiados enfermos o ausentes, mientras que los interinos se hacían cargo de las parroquias cuando el beneficiado fallecía, y estaba en funciones hasta la provisión del nuevo titular. La distinción era importante también en cuestión del disfrute de las obvenciones, puesto que mientras los coadjutores debían compartirlas con los titulares,[470] los interinos las recibían en su totalidad, a menos que tuvieran que pagar a vicarios; también disfrutaban otras prerrogativas, como por ejemplo, ser nombrados jueces eclesiásticos, como los titulares. No obstante, los coadjutores e interinos no eran considerados candidatos viables para las prebendas catedralicias, si acaso para ascender a beneficiados.

Aunque, en general, la situación de los coadjutores e interinos era mejor que la de los vicarios, en los curatos con poca renta no siempre fue así. En Atotonilco el Chico, el coadjutor Pedro de la Cruz Perea estuvo más de 10 años a cargo, pues el beneficiado estaba enfermo, residía en México. Durante los primeros 5 años del siglo XVIII, tuvo ingresos anuales por no más de 550 pesos, pues no cobraba el sínodo real ni tenía pueblos de visita.[471] Además:

> este dicho beneficio no obtiene ninguna erecta obra pía, capellanía ni aniversario dotados, ni el cura por razón de serlo tiene ningún alivio ni derecho a cosa alguna, porque no tiene ni casas propias en que vivir, pues en las que moran y viven las arriendan y pagan su monto al dueño.[472]

Aunque había tres cofradías ninguna tenía rentas propias, sino que vivían sólo de limosnas. No obstante que el coadjutor era también capellán propietario de una capellanía de 2 000 pesos de capital, desde que era presbítero no había recibido nada; de los emolumentos del curato, debía dar 100 pesos al cura titular y 4 al seminario tridentino. Incluso el coadjutor debía pagar a un indio 10 pesos al año por trabajar como sacristán.

---

[469] AGN, Clero Regular y Secular, 148, año de 1708, los indios de San Francisco, Jonacatlán, Mimiapa, Xilotzingo y Ozolotepec se negaban a aceptar a su nuevo cura, Nicolás López Jardón, con el argumento de que no sabía otomí, y pedían en su lugar al clérigo de menores, Francisco de Mucientes; la mitra consideró que todo estaba planeado por este último y fue apresado.

[470] AGN, Bienes Nacionales, 1075, exp. 2, en 1713, el doctor Manuel José de Mendrice, cura de Sultepec, debido a que iría a México a curarse de la vista, propuso al bachiller Onofre Agustín de Fuentes como cura coadjutor, pagándole 180 pesos, la mitad de las obvenciones que le correspondían en el curato.

[471] Expresaba que el Real de Capula, que antes era su visita, por la disminución de las minas se había despoblado y que igual sucedió con el Real de Tetictlán.

[472] AGN, Bienes Nacionales, 500, exp. 9.

En el siguiente rango se hallaban los vicarios, tenientes o ayudantes de cura, quienes conformaban el sector más amplio del clero parroquial. Luego de los estudios y de por lo menos un grado universitario de rigor, un buen número de jóvenes clérigos se aprestaban a convertirse en presbíteros, a estudiar un idioma indígena o a ayudar a un cura titular para dedicarse sobre todo a la administración en los curatos. Es evidente que su motivación básica para ordenarse fue la necesidad económica. Estos jóvenes presbíteros, de orígenes modestos, no podían darse el lujo de seguir estudiando en la capital para hacer carrera, y debían entonces emplearse como tenientes.[473] Era común que las tareas de administración de sacramentos más pesadas recayeran en los vicarios,[474] y éstos, en respuesta, trataban de desligarse de cualquier otra responsabilidad.[475]

Teóricamente, un cura titular debía tener tantos vicarios como fuera necesario para hacer frente a las necesidades de los parroquianos; en ocasiones, el virrey podía pedir a la mitra que ordenara a algún cura poner vicarios ante las quejas de los feligreses, pero no era una política sistemática.[476] En la práctica, eso dependía del nivel de rentas de la parroquia y, sobre todo, de la voluntad del primero, según se mencionó con anterioridad. De ahí que los vicarios no fueran fáciles de controlar, por los continuos movimientos, ascensos, cambios de residencia, enfermedades y fallecimientos que ocurrían año con año. El cura

[473] David A. Brading, *Una Iglesia asediada...*, *op. cit.*, p. 132, calificó a los vicarios de "proletariado clerical"; es decir, vicarios de las zonas montañosas, con un promedio de 632 pesos de ingresos al año: "Es obvio que sólo iban a parar a tales puesto los bachilleres menos calificados, que habían estudiado en el seminario gracias a una beca y que, a menudo, consideraban el sacerdocio como medio de mantener a sus familias pobres, aceptando el empleo de vicario en parroquias rurales remotas. Existía así una clase de sacerdotes destinados a no llegar nunca a curas y que servirían como perpetuos vicarios".

[474] Andrés Miguel Pérez de Velasco, *op. cit.*, pp. 2-3, expresaba al respecto que los vicarios: "son, por lo regular, los que llevan el peso de la administración, no pudiendo dejar de ser buen cura, el que hubiere sido vicario de satisfacción".

[475] *Ibid.*, p. 4: "¿El ser vicario en qué consiste? ¿Qué quiere decir ser vicario? ¿Qué cargos? ¿Qué pensiones lleva el ministerio? Esto no lo ha de preguntar vuestra merced a los vicarios [...] puede encontrarse alguno, porque hay no pocos, que le digan y quieran persuadirle, el que un vicario no es otra cosa que un sacerdote que tenga licencias de confesar, y que sepa el idioma que se habla en el curato donde hubiere de administrar, obligándose a dar las dominicas en los pueblos que le consignaren, administrar con prontitud los sacramentos a los enfermos, asistir a los matrimonios, cantar, hacer bautismos y entierros, y nada más".

[476] AGN, Clero Regular y Secular, 92, f. 209: "Vuestra excelencia ruega y encarga al venerables deán y cabildo sede vacante de la Santa iglesia metropolitana de esta ciudad, teniendo presente lo representado por el alcalde mayor de Misquiahuala, de la imposibilidad que el cura de aquel partido tiene en asistir a sus feligreses, de las providencias que previene este despacho para consuelo de ellos, poniendo vicario como a quien toca".

de Ocoyoacac, por ejemplo, llegaba a contratar de uno hasta tres tenientes, dependiendo de la demanda de servicios de su feligresía.[477] Igualmente, los curas titulares podían despedir a sus vicarios en cuanto cambiaran las circunstancias de la parroquia, como por ejemplo una disminución de feligreses.[478] La escasez de vicarios, determinada básicamente por los beneficiados, nos explica el porqué los primeros esgrimían como un verdadero mérito el haberse encargado de la administración de todos los pueblos de visitas de un curato, justamente lo que los titulares normalmente se negaban a hacer; asimismo, es entendible la poca duración de muchos vicarios en los curatos, tanto porque no soportaban la carga de trabajo como porque, ante una disminución de rentas, eran despedidos por los beneficiados. El salario de los vicarios no pasaba de 300 o 400 pesos normalmente, cantidad considerada insuficiente;[479] por lo mismo, no faltaban los lamentos de los vicarios a la mitra, pidiendo algún tipo de ayuda ante sus bajos emolumentos.[480]

En el más bajo rango del clero parroquial se hallaban los confesores, predicadores y celebrantes temporales. Cualquier presbítero de provincia podía, en un momento dado, participar en la administración de su parroquia natal o de residencia, como ayudante temporal. Así sucedía con los diez clérigos avecindados en San Juan del Río o los seis de Tenancingo, en la década de 1740.[481] La ocasión era, por ejemplo, durante las fiestas patronales, cuando toda la feligresía acudía a la cabecera. De igual manera, los servicios espirituales tenían un crecimiento sustancial durante la cuaresma, cuando se contrataba a muchos presbíteros para la confesión general de la población. Estos ayudantes temporales también recibían una paga, que salía de las obvenciones parroquiales.[482] Una gran cantidad de clérigos desarrollaba esta actividad durante varios años, ante la imposibilidad de conseguir un beneficio o tenientazgo

---

[477] AGN, Bienes Nacionales, 527, exp. 18.

[478] AGN, Bienes Nacionales, 199, exp. 12, el bachiller Diego Antonio Rodríguez, vicario en Hueypoxtla, tuvo que abandonar el curato, "Por haberse cuasi asolado el partido de Hueypoxtla, y no poderse allí ya mantener vicario, pasó a la sierra al partido de Tzontecomatlán".

[479] AGN, Bienes Nacionales, 574, exp. 8, y 1192, exp. 1, en 1725, el vicario de Huizquiluca, Nicolás de Castilla, ganaba 340 pesos al año, y el de Tolcayuca, Juan de Melo, ganaba 300 pesos en 1709.

[480] AGN, Bienes Nacionales, 1030, exp. 1, año de 1739, el ayudante de cura, Pedro Miguel Velásquez, pide ayuda al arzobispo.

[481] Francisco de Solano (ed.), *op. cit.*, tomo I, pp. 157 y 281.

[482] AHAM, caja 36, exp. 3, f. 11v, año de 1725: "El bachiller don Pedro de los Santos y Ortega, cura beneficiado del partido de Malacatepec con el bachiller don Antonio Garduño, presbítero, su coadjutor sobre ajustes de cuentas y promoción de la coadjutoría a dicho bachiller Garduño". El cura precisaba que a sus vicarios, "para el despacho de las confesiones" necesitaba "pagarles competentemente, mantenerles con la decencia correspondiente".

estable. Así, cada año, cientos de presbíteros, de edad ya madura, obtenían licencias de confesar o predicar para tener con qué mantenerse.[483]

Otros clérigos con los que podía contar un cura de vez en vez eran los aprendices; es decir, aquellos clérigos que aún no eran presbíteros o estaban recién ascendidos a sacerdotes, enviados de la mitra o solicitados por ellos mismos. Se esperaba que los titulares, contando ya con experiencia y años de servicio, pudieran acabar de instruirlos en el manejo práctico de la parroquia. No está claro si estos clérigos aprendices recibían algún tipo de salario o gratificación, pero es obvio que por lo menos se les daba techo y comida durante su estancia en el curato. El joven presbítero Matías de Pontaza Olabarrieta mencionó en su relación de méritos que una vez que logró la máxima orden fue a ejercitarse cómo confesor en la parroquia de San Miguel: "en cuyo ejercicio se ha empleado con toda vigilancia, celo y cuidado por tiempo de tres años como consta de las certificaciones, que presenta de los curas de dicha parroquia".[484]

La distribución de tareas y la variabilidad de las rentas

La organización interna del clero parroquial es poco conocida, a pesar de que puede aclarar varios aspectos de la administración espiritual. Para cumplir con todo lo necesario que dictaban los cánones en cuanto a administración y doctrina, hubiera sido necesario contar con un vicario en cada pueblo, pero algo así era incosteable para los pueblos y para los curas. Aunque la mitra insistía en que tuvieran más vicarios, no se daba mejor solución, pues hacerlo implicaba disponer de otras fuentes de recursos, que bien pudieron ser los diezmos, algo juzgado improcedente por el alto clero. En este sentido, en Madrid se criticaba la gran renta de los obispos en contraste con la poca supervisión a los curatos. Campillo y Cosío pensaba que los territorios de los obispados eran demasiado grandes, hechos así más para satisfacer la demanda de grandes rentas para los prelados que pensando en las necesidades espirituales de los fieles, a quienes los primeros nunca visitaban: "Y no habiendo necesidad de que un obispo tenga cincuenta mil pesos en renta, la hay muy grande de que tengan los curas, y demás eclesiásticos un pastor inmediato, que vigile su conducta".[485] Por ello, el ministro de Felipe V proponía obispados más chicos y mejor gobernados:

[483] AHAM, caja 91, libro 3, licencias para confesar, predicar y celebrar, años de 1718-1726.
[484] AGN, Bienes Nacionales, 1075, exp. 1, f. 83.
[485] José del Campillo y Cosío, *op. cit.*, p. 94.

Todo esto tal vez no sucedería, o en mucha parte se remediara si el prelado superior estuviese a la mira de lo que pasa. Repartiéndose el obispado grande en dos o tres, nunca faltarán hombres muy dignos de la mitra que las admitan, aunque sea con solo diez o doce mil pesos de renta, lográndose de este modo el mejor cultivo de las almas, y el más exquisito remedio para contener las ambiciones.[486]

Formalmente, las tareas parroquiales incluían, además de la administración de sacramentos y la celebración de misas, la enseñanza de la doctrina, el seguimiento de la conducta de fieles sospechosos y la reforma de sus costumbres;[487] es decir, ser pastor de almas implicaba, idealmente, mucho más de lo que el cura o vicario promedio del arzobispado hacía en la práctica. Los vicarios argumentaban que la enseñanza y la doctrina eran obligación de los beneficiados. ¿Cómo armonizar las necesidades de la feligresía con la disposición de los ministros? Esto era, precisamente, uno de los principales retos de la mitra que en la época investigada no se pudo resolver satisfactoriamente.

La organización de las tareas parroquiales dependía primordialmente de relaciones contractuales entre el beneficiado y sus vicarios. No había reglas fijas, sino que todo dependía de las circunstancias del curato y sus pueblos, el nivel de ingresos parroquiales y la disposición de los ministros para llegar a convenios.

Normalmente, los beneficiados residían en la cabecera del curato, y dejaban a sus vicarios la atención de los pueblos de visita; es decir, la tarea más laboriosa de la administración, debido a los recorridos que se hacían entre los poblados, por caminos difíciles de transitar y con los costos en tiempo, energía y alimentación. No pocos vicarios se quejaron, precisamente, de esa división del trabajo, por lo cual no era raro que descuidaran las visitas. La poca atención que se daba a éstas ocasionaba que los indios fiscales se atribuyeran algunas de las funciones de los curas, como la enseñanza de la doctrina o el cobro de entierros;[488] asimismo, cambios en la administración de los curatos podían provocar problemas con la feligresía, como cuando llegaba un cura interino a sustituir al beneficiado y trataba de imponer

---

[486] *Ibid.*, p. 95.

[487] Andrés Miguel Pérez de Velasco, *op. cit.*

[488] AGN, Bienes Nacionales, 992, exp. 29, año de 1729, f. 1: sobre el maltrato que José Santiago, indio fiscal de Tepozotlán, recibió del Ignacio de la Parra, cura coadjutor. El incidente fue en un día de visita del coadjutor, para decir misa; luego de ésta, el cura lo acusó de cobrarle a la gente por los entierros. José pidió comprobárselo y entonces el cura lo agarró de los cabellos, lo golpeó y lo tiró al suelo.

su "estilo" de gobernar.[489] Tampoco era raro que los fieles estuvieran endeudados con los curas interinos respecto al pago de las obvenciones[490] o, igualmente, que se negaran a pagar las primicias.[491]

La variabilidad en el monto de las obvenciones parroquiales fue otra problemática en varios curatos, pues impactaba la continuidad de la administración, como en el curato de Lerma, en donde su cura, ante la decadencia económica de la cabecera, prefería administrar en los pueblos sujetos, pues había más fieles.[492] Algo parecido sucedía en el curato de Tampamolón, en donde el vicario quedó en la cabecera y el beneficiado en la visita de Tancanhuitz.[493] Más traumático para los curas y sus vicarios era la despoblación repentina de la parroquia, como sucedió en 1703 en Yahualica durante un pleito por obvenciones,[494] o en Ozolotepec, cuando los indios se fueron

---

[489] AGN, Bienes Nacionales, 210, exp. 1, "El común y naturales del pueblo de Huayacocotla contra el bachiller don Pedro de Lugo, cura interino de dicho pueblo, sobre capítulos de acusación. 1731". El cabildo de indios expresó que el cura interino, "con su vigorosa condición y notoria crueldad ha oprimido y horrorizado de tal modo a los naturales de la jurisdicción, que les ha precisado a huirse, dejando desiertos los pueblos, siguiéndose de este daño la pérdida que en lo espiritual se manifiesta, y en lo temporal se reconoce, por la pérdida de la real hacienda". El gobernador agregó que cuando fue a San Francisco Guaytetla a cobrar los tributos, lo halló despoblado, debido al miedo que tenían del cura; que quitó una campana a otro pueblo para cobrarse sus obvenciones y que azotaba a los indios por llevar a sus hijos a la misa, siendo que no tenían con quién dejarlos. A fin de cuentas, pedían la sustitución del interino.

[490] AGN, Bienes Nacionales, 1030, exp. 1, año de 1739, el cura del Real de Temascaltepec, Juan Antonio Cardoso, alegaba que durante dos años que había sido interino del vecino Temascaltepec de Indios, había puesto ministros para su atención, y que durante la epidemia no cobró sus emolumentos, pero ahora, al cobrárselos a los fieles, ellos se negaban a pagarle, por lo cual pedía que el nuevo cura se los recaudase.

[491] AGN, Clero Regular y Secular, 92, exp. 1, 26 de agosto de 1705, f. 21: "Para que el alcalde mayor de Zumpango de la Laguna, arreglándose a la ley inserta, haga que los naturales de su partido satisfagan a su cura ministro las primicias de sus frutos que le estuvieren debiendo y en adelante causaren en la forma que se previene"; y f. 24v: "Para que el alcalde mayor del partido de San Juan del Río o su teniente, arreglándose a la ley inserta hagan que los naturales de él satisfagan a su cura ministro las primicias que causaren de sus frutos y si se les ofreciere alguna duda den cuenta a vuestra excelencia".

[492] Francisco de Solano (ed.), *op. cit.*, tomo I, p. 130.

[493] *Ibid.*, 1988, tomo II, p. 535: "asiste en este pueblo el bachiller don Juan Santos de Mendoza, su cura propio, alternándose con su vicario, por residir dicho cura, en el pueblo de Tancanhuitz, que antes era visita de esta cabecera, y de años a esta parte ha crecido tanto el número de sus feligreses que precisa allí la asistencia de su cura".

[494] Rodolfo Aguirre Salvador, "Rentas parroquiales y poderes locales en una región novohispana. Yahualica, 1700-1743", en Francisco Javier Cervantes Bello (coord.), *La Iglesia en Nueva España. Relaciones económicas e interacciones políticas*, Puebla, BUAP/UNAM, 2001.

a las haciendas.[495] La epidemia de matlazáhuatl de 1737 también afectó a varias parroquias. En Tecualoya, "consumió multitud de indios y "gente de razón", quedando casi sin ella a comparación a la que antes había".[496] Igual se informó en Temascaltepec de Indios, o en Ozoloapan, en donde la debacle de los tributos y las obvenciones provocó la renuncia inmediata del cura.[497]

La escasez de tierra de cultivo en los fieles también afectaba directamente los intereses de los ministros espirituales, como en Tecualoya, en donde, debido al crecimiento desmesurado de ranchos y haciendas, los indios padecían, "una notable escasez de tierras que si, como en otros distritos lograran en éste, según su aplicación al trabajo, tuvieran ellos más alivios y menos penalidades en este beneficio y escaseces su cura beneficiado".[498] Una excepción a la problemática del pago de obvenciones era Tempoal, cuyos habitantes no las pagaban, ni el tributo, a cambio de encargarse del traslado de pasajeros de un lado a otro de su río.[499]

Estas condiciones rodeaban el quehacer cotidiano del clero parroquial, por lo cual debía haber un buen entendimiento en cada curato, pues de no ser así se daba ese movimiento frecuente de vicarios errantes que no ayudaba mucho a estabilizar la administración parroquial, como se apuntaba en *El ayudante de cura*:

> Suelen los vicarios desazonarse y mudar curato [...] cuatro días en cada curato, defecto sumamente notable en un vicario, porque si aun en los esclavos vemos cuánto desacreditan su servicio y que no hallan quién los compre si han servido a muchos amos, ¿cuánto le rebajará de su estimación, cuán sospechosa hará su conducta y qué cura admitirá por compañero al vicario que ha tenido muchos curas?[500]

[495] AGN, Clero Regular y Secular, 149, f. 133, el cura Nicolás López Xardón denunció que, al irse a las haciendas, los indios: "defraudaban los derechos que para la sustentación de sus ministros causaran y niegan aquellas contribuciones que erogaran para la fábrica, culto y ornato de su parroquia, lo cual padece mi parte en la material fábrica de su iglesia que no ha concluido por este motivo, pues ausentándose dejan desierta y sin cultivar las tierras de cuyos frutos pende todo lo que pueden erogar en beneficio de su cura y parroquia, y finalmente, en perjuicio de sus mismas familias que se ven extremamente necesitadas". El cura acusaba a los hacendados de endeudar a los indios para tenerlos a su disposición, por lo cual pedía al alcalde mayor de Metepec que sacara de las haciendas a los indios y se castigara a los hacendados que se resistieran.

[496] Francisco de Solano (ed.), *op. cit.*, tomo I, p. 162.

[497] *Ibid.*, tomo II, pp. 311-312.

[498] *Ibid.*, tomo I, pp. 163-194.

[499] *Ibid.*, p. 240.

[500] Andrés Miguel Pérez de Velasco, *op. cit.*, p. 12.

Otro factor era el de las condiciones materiales en que se desarrollaba la administración, si bien hay que considerar que a veces los vicarios exageraban en sus lamentos, también debe aceptarse que los desplazamientos de unos pueblos a otros implicaban costos que ellos debían absorber, pues de no ser así, su presencia en los pueblos de visita era por demás escasa.[501] En tales casos, que no eran pocos en el arzobispado, la presencia de los eclesiásticos quedaba reducida a sólo la celebración esporádica de la misa y algunos sacramentos.[502]

Además, estaba el factor climático: el frío de las montañas o el calor de las costas y territorios cercanos, con sus consabidas enfermedades.[503] Pascual era beneficiado y juez eclesiástico de Coyuca. En su carta de renuncia, narraba las peripecias para atender su curato: primero se enfermó de gonorrea, por lo cual hubo de ir a México, nombrando un ministro sustituto idóneo. Después sufrió una hernia, por lo cual su estancia en México hubo de prolongarse una vez más, y por ello pidió un coadjutor, a quien le pagó 125 pesos y le encargó nueve bestias para que las trabajara un mes con dos pesos de ganancia. El coadjutor regresó sólo varios meses después, con una bestia menos y sólo 150 pesos, con lo cual no le alcanzó al beneficiado para satisfacer sus dependencias. Agregaba que, puesto que su enfermedad lo obligaba a residir de forma permanente en la ciudad y a que quizá conseguiría el empleo de capellán del hospital real de naturales, pedía su renuncia ante el cabildo sede vacante.[504] ¿Cuántos curas o vicarios estaban

---

[501] Francisco de Solano (ed.), *op. cit.*, tomo II, p. 366, en Tetela del Río, por ejemplo, el cura José de Acevedo y Almodóvar, sólo iba cada mes a decir misa a la Población Nueva de las Minas, a diez leguas de la cabecera, de caminos fragosos, "por la que le dan de limosna 6 pesos".

[502] *Ibid.*, pp. 522 y 524: el alcalde mayor describía así cómo era la atención en la visita de Tamazunchale, San Martín Chalchiucuautla: "viene a él su vicario, o cura de Tamazunchale (distante como diez leguas), a decirles misa y hacerles sus fiestas y a confesarlos según su costumbre, que suele ser cada 3 ó 4 meses". En otro pueblo de visita, San Francisco, de indios pames: "Aunque el cura suele ir a decirles misa y hacer sus fiestas, es sin otro fruto hacia su educación cristiana, que el del referido bautismo y casarlos, los cuales si se trabajasen hacia los dogmas de nuestra santa fe, no es dudable que como los demás que padecen la lastimosa falta de instrucción abrazarían el vivir político y cristiano".

[503] AGN, Clero Regular y Secular 92, f. 96v: el doctor Miguel de Roxas renuncia al curato de Acapulco, luego de una larga convalecencia médica en México; aunque había llegado a un acuerdo con el arzobispo Ortega y Montañés, según el cual se pagaría la mitad de sus ingresos parroquiales a un coadjutor que sí atendiera el curato. Finalmente, Roxas decidió renunciar, ya sano, antes que lo obligasen a regresar a Acapulco.

[504] AGN, Bienes Nacionales, 152, exp. 15, año de 1730, aunque el promotor de la mitra admitió que la enfermedad era una buena razón para aceptar la renuncia, sin embargo, y de acuerdo con una bula de Pío V, no podía aceptársele pues carecía de sustento para mantenerse con decencia; por ello, proponía el nombramiento de coadjutor y, si en el futuro lograba un empleo en la ciudad, entonces podía admitírsele la renuncia; el cabildo así lo ordenó.

dispuestos a pasar años en esas condiciones? En Huazalingo, el cura no había podido conseguir un ayudante, por lo cual sufría para administrar los sacramentos en los ocho pueblos de visita.[505]

Pero no se trataba únicamente de evitar los climas cálidos y sus enfermedades; había otras razones: la lejanía de los centros de promoción y de sociabilidad, de los grandes núcleos de población y, por tanto, de mejores ingresos del arzobispado. Pero, sin duda, el factor de más peso era la racionalidad económica de los curas: la mayoría podía contratar, cuando mucho, un vicario, para no disminuir mucho sus ingresos, sin importar si se cubría o no la administración de sacramentos de los fieles. Había algunos curatos cuyas condiciones geográficas y de ingresos ni siquiera eso permitían,[506] de ahí que no sea extraño encontrar curatos en donde la enseñanza de la doctrina se encargaba no a vicarios, sino a indios del pueblo. En Coscatlán, los niños, "diariamente aprenden la doctrina cristiana que les enseña el fiscal o temastián, que el celo cuidadoso de dicho cura les tienen puesto".[507] En Acapulco, cuando llegaba la nao de China, se celebraban

> Muchos sacrificios [...] por la copia de sacerdotes [...] que de diferentes religiones ocurren a demandar sus limosnas durante el tráfico o comercio que hay en el tiempo que están ancladas las naos de Filipinas, que es lo único que mantiene este dicho puerto, pues zarpadas estas de él, no les queda a sus habitadores en qué ejercitarse en ninguna otra especie de granjería.[508]

EL REPARTO DE LAS OBVENCIONES

A diferencia de los vicarios, quienes recibían un pago estipulado como salario, con independencia del monto anual de ingresos del curato, los be-

---

[505] AGN, Bienes Nacionales, 1030, exp. 2, año de 1746, José Porcayo de la Cerda, cura de Huazalingo, narra las peripecias para poder confesar a los fieles de los ocho pueblos y muchas rancherías que comprende su curato: a lomo de mula, recorriendo grandes distancias de noche, sólo alumbrado por hachones, sin comer muchas veces, vomitando otras. Expresaba que sus ingresos eran de entre 1 100 y 1 200 pesos al año, y que aunque había ofrecido pagar 450 a un ayudante; es decir, 50 por ciento más del promedio normal, nadie había querido tomar el empleo.

[506] Francisco de Solano (ed.), *op. cit.*, tomo II, p. 316: las tareas del cura de Texupilco, Pedro José Vázquez de Hermosillo, fueron descritas así por el alcalde de esa provincia: "con todo esmero se ejercita en la administración, aunque con las distancias tan grandes, tierra tan áspera y caliente, carencia de ministros porque continuamente el cura se halla solo, pues aguantan poco los compañeros, aun dándoles salarios muy crecidos".

[507] *Ibid.*, p. 533.

[508] *Ibid.*, p. 23.

neficiados debían negociar con los coadjutores su reparto, puesto que éstos los sustituirían totalmente. En Malacatepec, "las obvenciones que produce el curato se dividen en tres partes, la una, con que se acude a dicho cura beneficiado, la otra percibe mi parte [el coadjutor] y la tercera, para pagar los vicarios".[509] Aunque podía darse el caso en algún curato de que el beneficiado, con tal de tener un vicario diligente, estuviera dispuesto a compartirle la mitad de las obvenciones, algo que no era muy común.[510]

Los problemas podían surgir cuando el titular se ausentaba, y surgían las diferencias en la distancia, que podían devenir en pleitos ante la mitra. En Malacatepec, el beneficiado Pedro de los Santos se quejaba de que su coadjutor, desde junio de 1723 hasta 1725, sólo le había enviado, para sus alimentos, 57 pesos y una libranza de 194 pesos 4 reales, que no había podido cobrar. El cura pidió a la mitra que se le obligara a pagarle y que fuera sustituido por otro clérigo.[511] El promotor fiscal respondió que "para la remoción […] es necesario que conste la falta al cumplimiento",[512] agregando que antes de aceptarse la misma el coadjutor debía presentar las cuentas de las obvenciones. En junio de 1725, el coadjutor las presentó y, luego de verlas, el beneficiado alegó que éstas probaban que el coadjutor no le había pagado nada desde julio de 1723, y por lo tanto pedía satisfacción o una fianza de su aceptación.[513] La respuesta del coadjutor fue:

> Muy señor mío, no dudo las muchas y grandes empeños que vuestra merced dice tiene para esta conveniencia, de que podrá disponer lo que tuviere gusto. Remito la cuenta en esa hoja y al que vuestra merced enviare, entregaré lo que me deben las indias, como las de razón, que también se fía sin ser tienda, y por lo demás se servirá de aguardarme, que no tengo otro modo ni más finca que esta conveniencia, ni más caudal que lo que traigo conmigo […] llevan las mantas que no las había enviado por no haberlas despachado; las gallinas y maíz llevarán después, que una pluma no quito a vuestra merced de lo que le toca.[514]

---

[509] AHAM, caja 36, exp. 3, f. 13v, año de 1725, "El bachiller don Pedro de los Santos y Ortega, cura beneficiado del partido de Malacatepec con el bachiller don Antonio Garduño, presbítero, su coadjutor sobre ajustes de cuentas y promoción de la coadjutoría a dicho bachiller Garduño".

[510] AGN, Bienes Nacionales 150, exp. 17, en 1730, el cura Páez y Arce, de Apastla, tenía en su compañía a Joasé Tello de Solís, a quien le daba la mitad de las obvenciones con tal de cumplir con sus obligaciones.

[511] AHAM, caja 36, exp. 3, f. 1, año de 1725.

[512] *Ibid.*, f. 2.

[513] *Ibid.*, fs. 4-6.

[514] *Ibid.*, f. 6.

Después, el procurador del coadjutor expresó que el cura no podía calificar el desempeño del primero al frente de la parroquia, pues en 17 años no había residido ni regresado; además, cuando el coadjutor llegó al curato, halló la iglesia destituida de todo.[515] Respecto a la deuda, no la desconocía y pedía una moratoria, pues las limosnas no alcanzaban lo suficiente. No obstante, el beneficiado insistió en la remoción y en recibir garantías para el pago, denunciando que el coadjutor no sólo vivía de las obvenciones, sino de otros negocios que tenía, incluyendo una hacienda, con su familia, por lo cual pedía que esta última sirviera también como garantía.[516] Luego de estos alegatos, el provisor del arzobispado sugirió dar seis meses al coadjutor para pagar, afianzando al cura con la hacienda de la familia. Respecto a la remoción, el provisor no hallaba causa suficiente para hacerla, señalando que el beneficiado estaba bien de salud como para ir a atender personalmente su curato. La resolución del arzobispo fue en todo de acuerdo con el dictamen de su provisor. Hacia 1726, el beneficiado aún cobraba a su antiguo subordinado 1 112 pesos.[517]

En 1717, el cura de Temascaltepec de Indios, Miguel de Urías, residente en México, al hacer cuentas con su coadjutor, Nicolás Méndez, encontró que éste aún le debía 50 por ciento de las obvenciones. Aunque se le dio un mes para liquidar la deuda, pasó el término y no lo hizo. Ante ello, el beneficiado solicitó a la mitra embargar las rentas de las capellanías del coadjutor y notificar a quienes las pagaban, que ahora se las dieran a él.[518] El provisor aceptó y pidió al cura averiguar el asunto de las capellanías. El pleito siguió su curso, y el gobernador del arzobispado decidió que de los 2 800 pesos que hubo de ingresos entre octubre de 1715 y febrero de 1716, la mitad era

---

[515] *Ibid.*, f. 9.

[516] *Ibid.*, f. 15, el cura Santos expresó que lo argumentado por el coadjutor no desdecía en nada sus reclamos, además, la deuda de los feligreses no pasaría, cuando mucho, de 100 pesos. "Y en cuanto a la espera que pide dicho bachiller Garduño para mi entera satisfacción, estoy llano, pues siempre las cantidades que me ha remitido, han sido en libranzas, o para molineros, panaderos o tocineros, en que es visto no haber sido producidas de las número obvenciones del curato, sino de sus industrias, con las cuales podrá asimismo satisfacerme, y para mayor seguro y que en ello no haya defecto, afiance su padre la entera paga con especial hipoteca de la grande hacienda que posee, en que dicho bachiller Garduño tiene la mayor parte, por ser el que menos ha recibido de su padre, que sus hermanos; quienes también se obligan a la paga por cuanto con ellos ha disipado gran parte de los proventos de dicho curato, en los fomentos de sus labranzas y demás inteligencias, y esto podrá ser ante el escribano de Toluca". Al final, volvía a pedir la remoción del coadjutor.

[517] *Ibid.*, fs. 17-21.

[518] AGN, Bienes Nacionales, 648, 33, año de 1717, el doctor Miguel de Urías contra el bachiller Nicolás Méndez, sobre cuenta de la coadjutoría del curato de Temascaltepec.

para el cura propietario y la otra mitad para el coadjutor. Éste nunca negó deber lo que se le pedía y sólo pidió que se le rebajaran 50 pesos, "que pagó al compañero que le asistió la cuaresma y semana santa"; petición que, en efecto, fue aceptada por el provisor. En Tetela del Río, el cura Manuel Sebastián de Cárdenas reclamó a su coadjutor, el bachiller Juan de Nájera, que no le había pagado nada de lo que le correspondía de obvenciones; pedía cuentas de todo lo recibido, tanto de "pie de altar" como de "accidentes", bautizos, casamientos y entierros, que eran el rubro más importante.[519]

MÁS ALLÁ DE LAS OBVENCIONES: LAS ACTIVIDADES PARTICULARES DE LUCRO DEL CLERO PARROQUIAL

El destino ulterior que daban los curas a sus obvenciones es un aspecto del que se conoce muy poco aún. Su estudio nos puede llevar a entender las relaciones económicas y políticas que se establecían entre el clero parroquial, los pueblos y los poderes provinciales. En los pocos estudios que hay sobre obvenciones parroquiales, normalmente se toma en cuenta sólo a los curas y a los fieles, aunque en la práctica podían intervenir también vicarios, gobernadores indios, oficiales de república y funcionarios reales. Conocer el destino de las rentas parroquiales nos adentra en las formas de inversión de los curas, en sus empresas, negocios o actividades lucrativas, así como en su interrelación con la economía regional y con los actores políticos y económicos.

La decisión de excluir del diezmo el salario para los curas llevó a la posibilidad de que éstos se vincularan con la actividad económica de sus feligreses. Puesto que los ingresos de cada parroquia se obtenían de los pueblos, para los párrocos era fundamental hacer buenos convenios con ellos, buscando una renta segura y poder disponer de recursos para mantenerse, hacerlo con su familia y, si era posible, formar un patrimonio propio. Por supuesto que para lograr esto los curas dependían de varios factores que a menudo salía de sus manos controlar: la capacidad productiva de los pueblos, el entendimiento con sus gobernantes y caciques o que el pago de las obvenciones no interfiriera con las otras cargas tributarias o de pago contraídas por los pueblos con otros actores locales, como el alcalde mayor y el repartimiento de mercancías. De igual forma, no era raro que las obvenciones de los curas se vieran comprometidas debido a deudas personales adquiridas.[520]

---

[519] AGN, Bienes Nacionales, 1075, exp. 2, diversas peticiones y memoriales sueltos sobre pretensiones de becas, pagos de patentes de cofradías, compras de casas de los conventos, licencias para salir de este arzobispado, nombramientos de notarios foráneos, etcétera.

[520] AGN, Bienes Nacionales, 1030, exp. 1, año de 1739, un comerciante demandó al cura de

De esta forma, para entender mejor la conformación y dinámica de las rentas parroquiales es menester no perder de vista, en primer lugar, el conjunto de exacciones de los pueblos que conforman una parroquia y, en segundo lugar, a los demás actores locales con autoridad e interés en el asunto. Los pueblos buscaban un equilibrio en sus finanzas que les permitiera hacer frente a todas sus obligaciones. En el caso de la parroquia de Yahualica, al norte del arzobispado, se atestiguó a principios del XVIII una recuperación de la población indígena, lo cual llevó a una mayor producción de excedentes, tanto en géneros como en mano de obra. En 1703, consciente de esa potencialidad, el cura Juan Bravo de Acuña emprendió algunos negocios propios que implicaron no sólo la inversión de sus ingresos, producto del pago de obvenciones, sino también la utilización de los servicios personales y el trabajo de los fieles. Todo indica que el cura de Yahualica, de manera unilateral, rebasó los límites del convenio pactado sobre el monto de las obvenciones y las formas de pago.[521] En consecuencia, los indios lo demandaron ante la mitra y ante la real audiencia de México. En la documentación consultada, el cura nunca negó las acusaciones claramente y, en cambio, se dedicó a implicar al alcalde mayor y sus allegados, caciques y un abogado de México en la misma problemática. Aunque esta táctica le funcionó al principio del conflicto para confundir a la audiencia, la despoblación de la parroquia puso en jaque a los poderes locales y al descubierto la competencia entre el cura y el alcalde mayor por apropiarse de los excedentes económicos del pueblo. Sin indios trabajando, ningún convenio, fueran obvenciones o reparto de mercancías, tenía ya vigencia, de ahí que tanto el cura como el alcalde coincidieron en sus esfuerzos por repoblar la parroquia. En México, decidieron que ambos debían abandonar Yahualica por considerarlos responsables del conflicto.

En Malacatepec, el cura coadjutor mantenía relaciones comerciales con tocineros, panaderos y molineros, pues incluso la feligresía pagaba las obvenciones al cura titular con libranzas que ellos le extendían, sin que por esto tuviera alguna sanción de la mitra.[522] En Tenango del Río, Comala

---

Teoloyuca, José Vargas Machuca, por una deuda de más de 700 pesos, que se había negado a liquidarle desde hacía tres años; por ello, el demandante pedía al arzobispo que si se seguía negando a pagarle, se le embargara la mitad de sus emolumentos para irla liquidando. El gobernador, en efecto, así lo ordenó al vicario del cura, pidiéndole que, en caso necesario, la mitad de las rentas se las pasara al comerciante.

[521] Rodolfo Aguirre Salvador, "Rentas parroquiales y poderes locales en una región novohispana. Yahualica 1700-1743", en Francisco Cervantes Bello (coord.), *La iglesia en Nueva España. Relaciones económicas e interacciones políticas*, Puebla, BUAP/UNAM, 2011.

[522] AHAM, caja 36, exp. 3.

y Santiago, los indios acusaron a su cura de que en los cuatro años que llevaba ahí, se había hecho de una recua de mulas y yeguas con la cual comerciaba con el árbol de cascalote, principal recurso de ese curato, descuidando la administración espiritual de sus feligreses, pues ni siquiera tenía vicario, dejando a los niños sin bautismo; además, acusaron al fiscal, un mestizo llamado Salvador Manuel, de vejarlos, pidiéndoles las raciones que sólo correspondían al cura. Otro testigo agregó que de dos meses a la fecha, el cura se hallaba en México, y que una esclava suya salía a las casas a recoger sus raciones y emolumentos.[523] Es evidente que varios curas del arzobispado, tanto beneficiados como coadjutores o interinos, hacían negocios personales aprovechando los recursos y autoridad de su cargo, sin que la mitra pudiera o quisiera hacer algo al respecto, quizá para no poner en riesgo el cobro del diezmo en las provincias. Aquí sólo se han apuntado algunos indicios para llamar la atención sobre las implicaciones del asunto; entre ellas, que las actividades lucrativas de los curas fueron permitidas, disimuladamente, por las autoridades como una forma de compensar su exclusión del reparto del diezmo.

Los vicarios "lenguas" en las parroquias

Los vicarios especializados en administrar en alguna o algunas lenguas generalmente han pasado desapercibidos,[524] inmersos en el universo del clero parroquial como figuras secundarias.[525] Sin embargo, sus tareas fueron por demás importantes, pues eran los encargados de comunicarse directamente con los feligreses autóctonos; al ser intermediarios en los pueblos con diferentes esferas de gobierno,[526] garantizaron la posesión de las parroquias en el clero secular y ayudaron a preparar el camino para la secularización

---

[523] AGN, Bienes Nacionales, 235, exp. 30.

[524] Hay pocos estudios sobre los clérigos lenguas o la formación lingüística del clero secular en Nueva España; Robert Ricard, en su estudio clásico, *La conquista espiritual de México. Ensayo sobre el apostolado y los métodos misioneros de las órdenes mendicantes en la Nueva España, 1523-1524 a 1572*, México, FCE, 1981, abordó el tema sobre la preparación lingüística de los frailes en la primera época de la evangelización. Alguna mención también hay en el artículo de María Bono López, *op. cit.*, p. 12.

[525] Al revisar la formación del alto clero y aun de los curas titulares, resulta que muy pocos en realidad conocían alguna lengua indígena. William B. Taylor, *Ministros de lo sagrado...*, *op. cit.*, y Rodolfo Aguirre Salvador, *El mérito y...*, *op. cit.*

[526] William B. Taylor, "El camino de los curas y de los Borbones hacia la modernidad", en Álvaro Matute, Evelia Trejo y Brian Connaughton (coords.), *Estado, Iglesia y sociedad en México. Siglo XIX*, México, UNAM/Miguel Ángel Porrúa, 1995, p. 82.

generalizada de las doctrinas. A lo largo de las décadas, desde fines del siglo XVI, la Iglesia secular fue dando los pasos necesarios para tener un cuerpo de especialistas en lenguas: primero se decretó por ley su aprendizaje para poder ordenarse y ganar un curato de indios, y después con la creación de cátedras de mexicano y otomí en varias instituciones. Sendas generaciones, desde el siglo XVII, habían construido las formas y los métodos, académicos o extraacadémicos, para hablar el náhuatl, el otomí o el mazahua, por mencionar los idiomas más habituales en el arzobispado. Lejos habían quedado los días en que los clérigos habían tenido que usar indios intérpretes para predicar o confesar, procedimiento denostado por las autoridades.

Paralelamente, en la medida en que avanzó la secularización de las parroquias de indios y se dio ocupación y un modo de vida a aquellos clérigos con dominio de las lenguas, ellos mismos buscaron la forma de aprenderlas en sus pueblos de nacimiento, más allá de las cátedras de los colegios o la universidad. La importancia religiosa y política que llegó a adquirir ese sector del clero parroquial queda demostrada con el hecho de que en la década de 1720 más de 50 por ciento de los clérigos del arzobispado tenía conocimiento de alguna o algunas de las lenguas nativas, principalmente el náhuatl y el otomí.

La recuperación de la población indígena a partir de mediados del siglo XVII fue otro factor que implicó para los gobernantes de la Iglesia la necesidad de contar con ministros suficientes que cubrieran sus necesidades espirituales y de doctrina en su propia lengua. Así, durante las décadas previas al reformismo exacerbado de Carlos III, el clero secular del arzobispado de México presenta un dinamismo acentuado, en el cual los clérigos lenguas jugaron un papel central en las parroquias.

Los clérigos que tenían como único patrimonio el conocimiento de la lengua se daban a la tarea de buscar un acomodo rápido en algún curato; al no poseer recursos para seguir estudiando o para opositar a las parroquias vacantes, y al tener que permanecer en México por meses e incluso años, regresaban cuanto antes a sus provincias de origen, esperando percibir pronto algún ingreso, por bajo que éste fuera.[527]

---

[527] Esta problemática fue señalada explícitamente en el cuarto concilio provincial mexicano de 1771: "Por cuanto son muchos los clérigos ordenados a sólo título de idioma que se ven mendigar, en lo adelante, por este título sólo se ordenará los que sean de tales costumbres, suficiencia y literatura, que aseguren el que nunca les faltará premio y destino correspondiente a sus circunstancias"; véase libro 1º, título IV, parágrafo 8º: "De la edad y calidades de los que se han de ordenar y del escrutinio que se ha de hacer", en Luisa Zahino Peñafort (comp.), *El cardenal Lorenzana...*, op. cit., pp. 70-71.

Sobre ellos, el arzobispo Rubio y Salinas escribió así a mediados del siglo XVIII:

> A título de los idiomas, fuera del castellano, se ordenan muchos sujetos así españoles como indios y mestizos que llaman cuarterones a quienes el arzobispo asigna, según la necesidad de los respectivos pueblos, para que sirvan de vicarios a los curas, que les señalan competente salario según el trabajo que han de sufrir en cada administración, y la experiencia enseña, que estos eclesiásticos, por la mayor parte llevan el principal peso de ella, por lo que les queda muy poco tiempo para el estudio y aun para el preciso descanso. Su instrucción generalmente se limita a la gramática y materias morales, como a la perfecta comprensión de los idiomas. Y, a proporción de sus talentos, virtud y tiempo que han administrado, se les acomoda en curatos de su idioma y en las parroquias en que fallecen los curas propios, hasta que llegue el caso de la provisión y entre tanto perciben íntegramente las obvenciones y emolumentos del beneficio y pagan a sus ayudantes. A estos se destina para coadjutores de los curas enfermos o impedidos por alguna causa y en este ejercicio concluyen su carrera gustosamente.[528]

Esta descripción denota muy bien el papel de los vicarios de idiomas en la administración parroquial; es decir, se trataba de un sector especializado en la atención indígena que difícilmente se dedicaba a otras actividades. Un clérigo de otomí, por ejemplo, normalmente opositaba sólo a curatos con esa lengua y no otra.

A medida que el clero secular fue atendiendo más población indígena del arzobispado, el conocimiento de las lenguas se hizo más necesario. En un buen número de parroquias, predominaba el idioma mexicano, seguido del otomí, el mazahua, el matlatzinco y el huasteco. De esa forma, 48 curatos de clérigos tenían como lengua indígena predominante el náhuatl (54 por ciento), 20 el otomí (23 por ciento), doce ambos idiomas (13 por ciento), seis el mazahua (7 por ciento), tres el huasteco (3 por ciento) y uno el matlatzinca (1 por ciento). Los curatos considerados "de castellano" sólo eran los del centro de México: catedral, San Miguel, San Pablo, San Sebastián, Santa Catarina Mártir y Santa Veracruz, más el real minero de Pachuca y el puerto de Acapulco, en donde se hablaba también el náhuatl; de hecho, en ese real minero había dos curas, uno encargado de la población española y otro de la indígena,[529] de ahí que no debe extrañar que hubiera clérigos que llegaran

---

[528] AGI, México, legajo 2547.
[529] AGI, México, legajo 338, año de 1670.

a dominar tres lenguas del arzobispado.[530] Para el clero secular pobre, el conocimiento de una lengua sustituyó en muchas ocasiones la falta de capellanía o patrimonio de los clérigos. Matías Pontaza Olabarrieta, teniente de cura de la parroquia de San Miguel, expresó en su relación de méritos que: "siendo su ánimo el ser de la iglesia, y no teniendo capellanía de que ordenarse, se matriculó en la real universidad para aprender el idioma mexicano".[531] Algo similar expresó el bachiller José Diana, cura de Sichú de Indios.[532] Para muchos clérigos, el idioma llegó a constituir su principal "patrimonio", con el cual esperaban colocarse en la administración parroquial como vicarios o ayudantes en algún curato rural y comenzar a recibir algún salario. Algunos lograban colocarse en la misma capital gracias al dominio de las lenguas;[533] otros clérigos lenguas se mantenían diciendo misa fuera de la ciudad de México, mientras alcanzaban el sacerdocio, como Gregorio de la Corona:

> Solicité ordenarme a título de suficiencia y del idioma otomí, que conseguí hasta el sagrado orden de presbítero [...] La pobreza y necesidad con que he proseguido en mis estudios no pondero a vuestra señoría ilustrísima pues su alta comprensión considerará lo mucho que habré padecido en tiempo de nuestro señor en el estado sacerdotal, estando forastero en tierra extraña y careciendo del socorro de mis padres, quienes por suma pobreza no me pudieron mantener en los estudios, y no obstante, a fuerza de trabajos y fatigas, he conseguido el deseo fin de mi inclinación. Me hallo tan sumamente pobre que no tengo capellanía ninguna y necesitado a salir todos los días de fiesta a siete años que ha me vine de mi tierra a esta ciudad, con solo el fin de servir

[530] AGN, Bienes Nacionales, 199, exp. 12, el bachiller Bernardino Pablo López Escobedo expresó que: "En el año de 47 pasó a administrar al partido de Huayacocotla el tiempo de once meses, hasta el año de 48, predicando y confesando en todo el partido en los idiomas otomí y mexicano, y en el idioma tepehua, confesando a los feligreses de una visita perteneciente a dicho pueblo".

[531] AGN, Bienes Nacionales, 1075, exp. 1.

[532] AGN, Bienes Nacionales, 603, exp. 5: "Se inclinó desde sus primeros años a el estado eclesiástico [...] dificultándosele por falta de título, se determinó a estudiar el idioma otomí, que como tan extraño, a costa de graves tareas, alcanzó a hablar y entender con aquella perfección posible el arte".

[533] AGN, Clero Regular y Secular, 92, f. 100v, nombramiento de capellán del hospital de los Naturales al bachiller Nicolás Gomes de Amaya, vicario de Temascalcingo y opositor actual a los curatos vacos del arzobispado, "en atención a constar de suficiencia en los idiomas que expresa este despacho", Gomes de Amaya sabía mexicano, otomí y mazahua, lenguas en las cuales se administraba en el hospital.

CUADRO 25. Lenguas indígenas habladas en los curatos del arzobispado en la década de 1720

CURATOS CON PREDOMINIO DEL NÁHUATL

Tenango del Valle	Tenancingo	Zumpanhuacan	Ixtapan	Pilcaya
Zacualpan	Tezicapan	Teticpac	Acamapixtla	Taxco
Ixcateopan	Acapetlahuayan	Telolopan	Temascaltepec de Indios	Real de Temascaltepec
Amatepec-Tlatlaya	Sultepec	Texupilco	Churubusco	Iztapalapa
Iguala	Tepecuacuilco	Atenango del Río	Oapan	Acapulco
Coyuca	Guadalupe	Xaltocan	Tizayuca	Real de Pachuca
Real de Atotonilco	Real del Monte	Yagualica	Tlachichilco	Malinaltenango
Apastla	Zumpango de las Minas	Huehuetoca	Tecualoya	Tesmalaca
Cacalotenango	Cuautepec	Alahuiztlán	Osoloapan	
Zumpango del Río	Huazalingo	Coscatlán		

CURATOS CON PREDOMINIO DEL OTOMÍ

Huizquilucan	Atitalaquia	Tequixquiac	Ixmiquilpan	Querétaro
Tarasquillo	Misquiahuala	Huayacocotla	Cadereita	Real de Sichú de españoles
Osolotepec	San Juan del Río	Xiquipilco	Huichiapan	Real de Omitlán
Hueypoxtla	Zimapan	Chilcuauhtla	Tequisquiapan	Temoaya

CURATOS DE NÁHUATL Y OTOMÍ

Chiapa de Mota	Ocoyoacac	Zumpango de la Laguna	Tamazunchale	Tepozotlán
Tetela del Río	Xalatlaco	Zontecomatlán	Teoloyucan	Real de Escanela
Tolcayuca	Texcaliacac			

CURATOS DE MAZAHUA

Atlacomulco	Almoloya	Ixtlahuaca	Xiquipilco	Xocototlán
Temascalcingo				

CURATOS DE HUASTECO

Tampamolón	Pánuco	Tempoal

CURATO DE LENGUA MATLATZINCA

Tejupilco

Fuentes: Elaboración propia con base en Peter Gerhard, *Geografía histórica de la Nueva España 1519-1821*, México, UNAM, 1986; AGN, Bienes Nacionales, 1 004 exp. 52; Archivo General de Indias, México, legajo 338, año de 1670 y Francisco de Solano (ed.), *Relaciones geográficas del arzobispado de México, 1743*, Madrid, V Centenario del Descubrimiento de América/Centro Superior de Investigaciones Científicas, 1988, 2 tomos (Colección Tierra Nueva e Cielo Nuevo). Nota: No fue posible saber la lengua hablada en Hueytenango.

a decir misa siete leguas fuera de esta ciudad con las incomodidades del tiempo y alguna vez andando lo más del camino a pie.[534]

Incluso algunos clérigos abandonaron sus estudios en la capital con tal de ir a provincia a asimilar una lengua, poder ordenarse y ganar un salario.[535] Hubo muchos que, aunque ordenados a título de capellanía, de todos modos aprendían una lengua, buscando una colocación rápida;[536] en especial quienes sabían idiomas poco dominados por el clero, como el huasteco, el totonaco, el tepehua o el matlatzinco. En 1725, a pesar de que José de Armas y Pelayo no tenía el grado de bachiller, ni sabía bien latín y no manejaba bien la administración de sacramentos, sí sabía huasteco. Sólo por esta razón fue ascendido rápidamente hasta presbítero, pues al arzobispo le urgía enviarlo como cura interino a la Huasteca.[537] Igual sucedió en 1722 con el bachiller Francisco Guerrero; los sinodales lo hallaron deficiente en latín, pero conocía la lengua tepehua, razón suficiente para aprobarlo.[538] Es un hecho que la política de la mitra fue pasar por alto cualquier deficiencia en el latín o el conocimiento de la doctrina y administración de sacramentos, si la situación así lo ameritaba, con tal de tener buenos clérigos lenguas.

Pero no sólo la mitra buscaba a esos expertos; los curas titulares los requerían con el mismo interés para cumplir con su cometido, como el de Tarasquillo, quien en una carta solicitaba al arzobispo le fuera asignado cierto

---

[534] AGN, Bienes Nacionales, 1075, exp. 1.

[535] AGN, Bienes Nacionales, 199, exp. 12, el clérigo Miguel Benítez de Ariza es un buen ejemplo de ello: "Fue segundo lugar de su curso, y año y tres meses de colegial del real y más antiguo colegio de San Ildefonso, en el que leyó varias veces en refectorio, arguyó, sustentando varias conferencias, y arguyendo en otras, y no pudiendo su padre mantenerle, pasó a su patria a trabajar para ayudarles a mantener, mas no por esto dejaba los libros. Deseoso del estado eclesiástico se fue a Alahuistlán, tierra caliente, a aprender el idioma mexicano".

[536] AGN, Bienes Nacionales, 603, exp. 5, Manuel Aguero, presbítero: "sin embargo de haber recibido dichos órdenes a título de una corta capellanía, con el fin de servir a la sagrada mitra, luego que fuera presbítero, se impuso por arte el idioma mexicano y cursó esta cátedra en el Real y Pontificio Colegio Seminario más de ocho meses, haciendo en dicho idioma varias pláticas, las que le señalaron, y algunas de oficio, todo para instruirse mejor en dicho idioma, para cuyo fin se retiró fuera de esta ciudad a un pueblo de indios. Fue aprobado por sínodo que tuvo para confesar hombres y mujeres, en el idioma mexicano y castellano, y para refrendar dichas licencias, las que se le dieron generales por el tiempo de cuatro años, sustentó sínodo público de suficiencia en la sala capitular de esta santa iglesia, teniéndolo privado de idioma".

[537] AGN, Bienes Nacionales, 1271, exp. 1, f. 163.

[538] *Ibid.*, f. 84, en su registro los sinodales anotaron: "lee algo, hijo legítimo, lee y construye poco, por necesidad de la lengua tepehua aprobado".

clérigo lengua como vicario fijo, luego de haber comprobado su utilidad en la administración parroquial:

> Diego López de Salvatierra, beneficiado del partido de Tarasquillo por su majestad, parezco ante vuestra señoría ilustrísima y digo que, con ocasión de vivir el bachiller Gregorio Cortés, presbítero de este arzobispado en la ciudad de Lerma, jurisdicción de dicho partido, persona de toda suficiencia y que sabe la lengua mexicana y otomí, me valí de él para que me ayudase a la administración de dicho mi beneficio y reconocí ser suficiente, así en la administración de los santos sacramentos como en entender y saber las lenguas que en dicho partido hay de otomí y mexicano, y que así mismo es confesor general aprobado por el ilustrísimo señor don Diego Osorio de Escobar y Llamas, arzobispo gobernador que fue de esta ciudad, y así mismo refrendada su licencia por el ilustrísimo y excelentísimo señor don fray Payo de Ribera [...] Y para que dicho bachiller pueda usar de ella y ayudarme en esta santa cuaresma y en lo demás que se ofreciere de la administración de los santos sacramentos en dicho mi beneficio, a vuestra señoría ilustrísima pido y suplico se sirva de mandar se despache título en forma de vicario al dicho bachiller Gregorio Cortés, de dicho mi beneficio de Tarasquillo, en atención a ser persona suficiente y muy necesaria para que me asista como llevo dicho y saber las lenguas.[539]

En su relación de méritos, el bachiller Blas Sánchez Salmerón destacó que cuando fue vicario en Tepozotlán y Ocoyoacac estuvo, "cargando el peso de dichos curatos en el todo por no saber entonces el idioma otomí los curas".[540] Otros clérigos aprovechaban y aprendían la lengua de su provincia de origen y procuraban colocarse ahí mismo, cerca del seno familiar. No era raro tampoco que un clérigo lengua experimentado acudiera de urgencia a otro curato a administrar en la lengua de los fieles debido a que algún beneficiado de repente se quedaba solo e incapaz de decir misa en alguna lengua, provocando la molestia de los indios.[541] No obstante la inestimable tarea que para la conservación de la fe entre los indios tenían los clérigos

---

[539] AGN, Bienes Nacionales, 1253, exp. 2.

[540] AGN, Bienes Nacionales, 199, exp. 12.

[541] AGN, Bienes Nacionales, 603, exp. 5, como sucedió con el bachiller Tadeo Antonio de Acosta: "dejó el coadjutor de Tecualoya el curato a medio cumplir con la iglesia solo con un sacerdote que no entendía su idioma; y dando cuenta al señor provisor, se pasó a él, confesó la gente que faltaba, y les exhortó a la reconciliación con su cura, de quienes estaban careciendo por tentación diabólica, en donde estuvo, sin hacer falta a cosa de su obligación, hasta que su señoría remitió sujeto a este fin".

lenguas, su situación económica y social no era nada proporcional, al estar desprovistos de cualquier seguridad en la posesión de un empleo y alejados de los beneficios vitalicios.[542] El clérigo lengua difícilmente hacía carrera para ascender en la jerarquía eclesiástica; ni en las leyes reales ni en las eclesiásticas se los consideraba como candidatos dignos de tomarse en cuenta. Así, un clérigo lengua difícilmente llegaba a la propiedad de un curato por ese mérito y, cuando lo hacían, se trataba de parroquias periféricas. Basta echar un vistazo a la formación del alto clero novohispano para percatarnos de que muy pocos de sus miembros se distinguieron por sus conocimientos lingüísticos.[543] Esa anomalía la conocían muy bien los jóvenes presbíteros que querían hacer una carrera eclesiástica y para quienes ir a administrar en una lengua indígena significaba una seria disminución de esa posibilidad.[544]

Alejados, pues, de la posibilidad de ascender, los clérigos lenguas debían conformarse con nombramientos subordinados y de bajos ingresos, como llegó a quejarse el bachiller Sebastián Rubio, ayudante de otomí en Tequisquiac, por lo cual no podía mantener a su familia.[545] Otro caso fue el de un clérigo que dominaba muy bien el náhuatl, que había sido muy solicitado por su buen trabajo y que, sin embargo, luego de casi dos décadas no había conseguido nada importante en su trayectoria. Entre 1731 y 1749, Juan Faustino Juárez Escobedo, descendiente de caciques, tuvo tres actividades principales, siempre dependiente de curas propietarios: confesor en castellano y náhuatl, predicador y ayudante o coadjutor temporal. Durante esos años, cambió de parroquia hasta en once ocasiones: 1731-

---

[542] AGN, Bienes Nacionales, 1075, exp. 1, f. 108, de esa situación se lamentaba el bachiller Blas Sánchez Salmerón: "Tengo también bastante inteligencia en el idioma mexicano, y en algunas ocasiones he administrado en él. Al presente, señor, me hallo totalmente destituido de conveniencia y sin capellanía, por estar ordenado a título de suficiencia y el idioma otomí".

[543] Rodolfo Aguirre Salvador, *El mérito y...*, *op. cit.*, capítulo VI: "Los espacios en las instituciones eclesiásticas", pp. 279-392.

[544] AGN, Bienes Nacionales, 199, exp. 12, José de Espino Barros lamentaba así el haberse visto obligado a administrar en Oapan, luego de opositar a curatos con el único fin de hacer méritos en la capital: "medio que le causó contrario efecto, porque habiendo renunciado el curato de Oapan el sujeto a quien se le había conferido, el excelentísimo señor arzobispo le propuso en primer lugar; y aunque hizo representación de su impericia en el idioma mexicano y extravío de sus estudios, no obstante su excelentísima le instó a que lo admitiese [...] resignado a obedecer, entró en posesión de dicho curato, donde experimentó luego la aflicción de verse en un lugar remoto de todo comercio político, habitado solo de indios".

[545] AGN, Bienes Nacionales, 1075, exp. 1: "sin serle de obligación alguna la cortedad de los emolumentos que percibe [...] Expresa al estar actualmente manteniendo a su madre viuda, y hermanas doncellas; por estar sumamente pobres y no alcanzando a poderlo hacer cómodamente por lo tenue de lo que granjea en donde está".

1733: Iztapalapa y Tizayuca; 1734-1735: Coscatlán, en la región cálida de la Huasteca; 1736-1738: Amatepec y Tlatlaya; 1739: Iztapalapa otra vez; 1740: Churubusco; 1741-1742: Tenango del Valle; 1742: Tenancingo; 1743: Iztapalapa por tercera ocasión; 1743-1744: vicario en Xochialicpa, en la sierra; 1745-1749: coadjutor y juez eclesiástico de Chilpancingo y Zumpango del Río. En todos ellos, Juan Faustino desarrolló múltiples actividades: predicó, confesó, administró todos los sacramentos, fundó varias cofradías, tanto de indios como de "gente de razón" o españoles, reedificó iglesias y capillas en ruinas, compró nuevos ornamentos para los templos y puso escuelas para los niños; asimismo, persiguió a indios "idólatras" en donde supo de ellos[546] y casó a muchas parejas de "amancebados". Sin duda que este personaje fue un auxiliar ideal para los curas titulares que dispusieron de sus servicios, máxime por su completo dominio del náhuatl. Con todo, hacia mediados del siglo XVIII, aún seguía esperando un nombramiento estable.

En el rango más bajo de la jerarquía clerical se hallaban los clérigos lenguas confesores y administradores de sacramentos ocasionales, quienes no tenían ningún nombramiento propiamente y cuya actividad se reducía a auxiliar en los curatos durante las fiestas patronales, cuando la administración de sacramentos llegaba a su máxima demanda.

Un informe de 1722 sobre los clérigos lenguas del arzobispado nos revela el destino de 212 clérigos, desde ordenados de menores hasta diáconos.[547] Cincuenta y cinco por ciento tenía el conocimiento de al menos una lengua indígena, predominando el náhuatl, no obstante que la mayoría de este conjunto se había ordenado a título de capellanía. Otra característica importante es que todos, sin excepción, tenían sólo el grado de bachiller. Respecto a sus ocupaciones, hay dos que predominan en los clérigos de idioma: la de confesor en idioma indígena (50 por ciento) y la de vicario parroquial (18 por ciento). Es evidente que en el universo del clero parroquial sus servicios eran muy buscados para atender a la población indígena, aunque siempre desde un rango subordinado. Del resto de los clérigos ocupados, algunos fungían como jueces eclesiásticos, colectores de diezmos o maestros

---

[546] AGN, Bienes Nacionales, 199, expediente 12, "Por el mes de mayo del año de 1737, habiendo tenido noticia de que los indios iban a idolatrar con el demonio que se les aparecía en forma de chivo en una cueva que está arriba del pueblito de San Felipe Coatepec, visita de Tlatlaya, fue en compañía del bachiller don Eugenio de Zárate a dicha cueva y conjuró y bendijo, ahuyentando al demonio del paraje (cosa que admiraron los que saben de la cueva pues hasta entonces no había entrado ningún sacerdote por la espantosa que esta y lo grande que es), y luego que los indios supieron el caso se amotinaron, y presos por la justicia seglar, le hallaron varios papeles de varios abusos que seguían".

[547] AGN, Bienes Nacionales, 1271, exp. 1, "Crisis del sínodo del año de 22".

de escuela. Finalmente, se hallaban aquellos de quienes no se especificó ninguna ocupación, algo así como 30 por ciento. Es muy probable que ellos subsistieran de su familia o de la renta de sus capellanías únicamente; de hecho, varios se declararon en proceso de estar, aún, aprendiendo alguna lengua nativa.

Varias problemáticas y tensiones se pueden percibir en el clero parroquial de la primera mitad del siglo XVIII. En primer lugar, el movimiento de curas, sobre todo vicarios, entre unas y otras parroquias. Una parte de los beneficiados, 50 por ciento, permaneció décadas en sus curatos, suprimiendo la posibilidad de ascenso de presbíteros jóvenes. En tanto, hubo más movilidad en curatos menos deseados, que eran los que salían más a concurso. Con todo, el recambio de beneficiados por oposición fue una válvula de escape, pero no solucionó de fondo el problema de la desocupación, sobre todo de los presbíteros, sector que fue el centro de atención de los arzobispos. La creación de una veintena de curatos, que crearon medio centenar de empleos, entre beneficios y vicarías, no fue suficiente tampoco.

Otra válvula de escape era la contratación de vicarios, pero a todas luces resultó algo que creaba más expectativas, casi siempre sin cumplimiento, que realidades. El problema estaba en la desproporción entre el número de ministros y la demanda de atención a la feligresía creciente del arzobispado, algo que no pudo resolverse en esas décadas debido, sobre todo, a la falta de solución al problema de ampliar las rentas parroquiales para pagar más vicarios. Derivado de ello, y dada la tendencia de curas titulares, permitida por las autoridades, a garantizar la posesión de la mayor parte de las obvenciones para ellos mismos, se destinaban pocos recursos a la paga de vicarios y ayudantes; ello ocasionaba que aquellos clérigos necesitados de contratarse como auxiliares en los curatos para subsistir pugnaran normalmente por una mejor paga o, en caso contrario, abandonaban sin más a los feligreses. Igualmente, está el asunto de los negocios lucrativos del clero parroquial que, aunque estaban prohibidos, seguían efectuándose, dividiendo la atención y el tiempo de los curas entre la administración espiritual y sus intereses particulares.

La mitra no hizo sino insistir a los beneficiados que contrataran nuevos vicarios, pero no más que eso, con lo cual se posponía un mejoramiento real de la administración espiritual. Sin duda, importaba más mantener el *statu quo* de privilegio del alto clero y el respeto formal al real patronato.

Finalmente, en esta época se consolidó en el arzobispado la figura del cura o vicario hablante de alguna lengua indígena, que llegó a ser común en los curatos rurales del arzobispado de México de la primera mitad del siglo XVIII. Subestimado, subordinado y mal pagado fue, sin embargo, un miembro de la Iglesia fomentado y buscado por las autoridades coloniales, que eran conscientes de que sin su presencia era difícil atender las necesidades espirituales de los indios. Aunque arzobispos como José Lanciego y Eguilaz o Manuel Rubio y Salinas impulsaron la castellanización de los indios, sumándose a los esfuerzos de varias generaciones atrás y que no habían logrado mucho, también siguieron ordenando a clérigos lenguas, sabedores de que seguían necesitándose, más aún si ya divisaban la secularización generalizada de las doctrinas de los regulares, como en efecto sucedió a mediados del siglo XVIII. La transición fue menos difícil por ello, pues el clero secular ya contaba con los ministros lenguas suficientes y con la experiencia necesaria para sustituir a los frailes.

Pero en las parroquias no se agotaba la presencia del clero secular en las provincias, sino que para la época que aquí estudiamos lo podemos hallar como parte de la población residente y en actividades poco estudiadas todavía.

EL "TERCER EJÉRCITO": EL CLERO PROVINCIAL

> *Habiendo tomado algún cuerpo el número de*
> *eclesiásticos seculares de aquella ciudad, se valieron*
> *de la voz de los vecinos de ella, padres y parientes*
> *de los susodichos, para que, a su representación, se*
> *dignase su majestad de encomendarles el curato de*
> *dicha ciudad en cuanto a españoles, negros, mestizos,*
> *mulatos, separándolo del de los indios, que es el que*
> *sólo querían dejar a los religiosos de dicho convento,*
> *para lo cual maquinaron razones e inconvenientes.*[548]

Más allá del clero capitalino y del parroquial, que sin duda eran los sectores más visibles de la clerecía, en las provincias del arzobispado había crecido un tercer sector de clérigos que constituía una presencia numerosa ya, comparable en tamaño al adscrito a las parroquias. El clero provincial no adscrito a las parroquias es, sin duda, el sector más desconocido y del que menos se ha escrito.[549] Sus expectativas en la Iglesia, sus ocupaciones y su forma de sustento han pasado, por lo regular, desapercibidas, debido a que hay pocos registros sobre ellos en los archivos, así como a su presencia tangencial en las instituciones eclesiásticas y a su dispersión geográfica.

Si en los siglos anteriores se hablaba básicamente del clero urbano, asentado sobre todo en la ciudad de México, para el periodo aquí estudiado debemos destacar una presencia clerical activa en pueblos, villas y ciudades pequeñas, así como en ranchos y haciendas.

---

[548] AGN, Clero Regular y Secular, 148, f. 402, año de 1710. Franciscanos de la ciudad de Querétaro.

[549] En el siglo XVII, por ejemplo, es claro el protagonismo del clero de la capital en los sucesos políticos de la época; en contraste, no sabemos nada sobre su número o actividades en las provincias, en donde todo indica que dominaban la escena sólo los religiosos. Al respecto, véase Jonathan I. Israel, *op. cit.*, pp. 185-190.

Muy atrás habían quedado los días en que los religiosos eran los únicos miembros de la Iglesia en amplias provincias y doctrinas de indios; para la primera mitad del siglo XVIII, en muchas de ellas ya había presencia de clérigos diocesanos. Este hecho cabe destacarlo porque nos habla del crecimiento del clero secular, no sólo numérico, sino también territorial en el arzobispado y, quizá más importante, de su arraigo en el mundo rural y ya no sólo en el urbano.

Desde la periferia en donde se hallaban, los clérigos de provincia también participaron en acciones tendientes a cambiar el equilibrio de ambos cleros, minando la presencia de los religiosos en ámbitos que hasta entonces habían dominado. En la época aquí estudiada, aquéllos se hicieron presentes en diferentes tareas y ámbitos que apuntaban, en general, a ganar espacios a los religiosos, ya sea al servicio del arzobispado (colectores del diezmo o jueces de doctrina), de la feligresía (núcleos clericales en poblaciones importantes) o de las omnipresentes haciendas y ranchos (capellanes particulares).

El clero provincial era, pues, una especie de "tercer ejército" de la iglesia secular que, en varios sentidos, ayudó a crear condiciones favorables para la futura secularización iniciada en 1749; distante de la ciudad de México, pero cercano en el objetivo de hacer del arzobispado una tierra de clérigos diocesanos.

En las siguientes páginas, se hace una aproximación a los ámbitos en que se desarrollaron sus miembros.

Distribución geográfica y núcleos clericales

El asentamiento clerical en las provincias era desigual, pues mientras que en algunas no vivía casi ningún clérigo secular —básicamente zonas indígenas administradas por frailes—, en otras, dominadas también por doctrinas, pero ya con una importante presencia no indígena, había varios presbíteros dispersos en las haciendas o ingenios, como la de Chalco o la de Cuernavaca. También estaban aquellas localidades con núcleos importantes que, aunque no pueden equipararse con el de la capital, nos indican una regionalización importante en cuanto al origen del clero secular, como Querétaro, Toluca o Pachuca.

En el siguiente cuadro, se hace una aproximación a la distribución provincial del clero secular, así como a sus principales actividades:

CUADRO 26

Distribución geográfica y ocupaciones del clero provincial del
arzobispado de México, 1700-1750

Provincia	Parroquia	Jueces de doctrina	Colectores de diezmos	Capellanes	Clérigos	Total
Pánuco	Tampico	1	1*		2	4
Cadereyta	Cadereyta	1				1
Meztitlán	Meztitlán	1				1
Querétaro	San Juan del Río		1		10	11
	Querétaro	1			33	34
Zimapán	Zimapán				3	3
	Ixmiquilpan	1	1		4	6
	Actopan	1		1		2
Huayacocotla	*Tulancingo*	1	1			2
Xilotepec	*Huichiapan*	1	1	1		3
	Aculco	1				1
	Alfaxayuca		1			1
Tula	Tula	1				1
Pachuca	*Apa*	1				1
	Pachuca			13		13
	Tolcayuca			1	2	3
	Atotonilco el chico			1		1
Tetepango-Hueypoxtla	Atitalaquia			1		1
Cuautitlán	Teoloyuca		1			1
	Tepozotlán			1		1
	Cuautitlán			2		2
Zumpango	Tequisquiac				1	1
	Zumpango de la Laguna			2		2
Metepec	Atlacomulco			1		1
	Ixtlahuaca		1	3		4
	Temascalcingo			2		2
	Xiquipilco			4		4
	Malacatepec			1		1
	San Felipe del Obraje				2	2
	Toluca	1	2		27	30
Tenango del Valle	Xalatlaco				2	2
Lerma	Tarasquillo			2	2	4
	Lerma				2	2
Tacuba	Los Remedios		1	1		2
	Tacuba			1		1
	Chapultepec			2		2

CUADRO 26 (*continuación*)

Provincia	Parroquia	Jueces de doctrina	Colectores de diezmos	Capellanes	Clérigos	Total
Valle de México	Guadalupe		1**	4		5
	Tecamac				1	1
	Coyoacán				3	3
	Tacubaya			1		1
	Mixcoac			1	2	3
	San Pedro Mártir			1		1
Mexicalcingo	Churubusco		1			1
Xochimilco	*Xochimilco*	1				1
Chalco	*Chalco*	1	1		6	8
	Ozumba			1	1	2
Texcoco	*Texcoco*	1	1			2
Teotihuacán	*Teotihuacán*	1				1
Cuernavaca	*Cuernavaca*	1				1
Cuautla-Amilpas	*Cuautla*	1	1			2
Tetela del Volcán	*Tetela del Volcán*	1				1
	Tochimilco	1	1			2
Temascaltepec-Sultepec	Temascaltepec de Españoles		1	3		4
	Temascaltepec de Indios		1	1	1	3
	Sultepec				2***	2
	Texupilco				1	1
Malinalco	*Malinalco*				1	1
	Tenancingo		1		7	8
	Yautepec			1	1	2
	Cuernavaca			3	1	4
	Ingenio Santa Bárbara			1		1
	Ticumán			1		1
	Cuautla			1	2	3
	Cocoyoc			1		1
Taxco	Acamistla				4	4
	Taxco				6	6
Iguala	Iguala				1	1
Tixtla	Zumpango del Río			1		1
Totales		20	20	62	126	228

Fuente: Archivo General de la Nación, Bienes Nacionales, varios expedientes de la primera mitad del siglo XVIII.

* De indios del norte del arzobispado. Las doctrinas del clero regular se marcan con cursivas.

** De huertas y cercados de los alrededores de México.

*** Se trata de dos clérigos hacendados.

Es evidente que la dinámica económica y social de cada región o población determinó la formación de núcleos clericales; es decir, que ahí la
demanda de órdenes sacerdotales y fundación de capellanías provino de
familias dedicadas a actividades como la de textiles, manufacturas, minas
o producción del azúcar, propias de esos lugares. Querétaro, por ejemplo,
se significó por tener el segundo núcleo clerical en importancia del arzobispado, mismo que se caracterizó por hacer sentir su presencia en los ámbitos
religiosos de la ciudad, enfrentándose incluso a los franciscanos al buscar
la administración espiritual de la población no india, como veremos más
adelante. En esa ciudad, a fines del siglo XVII, los clérigos llegaron a formar
una congregación sacerdotal bajo la advocación de santa María de Guadalupe, que para el XVIII logró tener su propia iglesia, celebrar con pompa y
lucimiento su aniversario y crecer en el número de sus integrantes.[550]

Un informe de 1711, del juez eclesiástico de Querétaro, Felipe de las
Casas, hablaba de 29 presbíteros con capellanías y aclaraba que no mencionaba a quienes carecían de ellas o estaban ausentes.[551] En otro informe de
1721, sobre las capellanías que tenía el clero secular de la misma ciudad,
se registró que 32 clérigos gozaban de 62 fundaciones, con un capital in-
vertido de 136 400 pesos.[552] Sin duda que este núcleo clerical hacía ya un
contrapeso importante a los franciscanos asentados ahí desde el siglo XVI y
que monopolizaban la administración espiritual. En 1724, se presentó una
intensa disputa entre los franciscanos y clérigos seculares con el pretexto
de la procesión de Corpus Christi.[553] Las quejas fueron sobre todo de los
religiosos, titulares de la doctrina, quienes explicaron al virrey que desde
la fundación de la ciudad el convento franciscano se había hecho cargo de
sacramentar a los indios, por encargo apostólico, y al resto de la población,
por comisión de los arzobispos, pero que en 1701 pretendieron formar una
parroquia de españoles, mestizos y mulatos.[554]

[550] Vicente Acosta y Cesáreo Munguía, *Compendio histórico de la ilustre y venerable congregación de clérigos seculares de Santa María de Guadalupe de la ciudad de Santiago de Querétaro,*
Querétaro, Jus, 1963.

[551] AGN, Bienes Nacionales, 853, exp. 2, "Gobierno sede vacante. Año de 1711-1713. Real
cédula y cordilleras sobre la recaudación del donativo que por ella se sirve pedir su majestad
(Dios le guarde)".

[552] AGN, Bienes Nacionales, 574, exp. 3.

[553] Las tensiones entre los cleros de esta ciudad alcanzó tal nivel que incluso llegó hasta
el Consejo de Indias.

[554] AGN, Clero Regular y Secular, 148, f. 402, y AGN, Bienes Nacionales, 853, exp. 2, después de la ciudad de México, cuyo número de clérigos es incomparable por supuesto, es muy
posible que el mayor conjunto se haya asentado en Querétaro, por lo que al arzobispado se
refiere. Hacia 1711, se contabilizaban al menos 29 clérigos, incluyendo al juez eclesiástico local.

En consecuencia, en 1705 clérigos seculares lograron que se les diera la administración de la población no india de la ciudad; acto seguido, disputaron a los frailes la precedencia en la procesión de Corpus Christi, iniciándose un nuevo pleito ante el virrey, en su calidad de vicepatrono. La resolución de éste fue, en 1708,

> Que se informase a su majestad lo conveniente que sería que se erigiesen dos o más parroquias de curas seculares para gente española y demás ladinos de dicha ciudad, pero que en el ínterin que su majestad tomaba resolución sobre el punto, no se hiciese novedad.

Y, además, ordenó derogar la cédula que daba a los clérigos la administración de la "gente de razón" de Querétaro. Los franciscanos eran conscientes de que el núcleo de clérigos diocesanos de Querétaro iba tomando fuerza y disputándole la administración espiritual.

A pesar de este revés a las intenciones del clero queretano, en 1718 el arzobispo Lanciego Eguilaz logró que la Corona ordenara a los franciscanos erigir cinco ayudas de parroquia con ministro fijo y, de no hacerlo, se le daría oportunidad de nombrar a clérigos seculares como vicarios.[555] Aunque, al parecer, los franciscanos no permitieron algo así, el clero secular de la ciudad siguió presionando para ganar espacios.

Un nuevo enfrentamiento en 1724 llevó a los franciscanos a presentar un escrito con el que intentaron zanjar de una vez el asunto, mediante seis argumentos sobre por qué el clero secular no debía participar en la administración espiritual de la feligresía de Querétaro; tales argumentos dejan varias cosas al descubierto. En primer lugar, la evidente actitud defensiva de los frailes ante el crecimiento del clero secular local, una verdadera amenaza al *statu quo* de casi dos siglos; en segundo, la división de los vecinos, unos a favor de los religiosos y otros a favor de los clérigos; y, en tercero, la búsqueda de fundamentos legales, en las propias leyes indianas, para evitar a toda costa tener que compartir los espacios de culto; además, como antaño, los religiosos seguían cuestionando cualquier derecho del arzobispo para intervenir en la administración de las doctrinas, dando por sentado que existían dos iglesias independientes: la de los regulares y la de los clérigos diocesanos.

Así, en primer lugar, los franciscanos argumentaron que debía respetarse la división acostumbrada de cargos para cada clero, evitando la mezcla de clérigos seculares y frailes.[556] En segundo, alegaban que, puesto que la *Reco-*

---

[555] AGN, Reales Cédulas Originales, 39, exp. 85 bis, fs. 4, Querétaro, julio 11 de 1718.
[556] AGN, Clero Regular y Secular, 148, fs. 408 y ss: "El primero es la ley 20, título

pilación disponía que los obispos sólo podían nombrar a clérigos diocesanos como vicarios y confesores, en aquellos conventos bajo su jurisdicción y no en otros, entonces sí existía un principio de exclusión que debía respetarse.[557] En tercero, cuestionaban que si el rey había dispuesto que no hubiera monasterios o frailes predicadores en curatos de clérigos, ¿por qué habría de haber clérigos seculares que ejercían algún ministerio en una doctrina como Querétaro?[558] En cuarto lugar, los franciscanos usaron de ejemplo la predicación en Japón, en donde el rey permitió a todas las órdenes ejercer y con el tiempo dividirse en provincias, para redundar en su argumento principal de que si incluso entre los religiosos había división de jurisdicciones y ministerios, ¿cómo no haberla con los clérigos seculares?[559] Otro ejemplo

---

7, del mismo libro y *Recopilación*, en que se previene que los señores arzobispos y obispos no tengan religiosos por provisores, y la razón de esta prohibición no es porque en lo regular la haya en derecho para que los religiosos sean provisores, sino por ocurrir al ruido y escándalo que causó la extraordinaria nominación de un religioso en oficio que han manejado siempre los clérigos, luego por el contrario, deberá evitar el ruidoso escándalo y nunca visto concurso de clérigos revestidos y ministros de función, que siempre la han oficiado por entero los religiosos".

[557] *Idem*, "El segundo es la ley 42, del mismo título y libro, en que se encarga a los señores arzobispos y obispos que nombren clérigos seculares y no religiosos para vicarios y confesores de monjas sujetas a la jurisdicción ordinaria de dichos señores arzobispos y obispos, y la razón que entre otras da es porque los religiosos no asistan a monasterios de religiosas que no están sujetas a sus prelados, ni son de sus mismas órdenes, luego si esta diversidad excluye a los religiosos, la misma al contrario excluirá en nuestro caso a los clérigos".

[558] *Idem*, "El tercero, la ley segunda, título doce, del mismo libro primero de *Recopilación*, en que se dispone que donde hubiere cura clérigo no se funde monasterio de ninguna orden y que si algunos religiosos fueren a predicar donde hubiere cura clérigo, el señor arzobispo u obispo de orden que, habiendo predicado pasen a otros pueblos o se vuelvan a sus monasterios, y cuando estrecha tanto esta disposición sobre dividir beneficios de clérigos de los de religiosos, que muestra su majestad el especial estudio de evitar su concurrencia, mal puede llevar a bien tanta concurrencia, como la que con mi parte quieren los clérigos de Querétaro".

[559] *Idem*, "El cuarto: la ley 33, título 14 del mismo libro primero, que abre puerta a todos los religiosos de todas las religiones para que entren en el Japón a predicar, y les encarga que tengan toda conformidad y buena correspondencia, y que ajusten el catecismo de tal suerte que pues es una la fe, lo sea también en la enseñanza y celo, y que se ayuden como si todos vivieran y profesaran una misma regla y observancia, y que si la disposición de la tierra y el progreso en la conversión de los naturales lo permitiere, se dividan en provincias, haciéndose la asignación de ellas como más pareciere convenir. De suerte (son palabras de la ley) que no se mezclen si es posible los unos con los otros, pues ahora bien, si donde su majestad apetece tanta unión y sociabilidad de religiosos con religiosos, los manda dividir si es posible, y les prohíbe que se mezclen siendo más computable por más símbolo el estado de los unos con el de los otros, ¿que diremos de la copulación y mezcla en los oficios de clérigos y frailes, que son menos símbolos?".

de la no coexistencia de clérigos diocesanos y frailes que los franciscanos inferían de las disposiciones reales era el de que los obispos sólo podían nombrar visitadores religiosos para las doctrinas.[560] Finalmente, en sexto lugar, rechazaron el derecho del arzobispo a nombrar vicarios del clero secular como auxiliares en doctrinas, pues cuando mucho podían solicitar al prelado regular que pusiera más ayudantes regulares si hubiera exceso de feligreses, pero si no fuera el caso, ni siquiera eso podía hacer.[561] Aunque no sabemos en que paró este pleito, lo importante es advertir que los clérigos seculares del arzobispado disputaban cada vez más espacios a los religiosos, acrecentando la presión a favor de la secularización.

En Toluca, el tercer asentamiento de clérigos diocesanos en importancia del arzobispado, había en 1711 al menos 24 clérigos;[562] 16 de éstos llegaron

[560] *Idem:* "El quinto, que por reales cédulas tiene su majestad encargado a los señores diocesanos que para las visitas de las doctrinas de religiosos no nombren clérigos sino religiosos del mismo orden que las tienen a cargo, siempre que los hubiere de la confianza de los señores prelados y de las partes necesarias para tales visitadores, y este conflicto de seculares y regulares, que procuró evitar su majestad en las visitas, no es bien que se introduzca en los oficios y profesiones".

[561] *Idem*: "El sexto, que siempre que el cura regular de doctrina de religiosos no basta a la administración del beneficio o por la numerosidad de feligreses, o por la distancia de pueblos o por causas semejantes, se recurre a vicarios que se les nombran, y esto lo hace el prelado regular en regulares del mismo orden, y no el señor diocesano en clérigos seculares, luego si esta providencia que están dentro del curato y del oficio oficiando sólo se verifica en religiosos y no en clérigos, la de co-oficiación mayor, culto y pompa de la función del día de *corpus*, que hasta ahora no se ha visto compartida con los clérigos de Querétaro, debe correr como hasta aquí a cargo de los religiosos de aquel convento pues hay en el tantos que se han ocupado y se ocuparan en servir los dichos ministerios, aun cuanto para llenarlos y cumplirlos no hubiese bastantes religiosos, no pudiera el prelado diocesano nombrar los que habían de ejercer, porque lo que solo dispone el santo concilio de Trento en la sesión 21 de *Reformatione*, capítulo 4, es que donde el pueblo es copioso y los ministros pocos, para la administración de sacramentos y culto divino, puedan los señores obispos obligar a los párrocos, o a cualquiera otros a quienes toque el cargo de dar ministros, a que pongan los necesarios para lo uno y para lo otro, con que corriendo a cargo del prelado provincial y tocándole dar ministros bastantes para el culto divino y administración de sacramentos y habiendo párroco en dicho convento de Querétaro, a éste o a su prelado regular se le pudiera sólo intimar la falta de ministros para que lo remediase, dado que la hubiese, y no habiéndola, ni aun esta intimación se puede hacer y mucho menos la nominación de ministros eclesiásticos seculares, no es monstruoso que en estos concurra preste regular pero necesitar a mi parte a que los acepte es querer que se are con yunta de buey y jumento, o que se haga vestido de mezclilla, de lana y lino contra el precepto prohibitivo del Deuteronomio, cuya glosa ordinaria entiende esta prohibición la de la asociación en un mismo oficio de hombres de diversa profesión, porque no son unibles los que siguen variedad de votos y estudian diferentes estados".

[562] AGN, Bienes Nacionales, 853, exp. 2.

a gozar de 35 capellanías, con un capital comprendido en alrededor de 84 300 pesos.[563] Es indudable, entonces, que la mejoría en las economías regionales impactó también las fuentes de rentas para la clerecía. No obstante, el arzobispo Rubio y Salinas no tenía tan buena opinión de la clerecía de Querétaro y Toluca:

> En las ciudades de Querétaro y Toluca de este arzobispado hay otra copia de eclesiásticos, pero a excepción de los que refiero a continuación de la nómina de los párrocos, todos los demás viven de sus patrimonios y del altar, sin especial mérito para el ascenso a las prebendas, y no pocos he corregido en las visitas que hice de estas ciudades, porque ya expuse que los que viven distantes se entregan más al ocio, al juego y a otras debilidades.[564]

Es difícil saber con base en qué elementos u opiniones el prelado se formó una idea así, pero, al menos en el caso del clero de Querétaro del periodo aquí estudiado, es claro que, más que dedicarse al ocio y al juego, el clero estaba empeñado en arrebatar parte de la administración espiritual a los franciscanos o, al menos, en construirse sus propios espacios, apoyados por sus familias y el vecindario.

Al servicio del arzobispado: jueces de doctrina y colectores del diezmo

En las provincias, fuera del clero parroquial, no era mucho lo que la mitra podía ofrecer a su clerecía en cuanto a cargos u oficios, mismos que se reducían a algunas docenas de nombramientos, como juez eclesiástico de doctrinas o colectores del diezmo. Para la mitra, sin embargo, estos cargos fueron vitales por cuanto reforzaban su autoridad y garantizaban el cobro del sustento del alto clero, como lo era el diezmo.

Una figura clerical que se consolidó en el periodo aquí estudiado fue la del juez eclesiástico, encargado de hacer valer la jurisdicción y la autoridad del arzobispo. Normalmente, los curas titulares se desempeñaron también como jueces en su propio curato; aparte, hay que mencionar a los jueces eclesiásticos encargados de ejercer especialmente en las doctrinas de los religiosos. Estos nombramientos no constituían un beneficio eclesiástico como tal, sino un cargo cuya temporalidad dependía totalmente de la

---

[563] AGN, Bienes Nacionales, 574, exp. 3.

[564] AGI, México, legajo 2547, materias gubernativas e informes, febrero de 1764, informe reservado de la clerecía del arzobispado de México, por Manuel José Rubio y Salinas.

voluntad del ordinario y su desempeño no garantizaba ascensos directos a los altos cargos de la curia o las prebendas. Por lo regular, los provisores, promotores fiscales, jueces de testamentos y defensores de adscritos a la curia eran catedráticos, miembros del cabildo eclesiástico o juristas muy ligados a los mismos, con doctorado en Leyes o Cánones, y es difícil hallar a alguno que hubiera ascendido desde un juzgado de doctrina.[565]

Los clérigos seculares que ocuparon el cargo de juez fueron un conjunto que tendió más a la uniformidad en cuanto a sus trayectorias y aspiraciones, aunque también pueden encontrarse diferencias. Hemos tenido noticia de al menos 99 clérigos seculares que fueron jueces entre 1700 y 1749; no se trata de personajes que hayan desarrollado una carrera eclesiástica de grandes vuelos, salvo alguna excepción, pues normalmente ninguno llegó a formar parte del alto clero del arzobispado,[566] digamos que se hallaban en una situación intermedia entre el bajo clero rural y los curas titulares de la ciudad de México. Los jueces más destacados, en cuanto a carreras eclesiásticas, fueron los curas de parroquias principales, quienes generalmente tenían también el grado de doctor, como los de Tenango del Valle, Chalco, Temascaltepec o Pachuca. Un caso excepcional es del doctor Pedro Ramírez del Castillo, quien fue capaz de ascender desde el curato de Pachuca hasta deán del arzobispado en 1737, pasando antes por el curato de San Miguel, de la ciudad de México, y la canonjía penitenciaria del mismo cabildo. En esta trayectoria, el cargo de juez eclesiástico fue un mérito secundario, no determinante;[567] lo mismo podemos decir del doctor José Bañuelos Negrete, quien de cura y juez de Tequisquiac llegó a ser racionero de la ciudad de México.[568]

En cuanto a su formación académica, todos los jueces tuvieron grados académicos, la mayoría el de bachiller; los había graduados en artes, teología, leyes o cánones; es decir, no se necesitaba tener estudios en derecho para fungir como juez, lo que nos habla de que en realidad se formaban en

---

[565] Rodolfo Aguirre Salvador, *Por el camino...*, *op. cit.*, pp. 113-124.

[566] AGI, Indiferente, 216, núm. 133 y AGN, Bienes Nacionales, 853, exp. 2; aunque, por supuesto, algunos jueces intentaron acceder a las prebendas de todos modos, como el doctor Francisco de Coto, cura y juez de Xalatlaco desde 1701, y quien por esos años opositó a la canonjía doctoral de México, sin ningún resultado positivo. Hacia 1727, seguía en la misma parroquia sin expectativas ya de ascender. Mismo caso del doctor en Cánones y Leyes, Pedro Díez de la Barrera, juez en Xaltocan, Tequisquiac y Zumpango.

[567] AGN, Bienes Nacionales, 1075, exp. 1, en una relación de méritos de la primera década del siglo XVIII, Ramírez del Castillo no dedicó sino dos líneas a su judicatura eclesiástica: "Ha sido juez eclesiástico y vicario *in capite* de dichas minas y anexos, que ha ejercitado con la debida prudencia". Para sus ascensos, véase AGI, Indiferente, 2863, libro 4 e Indiferente, 2863, libro 5.

[568] AGI, Indiferente, 220, núm. 80 y 2864, libro 6.

la práctica. El juez de Pachuca, Pedro Ramírez del Castillo, era doctor en Teología y se destacó más por sus sermones y su conocimiento del náhuatl; su formación en derecho consistió únicamente en algunos cursos de cánones en la universidad.[569] Bartolomé Fernández, cura y juez de Tequisquiac, era sólo bachiller en Artes y había cursado teología moral, pero no tenía ninguna preparación en cánones, al igual que el cura interino y juez de Amatepec y Tlatlaya.[570]

Varios jueces ascendían de cargos bajos, como el bachiller Juan Ramírez de Hinojosa quien, luego de servir diligentemente como notario en Actopan a las órdenes del juez de Pachuca, recibió una recomendación valiosa para ser nombrado nuevo juez en esa misma doctrina agustina.[571] También sucedía que el cargo de juez de doctrina se diera a algún doctor como paliativo a una carrera de bajo perfil;[572] basta ver la trayectoria del doctor en Teología y maestro en artes, Juan Pablo Goenaga, quien desde que se doctoró, en 1714, y hasta 1727, aunque había realizado algunas oposiciones a curatos, el único cargo que había conseguido era precisamente el de juez de la doctrina franciscana de Apa. Es posible que sus padrinos de grados mayores, el provisor del arzobispado y un prebendado de catedral, hayan intercedido por él ante el arzobispo Lanciego para tal designación. No era raro que esos personajes tuvieran también los cargos de comisario del santo oficio o colector de diezmos, concentrando funciones y poder; también podía darse el caso de que se nombrara un juez eclesiástico independiente del cura, en una parroquia del clero secular.[573]

La duración de los jueces en sus cargos era variable, pues dependía tanto de la decisión del ordinario como de su desempeño al frente de los juzgados. En ese aspecto, hubo ciertas tendencias. En el caso de los curas-jueces, el ejercicio de la judicatura duraría mientras ellos estuvieran al frente de la administración parroquial, que podía ser desde algunos meses hasta varias décadas. El cura y juez de Taxco, José de Prado, estuvo en ejercicio de 1704 a 1727; los de doctrinas, en cambio, tendían a durar más años en su cargo. El bachiller Felipe de las Casas, juez de la doctrina franciscana de

[569] AGN, Bienes Nacionales, 1075, exp. 1.

[570] *Idem*; el mismo perfil presentan el cura y juez de Xaltocan, el doctor José Francisco Carballido Cabueñas; Juan de Rodezno, cura y juez de Tamazunchale y el bachiller Antonio Martínez de Garate, cura y juez eclesiástico del partido de Acapetlahuaya.

[571] AGN, Bienes Nacionales, 1030, exp. 1, "Diversos escritos y cartas sobre distintas pretensiones en el gobierno del señor arzobispo de México".

[572] AGI, Indiferente, 219, núm. 41; AGN, Bienes Nacionales, 739, exp. 12; Bienes Nacionales, 191-2, fs. 613-631v y Universidad, 370, fs.263-285.

[573] AGN, Bienes Nacionales, 1075, exp. 1, así sucedió en 1693, cuando el bachiller Antonio Martínez de Garate fue como juez a Huizquilucan, habiendo sido cura beneficiado ahí.

Querétaro, estuvo al frente desde 1711 y hasta 1735 al menos; asunto que pudo deberse a que el juez de ahí era el clérigo secular con más poder y presencia de todos. Según el corregidor de Querétaro de 1743, ese funcionario era la verdadera cabeza del clero secular de esa ciudad:

> Tiene el nobilísimo cuerpo del venerable sagrado clero como también las archicofradías, cofradías, hermandades y demás causas y negocios que pertenecen y son propios del fuero eclesiástico y jurisdicción contenciosa para su gobierno y dirección, su cabeza y superior que es el juez eclesiástico de dicha ciudad, cuyo ministro y empleo actualmente obtiene el doctor don Juan Izaguirre, abogado de las Reales Haciendas de México y Guadalajara […] a cuyo esmero están dichas cofradías en su mayor aumento y todo lo demás perteneciente a su juzgado […] su vigilancia y cuidado se debe el que dicha ciudad se halle extirpada de los vicios y públicos escándalos que notoriamente en ella había.[574]

Respecto a los ingresos como juez eclesiástico foráneo, existía una diferencia importante: mientras que para los curas el cargo era una fuente complementaria, para los jueces de doctrina era la principal. Los montos de ingreso fueron muy variables, y estaban determinados generalmente por la densidad de población; por ello, no es raro comprobar que los juzgados más importantes del arzobispado, como podían ser los de Querétaro, Toluca, Chalco o Pachuca, fueran solicitados en cuanto vacaba el cargo.[575] La información con que contamos no es mucha, pues proviene no de libros contables, sino de las mismas declaraciones de los funcionarios, por lo que hay que tomarlas con las reservas del caso; los derechos que cobraban provenían básicamente de las informaciones y de las licencias matrimoniales de los feligreses. En el juzgado de la doctrina de Ixmiquilpan, el juez Juan de Angulo declaró los derechos cobrados entre 1700 y 1704, como se ve en el cuadro 27.

Es evidente que ningún clérigo podía vivir con 35 pesos al año, por lo que es de esperar que los jueces de doctrinas tuvieran otras fuentes de ingresos, como por ejemplo el pago por sus labores recaudatorias del subsidio eclesiástico. Pero otros jueces percibían más, por supuesto. El juez eclesiástico de la doctrina franciscana de Cuernavaca, el bachiller Antonio Subía Pacheco, resumía así el conjunto de sus ingresos:

---

[574] Francisco de Solano (ed.), *op. cit.*, tomo I, pp. 248-249.

[575] AGN, Bienes Nacionales, 1030, exp. 2, "Diversos escritos y cartas sobre distintas pretensiones en el gobierno del sr. arzobispo de México": el 23 de julio de 1746, el licenciado Juan del Villar, presbítero y abogado, y que se había desempeñado como colector del último subsidio eclesiástico, pidió el cargo de juez de Toluca. El arzobispo no tuvo ninguna objeción para darle el empleo.

Gozo y percibo en cada un año cien pesos de una capellanía impuesta por mis antecesores cuyo principal son de mil pesos [...] Y por lo que toca a rentas eclesiásticas propias o interinas, o patronatos laicos u otros emolumentos, no gozo ni percibo renta otra alguna de capellanía eclesiástica ni laica en propiedad, ni ínterin, sino solo los derechos que por razón de la vicaría eclesiástica judicatura, me están asignados en mi comisión; que hecho el cómputo de los cinco años antecedentes al pasado de setecientos y cuatro inclusive, arreglándome a la más proporcionada regulación, habré percibido quinientos pesos de dichos derechos en dichos cinco años.[576]

CUADRO 27
Derechos cobrados por el juez de
Ixmiquilpan entre 1700-1704

Año	Trámites	Derechos en pesos
1700	14 informaciones y licencias, a 2 pesos cada una	28
1701	20 informaciones y licencias	40
1702	17 informaciones	36
1703	19 informaciones y licencias	38
1704	17 informaciones y licencias	36
Total del quinquenio		178
Promedio anual		35

Fuente: Archivo General de la Nación, Bienes Nacionales 500, exp. 2.

Para un clérigo secular que se había quedado sin ocupación, convertirse en juez en su propia patria era algo muy deseable, pues evitaba tener que trasladarse a otra jurisdicción. En 1713, el bachiller Félix Antonio de Morato buscó una opción así en su carta al arzobispo Lanciego Eguilaz:

Siendo como es mi residencia y habitación en la jurisdicción de las Amilpas, donde, por haberme ordenado a título del idioma mexicano, me hallo mucho tiempo ha, sin ejercicio o conveniencia alguna en que con la decencia conforme a mi estado y obligaciones pueda lograr lo congruo de que para mantenerme necesito, pues aunque algún tiempo obtuve el empleo de ca-

[576] AGN, Bienes Nacionales, 500, exp. 4.

pellán del ingenio de Santa Bárbara, que está en dicha jurisdicción, hállome sin él y por esto, obligado a representarlo a la justa y superior providencia de Vuestra Señoría Ilustrísima para que se digne de honrarme, como así rendidamente lo pido, con la nominación de juez eclesiástico de la dicha jurisdicción.[577]

En algunos curatos de buenos ingresos, como podían ser los reales mineros, a los curas no les venía nada mal agregar el cargo de juez como complemento de sus recursos.[578] En Pachuca, uno de sus dos curas, que además era el juez eclesiástico del real minero y de las doctrinas de Cempoala, Tecama y Tezontepec, tenía al menos 1 192 pesos de ingresos anuales, de los cuales 21 por ciento provenía precisamente de su ejercicio en el juzgado.[579] Hacia la década de 1720, tenemos los ingresos declarados por varios jueces reportados con el propósito de que se les regulara la décima del subsidio eclesiástico. Así, por ejemplo, el cura de Pachuca, el doctor José López de Contreras, declaró ingresos anuales por 250 pesos.[580] En el caso del juez de Toluca, el bachiller Juan Díaz del Castillo, el ingreso declarado fue de poco más de 60 pesos.[581] El de Xalatlaco, el doctor Francisco Coto, declaró poco más de 90 pesos.[582] Otros jueces declararon mucho menos ingresos, como el de Taxco, José de Prado, quien expresó no más de 10 pesos.[583]

Hubo jueces de doctrina que dependieron sólo de sus derechos y cualquier baja de los mismos podía provocar su renuncia. En 1711, por ejemplo, el juez de Tulancingo presentó su renuncia argumentando que, debido a las tareas de su otro cargo de colector de diezmos, no tenía tiempo para atender el juzgado. No obstante, la dimisión se dio cuando a ese ministro se le retiraron dos importantes poblados, Meztitlán y Zacualtipan, ante los reclamos del juez de Yanhualica, quien expresó que tales doctrinas, las más importantes, habían pertenecido originalmente a su juzgado.[584] En Coyuca, los ingresos eran tan paupérrimos que los curas buscaban dejar

[577] AGN, Bienes Nacionales, 1075, exp. 2.

[578] *Ibid.*, exp. 2, año de 1713, el cura de Pachuca, Manuel Buitrón, pide el cargo vacante de juez eclesiástico del mismo curato.

[579] AGN, Bienes Nacionales, 500, exp. 3, se trata del bachiller José López de Contreras.

[580] AGN, Bienes Nacionales, 574, exp. 3.

[581] *Idem.*

[582] *Idem.*

[583] *Idem.*

[584] AGN, Bienes Nacionales, 236, exp. 26, año de 1711, "El bachiller don Bernardo de Morales Toledo, vicario, juez eclesiástico, colector y administrador de los diezmos del partido de Tulancingo, dice que por hallarse muy gravoso en la administración de los diezmos, no puede asistir a las cosas tocantes a su jurisdicción eclesiástica".

todo, la administración parroquial y el juzgado. Sabedores de esa situación, en la mitra se negaban a aceptar renuncias, pues costaba trabajo hallar a un suplente.[585] En Yahualica, un cura justificó así su petición de renuncia:

> He servido a la mitra en cuanto me ha mandado, ejecutando legalmente las comisiones que me han sido cometidas, sin mirar riesgos, trabajos y gastos, y sobre todo tener tan pacífico este curato (que en otros tiempos eran incontables sus escándalos) y estando hoy en gran tranquilidad, y tener yo la nobleza (que es notoria) y demás partes y requisitos para el cargo de juez eclesiástico; y obrar en él con tal piedad que no me ha servido (en cuanto a derechos) sino de hacer gastos y buenas obras, pues lo más ha sido de balde, y nunca me ha valido cosa de provecho.[586]

De esa forma, los jueces de doctrinas se consolidaron como un sector más en el "mercado" de cargos eclesiásticos del arzobispado durante la primera mitad del siglo XVIII,[587] compartiendo espacios con otro grupo de clérigos en las provincias, alejados también de la cura de almas pero que trabajaban también para la mitra, como lo fueron los colectores del diezmo, personajes clave de la recaudación, de la que dependía el cabildo eclesiástico y el arzobispo.

Aunque en el siglo XVII la administración del diezmo había estado muy intervenida por los virreyes, en su calidad de vicepatronos de la Iglesia, lo cual había impedido que el alto clero estabilizara métodos y procedimientos regulares de recaudación, en la década de 1670, durante el gobierno del arzobispo Payo Enríquez, las cosas cambiaron. En esos años, el virrey dejó de intervenir y en consecuencia el cabildo eclesiástico, en consonancia con su prelado, estableció ocho distritos de recaudación y supervisó muy de cerca el cobro del diezmo, ya sea por arrendamiento o de manera directa.[588] En las décadas siguientes, se estableció una red de

---

[585] AGN, Bienes Nacionales, 152, exp. 15, año de 1730, "Autos hechos sobre la renuncia que hace el bachiller don Pascual de los Reyes Cortés y Moctezuma, del beneficiado curado de Coyuca. México".

[586] AGN, Bienes Nacionales, 236, exp. 26, año de 1711, "El bachiller don Bernardo de Morales Toledo, vicario, juez eclesiástico, colector y administrador de los diezmos del partido de Tulancingo, dice que por hallarse muy gravoso en la administración de los diezmos, no puede asistir a las cosas tocantes a su jurisdicción eclesiástica".

[587] En el capítulo siguiente, se profundizará en el quehacer de estos personajes como parte de la política de Felipe V a favor del clero secular.

[588] Leticia Pérez Puente, "Dos periodos de conflicto en torno a la administración del diezmo en el arzobispado de México: 1653-1663 y 1664-1689", en *Estudios de Historia Novohispana*, núm. 25, julio-diciembre de 2001, pp. 15-57.

administradores para todo el arzobispado, independiente de la red parroquial, que se conformó fundamentalmente por clérigos, con lo que se creó otra fuente de empleos para la siempre demandante clerecía desocupada.

Para 1724, había nombrados en el arzobispado 17 recaudadores, 16 de los cuales eran clérigos seculares, todos ellos bachilleres, con salarios dispares, pues mientras que algunos se igualaban con los de curatos de buenos ingresos, otros más bien se equiparaban con los de curatos de medianas o bajas rentas. Entre los primeros, estaban los de los distritos de Texcoco, Chalco, Querétaro, Amilpas y Toluca, tradicionalmente buenas fuentes de diezmo para la mitra.

La asignación de tales empleos recaía en el mismo cabildo eclesiástico y es de esperar que eligieran a sus allegados o recomendados. Algunos de estos administradores y recaudadores también fungían como jueces eclesiásticos en su misma área de recaudación, y varios más también ayudaron a la mitra a recaudar el subsidio eclesiástico; sobre todo en las doctrinas de los religiosos. En contraste, ninguno de ellos, hasta donde se ha podido averiguar, hizo carrera eclesiástica; cuando mucho, uno de ellos, José de León y Arizpe, administrador en Tulancingo, hizo una oposición a curatos en 1709,[589] para después dedicarse mejor al asunto del diezmo, que al menos garantizaba un ingreso razonable, por lo cual varios clérigos renunciaron a otros empleos pero no al de recaudadores. En 1711, el bachiller Bernardo de Morales Toledo, colector del partido de Tulancingo, renunció al cargo de juez eclesiástico; prefirió quedarse con sólo el de colector porque le dejaba más ingresos, no queriendo distraerse ya con la judicatura, para la cual solicitaba un sustituto y, aun más, pedía también un aumento de salario como colector, pues consideraba que invertía mucho trabajo. La solicitud fue dirigida al cabildo en sede vacante de Ortega; el cabildo, representado por el chantre Jerónimo López de Arbisu, aceptó la renuncia pero se declaró incompetente para subirle el salario.[590]

Sin duda, estamos ante un grupo de clérigos especialistas del diezmo que tuvo una presencia importante para los intereses económicos del alto clero del arzobispado y, en recompensa, recibía ingresos similares a los de los curas titulares. Junto con los jueces eclesiásticos de doctrina, los administradores del diezmo contribuyeron a asentar una presencia permanente de la autoridad del alto clero del arzobispado en la totalidad del territorio jurisdiccional.

[589] AGN, Bienes Nacionales, 338, exp. 2.

[590] AGN, Bienes Nacionales, 236, exp. 26, año de 1711, "El bachiller don Bernardo de Morales Toledo, vicario, juez eclesiástico, colector y administrador de los diezmos del partido de Tulancingo, dice que por hallarse muy gravoso en la administración de los diezmos, no puede asistir a las cosas tocantes a su jurisdicción eclesiástica".

CUADRO 28. Administradores del diezmo en el arzobispado de México en 1724 y sus salarios

Distrito	Colector	Otras ocupaciones, antes o después del cargo en cuestión	Renta en pesos*
Toluca	Felipe Ruiz de Pastrana	Era vicario de Tescaliacac hacia 1721.	1 982
Querétaro/San Juan	Sebastián de Olivares	Hacia 1731, siendo aún administrador del diezmo, y fue juez vicario interino en Querétaro.	1 462
Texcoco	Juan Ramírez de Hinojosa	En 1723, siendo ya colector, también recaudaba el subsidio en Texcoco.	1 095
Amilpas	Francisco Fernández Corona	En 1706, era síndico de la universidad de México. En 1731, fue juez eclesiástico de Chalco.	1 100
Ocuituco/Tochimilco	Manuel Miguel de Morales	En 1725, fue juez eclesiástico.	781
Ixmiquilpan	Pedro José de Trejo		437
Tacuba/Tacubaya	Manuel de Soria Caballero	En 1725, fue recolector del subsidio eclesiástico.	739
Chalco	Juan García Ortiz Méndez		1 503
Ixtlahuaca	Juan Antonio Gómez Plata	Vicario en Ixtlahuaca antes de 1724.	741
Cuautitlán	Francisco Javier Almazán		557
Tulancingo	José de León y Arizpe	También fue recaudador del subsidio eclesiástico.	637
Huertas y cercados / Riberas de México	Juan Jaso		457
Huichiapan	Juan Antonio de Morales	También fue recaudador del subsidio y juez eclesiástico.	600
Temascaltepec	José de Villalpando		601
Alfajayuca/Indios	Francisco de Acosta	También fue recaudador del subsidio, juez eclesiástico y comisario del oficio.	600
Tenancingo	Nicolás Henríquez Jerez	En 1709, era juez eclesiástico de Acapulco. En 1731, era juez de Cuernavaca.	690
Indios del Norte	Francisco de Vengoa**		783

Fuentes: Elaboración propia con base en Peter Gerhard, *Geografía histórica de la Nueva España 1519-1821*, México, UNAM, 1986; AGN, Bienes Nacionales 739, exp. 9; Francisco de Solano (ed.), *Relaciones geográficas del arzobispado de México, 1743*, Madrid, V Centenario del Descubrimiento de América/Centro Superior de Investigaciones Científicas, 1988, 2 tomos (Colección Tierra Nueva e Cielo Nuevo).

* Se han omitido las fracciones en tomines y granos. ** Al parecer no era clérigo.

Capellanes de provincia

Aunque la mayor parte del clero que vivía de capellanías de misas residía en la capital, una parte también lo hacía en las provincias, por estar sus capitales impuestos en haciendas principalmente, lo que los obligaba a decir ahí las misas y les permitía asegurar el cobro de los réditos. Por ejemplo, en la villa de Cuernavaca y en la zona de las Amilpas vivían varios capellanes en esa situación.[591] Felipe de Salazar había sido cura beneficiado de Coatepec y en los últimos seis años había residido en Cuernavaca, viviendo sólo de la renta de una capellanía. Juan Simón de Roa no gozaba de renta alguna hacia 1705, pues la capellanía a cuyo título se ordenó, impuesta en casas de Acapulco, careció de rendimientos porque estaban arruinadas. José Antonio de Ayala, diácono, declaró no tener renta alguna y sólo había percibido 200 pesos en tres años, como notario de un juez eclesiástico local. Antonio de Zequeira gozaba de la renta de su capellanía, impuesta en un trapiche de azúcar. Manuel de Avilés celebraba dos misas semanales en el ingenio de San Pedro Mártir. Antonio Ymas Tenorio tenía capellanía fundada en la hacienda de San Nicolás Tesontetelco y Félix Antonio Morato otra de 3 000 pesos, fundada en los ranchos de Cuautetelco y Xalticpac. Una declaración del clérigo Nicolás de Villaseñor muestra las circunstancias en que podía vivir un capellán de provincia:

> Declaró ser capellán propietario de cinco capellanías en esta forma: once mil pesos de principal en el referido ingenio de Ticumán, por cuyo derecho se le adjudicó la finca cuyos réditos ha siete años que no percibe, ni actualmente puede percibirlos, porque para mantener dicha finca, está actualmente gastando caudales ajenos, por hallarse dicha finca tan deteriorada como supone el habérsela cedido por dicho principal y el reconocimiento de los réditos de dos mil pesos que en dicha finca tiene el convento de religiosas del señor San Jerónimo de la ciudad de México; otras dos de a dos mil pesos cada una de principal, y ciento de renta en cada un año. La fundación de la una en las haciendas de Puruagua, en la jurisdicción de Celaya, y la otra en una hacienda nombrada San Juan de Dios, en la provincia de Chalco. De modo que lo que percibe de rentas, que están corrientes, son doscientos pesos de las susodichas capellanías […] Porque de las otras tres que se incluyen en los once mil pesos, fincados sobre dicho ingenio, (como lleva dicho) ha siete años que no percibe cosa alguna.[592]

[591] AGN, Bienes Nacionales, 500, exp. 4, año de 1705, "Índice de las declaraciones que han hecho los eclesiásticos de la villa de Cuernavaca y valle de Amilpas, y de las cofradías que hay en dichos partidos, sus rentas, esquilmos y limosnas".

[592] AGN, Bienes Nacionales, 500, exp. 4, año de 1705.

Además de los capellanes de misas, otros clérigos seculares se contrataban como capellanes de las haciendas para celebrar misa principalmente, aunque algunos también administraban ciertos sacramentos. Las haciendas agrícolas, ganaderas, mineras y pulqueras, así como los ingenios, tenían una presencia importante en el campo novohispano del siglo XVIII; muchas de ellas tenían construidas capillas u oratorios para atender los servicios espirituales de los residentes, tanto de la familia de los propietarios como de la de los administradores y de los trabajadores. En 1704, por ejemplo, Hipólito del Castillo, minero del Real del Monte y dueño de la hacienda de beneficio de metales San Pedro Nolasco, solicitó al virrey duque de Alburquerque permiso para construir una capilla para oficiar misa, debido a que la gente que ahí trabajaba, más de 400 según su propia declaración, no oía misa en las fiestas, dada la gran distancia que había a Atotonilco el Grande, cabecera de doctrina agustina. El virrey pidió informes al alcalde mayor y al doctrinero, quienes al parecer asintieron, luego de lo cual se concedió la licencia.[593] Llama la atención el gran número de trabajadores asentados en esa hacienda, factor que sin duda actuó a favor de la demanda clerical por obtener ocupación cerca de su región de origen. Lo mismo sucedió con el hacendado Tomás Delgadillo en la doctrina de Tepeapulco; el demandante decía que su hacienda estaba a dos leguas de la cabecera y que sus 50 sirvientes no podían asistir.[594] En la doctrina de Metepec, el bachiller Roque de Alanís, dueño de hacienda, solicitó también poder fabricar una capilla.[595] Es indudable que la atención de las capillas de las haciendas era siempre una posibilidad para los clérigos de provincia, aun cuando los curas se opusieran a ellas, precisamente porque éstos se sentían con el derecho de administrar y cobrar obvenciones, de ahí que no faltaban curas que preferían ellos mismos tomar la iniciativa de gestionar la construcción de capillas en haciendas, con tal de quedarse con su administración; como cuando en 1742 los curas de Sultepec, Felipe Neri y Torres, y José Damián de Tovar y Baeza, solicitaron licencia para que los mineros de la veta de San Juan Bautista, cuya productividad era óptima por entonces, pudieran construir ahí una capilla debido al aumento de la población.[596]

Aunque formalmente toda hacienda, trapiche o rancho pertenecía a la jurisdicción de una parroquia, en la práctica no era raro encontrar hacendados y labradores que omitieran tal reconocimiento y contrataran a presbíteros

[593] AGN, Clero Regular y Secular, 92, exp. 1.
[594] AGN, Clero Regulas y Secular, 92, f. 181.
[595] AGN, Clero Regular y Secular, 94, f. 104.
[596] AGN, Clero Regular y Secular, 150, f. 74.

para administrar sacramentos en sus propiedades. En 1746, los dominicos lograron que el virrey ordenara a obrajeros y hacendados pagar a los curas ministros por concepto de sacramentos, pidiendo el auxilio de las justicias reales, bajo pena de secuestro de sus personas y sus bienes, y que quienes estuvieren debiendo las limosnas debían pagarlas. Igualmente, el virrey prohibió a los hacendados poner a sus parientes clérigos a administrar los sacramentos.[597]

En otras ocasiones, podía ocurrir que un capellán contratado por un hacendado finalmente acabara convirtiéndose en vicario, subordinado ya al beneficiado de la jurisdicción, como en el Real de Zimapan. Ahí, Juan Manuel de Villegas, vecino de San José del Oro: "descubridor y dueño de la mina de oro única en este real, y por ella y sus utilidades, poblado con crecido número de vecinos",[598] construyó y adornó una capilla para bautizar, casar y velar, contratando al bachiller Miguel de Chávez Nava para que celebrara las misas, por un pago de 8 pesos por cada una. Después, el capellán obtuvo en México licencias para confesar y predicar en el mismo Real, con lo cual su situación cambió, pues el cura beneficiado:

> Le concedió el uso de ellas en toda su doctrina, y en especial en este Real del Oro, con asistencia a él como tal vicario, destinado para este efecto y después, en vista del mucho concurso y vecindad, atendiendo a la larga distancia como de ocho leguas.[599]

Entonces, el minero Villegas, molesto por la intromisión del cura y el cambio de rango de su capellán, ya no permitió que este último cobrara los derechos por administración de sacramentos, que superaban en mucho los iniciales 8 pesos por misa. Paralelamente, el beneficiado le quitó al vicario Chávez el permiso de celebrar y administrar, reservando para él mismo los derechos de bautismos, casamientos y demás, con lo cual el vicario se fue del Real, inquietando al vecindario y al minero Villegas. En una carta de este último, dirigida al arzobispo, pedía el regreso del vicario y que el beneficiado le dejara parte de las obvenciones. Por su parte, el teniente de alcalde de Zimapan pidió también la restitución del vicario, con los 8 pesos por misa, y que Villegas siguiera dándole los alimentos, pues de otra manera sería muy difícil que el vecindario fuera a la cabecera por sacramentos, pues estaba a 8 leguas.

[597] *Ibid.*, exp. 1.
[598] AGN, Bienes Nacionales, 210, exp. 12, f. 1, año de 1750.
[599] *Ibid.*, f. 2v.

En ocasiones, los clérigos de provincia podían contratarse como capellanes para tareas muy específicas, como fue el caso en 1703 del bachiller Pedro de la Puerta, quien iría como capellán del capitán Pedro de Villegas y Tagle para asistirlo durante la cosecha en sus haciendas de Michoacán.[600]

Los problemas en que un capellán de particulares podía entrometerse conseguirían llevarlo a confrontar sus deberes clericales con la mitra, por un lado, y la satisfacción de sus intereses personales, por el otro, como lo muestra el siguiente caso de 1750. La información nos viene del cura del Real de Zimapan, quien fue testigo y protagonista de las andanzas del presbítero Manuel José de Torres, originario de Ixmiquilpan, con licencia para confesar y ordenado a título de otomí, quien carecía de empleo eclesiástico. Una vez avecindado en el Real, aunque "muy capaz para poder servir a la sagrada mitra en la administración", a decir del cura,[601] prefirió ponerse al servicio de los vecinos ricos como su "capellán perpetuo", según lo calificó el mismo cura; y en especial del alcalde mayor José Pardo Alemán, de cuya casa y familia se hizo muy amigo, a tal grado que Torres acabó teniendo amoríos con una hija del primero, produciéndose un gran escándalo en el pueblo. Poco después, Torres ya no fue bienvenido en la casa del alcalde: "pero no cesó el escándalo porque el clérigo, de noche ha entrado por las ventanas y las tapias, con ruina espiritual y universal de un lugar corto".[602] A decir del cura, Torres se había alejado mucho de sus deberes eclesiásticos:

> El clérigo es audaz, de acre genio, valentón y temerario, no tiene ninguna asistencia a la parroquia, ni jamás se sienta en un confesionario, viviendo como vive, dice misa todos los días y tan atropelladamente, que no se le puede oír sin escrúpulo.[603]

A cambio de eso, el clérigo se había amoldado a las "necesidades espirituales" de los pudientes de Zimapan para subsistir:

> Es capellán perpetuo de los relajados vecinos ricos de este real, quienes le solicitan para oír su misa, por no molestarse y detenerse, y por no asistir a las fiestas y a los sermones, procede ya con tanta desenvoltura, que en este año, el miércoles santo, que coincidió día de la Encarnación, no celebró misa según rito, por no detenerse en la pasión, con gusto de los oyentes, con grave

[600] AGN, Bienes Nacionales, 1061, exp. 21.
[601] AGN, Bienes Nacionales, 210, exp. 9, año de 1750.
[602] *Idem.*
[603] *Idem.*

mortificación del cura y con advertencia de tres regulares que asistían en aquel entonces en este lugar.[604]

El mismo cura denunciante tuvo que vérselas con Torres en un suceso que permite ver hasta qué punto un presbítero de provincia, sin muchas ligas con la mitra, podía actuar como cualquier seglar. Sucedió que durante un festejo de cumpleaños de un vecino asistieron las hijas del alcalde Pardo, entre ellas la que había tenido los amoríos con el presbítero. Al enterarse este último, acudió armado al mismo lugar y se llevó a su antigua amante a su casa, en un arranque de celos. Al ser informado el padre de la joven, fue a buscarla a casa del presbítero pero ya no los halló, por lo cual acudió con el cura de Zimapán para pedir justicia, pero:

> Estándole oyendo su dolor, se introdujo en mi sala, atropellando mis respectos, la temeridad de Torres, con espada desnuda en la mano, provocando al secular con inexplicables injurias, hasta llamarle su infame lenón. Creo que hubiera ejecutado un desafuero si yo, con alguna prudencia, no lo hubiera contenido; con la misma he procurado disimular en todo y aún no cesan los escándalos [...] juzgo que fuera muy conveniente que al secular primero se le oyera su informe, porque Torres, con el valimiento que tiene, nunca será conveniente que aquí quede, porque me recelo de sus temeridades.[605]

Por su lado, el presbítero Torres informó a la mitra que ya había enviado a México a la joven, acompañada de su hermano, quien era notario de Ixmiquilpan, para que entrara a un convento. Al final de su misiva, Torres anunció que en cuanto se aliviara de un accidente acudiría a México "a cumplir con lo ordenado" que, aunque no aclaraba qué era, es probable que la mitra le hubiera ordenado algún retiro espiritual.

Otras ocupaciones del clero provincial

Más allá de los juzgados eclesiásticos, las colecturías del diezmo, las capellanías y los oficios en la haciendas, al resto del clero de las provincias sin patrimonio propio sólo le quedaba la opción de vivir de sus familias o conseguir alguna que otra ocupación temporal, eclesiástica o no. Estaban, por supuesto, aquellos que eran herederos de su familia con alguna propiedad

---

[604] *Idem.*
[605] *Idem.*

en sus pueblos de origen (casa y solares) y que decidieron permanecer ahí para vivir o hacerse cargo de sus familias, sin un deseo claro de ejercer su profesión sacerdotal. En Ixmiquilpan, hacia 1743, aparte del juez eclesiástico, vivían cuatro presbíteros con sus familias: Francisco de Acosta, de 64 años; Rafael de Ajolera, de 38 años; Manuel José de Anno y Caraza, y Jacinto de Soto.[606]* El documento consultado no consigna las edades de estos dos últimos presbíteros. En el caso del presbítero Vicente Javier Durán del Mozo, vecino de Ixmiquilpan, había sido nombrado albacea de su padre difunto, por lo cual debía saldar una deuda con el comerciante de Zimapan, José de los Ríos. Como era costumbre, ante la queja de este último en la mitra, se pidió verificar la deuda y obligar a Durán a pagarla.[607]

Más afortunados, al menos en teoría, eran aquellos clérigos propietarios o arrendatarios de ranchos y haciendas, el sector quizá más desligado de la mitra y el sacerdocio. En el curato de Xocotitlán, el presbítero José Osorio Martínez poseía una hacienda, mientras que José Raymundo Verdeja, sacerdote avecindado en Toluca, tenía arrendada la hacienda de San Agustín de los Ejidos por 214 pesos al año.[608]

Otros clérigos lograban trabajar como administradores de haciendas, como el bachiller Antonio Cervantes Casauz, quien a partir de 1727 se hizo cargo de la hacienda de San Martín, cuyo dueño era el doctor Raymundo Campoy, relator de la real audiencia de México.[609] Otro caso fue el del bachiller Juan Antonio de Estrada Galindo, presbítero, a quien en 1702 le fueron concedidas licencias para ir a Puebla a arreglar un pleito y poder celebrar misa. Estrada se ocupaba de la administración de una hacienda, por lo que alegó que no podía ir todas las veces a la capital a pedir licencia siempre que necesitase viajar. En vista de ello, el arzobispo le concedió licencia abierta para ir y venir del obispado de Puebla las veces que necesitara, desde su hacienda, con tal de que sus ausencias no pasasen de ocho días.[610]

No siempre eran aceptadas por los prelados las peticiones de los clérigos para dedicarse de tiempo completo a negocios mundanos en otras diócesis. En 1704, el bachiller Antonio Sebastián de Morales, clérigo de menores, pidió licencia para jurar domicilio en el obispado poblano, argumentando que pasaba más tiempo en la hacienda de su madre que en México. El arzobispo pidió parecer a su promotor fiscal, quien expresó que el motivo del

---

* El documento consultado no consigna las edades de estos dos últimos presbiteros.

[606] Francisco de Solano (ed.), *op. cit.*, tomo I, p. 73.

[607] AGN, Bienes Nacionales, 665, exp. 13, año de 1749, varios litigios sueltos contra clérigos.

[608] *Idem.*

[609] AGN, Bienes Nacionales, 992, exp. 39.

[610] AGN, Bienes Nacionales, 1061, exp. 21.

cambio no podía justificarse, puesto que la hacienda era administrada por mayordomo, además de que Antonio sólo era hijo adoptivo, un huérfano, y que su madre tenía dos hijos, éstos sí legítimos; se agregaba que Antonio tenía dispensa de natales para poderse ordenar. Ante tales argumentos, el prelado negó la licencia al pretendiente.[611]

Otros clérigos seculares preferían la profesión de médicos de sus parroquias, como el bachiller Nicolás de Armenta, médico con dispensa papal, quien fue acusado ante el arzobispo por el juez eclesiástico de Querétaro de exceder los límites de su permiso para ejercer esa profesión:

> Este sujeto, señor, es tan presumido que se ha salido de este arzobispado cuatro veces sin avisar de cortesía o cumplimiento, y tiene una casa donde ha hecho hospital sin licencia de ningún superior ni eclesiástico, ni secular, y procede con la libertad que sus pocas obligaciones le han enseñado: cura por estipendio o paga, no rezando así su boleto, pues contradice a él en todo cuanto obra.[612]

El arzobispo ordenó a Nicolás comparecer para aclarar su conducta y, luego de ello, únicamente le pidió que, cuando fuera a curar a los pobres, su principal tarea, avisara de ello al juez eclesiástico de Querétaro. Aparte de esto, no hubo ningún castigo o reprimenda.

Algunos clérigos jóvenes desocupados, con deseos de colocarse pronto, llegaban incluso a persuadir a los feligreses de rechazar a un nuevo cura, buscando ellos mismos el nombramiento, como en 1708, cuando los indios de San Francisco, Jonacatlán, Mimiapa, Xilotzingo y Osolotepec se negaron a aceptar a su nuevo cura, Nicolás López Jardón, con el argumento de que no sabía otomí, y pedían en su lugar al clérigo de menores, bachiller Francisco de Mucientes. Puesto que se presumió que todo estaba planeado por este último, se le puso preso en la cárcel arzobispal.[613]

Como en la capital, algunos sacerdotes subsistían de celebrar misas en sus pueblos, aun cuando tuvieran que enfrentar la oposición de curas doctrineros, como cuando en 1749, en Totocuitlapilco, Marcos Elías Cortés

---

[611] *Idem.*

[612] *Idem.*

[613] AGN, Clero Regular y Secular, 148, año de 1708, "Vuestra excelencia imparte el auxilio pedido por el juez provisor y vicario general de este arzobispado sobre la resistencia de los indios de San Bartolomé Ozolotepec en no querer acudir a los divinos oficios por el desafecto con que han recibido a su cura nuevo para cuya reducción al cumplimiento de su obligación, manda vuestra excelencia al alcalde mayor de aquel partido ejecute las diligencias que previene este despacho". El provisor era el licenciado Antonio de Aunzibay Anaya.

se quejó en la mitra de que los franciscanos de la jurisdicción de Toluca le impedían celebrar misa en su pueblo, a pesar de que no perjudicaba en nada los derechos parroquiales. Ante ello, el provisor pidió a los religiosos no estorbar a Cortés para tal celebración.[614] Y, claro, hubo también clérigos que aprovechaban la gran afición de la época por las peleas de gallos y el juego de naipes, poniendo casas de juego.[615]

Finalmente, no faltaron clérigos que, lejos de lo que su profesión les exigía, causaban escándalos y vivían como cualquier seglar, como ya se mencionó en párrafos anteriores. Tal fue el caso, en 1749, del bachiller Joaquín de Zapata, quien fue acusado de haberse llevado a la hija de Ana María Carmona y de estar viviendo con ella. La madre expuso que ella vivía en Tequisquiac, en donde permitió las visitas del presbítero, y que aunque luego quiso evitarlas, ya fue tarde, pues un miércoles que no estaba el bachiller aprovechó y se llevó a su hija, su caja de ropa y demás "ministerios mujeriles", acusando al cura del lugar de no haber hecho nada al respecto. Ante ello, el provisor ordenó hacer una averiguación con testigos de la localidad.[616]

El clero provincial representa, sin duda, el sector menos conocido en la historiografía, aunque también lo fue en su época. En los informes que los prelados enviaban a Madrid, si acaso le dedicaban algunas líneas y, por supuesto, ninguno de ellos era considerado digno de recomendarse para algún ascenso. Aunque no ha sido fácil conocer las ocupaciones y las aspiraciones del clero secular de las provincias no adscrito a labores espirituales de los curatos, el cuadro logrado en este capítulo indica tendencias válidas a futuro para profundizar en los sectores analizados.

El clero provincial, sobre todo el de los capellanes y clérigos desocupados, representa un sector arraigado en sus pueblos y sus familias, clérigos de pueblo o de rancho, a quienes se les destinó a envejecer en sus lugares de nacimiento, atendiendo las necesidades familiares y cuando mucho gozando de alguna renta de capellanías, o bien desempeñándose al servicio de los hacendados; ellos no hacían carrera eclesiástica —algo que les quedaba muy lejos de su horizonte—, ni se hacían notar de alguna manera

---

[614] AGN, Bienes Nacionales, 665, exp. 13, año de 1749, varios litigios sueltos contra clérigos.

[615] AGN, Clero Regular y Secular, 92, f. 186v, "ruego y encargo al provisor del arzobispado para que corrija al sacerdote que tiene juego de gallos y de naipes".

[616] AGN, Bienes Nacionales, 665, exp. 13, año de 1749, varios litigios sueltos contra clérigos.

en el arzobispado. La mayoría eran, por ello, completamente desconocidos para los gobernantes eclesiásticos; su fuerza, sin embargo, la hallaban en el nivel local, pues eran importantes no sólo para la estabilidad familiar, sino para los vecinos, sobre todo para aquellos que podían pagar sus servicios como capellanes. Otros, sin pizca de vocación eclesiástica, podían verse envueltos en amoríos, o bien en negocios mundanos, como cualquier seglar.

Quienes se hacían notar más eran los residentes en Querétaro, Toluca o Pachuca, pues podían desarrollar un sentido de identidad estamental y pugnar por ganar espacios de culto y presencia social, como los queretanos aquí analizados. Lo importante, a fin de cuentas, es que la clerecía provincial del arzobispado de México también tenía presencia, y aquélla asentada en las poblaciones más grandes presionaba para ocupar también los espacios de los religiosos. Pero, ¿cómo se tomaba esto en cuenta desde Madrid? ¿Cómo se veían desde allá los asuntos eclesiásticos de Indias?

TERCERA PARTE

NUEVOS VIENTOS DE ULTRAMAR:
LA POLÍTICA ECLESIÁSTICA DE FELIPE V

EL DESIGNIO POLÍTICO DE FELIPE V:
CLÉRIGOS ÚTILES, FRAILES SUJETOS

> *Dícese que hay algunas usurpaciones por el clero*
> *secular y regular de los intereses del rey […] lo que*
> *siendo cierto se podrá remediar sin estruendo, encargando*
> *a los obispos y prelados, que lo ejecuten por sí; y*
> *mandando a los gobernadores que para tan importante*
> *asunto les den todos los auxilios correspondientes.*
> *Y si contra toda esta esperanza no lo hicieren así,*
> *su majestad, de acuerdo con el pontífice, pondrá el*
> *remedio, usando de su autoridad propia, pues la*
> *tiene mayor en América, que ningún príncipe cristiano*
> *en sus dominios.*[617]

Las relaciones entre Felipe V y la iglesia peninsular durante la guerra sucesoria y, luego, durante su reinado, influyeron decisivamente en la iglesia indiana. Una vez finalizado el conflicto, el rey triunfante y sus consejeros buscaron diferentes remedios para evitar en el futuro lo que consideraron gran deslealtad del clero aragonés por haber apoyado al archiduque Carlos.[618] En consecuencia, la Corona estableció como bandera política y como argumento para justificar su trato a la Iglesia la necesidad de una reforma del clero, el logro del patronato universal y el alejamiento de Roma. Así, el gobierno de Felipe V pugnó por tener más sujeto al clero español mediante intentos de reforma,[619] los cuales, aunque no llegaron a fructificar del todo, hicieron eco en América.[620]

[617] José del Campillo y Cosío, *op. cit.*, pp. 95-96.

[618] José Antonio Pujol Aguado, "El clero secular al servicio del Estado. Intento estatal de control de la Iglesia durante la guerra de sucesión", en *Revista de Historia Moderna*, núms. 13-14, 1995, p. 74: "Cabe notar una intensificación del regalismo español durante los primeros años del siglo XVIII, más aún en los reinos orientales en los que el estamento religiosos jugó un papel relevante en la contienda y donde el bajo clero se situó, con frecuencia, del lado de las fuerzas austracistas, en consonancia con el estado llano".

[619] Maximiliano Barrio Gozalo, "El clero bajo sospecha a principios del siglo XVIII. El informe de Macanaz y la respuesta de los obispos", en *Investigaciones Históricas*, núm. 22, 2002, pp. 47-62.

[620] En general, la historiografía coincide en afirmar que el reinado de Felipe V se caracterizó

Debemos tomar en cuenta que si el rey Borbón aún tenía que negociar con el papa o con ciertos sectores de la Iglesia peninsular ciertas concesiones, no sucedía lo mismo en Indias, en donde los ministros tenían muy claro que la autoridad del monarca debía ser incontestable y, por lo mismo, estuvieron muy atentos a la cuestión del real patronato y su cumplimiento, buscando evitar cualquier deslealtad del clero de América; esto enviaba también un mensaje a la Iglesia peninsular respecto a lo fuerte que podía ser el rey sobre el clero, no sólo el indiano, sino el peninsular. De esa manera, la política eclesiástica de Felipe V en Indias y, particularmente en Nueva España, se dirigió a lograr un clero secular obediente y útil al regalismo borbónico, por un lado, y a subordinar al clero regular, de una vez por todas, al episcopado, por el otro.[621]

Felipe V, Roma y la Iglesia peninsular

La guerra de sucesión española provocó un inicio por demás difícil entre el papa y Felipe V luego de la decisión del primero de reconocer al archiduque Carlos como legítimo sucesor. El papel jugado por Roma y por diferentes sectores de la Iglesia española durante la sucesión mostró varias cosas al nuevo rey.

En primer lugar, que no era poco el poder romano en la península ibérica, el cual podía dividir la lealtad de los obispos y del clero entre Madrid y Roma. En segundo, que había fundamentos para creer que el clero de Cataluña, Valencia y Aragón había apoyado la causa del archiduque, y que, por lo tanto, había que ponerlo en orden y, en tercero, que la mejor solución para acabar con la intromisión romana era lograr el patronato universal, acabando así con la provisión de beneficios y la gran cantidad de pensiones de que aún disfrutaba el papa en la península ibérica. El patronato, pues, se convirtió en la principal meta del joven monarca español.[622]

---

por discutir y planear una serie de reformas que, si bien no pasaron las más de las veces del papel, en cambio sirvieron de base al reformismo posterior de Carlos III. Véase el estudio reciente de Agustín González Enciso, *Felipe V: la renovación de España. Sociedad y economía en el reinado del primer Borbón*, Pamplona, Universidad de Navarra, 2003, pp. 12-43.

[621] De hecho, el embajador francés Amelot fue enviado por Luis XIV para lograr que el régimen de su nieto redujera el poder de la alta nobleza española, subordinara al clero y a las órdenes religiosas a la monarquía y aboliera los fueros de la corona de Aragón; véase John Lynch, *El siglo XVIII. Historia de España, XII*, Barcelona, Crítica, 1991, p. 46.

[622] Virginia León Sanz, "La llegada de los Borbones al trono", en Ricardo García Cárcel (coord.), *Historia de España. Siglo XVIII. La España de los borbones*, Madrid, Cátedra, 2002, p. 107.

En 1709, cuando la balanza de la guerra comenzó a favorecer al Borbón, se decidió el retiro del embajador español en Roma y la expulsión de Madrid del nuncio apostólico.[623] La ruptura con el papa Clemente XI fue acatada en general por el episcopado español, sin faltar los de opinión contraria. Cuando el obispo de Córdoba, Francisco de Solís, escribió un dictamen en donde se defendían los derechos episcopales y se criticaba la salida de dinero a Roma, provocó un debate entre varios obispos, como el de Toledo, el de Santiago o el de Cartagena, de tendencias antirregalistas. Este último, el célebre obispo Belluga, defendió la jurisdicción papal y la inmunidad de la Iglesia.[624]

Después de la guerra de sucesión, las relaciones Madrid-Roma siguieron tirantes, con varios altibajos, con más acuerdos formales que logros concretos. No obstante, Felipe V tuvo siempre un objetivo claro: lograr la subordinación del clero y de las órdenes religiosas en todos sus dominios. Así, los intentos de reforma eclesiástica de Felipe V en España tendieron hacia un gobierno más centralizado y regalista, como resultado de las presiones de Francia, de la guerra y de una nueva élite burocrática.[625]

Un factor de peso en el gobierno del nuevo soberano de España fue la influencia del galicanismo francés, lo que ayuda a explicar su tendencia a distanciar a la Iglesia hispánica de Roma y a incrementar la intervención de la Corona.[626] Igualmente, si en el siglo XVII los monarcas españoles fueron considerados vicarios de la Iglesia, en el siguiente, sin abandonar esta doctrina, se agregó una tendencia más regalista sustentada por los ministros y juristas de la corte, según la cual los derechos del monarca sobre la Iglesia no dependían de concesiones papales, sino que eran derechos inherentes a su soberanía.[627] Así, Felipe V se rodeó de ministros regalistas que buscaron una vía que diera autonomía a la Iglesia española respecto a Roma, aunque sin romper formalmente con el papa. En general, los juristas de Felipe V consideraban irrevocables los derechos reales en las materias eclesiásticas, provenientes de concesiones pontificias medievales. Así, el patronato de la Iglesia fue el tema favorito de los ministros de Felipe V; la apuesta fue incorporar los nuevos intereses monárquicos al episcopado y hacer de la

[623] Alfredo Moreno Cebrián, "El regalismo borbónico frente al poder vaticano: acerca del estado de la Iglesia en el Perú durante el primer tercio del siglo XVIII", en *Revista de Indias*, vol. LXIII, núm. 27, 2003, p. 272.

[624] Virginia León Sanz, *op. cit.*, p. 108.

[625] John Lynch, *El siglo XVIII...*, *op. cit.*, p. 57.

[626] José María Vallejo García-Hevia, "Macanaz y su propuesta de reforma del Santo Oficio de 1714", en *Revista de la Inquisición*, núm. 5, Madrid, Universidad Complutense, 1996, p. 188.

[627] Alberto de la Hera, *Iglesia y corona en la América Española*, Madrid, MAPFRE, 1992, p. 396 y Virginia León Sanz, *op. cit.*, p. 107.

potestad temporal la defensora de los derechos eclesiásticos vulnerados por Roma.[628] Dos ministros españoles destacaron en esa tarea: Melchor de Macanaz y Antonio Álvarez de Abreu.[629]

Con Macanaz, fiscal general de España entre 1713-1714, se inició una tendencia regalista que, aunque coincidía con juristas españoles del siglo XVII en cuanto a la defensa de las prerrogativas del rey sobre la Iglesia, se diferenciaba respecto a los fundamentos de las mismas. Macanaz insistió en distinguir dos potestades: la eclesiástica y la civil, de donde derivó que cada una debía tener un campo de acción delimitado; esto es, que mientras la Iglesia debía ser la máxima autoridad en lo espiritual y en la doctrina, el rey debía tener la última palabra en todo lo temporal, incluyendo las acciones del clero en este mundo.[630] En consecuencia, Macanaz atacó el poder y la riqueza del clero, ganándose la hostilidad de miembros prominentes de la alta jerarquía peninsular.

En 1713, a raíz del acercamiento con Roma para reanudar relaciones, Macanaz propuso en un memorial su ideario regalista, situando a la Corona por encima de la Iglesia y declarando que el rey tenía poder sobre todos los asuntos temporales, limitando al máximo la presencia romana en España y proponiendo que el Estado podía imponer a los eclesiásticos los impuestos que considerara necesarios.[631] En concreto, Macanaz pidió que la Corona controlara la totalidad de los nombramientos de la alta jerarquía eclesiástica en España, el fin de los pagos españoles a Roma, la fiscalización de los bienes eclesiásticos y la reforma del clero, que incluía la reducción de conventos y religiosos.[632] Presa de duros ataques, Macanaz fue finalmente depuesto como fiscal y exiliado a Francia. No obstante, "el Memorial de Macanaz estaría en el trasfondo del pensamiento regalista español del siglo XVIII".[633] Después, Antonio José Álvarez de Abreu,[634] protegido de Macanaz, aunque más moderado, pues seguía reconociendo al papa como máxima potestad

[628] Alberto de la Hera, *op. cit.* p. 474.

[629] *Ibid.*, p. 416.

[630] *Ibid.*, p. 418.

[631] Rosa María Alabrús Iglésies, "El pensamiento político de Macanaz", en *Espacio, tiempo y forma, serie IV, Historia Moderna*, tomos 18-19, 2005-2006, pp. 193-195; se trata de su *Pedimento del fiscal* que consta de 55 proposiciones, la mayoría tratando de limitar los recursos que salían de España a Roma.

[632] Virginia León Sanz, *op. cit.*, pp. 108-109.

[633] *Ibid*, p. 109 y Concepción de Castro, *A la sombra de Felipe V. José de Grimaldo, ministro responsable (1703-1726)*, Madrid, Marcial Pons (colección Historia), 2004, p. 253.

[634] Su principal obra fue *Víctima real legal. Discurso único jurídico histórico-político sobre que las vacantes mayores y menores de las Indias Occidentales pertenecen a la Corona de Castilla y León con pleno y absoluto dominio*, s/e, Madrid, 1726. Gracias a ésta se le concedería el título de marqués de la Regalía.

en lo espiritual, defendía que en un príncipe podían recaer derechos eclesiásticos y espirituales por merced apostólica.[635] Este ministro del Consejo
de Indias llegó a considerar a los reyes como "vicedioses" en la tierra, tanto
en lo temporal como en lo espiritual, en lo que tenía que ver con tierras
conquistadas a infieles.

En los hechos, otro ministro, José Patiño, acordó con el Consejo de
Castilla la instauración de una Junta del Real Patronato en agosto de 1735,
iniciándose una fuerte campaña a favor del patronato universal y la recopilación de tratados para lograrlo.[636] En respuesta, el papa Clemente XII
dirigió dos breves a los obispos españoles en los que ordenaba no obedecer
al rey en cuanto a jurisdicción, patronato y otros asuntos que sólo podían
competer a Roma.[637] Entonces, la Corona decretó en octubre de 1736 el *exequator* o pase real, por el cual el soberano podía detener o negar la entrada
de todo documento pontificio al imperio español.

Un nuevo capítulo de ruptura se dio entre Madrid y Roma en los años
1736-1737 a raíz de la imposición del príncipe Carlos como soberano de
Nápoles en 1734 y la negativa del papa a reconocerlo;[638] además, la Corona
quería la mitra de Toledo para el infante Luis y que el papa reconociera a
los obispos nombrados por el príncipe Carlos en Nápoles. En el concordato
de 1737, Roma rechazó, por supuesto, el *exequator* y la Junta del Patronato.[639]
El asunto de fondo, el patronato universal, siguió sin resolverse. Entre 1737
y 1753, año este último en que la Corona consiguió por fin el patronato
universal, prosiguió la discusión, destacándose los escritos de Pedro de

---

[635] Alberto de la Hera, *op. cit.,* p. 419.

[636] *Idem:* "Utilizó como base un informe realizado por Jerónimo Chirivoga en tiempos de
Felipe II, mandó buscar el Memorial de Chumacero y Pimentel, embajador de Felipe IV ante
la sede romana, y localizó el Parecer de Melchor Cano. Muchos intelectuales como Mayans
apoyaron al obispo de Málaga".

[637] Gonzalo Anes, "Regalismo y manos muertas en la España de los Luces", en *Cuadernos
Dieciochistas*, núm. 1, 2000, pp. 209-222.

[638] Virginia León Sanz, *op. cit.,* p. 110.

[639] *Ibid.,* pp. 110-111: "El nuevo concordato, compuesto de 36 artículos, regulaba el derecho
de asilo y en líneas generales disminuía algunos privilegios eclesiásticos. La Santa Sede se
comprometía a controlar el número de clérigos y su patrimonio. La jerarquía moderaría las
penas canónicas e intentaría una reforma del clero regular por medio de los obispos. Pero
Roma seguía con el control de los beneficios eclesiásticos. El concordato dedicó dos artículos
a resolver las necesidades económicas del gobierno gravando los bienes eclesiásticos, lo que
provocó la protesta de la jerarquía española [...] también se afrontaba el problema de los bienes
de manos muertas y se eliminaba la exención tributaria del clero para los bienes adquiridos
en adelante, aunque el concordato especifica que esos bienes no estarían obligados a pagar
los impuestos que gravaban al clero [...] el concordato de 1737 suavizó las relaciones, pero
aplazó las cuestiones fundamentales".

Hontalva. El cardenal Belluga, por su parte, reconocía las cesiones papales pero como gracia pontificia y no como derivación del real patronato. Felipe V murió en 1746, sin haber logrado el tan buscado patronato, aunque sí un cúmulo de experiencia en sus ministros para que siete años después, en 1753, lo lograra por fin su hijo Fernando VI. Una línea más moderada de la Corona española obtuvo finalmente el concordato de 1753.

¿Cómo repercutieron esta serie de sucesos, debates y posturas peninsulares en la Iglesia indiana? Una idea al respecto nos la proporciona el ministro José del Campillo y Cosío, quien en 1743, al ventilar las opiniones vertidas sobre que en América el clero secular y el regular vulneraban algunas cosas del patronato real, sugirió a la Corona encargar a los obispos y prelados remediaran tal asunto, o buscar cualquier otro medio, pues para ello gozaba de un poder incomparable al de "ningún príncipe cristiano".[640]

El endurecimiento con los religiosos en Nueva España

Aunque Carlos II ya había comenzado a hacer algo respecto al consabido exceso de miembros de la Iglesia y su falta de vocación,[641] con Felipe V se inició un nuevo capítulo en las relaciones de la Corona con los religiosos de España e Indias. Los ministros del nuevo monarca estaban convencidos de que las órdenes significaban un factor de atraso de la sociedad española y, por extensión, se pensaba que igual sucedía en América, por lo cual debían reformarse. En consecuencia, en 1723 Felipe V logró de Inocencio XIII la bula *Apostolici Ministerii*, en donde se ordenaba al nuncio en Madrid cuidar que no se admitieran en los conventos más frailes y monjas de los que se pudieran mantener y que las órdenes sacras a frailes y las licencias para confesar sólo podían otorgarlas los obispos; igualmente, se daban disposiciones sobre el asunto de los jueces conservadores de las religiones.[642] Sin embargo, debido a las resistencias que provocó esta bula en España, no tuvo casi aplicación,[643] aunque lo importante es que el destino del clero regular estaba ya en la

---

[640] José del Campillo y Cosío, *op. cit.*, p. 96.

[641] John Lynch, *España bajo los Austrias/2. España y América*, Barcelona, Península, 1975, p. 396, y Henry Kamen, *La España de Carlos II*, Barcelona, Crítica, 1981, pp. 342 y 149-351.

[642] Antonio Ferrer del Río, *Historia del reinado de Carlos III. Capítulo III. La dinastía borbónica*, en <http://www.cervantesvirtual.com/servlet/SirveObras/12927295327813728654435/p0000005.htm>, consultado el 17 de febrero de 2010.

[643] Maximiliano Barrio Gozalo, "El clero bajo sospecha a principios del siglo XVIII. El informe de Macanaz y la respuesta de los obispos", en *Investigaciones Históricas*, núm. 22, 2002, pp. 47-62.

atención del régimen borbónico y pudo tener, si no una reforma general, sí varias medidas que lo afectaron de una u otra forma.

En Nueva España, el asunto de mayor interés para los virreyes respecto a los religiosos tenía que ver con el gobierno de las doctrinas de indios. Hasta 1670, aproximadamente, los mendicantes habían logrado esquivar el cumplimiento de las cédulas de doctrina que los obligaba, entre otras cosas, a sujetarse a la autoridad episcopal para todas las cuestiones de su administración. Aunque había breves y cédulas que especificaban minuciosamente cómo debía ser su quehacer pastoral y su relación con los obispos, en los hechos, los religiosos poco caso hacían de ello y siguieron detentando un poder fáctico en las parroquias. Las cosas comenzaron a cambiar en el arzobispado de México con Payo Enríquez de Rivera, prelado que se caracterizó por intentar someter totalmente a su jurisdicción a los religiosos, con resultados variables, pero que sentó precedentes importantes para las décadas futuras.[644] Aunque por entonces la Corona española reafirmó nuevamente la jurisdicción de los prelados, no dejó de dar su lugar también a los privilegios y exenciones históricas de los frailes.

Con el gobierno de Felipe V, tales exenciones fueron seriamente cuestionadas y se dieron pasos concretos para su derogación, logrando un debilitamiento gradual de los doctrineros y creando gradualmente condiciones propicias para la secularización iniciada en 1749. En este sentido, Felipe V logró lo que los Austria no: que virreyes y arzobispos pasaran por alto sus diferencias y tuvieran una misma interpretación de que ambos debían contribuir de la misma forma a cumplir las reales órdenes. En 1703, aun antes de la bula *Apostolici ministerii*, se ordenó al virrey impedir la fundación de nuevos conventos, reagrupar a los que tuvieran menos de ocho frailes, o bien quitar los privilegios de convento a aquellos que subsistieran con menos de ese número, haciendo cumplir un breve de 1611. Sólo las casas con ocho religiosos tendrían el trato de convento y podrían tener un prior, y representación y voto en los capítulos provinciales; en cambio, aquellas casas con menos de ese número quedarían sujetas a los obispos.[645] En el obispado de Oaxaca, se llevó a cabo una reorganización de las doctrinas de los dominicos con el fin de mejorar la administración espiritual;[646] igualmente, la Corona ordenó revisar las licencias que tenían

---

[644] Leticia Pérez Puente, *Tiempos de crisis...*, *op. cit.*

[645] AGN, Reales Cédulas Originales, 31, exp. 67, cédula de 14 de febrero de 1703.

[646] José Antonio Gay, *Historia de Oaxaca*, México, Porrúa, 1990, p. 386 y Yanna P. Yannakakis, "Hablar para distintos públicos: testigos zapotecos y resistencia a la reforma parroquial en Oaxaca en el siglo XVIII", en *Historia Mexicana*, vol. LV, núm. 3, 2006, pp. 833-893.

los conventos para su erección, como sucedió, en efecto, en el caso de la orden de la Merced en 1713.[647]

Una estrategia de Felipe V para intentar arreglar las cosas en el seno de las órdenes religiosas novohispanas fue pedir a las autoridades virreinales que no obstaculizaran el derecho de los superiores peninsulares a ejercer justicia en el interior de los conventos, como sucedía con los franciscanos.[648] En el mismo tenor, en 1726 se pidió evitar excesos de los doctrineros en las Indias.[649] Con todo, la Corona seguía apoyando que fueran los mismos religiosos quienes propusieran a los coadjutores en sus doctrinas, aunque claro, con la participación del virrey como vicepatrón y del arzobispo como juez ordinario, intentando guardar un equilibrio de poderes.[650] A ello, habría que sumar que desde la primera década del XVIII, el clero regular comenzó a pagar el subsidio eclesiástico también, a pesar de que en 1703 se resistieron e intentaron presentar un frente común ante el arzobispo de México, como se verá en el capítulo siguiente.

Otro asunto que provocó tensión entre el gobierno de Felipe V y las órdenes religiosas fue el de los pagos de la real hacienda a las doctrinas por concepto de limosna de aceite y de vino. En 1704, por ejemplo, el obispo de Oaxaca recordó al rey que esa diócesis debía recibir 4 000 pesos cada cinco años por ese concepto, quejándose de su difícil cobro y de que a varios doctrineros se les debían muchos años. El rey accedió al pago, siempre y cuando los curas presentaran certificaciones del obispo sobre su asistencia

[647] AGN, Reales Cédulas Originales, 36, exp. 28, cédula de 14 de julio 1713. De los 15 conventos de la provincia mercedaria, sólo de cinco constaba la licencia de fundación, por lo cual se pedía al virrey averiguar si los otros diez la tenían, así como un informe completo sobre su fundación y de qué limosnas se mantenían, y si tenían necesidad de que se sustentasen de la real hacienda, pues sólo debía darse limosna a quienes tuvieran doctrinas.

[648] AGN, Reales Cédulas Originales, 36, exp. 97, cédula de 10 de febrero 1714, f. 283: "mando a mis virreyes de ambos reinos de Nueva España y el Perú, audiencias, gobernadores y demás ministros […] no se entrometan en el gobierno privado y monástico de la religión de San Francisco".

[649] AGN, Reales Cédulas Originales, 45, exp. 56, cédula de 21 de marzo de 1726, f. 179: "Por cuanto hallándome informado de que por los curas doctrineros así seculares como regulares de los reinos de las Indias […] se cometen algunos abusos y excesos en el uso y ejercicio de sus ministerios, en perjuicio de la jurisdicción de los obispos, pretendiendo embarazar a estos sus visitas ordinarias y gravando a los indios con diferentes contribuciones a que los obligan por la administración de los santos sacramentos […] por tanto ruego y encargo a los arzobispos y obispos de mis reinos de las Indias y a los provinciales y prelados de las religiones de ellos, estén con gran vigilancia y atención a los procedimientos de los curas doctrineros".

[650] AGN, Reales Cédulas Originales, 39, exp. 92, cédula de 23 de julio de 1718. El espíritu de la cédula era que se salvaran todos los obstáculos para que ninguna población se quedara sin la administración espiritual.

y cumplimiento en los deberes parroquiales, y sólo podrían cobrar en la real caja de Oaxaca.[651] Pero el asunto de las limosnas a las doctrinas y curatos no paró en esto; al contrario, escaló hasta el punto de la suspensión en años posteriores. En ese mismo año de 1704, Felipe V ordenó averiguar las rentas de los conventos y doctrinas, y discutir la posibilidad de quitar la ayuda a aquellas que tuvieran suficientes ingresos; el asunto debía examinarse en una junta compuesta por el presidente y ministros de audiencias, fiscales, oficiales reales y obispo, y a falta de éste, el provisor y el deán de catedral:

> Que en esta junta se mida y tantee la materia con el cuidado debido y que corresponde a la gravedad de ella y dejen de acudir a los conventos que no tuvieren necesidad alguna por su opulencia, con toda limosna de vino y aceite y proporcionada, y correspondientemente, bajen la mitad y la tercera parte a los que tuvieren rentas competentes y que juzgaren debérseles asistir con la mitad o con tres partes de las limosnas que gozan de mi real hacienda.[652]

Finalmente, por cédula de 19 de febrero de 1718, Felipe V ordenó suspender las asistencias de cajas reales a los curas y ministros que gozaban de diezmos y tuvieran otras rentas;[653] orden un tanto confusa por desconocer que en Nueva España los párrocos no participaban de la repartición del diezmo. Quizá ello explique que en 1720 Felipe V insistiera en avanzar en el proceso de quitar ayudas a las doctrinas y conventos, reprochando a sus funcionarios indianos sobre la tardanza en lograrlo:

> Os mandé me informáseis generalmente de los conventos (que fundados con justas y legítimas licencias) necesitaban se les asistiese y continuase de mi real hacienda, con las limosnas de vino, cera y aceite [...] para que examinándose en ella las rentas con que se mantenían y las limosnas que percibían, se dejase de asistir a los que no tuviesen necesidad alguna [...] y no habiendo tenido noticia alguna de que se haya formado la referida junta, por cuya razón se ignora a qué religiosos se les puede asistir con las mencionadas limosnas, ni a las que se les deberá suspender [...] he resuelto [...] extrañaros severamente la omisión y descuido con que habéis procedido en materia tan importante por los considerables perjuicios que de ello pueden resultar a mi real hacienda y ordenaros [...] que, luego que recibáis este despacho, convoquéis la junta de ministros y demás personas que por las citadas cédulas os está prevenido [...] pues de lo

---

[651] AGN, Reales Cédulas Originales, 32, exp. 5, cédula de 3 de febrero 1704.
[652] *Ibid.*, exp. 1, cédula de 19 de enero de 1704.
[653] AGN, Reales Cédulas Originales, 39, exp. 38.

contrario me daré por muy deservido y se procederá a una rigurosa y severa demostración contra aquellos que en su tiempo no las diere el debido y puntual cumplimiento [...] en el ínterin que lleguen los expresados informes, para que en su vista delibere lo que tuviere por más conveniente, *no se ha de conceder a las religiones más prorrogación de la referidas limosnas de vino, cera y aceite.*[654]

Aunque lentamente, la orden comenzó a ser cumplida pues, como recordaremos, en 1719 las doctrinas del arzobispado suspendieron las contribuciones al seminario conciliar debido a que, efectivamente, habían dejado de percibir la limosna de la real hacienda. A principios de 1725, Felipe V siguió presionando y volvió a amenazar a los virreyes con castigarlos si seguían atrasando la orden;[655] entonces, el virrey marqués de Casafuerte apresuró las cosas y a fines de ese mismo año dio los primeros informes sobre el resto de la Nueva España.[656] En Madrid, seis años antes de la secularización, el ministro Campillo y Cosío secundaba la mala opinión hacia los religiosos:

Lo que mueve el hablar sobre este punto, es haber oído decir mil veces que los curas doctrineros tiranizan terriblemente a los pobres indios, cuyos males que de esto pueden seguirse a voces lo dicta la razón; pues los mismos indios, observando la tiranía de los que tienen por maestros en la ley y aun por directores de su conciencia, mal tomarán sus documentos al ver que ellos mismos continuamente los quebrantan en sus operaciones.[657]

Pero, además, agregaba Campillo, la inmunidad fiscal del clero regular ocasionaba el estancamiento de mucha riqueza en las órdenes, algo que los obispos debían evitar, "haciéndoles responsables de la inobservancia".[658] Con Campillo, se cerraba un periodo de acusaciones y denuncias en contra del clero regular, que serían retomadas años después para iniciar reformas más radicales al respecto.

---

[654] AGN, Reales Cedulas Originales, 41, exp. 49, f. 176. Las cursivas son del autor.

[655] AGN, Reales Cédulas Originales, 45, exp. 5.

[656] *Ibid.*, exp. 32, fs. 114-114, hasta entonces, el virrey marqués de Casafuerte sólo había iniciado la averiguación sobre las rentas de los conventos y doctrinas, y en forma secreta había: "empezado a darle curso, enviando con correos de cordillera, orden a todas las justicias para que secretamente indaguen en sus jurisdicciones las rentas, raciones, sínodos y otras obvenciones que gozan los curas y doctrineros, para que se pueda prevenir en conocimiento de los que verdaderamente padecen indigencia, y los que tienen sobrada o suficiente congrua, que os persuadíais serían los más. Y habiendo visto en consejo de las Indias, con lo que dijo mi fiscal, ha parecido avisaron el recibo de la citada carta y testimonio y ordenaros (como lo hago) continuéis esta diligencias hasta la conclusión de esta dependencia".

[657] José del Campillo y Cosío, *op. cit.*, p. 94.

[658] *Ibid.*, p. 96.

Claroscuros en las mercedes al alto clero secular

Si en la península ibérica el rey Borbón tuvo que presenciar la deslealtad de varios obispos durante la guerra de sucesión y críticas de algún otro aun después de ella[659] —al igual que del clero de Valencia, Aragón y Cataluña—, en Nueva España todo indica que el alto clero cerró filas e hizo lo conveniente para lograr la lealtad de la feligresía también; ello ante la presencia de ciertos personajes llegados a Nueva España con la consigna de lograr adeptos al archiduque Carlos.[660] En consecuencia, desde el inicio de su gobierno, Felipe V expresó su intención de premiarlo con prebendas y dignidades, de acuerdo con sus grados y méritos, sin olvidarse, claro, de exigirle reconocimiento incondicional a sus regalías. De hecho, reafirmó la orden de que todos los obispos hicieran el juramento de respetar el real patronato;[661] igualmente, ordenó a los virreyes vigilar que los prelados obedecieran el patronato en la práctica, como en el caso de la provisión de curatos.[662]

No faltaron fricciones en ese sentido por parte de algún prelado, como sucedió con el arzobispo de México en 1708. Luego de un concurso de curatos, Diego López de Salvatierra ocupó el segundo lugar de la terna y, aun así, fue elegido por el virrey Alburquerque como nuevo cura. Ante ello, Ortega y Montañés se negó a darle la colación, alegando que antes había que esperar la resolución del rey en cuanto a que se había debido elegir al primero de la terna. El soberano apoyó la decisión del virrey y aprovechó para recordar al arzobispo que: "usando de la regalía que me pertenece, por mi real patronato, he resuelto que don Diego López de Salvatierra goce de todos los frutos y rentas que por razón de este curato le debieren tocar y pertenecer aprobando el nombramiento".[663] El prelado tuvo aún los arrestos para retardar la colación pues cuando murió, poco después, todavía no la

[659] Maximiliano Barrio Gozalo, "El clero bajo sospecha a principios del siglo XVIII. El informe de Macanaz y la respuesta de los obispos", en *Investigaciones Históricas*, núm. 22, 2002, como por ejemplo, el obispo Folch de Valencia, quien apoyó abiertamente la causa del archiduque, o el obispo Belluga, de Cartagena, quien después de apoyarlo en la guerra criticó abiertamente sus tendencias regalistas.

[660] Iván Escamilla González, "Razones de lealtad, cláusulas de la fineza: poderes, conflictos y consensos en la oratoria sagrada novohispana ante la sucesión de Felipe V", en Alicia Mayer y Ernesto de la Torre Villar (eds.), *Religión, poder y autoridad en la Nueva* España, México, IIH-UNAM, 2004, pp. 179-204.

[661] AGN, Reales Cédulas Originales, 32, exp. 146 y 32, exp. 154, sobre los juramentos de los obispos de Michoacán y de Puebla, respectivamente.

[662] *Ibid.*, exp. 69 y exp. 70.

[663] AGN, Reales Cédulas Originales, 36, exp. 156, f. 431.

había dado. En 1714, el rey recordó al nuevo arzobispo, Lanciego Eguilaz, que debía respetar las elecciones del vicepatrón.

El bajo clero diocesano no se salvó de la mira del monarca, al recordar a las autoridades virreinales que los clérigos seculares no debían entrometerse en la minería, pues podían perjudicar su real hacienda.[664] Esta orden muestra hasta qué punto la Corona pasaba por alto que la escasez de beneficios eclesiásticos para un clero en aumento ocasionaba que varios de sus miembros se convirtieran en empresarios.

Ahora bien, si por un lado Felipe V no dejó de recordar quién era el patrón de la iglesia indiana, por el otro, también demostró su apoyo a la jurisdicción eclesiástica de los arzobispos de México, aun en contra de la opinión de miembros de la real audiencia.[665] Para la Corona, era claro que sin el apoyo del alto clero secular, las crecientes demandas de exacciones a las arcas de la Iglesia se podían complicar. Así, aunque al principio de su reinado Felipe V y el virrey duque de Alburquerque tuvieron fricciones con los cabildos catedralicios indianos, por el asunto del subsidio eclesiástico, pronto el monarca mostró que la cooperación aumentaba sus posibilidades de ascenso. En consecuencia, el rey renovó la política de otorgar prebendas, canonjías e incluso mitras a clérigos criollos señalados por sus servicios a la Corona como, en efecto, sucedió en el arzobispado de México;[666] por ello, al

---

[664] AGN, Reales Cédulas Originales, 32, exp. 94, f. 197, cédula de 6 de febrero de 1705.

[665] AGN, Reales Cédulas Originales, 37, exp. 22, cédula de 30 marzo de 1715.

[666] Desde fines del siglo XVI se consideró a los clérigos con grados de la universidad como los mejores para ocupar los altos cargos del clero. Pero no sólo eso, pues las carreras eclesiásticas se nutrían de méritos personales y de relaciones clientelares con autoridades o individuos poderosos. Hacia la primera mitad del siglo XVIII, había una tendencia a defender un modelo de carrera o trayectoria desarrollada localmente bajo los parámetros dictados en la *Recopilación*. A su llegada a la ciudad de México, los arzobispos se encontraban con clérigos que desarrollaban carreras en el seno de las instituciones académicas y eclesiásticas. La apuesta de éstos era hacer valer tales trayectorias, primero ante el arzobispo y después ante la Corona. Sin embargo, pronto se dieron cuenta de que su *cursus honorum* no les garantizaría el ingreso al alto clero y que, como en otras generaciones, habría que echar mano de otro tipo de recursos, como la demostración de lealtad al nuevo monarca. Los trabajos que se han acercado al tema de las carreras de los clérigos en el siglo XVIII son David A. Brading, *Una Iglesia asediada: el obispado de Michoacán, 1749-1810*, México, FCE, 1994; Óscar Mazín Gómez, *El cabildo catedral de Valladolid de Michoacán*, México, El Colegio de Michoacán, 1996; Luisa Zahino Peñafort, *Iglesia y sociedad en México. 1765-1800. Tradición, reforma y reacciones*, México, UNAM, 1996; William B. Taylor, *Ministros de lo sagrado. Sacerdotes y fieles en el México del siglo XVIII*, México, El Colegio de Michoacán/Secretaría de Gobernación/El Colegio de México, 1999, 2 vols.; Paul Ganster, "Miembros de los cabildos eclesiásticos y sus familias en Lima y la ciudad de México en el siglo XVIII", en Pilar Gonzalbo (coord.), *Familias novohispanas. Siglos XVI al XIX*, México, El Colegio de México, 1991; Paulino Castañeda Delgado y Juan

año siguiente del decreto del subsidio eclesiástico en 1701, la Corona prometió premios y prebendas a los clérigos beneméritos de las Indias;[667] y sin duda que un mérito de peso era apoyar los intereses reales. Un buen ejemplo de ello es el del prebendado criollo Rodrigo García Flores de Valdés, quien en abril de 1701, durante el sermón fúnebre a Carlos II, aprovechó para alabar la designación de Felipe V como sucesor[668] y en 1703 defendió el cobro del subsidio durante las discusiones en el cabildo eclesiástico.[669] Luego de ello, su carrera fue un ascenso imparable hasta el deanato de la catedral de México, y ya se consultaba para las mitras cuando la muerte lo sorprendió.[670] Quien sí pudo ver premiado su apoyo al nuevo régimen fue Juan Ignacio de Castorena y Ursúa, quien pronto llegó a ser obispo de Yucatán.[671]

Igualmente, la gestión del arzobispo José Lanciego y Eguilaz, entre 1712 y 1728, fue un periodo que se destacó por la diligencia para el cobro del subsidio y por el alza en el nombramiento de clérigos a mitras y prebendas. Este arzobispo se caracterizó por su buena disposición para apoyar sus aspiraciones,[672] en especial quienes integraban su curia o lo auxiliaron en las

Marchena Fernández, *La jerarquía de la iglesia en Indias,* España, MAPFRE, 1992; Rodolfo Aguirre Salvador, *El mérito y la estrategia. Clérigos, juristas y médicos en Nueva España,* México, CESU/Plaza y Valdés, 2003.

[667] AGN, Reales Cédulas Originales, 31, exp. 44, se ordena se envíen con frecuencia noticias de los prebendados y curas bajo las siguientes consideraciones, "con especificación de sus méritos, grados, tiempo que han servido, con que empleos y las demás circunstancias de capacidad y virtudes que por menor concurren en cada uno".

[668] Iván Escamilla González, "Razones de la lealtad, cláusulas de la fineza: poderes, conflictos y consensos en la oratoria sagrada novohispana ante la sucesión de Felipe V", en Alicia Mayer y Ernesto de la Torre Villar (coords.), *Religión, poder y autoridad en la Nueva España,* México, UNAM, 2004, p. 186

[669] Rodolfo Aguirre Salvador, "El arzobispo de México…", *op. cit.,* p. 264.

[670] Acerca de la carrera de Rodrigo García Flores de Valdés, véase Rodolfo Aguirre Salvador, "De las aulas al cabildo eclesiástico. Familiares, amigos y patrones en el arzobispado de México, 1680-1730", en *Tzintzun, Revista de Estudios Históricos*, núm. 47, enero-junio de 2008, pp. 75-114.

[671] Iván Escamilla González, "Razones de la lealtad, cláusulas de la fineza: poderes, conflictos y consensos en la oratoria sagrada novohispana ante la sucesión de Felipe V", en Alicia Mayer y Ernesto de la Torre Villar (coords.), *Religión, poder y autoridad en la Nueva España,* México, UNAM, 2004, p. 191, Castorena escribió el sermón: "Razones de lealtad, cláusulas de la fineza en elogio de las hazañas, que en los diez años del reinado del católico monarca Felipe V el animoso, rey de las Españas y las Indias, ha celebrado la santa iglesia catedral metropolitana de México".

[672] Rodolfo Aguirre Salvador, "El ascenso de los clérigos de Nueva España durante el gobierno del arzobispo José Lanciego y Eguilaz", en *Estudios de Historia Novohispana,* núm. 22, 2000, pp. 77-110.

tareas de gobierno. Un buen ejemplo de esto fue el del juez de testamentos, capellanías y obras pías, José Torres Vergara, quien fungió como asesor de ese prelado para resolver los problemas en la recaudación del subsidio. Poco tiempo después, Torres fue ascendido a las dignidades del cabildo eclesiástico.[673] De los ascensos al cabildo durante el gobierno de Lanciego, tenemos que de los 28 clérigos que fueron especialmente recomendados por ese prelado, cuatro llegaron a ser obispos, seis fueron capitulares y dos lograron las parroquias más importantes de México. Esto equivale a 42 por ciento del total de protegidos del prelado. Un balance general nos indica que entre 1715 y 1729 hubo un total de 39 ascensos dentro del cabildo mexicano;[674] los clérigos favorecidos provenían del mismo arzobispado en donde se habían formado y hecho una carrera.

No obstante, esas condiciones propicias para el ascenso de clérigos seculares criollos a dignidades y mitras cambiaron en la década de 1730, un poco en contraste con el reinicio de la venta de cargos en la audiencia de por entonces.[675] En la época del arzobispo Juan Antonio Vizarrón Eguiarreta (1732-1747), podemos advertir una política de frenar el ascenso de la clerecía al cabildo, al cuestionar sus méritos, en clara discordancia con su antecesor. Durante esos años, se dio una confrontación entre el prelado y ciertos miembros del cabildo catedralicio y de la universidad, debido al ascenso de familiares del primero a canonjías, cargos episcopales y cátedras. La táctica seguida por Vizarrón fue dividir a los capitulares y a los doctores universitarios para impedir una oposición conjunta que tal vez era más difícil de llevar. Para lograrlo, el prelado apoyó a ciertos clérigos y prebendados jóvenes y maleables; tal "clientela criolla", junto con su familia peninsular, fue la base principal de su gobierno. Con tales armas, el arzobispo fue capaz de dividir a los doctores eclesiásticos de la ciudad de México, colocar convenientemente a sus protegidos y convencer a Felipe V de que sus criterios para dar cargos a su clerecía eran los correctos.[676]

---

[673] Rodolfo Aguirre Salvador, "De las aulas al cabildo eclesiástico. Familiares, amigos y patrones en el arzobispado de México, 1680-1730", en *Tzintzun, Revista de Estudios Históricos*, Morelia, Universidad Michoacana de San Nicolás de Hidalgo, enero-junio de 2008, pp. 96-97.

[674] AGI, México, legajo 802.

[675] Mark A. Burkholder y D. S. Chandler, *De la impotencia a la autoridad. La Corona española y las Audiencias en América 1687-1808*, México, FCE, 1984; David A. Brading, *Mineros y comerciantes en el México borbónico (1763-1810)*, México, FCE, 1993, pp. 69-73.

[676] Rodolfo Aguirre Salvador, "Los límites de la carrera eclesiástica en el arzobispado de México. 1730-1747", en *Carrera, linaje y patronazgo. Clérigos y juristas en Nueva España, Chile y Perú (siglos XVI-XVIII)*, México, CESU-UNAM/Plaza y Valdés, 2004, pp. 73-120.

Lo interesante es que Felipe V apoyó en todo al arzobispo, aun en contra de la opinión del Consejo de Indias. Vizarrón resultó ser un buen servidor del regalismo, al hacerse cargo de una tercera recaudación del subsidio al iniciar la década de 1740.[677] Su clientela clerical, colocada en los cargos clave de la curia, fue un factor importante para el éxito de sus empresas.

Así, aunque a mediados del siglo XVIII 58 por ciento de los capitulares de México era de origen americano, ninguno tenía una dignidad ni esperanza de promoverse.[678] Se inició de este modo un cambio en la política monárquica en cuanto a la promoción de los clérigos nativos a los altos cargos eclesiásticos; proceso que desembocó en la década de 1770 en las reales cédulas, que restringieron tal tendencia.[679]

Felipe V no sólo apoyó al último arzobispo de México que habría de nombrar, en su cruzada contra los intereses del clero secular nativo, sino también para consolidar el poder de la mitra en detrimento del clero regular.

Los jueces de doctrina y la expansión de la autoridad arzobispal

La autoridad de los obispos en Nueva España fue, como es sabido, permanentemente cuestionada por franciscanos, agustinos y dominicos. Los privilegios que los religiosos obtuvieron en el siglo XVI imposibilitaron a los obispos durante muchas décadas ejercer plenamente las potestades de orden y de jurisdicción.[680] Y, en especial, el asunto de la jurisdicción sobre las doctrinas de indios fue motivo de múltiples conflictos y pocos acuerdos. Ante ello, los diocesanos tuvieron que echar mano de una diversidad de recursos para imponer su autoridad, prescrita en el derecho canónico, sobre todo en la normativa tridentina. Uno de esos recursos fue precisamente el de los jueces eclesiásticos, cuya principal función era hacer valer la juris-

---

[677] AGN, Bienes Nacionales, 1768, exp. 1.

[678] Paul Ganster, *op. cit.*

[679] Rodolfo Aguirre Salvador, *El mérito y...*, *op. cit.*, pp. 35-40.

[680] Jorge E. Traslosheros, *Iglesia, justicia y sociedad en la Nueva España. La audiencia del arzobispado de México 1528-1668*, México, Porrúa/Universidad Iberoamericana, 2004, p. 14. La bula de León X, de 1521, daba a los franciscanos el derecho a predicar, confesar, bautizar, excomulgar, casar y conocer de causas matrimoniales, siempre y cuando no hubiera un obispo en la jurisdicción. Por su parte, Adriano VI ratificó en 1522 todo lo anterior, concediendo además que los religiosos podían ejercer tales facultades aunque hubiera obispo, siempre y cuando estuviera a por lo menos dos jornadas de camino y que no implicara la potestad de orden. Finalmente, la bula de Paulo III, de 1535, ratificó lo anterior, eliminando incluso la limitante de las dos jornadas de distancia, contando teóricamente con la sanción del obispo.

dicción de los obispos en todas las parroquias de su competencia. El origen y el devenir histórico de estos jueces se circunscriben al largo proceso de implantación de la jurisdicción episcopal en las diócesis novohispanas; su consolidación debe considerarse como la etapa culminante que precedió la secularización de doctrinas iniciada en 1749, cuando su accionar posibilitó a la mitra un acceso directo a la población rural indígena por tanto tiempo administrada sólo por frailes y alcaldes mayores.

La figura del juez eclesiástico foráneo[681] fue tardía en el mundo parroquial; no sería sino hasta la segunda mitad del siglo XVII cuando comenzaron a normalizarse, y hasta la primera mitad del siglo XVIII cuando lograron consolidarse plenamente. El establecimiento de juzgados eclesiásticos locales a lo largo y ancho del arzobispado es un proceso muy poco conocido.[682] En el siglo XVI, el arzobispo Juan de Zumárraga nombró a varios clérigos como provisores generales, aunque ninguno con la capacidad necesaria para enfrentar los retos de una Iglesia en construcción;[683] lo importante fue que Zumárraga inició la audiencia eclesiástica como primer paso para el establecimiento del entramado judicial eclesiástico. No obstante, las limitaciones para el clero secular eran grandes, a tal punto que los religiosos ejercían en los hechos la justicia eclesiástica con el apoyo de las autoridades civiles.[684] En este contexto, se puede comprender que el establecimiento de instancias episcopales con jurisdicción en las doctrinas fue siempre una tarea difícil.

En el tercer concilio provincial mexicano, se dedica un título completo a ese asunto.[685] Un aspecto de suma importancia, es que en ningún concilio se ponía algún límite a los obispos para nombrar visitadores, vicarios y jueces

[681] El adjetivo de foráneo se debió a que mientras que el arzobispo y su provisor fungían como jueces eclesiásticos en la ciudad de México y sus alrededores, hasta cinco leguas, más allá de ese límite delegaban esa función en jueces subalternos.

[682] Rodolfo Aguirre Salvador, "El establecimiento de jueces eclesiásticos en las doctrinas de indios. El arzobispado de México en la primera mitad del siglo XVIII", en *Revista de Historia Crítica.*, Colombia, Universidad de Los Andes, julio-diciembre de 2008, pp. 14-35.

[683] Jorge E. Traslosheros, *Iglesia, justicia y...*, *op. cit.*, p. 12.

[684] *Ibid.*, pp. 3-6, el mismo Zumárraga hubo de nombrar a franciscanos como jueces defensores de indios; además, los religiosos podían nombrar jueces eclesiásticos en tierras de misión.

[685] María del Pilar Martínez López-Cano, Elisa Itzel García y Marcela Rocío García, "III concilio y Directorio", en María del Pilar Martínez López-Cano (coord.), *Concilios provinciales mexicanos. Época colonial*, México, IIH-UNAM, 2004, CD. En el título VIII, "Del oficio del juez ordinario y del vicario", del libro I, se establecen los límites de la jurisdicción eclesiástica ante la civil, cuidando siempre de señalar al juez ordinario eclesiástico, y a sus oficiales, vicarios y jueces dependientes, hasta dónde podían actuar como tales y en qué sucesos ya correspondía a los jueces reales. Extrañamente, sólo hasta la parte final de ese mismo título se mencionan algunos asuntos relacionados con los frailes y las doctrinas de indios.

foráneos; es decir, tenían discrecionalidad total en ese sentido; hasta este tercer concilio fue que se elaboró un "tipo ideal" de ordenamiento judicial eclesiástico.[686] La apuesta a futuro sería hacer de ese mismo una realidad. Así, hasta 1585, en el arzobispado de México sus prelados consolidaron el nombramiento de provisores, con lo que se dio estabilidad a la audiencia arzobispal, cuya eficacia y presencia alcanzaba no mucho más allá de la ciudad de México y sus alrededores.

Entre 1585 y 1668, aproximadamente, se dio la expansión de la audiencia eclesiástica, y surgió la figura del juez eclesiástico junto a los visitadores y jueces comisionados. Por su parte, las órdenes mendicantes se aprestaron a defender sus antiguos privilegios, amenazados claramente por la nueva normativa conciliar, logrando el apoyo real. En la última década del siglo XVI, Felipe II abordó el espinoso asunto de dilucidar los alcances que los obispos debían tener en las doctrinas; en un despacho de 15 de octubre de 1595 les ordenó que: "cuando por su persona no pudiesen visitar las doctrinas de religiosos, enviase a las visitas de ellos, en cuanto al ministerio de curas, religiosos de las mismas órdenes, y no sacerdotes seculares".[687]

Más allá de la ciudad de México y de sus alrededores la figura preferida, por lo menos hasta aproximadamente 1668, fueron los jueces comisionados, encargados para cada caso o asunto contencioso;[688] ello pudo deberse a que, ante el todavía claro predominio del clero regular en el mundo parroquial, no había condiciones para establecer juzgados permanentes, comenzando por el problema de dónde establecer las sedes de cada uno de ellos.[689] Respecto a los jueces eclesiásticos, la documentación consultada los registra sólo a partir de la segunda década del siglo XVII.[690] Con todo, no debemos perder de vista que quienes estaban siempre al frente de la población indígena eran los frailes, y que éstos se erigían en jueces, con o sin la anuencia de la mitra.[691]

[686] Jorge E. Traslosheros, *Iglesia, justicia y...*, *op. cit.*, p. 41.

[687] AGN, Bienes Nacionales, 1285, exp. 23.

[688] AGN, Bienes Nacionales, 78, exps. 89-90, hacia 1600, por ejemplo, al cura de Teoloyuca se le habían formado ciertos capítulos en su contra, no por un juez, sino por un visitador nombrado especialmente para ello, quien se hizo acompañar por un fiscal de visita también.

[689] Todavía en la primera mitad del siglo XVIII los jueces eclesiásticos residían en sedes alternas a las cabeceras de doctrinas.

[690] Jorge E. Traslosheros, *Iglesia, justicia y...*, *op. cit.*, p. 50. En 1614, por ejemplo, el arzobispo De la Serna nombra como juez eclesiástico de Acapulco no a un clérigo, sino a un fraile, José de Lorenzana, aunque con atribuciones más limitadas en comparación con sus similares del siglo XVIII.

[691] AGN, Clero Regular y Secular, 203, exp. 1, en la doctrina agustina de Ixmiquilpan, por ejemplo, fray Diego de Meneses abrió proceso contra el cacique Francisco de Salazar y

Es muy probable que durante este periodo, 1600-1668, se hayan establecido juzgados eclesiásticos con jurisdicción en las parroquias de clérigos seculares y que se estuviera pensando ya en hacer lo mismo para las doctrinas de religiosos. En 1656, el arzobispo Sagade Bugueiro elaboró nombramientos más específicos de jueces, delimitando mejor sus funciones.[692]

Entre 1668 y 1680, el arzobispo Payo Enríquez de Rivera dispuso medidas radicales para el fortalecimiento de la jurisdicción episcopal, nombrando a 18 jueces eclesiásticos,[693] aunque aún no sabemos los verdaderos alcances en cuanto a su desempeño. Su sucesor, Francisco Aguiar y Seijas, siguió en la misma tónica.[694] Sin embargo, los religiosos continuaron alegando siempre los privilegios otorgados por Adriano VI y Paulo III. A fines del siglo XVII, las órdenes lograron detener el avance de los jueces.

En 1694, Carlos II ordenó a los obispos que por ninguna causa nombraran vicarios foráneos para las doctrinas de frailes.[695] Esta cédula puso en predicamento, de nuevo, la autoridad episcopal en Indias, y fue evidentemente un retroceso, por lo menos en el plano jurídico, de los logros de los arzobispos Payo de Rivera y Aguiar y Seijas;[696] y no fue sino hasta la primera mitad del siglo XVIII cuando se lograron establecer permanentemente juzgados eclesiásticos en todo el territorio del arzobispado.

---

nombró como notario a su compañero, fray Diego García. Enterado el provisor del arzobispado, Pedro de Barrientos Lomelín, chantre de catedral, pidió al doctrinero de Ixmiquilpan los autos. Barrientos, celoso de la jurisdicción que estaba ejerciendo el agustino, decidió comisionar a un notario de la audiencia arzobispal para ir al pueblo y realizar averiguaciones. Aparte de las averiguaciones, el comisionado debía quitar los rótulos de excomunión que el doctrinero hubiera puesto en las puertas de la iglesia.

[692] Jorge E. Traslosheros, *Iglesia, justicia y...*, op. cit., p. 51.

[693] Leticia Pérez Puente, *Tiempos de crisis...*, op. cit., p. 244.

[694] AGN, Clero Regular y Secular, 192, para 1685, por ejemplo, existía el juzgado del partido de Toluca, Zinacantepec, Metepec, Calimaya y San Mateo Atenco. El titular era el bachiller Francisco Sánchez Pichardo.

[695] AGN, Bienes Nacionales, 1285, exp. 23.

[696] AGN, Clero Regular y Secular, 192, f. 154, sin embargo, la orden no fue del todo obedecida, pues hacia 1696 el provisor del arzobispo, por entonces el canónigo Antonio de Aunzibay Anaya, comisionó al juez eclesiástico de Tenancingo, Felipe Manrique, beneficiado del mismo y comisario del santo oficio, las averiguaciones sobre la consumación del matrimonio de Diego Jacobo y Manuela Nicolasa, y asimismo pidió las informaciones matrimoniales al doctrinero de Calimaya, para que todo junto se enviara a la audiencia arzobispal.

Mapa 5. Juzgados eclesiásticos del arzobispado, primera década del siglo XVIII

Catedral de México

Salas de juzgado
eclesiástico

1. Querétaro
2. Xalatlaco
3. Texcoco
4. Chalco
5. Amatepec-Tlatlaya
6. Sultepec
7. Ixtapan
8. Ozoloapan
9. Cuernavaca
10. Taxco
11. Iguala
12. Zimapan
13. Ixmiquilpan
14. Tulancingo
15. Real de Pachuca
16. Omitlán
17. Tequisquiac
18. Toluca
19. Ocoyoacac

Fuentes: Elaboración propia con base en Peter Gerhard, *Geografía histórica de la Nueva España 1519-1821*, México, UNAM, 1986; AGN, Bienes Nacionales, varios volúmenes; Francisco de Solano (ed.), *Relaciones geográficas del arzobispado de México, 1743*, Madrid, V Centenario del Descubrimiento de América/Centro Superior de Investigaciones Científicas, 1988, 2 tomos (Colección Tierra Nueva e Cielo Nuevo).

El impulso de Felipe V a los vicarios y jueces de doctrinas

Si en 1694 Carlos II puso un freno a los obispos para nombrar vicarios foráneos, tal limitación sólo duró algunos años, pues con el cambio de dinastía el episcopado indiano comenzó a ser más favorecido. El asunto de los jueces eclesiásticos fue objeto de atención en Madrid, cuando en 1701, con la guerra de sucesión en puerta, se decidió poner fin, al menos en el papel, a largas disputas que durante siglo y medio protagonizaron los obispos y las órdenes religiosas por el asunto de las doctrinas. La coyuntura se debió a la solicitud que hizo a la Corona fray Bernabé Ronceros, procurador franciscano de la provincia de Lima, de que hiciera obedecer las cédulas de 1595 y 1694 sobre visitas y vicarios foráneos, citadas atrás. Ronceros manifestó que no todos los obispos las habían obedecido,[697] pero con lo que no contaron los franciscanos fue que el nuevo monarca tendía ya, en fechas tan tempranas de su reinado, a favorecer la autoridad de los obispos en sus diócesis, a cambio de distanciarlos de la santa sede. En cédula de 2 de octubre de 1701, el monarca expresó que no había ley, canónica o real, que limitara a los obispos la facultad de subdelegar las visitas de los religiosos a discreción, y que, en cuanto al nombramiento de vicarios foráneos, los obispos estaban en todo su derecho de nombrar los que hicieran falta.[698] Esta decisión de Felipe V echaba por tierra uno de los principales privilegios que el clero regular había defendido por casi dos siglos: la de poder ejercer funciones del ordinario, según la bula *Exponi Nobis*.

La nueva disposición llegó a manos del arzobispo Ortega y Montañés quien, sin embargo, estuvo más ocupado con lo del subsidio eclesiástico y también con el cargo de virrey interino entre 1701 y 1702. Con todo, el establecimiento de juzgados eclesiásticos siguió su curso, pues durante el gobierno de ese prelado hubo al menos 19, uno más que en la década de 1670. Su distribución era estratégica, dado que las principales áreas de población indígena estaban consideradas, con excepción quizá de las provincias de Valles y Pánuco, en donde predominan aún las misiones, y esa categoría las alejaba de la jurisdicción arzobispal. Así, tenemos que los valles de México, Toluca, Cuernavaca y las provincias otomíes de Tulancingo, Ixmiquilpan y Querétaro, al norte de la capital, ya estaban cubiertas. El juzgado de Ixmiquilpan, en donde había doctrina agustina, cubría también la doctrina franciscana de Alfajayuca, provincia de Xilotepec, y Chichicastla, doctrina agustina en la provincia de Meztitlán.[699]

---

[697] AGN, Bienes Nacionales, 1285, exp. 23.
[698] *Idem*.
[699] AGN, Bienes Nacionales, 500, exp. 2.

Otros jueces de doctrina cubrían una provincia en donde no había curatos de clérigos seculares, como Chalco, Cuernavaca, Querétaro o Texcoco. En otras ocasiones, los jueces de doctrina abarcaban más de una provincia, como los de Tulancingo y Toluca. El primero, por ejemplo, cubría las doctrinas asentadas en las provincias al noreste de la capital: Tulancingo, Apa, Huachinango y Meztitlán. El de Toluca, por su lado, ejercía también en la provincia vecina de Metepec. El juzgado de Pachuca era singular por cuanto cubría por igual doctrinas, las franciscanas Cempoala y Tezontepec, y la agustina Tecama, como el curato secular del mismo nombre.

La generalización de juzgados eclesiásticos, 1712-1748

La voluntad y las condiciones para impulsar a los jueces eclesiásticos en el arzobispado las tuvo José Lanciego Eguilaz (1712-1728), prelado definido por el virrey duque de Linares como de mucha devoción y poca política.[700] En efecto, Lanciego se destacó por la convicción con la que emprendía sus tareas; respecto a los jueces eclesiásticos, promovió la aplicación de la cédula de 1701 en el arzobispado e, indirectamente, en el resto de las diócesis sufragáneas. En algún momento previo a 1721, este prelado solicitó al rey revalidar esa cédula, argumentando que, no obstante haber intentado aplicar los medios a su alcance para lograr la quietud en su jurisdicción, los religiosos intentaban todo el tiempo novedades, "en perjuicio de las regalías y autoridad de su mitra".[701] En vista de ello, hacia 1721, y para evitar "inquietudes y pleitos en los referidos regulares",[702] Felipe V confirmó la cédula de 1701, ordenando a los obispos sufragáneos la observaran y cumplieran.

Con ese nuevo respaldo del monarca, Lanciego se dio a la tarea de normalizar el nombramiento de jueces eclesiásticos en el arzobispado: en 1723, con ocasión de cumplir con la recaudación de un segundo subsidio eclesiástico otorgado por Roma en 1721, el arzobispo envió una carta cordillera de instrucciones a un total de 91 jueces eclesiásticos, incluyendo a trece que

---

[700] Ernesto de la Torre Villar, *op. cit.*, 1991, p. 781: En su instrucción al sucesor, el virrey definió así a Lanciego: "siendo muy pocas políticas las que maneja, y las más muy religiosas las que practica [...] siempre que le hablo de oficio voy con el miedo de que no me entienda, porque sus máximas devotas suelen apartarle de las providencias que enseña en la práctica".

[701] AGN, Bienes Nacionales, 1285, exp. 23.

[702] *Idem*: "a cuyo fin se os remiten los que pertenecen a vuestros sufragáneos, para que por vuestra mano lleguen a las suyas, y tengan el debido cumplimiento que conviene a mi servicio".

CUADRO 29
Jueces de doctrinas

Número	Cabecera de juzgado	Provincia
1	Actopan	Actopan
2	Apa	Apa-Tepeapulco
3	Cadereyta	Cadereyta
4	Chalco	Chalco
5	Cuautla	Valle de Amilpas
6	Cuernavaca	Cuernavaca
7	Ixmiquilpan	Ixmiquilpan
8	Meztitlán	Meztitlán
9	Querétaro	Querétaro
10	Tampico	Pánuco
11	Teotihuacan	Teotihuacan
12	Tetela del Volcán	Tetela
13	Texcoco	Texcoco
14	Tochimilco	Tochimilco
15	Toluca	Toluca
16	Tula	Tula
17	Tulancingo	Tulancingo
18	Xochimilco	Xochimilco
19	Huichiapan	Xilotepec
20	Aculco	Xilotepec

Fuentes: Archivo Histórico del Arzobispado Mexicano, caja 36, exp. 15; Archivo General de la Nación, Bienes Nacionales, 1231, exp. 25.

sólo tenían jurisdicción sobre doctrinas de religiosos.[703] No contento con ello, a poco de fallecer en 1728, Lanciego aun pudo lograr que Felipe V reafirmara cumplir con un breve papal de 1698 que permitía a los obispos de Indias nombrar vicarios foráneos a su arbitrio para que ante ellos los indios alejados de la sede episcopal pudieran presentar sus solicitudes matrimoniales.[704]

Este gran esfuerzo de Lanciego por consolidar juzgados en la jurisdicción no terminó con el fin de su gobierno. Hacia 1731, recién llegado a la

[703] AHAM, caja 36, exp. 15: cédula al arzobispo de México sobre la recaudación del subsidio de 20 de marzo de 1722 e instrucciones a los jueces eclesiásticos del arzobispado. Los jueces de doctrina eran de Chalco, Cuernavaca, Meztitlán, Apa, Actopan, Ixmiquilpan, Tulancingo, Cadereyta, Querétaro, Toluca, Texcoco, Valle de Amilpas y Tochimilco.

[704] AGN, Reales Cédulas Originales, 47, exp. 95.

mitra el nuevo arzobispo, José Antonio Vizarrón Eguiarreta (1730-1748), se ocupó también de revisar y refrendar los títulos de jueces eclesiásticos.[705] De esta forma, en el transcurso de la primera mitad del siglo XVIII llegó a haber hasta 98 juzgados eclesiásticos.

Respecto a los 20 jueces de doctrinas, puesto que normalmente se hacían cargo de todas las de esa provincia o partido, es muy probable que ejercieran jurisdicción en alrededor de 97 curatos; es decir, 40 por ciento de la feligresía del arzobispado. Los jueces de Querétaro y Toluca son casos especiales, pues si bien se asentaban en grandes doctrinas franciscanas en donde no había curatos de curatos diocesanos, sí vigilaban la conducta de los núcleos clericales asentados ahí.[706] En Querétaro, se acostumbraba nombrar, asimismo, a un ayudante para el juez, debido al número de tareas implicadas.[707] Lo normal, sin embargo, fue que los jueces tuvieran sólo un notario para elaborar los autos judiciales. En los curatos, los mismos beneficiados fungieron como jueces; varios de ellos también ejercieron en doctrinas vecinas, como las de Pachuca, Chiapa de Mota o Teoloyuca.

Cada arzobispo o sede vacante podía añadir o quitar parroquias a un juez, o bien desaparecer o crear un juzgado, según su criterio o las necesidades del momento. En ese sentido, hacia 1736 el promotor fiscal de la mitra, José Flores Moreno, expresó que la razón de ser de los jueces foráneos era evitar a los fieles tener que ir siempre hasta la ciudad de México a arreglar sus asuntos.[708] Sin duda que la proliferación de juzgados logró ese propósito. En algunos partidos, los casos que se ventilaban ante el juez podían aumentar de improviso. En 1739, por ejemplo, al morir repentinamente el juez de Actopan, en tanto se designaba a uno nuevo, el juzgado fue anexado al de Pachuca, provocando una sobrecarga de trabajo que motivó a este

[705] AGN, Bienes Nacionales, 1231, exp. 25, "Cordilleras para que se presenten títulos de jueces eclesiásticos", "Me ha parecido conveniente el que vuestras mercedes, por sí o por sus procuradores, presenten en mi secretaría, dentro de un mes que les asigno por término perentorio, los títulos en cuya virtud ejercen la judicatura eclesiástica para reconocerlos, y en su vista, si lo estimare por necesario mandar, o que se refrenden o que se despachen de nuevo, y en el ínterin que vuestras mercedes hacen la presentación de los referidos títulos, dentro del término prefijo, *se les confiere la facultad de ejercer dicha judicatura eclesiástica*. Dios guarde a vuestras mercedes muchos años. México y junio cinco de 1731. Juan Antonio, arzobispo electo de México [rúbrica]". Las cursivas son del autor.

[706] AGN, Bienes Nacionales, 1061, exp. 21.

[707] AGN, Bienes Nacionales, 1030, exp. 2, año de 1746: "Diversos escritos y cartas sobre distintas pretensiones en el gobierno del señor arzobispo de México". En carta, dirigida al arzobispo, el nuevo juez eclesiástico de Querétaro, Juan Manuel Rodríguez de Suasnavar, pedía un ayudante para que lo supliera en sus ausencias.

[708] AGN, Bienes Nacionales, 269, exp. 18.

CUADRO 30
Jueces eclesiásticos con sede en curatos

Número	Cabecera de juzgado	Provincia
1	Acapetlahuayan	Ixcateopan
2	Almoloya	Metepec
3	Acamistla	Taxco
4	Acapulco	Acapulco
5	Alahuistlán	Ixcateopan
6	Amatepec y Tlatlaya	Temascaltepec-Sultepec
7	Atenango del Río	Chilapa
8	Atitalaquia	Tetepango-Hueypoxtla
9	Atlacomulco	Metepec
10	Atotonilco el Chico	Pachuca
11	Chiapa de Mota	Xilotepec
12	Coatepec	Ixcateopan
13	Coyuca	Acapulco
14	Cuzcatlán	Valles
15	Huayacocotla	Huayacocotla
16	Huazalingo	Sochicoatlán
17	Huehuetoca	Cuautitlán
18	Hueypoxtla	Tetepango-Hueypoxtla
19	Huizquilucan	Tacuba
20	Iguala	Iguala
21	Ixcateopan	Ixcateopan
22	Ixtapa	Temascaltepec-Sultepec
23	Ixtlahuaca	Metepec
24	Malacatepec	Metepec
25	Malinaltenango	Zacualpa
26	Misquiahuala	Tetepango- Hueypoxtla
27	Oapan	Tixtla
28	Ocoyoacac	Tenango del Valle
29	Osoloapan	Temascaltepec-Sultepec
30	Ozolotepec	Tenango del Valle
31	Pachuca	Pachuca
32	Pánuco	Pánuco
33	Pilcayan	Taxco
34	Real de Escanela	Cadereyta
35	Real de Omitlán	Pachuca
36	Real de Sichú	San Luis de la Paz
37	Real de Tecicapan	Zacualpa
38	Real de Zacualpa	Zacualpa
39	Real del Monte	Pachuca

CUADRO 30 (*continuación*)

Número	Cabecera de juzgado	Provincia
40	San Felipe Ixtlahuaca	Metepec
41	San Juan del Río	Querétaro
42	Sultepec	Temascaltepec-Sultepec
43	Tamazunchale	Valles
44	Tampamolón	Valles
45	Tarasquillo	Lerma
46	Taxco	Taxco
47	Tecualoyan	Malinalco
48	Teloloapan	Ixcateopan
49	Temascalcingo	Metepec
50	Real de Temascaltepec	Temascaltepec-Sultepec
51	Temascaltepec de Indios	Temascaltepec-Sultepec
52	Temoaya	Metepec
53	Tempoal	Pánuco
54	Tenancingo	Malinalco
55	Cacalotenango	Taxco
56	Tenango del Valle	Tenango del Valle
57	Teoloyuca	Cuautitlán
58	Tepecuacuilco	Iguala
59	Tepozotlán	Cuautitlán
60	Tequisquiac	Zumpango
61	Tequisquiapan	Querétaro
62	Tescaliacac	Tenango del Valle
63	Tesmalaca	Iguala
64	Tetela del Río	Tetela del Río
65	Teticpac	Taxco
66	Texupilco	Temascaltepec-Sultepec
67	Tizayuca	Pachuca
68	Tlachichilco	Huayacocotla
69	Tolcayuca	Pachuca
70	Sontecomatlán	Huayacocotla
71	Xalatlaco	Tenango del Valle
72	Xaltocan	Zumpango
73	Xiquipilco	Metepec
74	Xocotitlán	Metepec
75	Yanhualica	Sochicoatlán
76	Zimapán	Zimapán
77	Zumpango de la Laguna	Zumpango
78	Zumpango del Río	Tuxtla

Fuentes: Archivo Histórico del Arzobispado Mexicano, caja 36, exp. 15; Archivo General de la Nación, Bienes Nacionales, 1231, exp. 25.

último a pedir cuanto antes el nombramiento del nuevo juez.[709] En ocasiones, la iniciativa de crear un juzgado provenía de clérigos desempleados, como el bachiller Félix Antonio de Morato, quien pidió el nombramiento de juez del Valle de las Amilpas hacia 1713.[710] Algunos juzgados tuvieron una existencia efímera, como fue el caso de la sede de Xochimilco que, al parecer, fue creada en la década de 1720, pero sin mayor fortuna, pues en 1739 la atención a los fieles era disputada por el vecino juez de Chalco y el propio provisorato de México.[711]

De esa forma, por primera vez en dos siglos, en la década de 1720 los arzobispos de México tuvieron representantes, en cuanto al ejercicio de la justicia eclesiástica, en todas las parroquias del arzobispado. Coincidentemente, por esta misma época se efectuaron inusuales autos de fe en contra de indios;[712] no sería raro comprobar que en ello participaron activamente los jueces de doctrina. El proceso fue largo, pero finalmente tuvo su culminación en la época de Felipe V, lo cual no fue casual, dado el nuevo trato de este monarca a las cuestiones eclesiásticas indianas.

La resistencia de los doctrineros

No era nuevo, por supuesto, que las órdenes religiosas opusieran resistencia a los intentos de la Corona y la mitra por que obedecieran las leyes reales y breves que pedían su sujeción; lo venían haciendo desde el siglo XVI. Lo nuevo, en realidad, era esa inédita actitud de la Corona que, sin ambages ya, se inclinaba a favor de los obispos, así como las nuevas condiciones en

---

[709] AGN, Bienes Nacionales, 1030, exp. 1, "Diversos escritos y cartas sobre distintas pretensiones en el gobierno del señor arzobispo de México".

[710] AGN, Bienes Nacionales, 1075, exp. 2, "el bachiller Félix Antonio de Morato, presbítero de este arzobispado, como mejor haya lugar, parezco ante vuestra señoría ilustrísima y digo que, siendo como es mi residencia y habitación en la jurisdicción de las Amilpas, donde, por haberme ordenado a título del idioma mexicano, me hallo mucho tiempo ha, sin ejercicio o conveniencia alguna en que con la decencia conforme a mi estado y obligaciones pueda lograr lo congruo de que para mantenerme necesito, pues aunque algún tiempo obtuve el empleo de capellán del ingenio de Santa Bárbara, que está en dicha jurisdicción, hállome sin él y por esto, obligado a representarlo a la justa y superior providencia de vuestra señoría ilustrísima, para que se digne de honrarme, como así rendidamente lo pido, con la nominación de juez eclesiástico de la dicha jurisdicción".

[711] AGN, Bienes Nacionales, 992, exp. 44, año de 1739, "El cura ministro de la doctrina de Xochimilco, sobre que el licenciado don Francisco Leyte, juez eclesiástico de Chalco, se ha introducido en muchos de los pueblos de su jurisdicción y pide se le contenga".

[712] Gerardo Lara Cisneros, *op. cit.*

las parroquias, ya descritas con anterioridad. No obstante, y aunque el clero regular cuestionó cada vez menos la legalidad de los jueces, en la práctica intentaron obstaculizarlos; debido a las tareas asignadas a los jueces de doctrina,[713] sólo era cuestión de tiempo para que surgieran fricciones. Los conflictos que se han podido documentar tienen que ver con la orden de San Francisco; cuestión que plantea si esta orden fue la más renuente a la jurisdicción arzobispal, o bien que existen casos no documentados aquí sobre las otras órdenes religiosas.[714]

La supervisión de los frailes por los jueces fue la tarea menos grata para estos últimos, como cuando en 1726 el arzobispo Lanciego encargó tal al juez de la doctrina agustina de Meztitlán.[715] En otras ocasiones, los mismos indios acusaban a sus doctrineros ante el juez. En 1730, los indios de Metepec, doctrina franciscana, se quejaron de que, a pesar de ser once barrios y numerosa su gente, sólo había dos religiosos para las confesiones de cuaresma, por lo cual muchos de ellos se quedaban sin el sacramento, además de que un religioso no sabía el idioma de los indios, y el otro ya era muy anciano; pedían que se cambiara a los ministros. El juez de Toluca,

---

[713] AGN, Bienes Nacionales, 992, exp. 18 y 1030, exp. 1, respecto a las tareas asignadas sirva como ejemplo el título del juez de Tlachichilco de 1727. En el documento, se detallan tanto las prerrogativas del juez como sus límites, sobre todo frente a la jurisdicción del propio ordinario; dentro de sus prerrogativas se hallaban las de oír, conocer, juzgar y sentenciar, tanto causas civiles de "moderada suma" como criminales "leves" entre indios. También debía conocer las causas en defensa de la inmunidad eclesiástica, cualquier dispensa presentada para matrimonio y enviarla al ordinario para su revisión, al igual que despachar las licencias para que una pareja pudiera casarse. El juez debía ser el ejecutor de los autos y decretos enviados por el ordinario. Dentro de sus prerrogativas se hallaban la de poder: "nombrar notario, fiscal, intérprete y demás ministros conducentes a dicho empleo, hacer embargos, depósitos, prisiones y otras diligencias, y en los casos y causas que necesitaren del real auxilio, lo podrá pedir y demandar a las justicias de su majestad a quienes exhortamos y requerimos se lo den e impartan entera y cumplidamente en las cuales y en todo lo demás procederá conforme derecho".

[714] Es posible que la respuesta a esto sea algo intermedio; es decir, que por un lado la resistencia franciscana fue mayor, aunque no exclusiva y que, por el otro, haga falta una búsqueda más exhaustiva sobre agustinos y dominicos.

[715] AHAM, caja 37, exp. 63, 2 de julio de 1726, "si hay explicación de la doctrina cristiana, y los fieles se hallan en el conocimiento de los misterios de nuestra santa fe católica, y si la administración de sacramentos está y se ejerce con la puntualidad y celo que se requiere; si hay escándalos, idolatrías, embriagueces, si las escuelas de lengua castellana se hallan fundadas [...] si los curas ministros solicitan la corrección de costumbres y extirpación de vicios en sus feligreses; si por sus personas o las de sus tenientes hacen la cuenta de los indios en los días que están obligados, y si las escuelas de lengua castellana se hallan puestas en los parajes y lugares que dejó mandado, y si en los derechos parroquiales atienden con caridad a sus feligreses o se exceden".

Juan Barón de Lara, tomó testimonio a dos vecinos sobre la veracidad de las acusaciones. Luego de ello, el provisor ordenó hacer saber tales irregularidades al provincial franciscano para que pusiera el remedio.[716]

Pero sin duda la principal problemática entre jueces y doctrineros fue la delimitación de jurisdicciones, sobre todo definir en dónde finalizaba la administración espiritual y en dónde comenzaban los asuntos de jurisdicción del juez. En 1721, el juez eclesiástico de Chiapa de Mota, luego de varios roces con los frailes del convento franciscano de Aculco por cuestiones de jurisdicción,[717] consiguió del arzobispo Lanciego la autorización para leer y pegar un edicto en las puertas del convento:

> A fin de exhortar, amonestar y mandar a los vecinos y moradores de dicho partido de cualquier estado y condición que fuesen, el que las demandas, acusaciones y querellas tocantes al fuero eclesiástico se deben poner, tratar y seguir tan solamente ante vuestra señoría ilustrísima, sus provisores vicarios generales o dicho juez eclesiástico.[718]

Cuando un teniente del alcalde mayor se enteró de este edicto, acudió al convento a solicitar la entrega de un indio encarcelado por el delito de amancebamiento,[719] argumentando que tales casos pertenecían a su jurisdicción y a la del juez eclesiástico. No obstante, el doctrinero, el guardián y un lector del convento de México rompieron el edicto en presencia del teniente y se negaron a entregar al indio.[720] Ante ello, el juez eclesiástico comenzó

---

[716] AGN, Bienes Nacionales, 136, exp. 35, año de 1730: "Averiguación hecha por el juez eclesiástico de Toluca sobre la administración religiosa de San Mateo Atenco, sujeto a la doctrina de Metepec".

[717] AGN, Bienes Nacionales, 1285, exp. 23, según el juez de Chiapa de Mota, los regulares se entrometían y usurpaban la: "jurisdicción eclesiástica, propasándose a querer conocer, tratar y seguir en fuero contencioso las causas pertenecientes a ella, a si la justicia secular, como algunos eclesiásticos regulares, sin haber bastado para estos, repetidas notificaciones que en virtud de decreto, así de dicho señor ilustrísimo y revendísimo arzobispo, como de su provisor y vicario general se les han hecho, para que se abstengan de cometer semejantes excesos".

[718] *Ibid.*, año de 1722: "El cura beneficiado del partido de Chiapa de Mota, contra los religiosos de la doctrina de Aculco, por haber roto un edicto".

[719] La existencia de cárceles conventuales en las doctrinas era, indudablemente, un asunto de mucha controversia por cuanto implicaba el uso de la fuerza y de los castigos por los doctrineros, aun cuando, teóricamente, a ellos no les correspondieran tales funciones judiciales.

[720] Antonio Rubial, *op. cit.*, vol. XIX, p. 255, la resistencia de los franciscanos a los edictos arzobispales no era algo nuevo en realidad; en la década de 1670 hubo una campaña, encabezada por el comisario general fray Hernando de la Rúa, para que: "los frailes en sus parroquias no publicaran los edictos episcopales".

una averiguación en contra del doctrinero de Aculco, fray Nicolás Savala. En respuesta, el franciscano le dirigió una carta en la que ponía en duda su autoridad sobre la doctrina y en la que pedía le aclarara los límites entre las tareas del cura y las del juez. El juez no contestó, y se dedicó a hacer las averiguaciones, para después enviar el expediente a la mitra, mientras que ordenó hacer leer y fijar nuevamente el edicto en las puertas del convento para reafirmar su autoridad ante la feligresía. En México, el promotor fiscal de la mitra opinó que:

> Todo lo referido nace de no haberse publicado la novísima real cédula, sobre carta de otra, en que con audiencia de fray Francisco de Ayeta se mandó por su majestad (Dios le guarde) poner jueces eclesiásticos en las doctrinas, a discreción de los señores diocesanos, para el conocimiento de los pleitos, por estar revocados en breves apostólicos posteriores los antiguos privilegios en que se fundaban los regulares para actuar como jueces, de que están inhibidos, aun en causas matrimoniales, no pudiendo ser provisores, conforme a la ley real y cédula expedida a Puerto Rico.[721]

A continuación, el promotor propuso que, para evitar en adelante tales conflictos, se enviara por cordillera la referida cédula de 1721 a todos los doctrineros. El provisor general del arzobispado ordenó entonces sacar copia de la cédula y enviarla al total de los obispados sufragáneos para su publicación.

En la provincia de Texcoco, administrada igual por franciscanos, hubo también resistencia. En 1728, el juez Pedro José de Güemes pidió al cabildo en sede vacante informar a los indios de su jurisdicción que a los curas sólo les correspondía el fuero espiritual y, al juez, el contencioso; ello porque desde hacía ocho años él había sido menospreciado y los padres siempre estaban rebelándose contra la jurisdicción eclesiástica, promoviendo pleitos que no les correspondían y ejerciendo lo que no debían, impresionando a los miserables indios para no obedecerlo a él.[722] El promotor fiscal apoyó la petición del juez de Texcoco y sólo amparó a los padres en que siguieran recibiendo las informaciones matrimoniales de los indios. Poco después, el mismo juez informó que el cura de Tepetlaostoc, después de la procesión de Corpus Christi, había pedido a los gobernadores y alcaldes indios una colecta para la compra de sobre-

---

[721] AGN, Bienes Nacionales, 1285, exp. 23.

[722] AGN, Bienes Nacionales, 1212, exp. 3, año de 1729, "Despacho que se ha de librar para que los jueces eclesiásticos solo entiendan en los casos del fuero contencioso y los padres curas ministros en solo las informaciones matrimoniales de indios".

pellices, y éstos se negaron, argumentando que debían tener licencia del juez eclesiástico. El doctrinero montó en cólera y les dijo que:

> No tenían necesidad de ver al juez eclesiástico, que no había más autoridad que la suya pues era juez de indios, quien podía disponer encarcelar, aprehender y castigar como juez legítimo, y que el juez eclesiástico era intruso en dichas causas […] y que el indio que ocurriera al juez eclesiástico, lo castigaría, amedrentando a los indios con amenazas, quienes con facilidad creen por el mucho temor reverencial con que miran a los padres doctrineros, impidiendo con dichos temores el curso y libertad de la jurisdicción eclesiástica.[723]

Como respuesta, el 2 de diciembre de 1729 el provisor envió un despacho al juez de Texcoco para que se pidiera al doctrinero de Tepetlaostoc respetara la jurisdicción del ordinario.

Un cambio en la organización de los juzgados podía ser aprovechado por los frailes para desconocer su jurisdicción. Entre 1709 y 1710, el cabildo en sede vacante nombró como juez de Tulancingo a Bernardo de Morales Toledo.[724] El problema fue que también se le asignaron las importantes doctrinas agustinas de Meztitlán y Zacualtipan, segregándolas del juzgado con cabecera en Yanhualica. Ante ello, el resto de las doctrinas agustinas sujetas a este juzgado desconoció al juez; pero no sólo eso, sino que con ese pretexto españoles, mestizos y mulatos habían comenzado a casarse sin ninguna licencia, a no ser sólo la de los priores de los conventos.

En Xochimilco, doctrina franciscana, en 1739 el doctrinero se quejó de que el juez de Chalco estaba atendiendo asuntos de pueblos limítrofes de su doctrina sin autorización. Aunque su queja no fue aprobada, y el juez de Chalco siguió como hasta entonces, el incidente deja ver que los doctrineros estaban pendientes de cómo y quién ejercía jurisdicción en los pueblos a su cargo.[725] En la doctrina franciscana de Tochimilco, según el teniente de alcalde mayor, los indios acudían con los franciscanos para cualquier demanda, haciendo menos a las autoridades locales;[726] agregaba además que el doctrinero no hacía caso a

---

[723] *Idem.*

[724] AGN, Bienes Nacionales, 236, exp. 26, año de 1711, "El bachiller don Bernardo de Morales Toledo, vicario, juez eclesiástico, colector y administrador de los diezmos del partido de Tulancingo, dice que por hallarse muy gravoso en la administración de los diezmos, no puede asistir a las cosas tocantes a su jurisdicción eclesiástica".

[725] AGN, Bienes Nacionales, 992, exp. 44, año de 1739, "El cura ministro de la doctrina de Xochimilco, sobre que el licenciado don Francisco Leyte, juez eclesiástico de Chalco, se ha introducido en muchos de los pueblos de su jurisdicción y pide se le contenga".

[726] Francisco de Solano (ed.), *op. cit.,* tomo II, p. 484.

sus reclamos, con la justificación de que los castigos que imponía a los indios eran por faltas al cumplimiento de sus deberes religiosos.[727]

En Querétaro, el juez solicitó en 1708 el nombramiento de un sustituto ante su salida de la ciudad para cumplir con otras tareas; la razón del nombramiento era: "porque no quede desierta la jurisdicción, que tan ultrajada se halla en esta ciudad, por los varios casos atentados que se ofrecen".[728] Pero los franciscanos tenían otra opinión. En 1729, el ministro de Querétaro acusó a Juan Fernández de los Ríos, juez, de tenerle un gran encono, impedirle azotar a los indios para su corrección, oponerse a que las limosnas y la renta de las cofradías de los indios fueran manejadas libremente por sus cofrades, gravar los regalos que los indios daban a la Iglesia e impedirles llevar imágenes religiosas a sus templos, con el pretexto de que para hacer procesiones debían pedirle antes autorización. En la curia, el promotor fiscal opinó que, si bien los doctrineros debían corregir a los indios, lo debían hacer sólo en cuestiones de doctrina, pero no podían abrir procesos ni encarcelarlos ni embargarlos, pues eso sólo correspondía al juez; y en cuanto a las cofradías, aunque aceptaba que los jueces no debían meterse en su administración, sí debían asegurar las rentas correspondientes y su justa distribución, conforme a sus propias constituciones. En cuanto al asunto de las procesiones, el promotor declaró que si bien era cierto que sólo el juez podía dar licencia para realizar procesiones públicas, no se podía considerar procesión al hecho de que los indios llevaran sus imágenes a las iglesias para celebrar sus fiestas, con pompa y veneración, mientras no llevaran la cruz en alto.[729] El provisor ordenó al juez de Querétaro respetar los límites de su jurisdicción, aunque sin dejar de cuidar la jurisdicción eclesiástica.

Otro asunto que provocó disputas entre los ministros y los jueces fue el de las licencias matrimoniales. Un arzobispo tan celoso de su autoridad, como lo fue Lanciego Eguilaz, no dudó en ordenar al juez de Apa y Te-

---

[727] *Ibid.*, pp. 485-486: "Y en cuanto al derecho de jurisdicciones entre justicias seculares y eclesiásticas me remito a lo dicho sobre este asunto, pues tengo experimentado con este dicho religioso y pueblo por varias ocasiones, el que yo doy una orden a los naturales de él y el doctrinero se la manda en contra: y en caso de que el natural ejecute la de la real justicia, por respeto y temor, lo castiga severamente a azotes en su capítulo; y si este natural se queja a la real justicia lo vuelve a castigar severamente segunda y tercera vez; y si la real justicia reconviene de ruego y encargo, dice: 'No se meta en eso, que lo castigo porque no sabe la doctrina o porque no oye misa, o porque no se confiesa'; que estos son los estribillos comunes con que responden y ocurren, por cuyas causas se debía de privar las cárceles que tienen, que llaman capítulos".

[728] AGN, Bienes Nacionales, 1061, exp. 24.

[729] AGN, Bienes Nacionales, 1212, expediente 27, año de 1729, "El cura ministro de la doctrina de Querétaro, contra el juez eclesiástico de la misma jurisdicción, sobre puntos de ella".

peapulco hacer una averiguación sobre una partida de matrimonio que le pareció sospechosa durante su visita en 1721 a la doctrina franciscana de Calpulapa. De ello resultó que, en efecto, un padre ministro había recibido personalmente las informaciones matrimoniales y además que la india contrayente no era viuda, como lo había declarado, pues poco tiempo después su primer esposo reapareció, aunque demente. El juez, una vez formado el expediente, lo envió a la Secretaría de Cámara y Gobierno de la mitra.[730]

En 1732, el juez de Chalco se inconformó ante el arzobispo porque no estaba claro a quién correspondían las diligencias en caso de que, en un matrimonio, la mujer fuera india y el hombre de otra calidad.[731] La respuesta del arzobispo no dejó lugar a dudas:

> En los matrimonios que ocurriesen a su juzgado de españoles o de otras castas, en que alguno de los dos contrayentes sea indio, recibirá las informaciones y declaraciones de ambos, como se practica en los tribunales de esta curia arzobispal, no siendo conforme a derecho se divida la continencia de la causa, y que en una misma se actúe por distintos jueces.[732]

El nombramiento de los indios fiscales de las iglesias podía ser otro motivo de enfrentamientos, como cuando el juez de Tizayuca, que abarcaba también la doctrina franciscana de Ecatepec, se quejó de que el indio fiscal nombrado era rechazado por los indios gobernadores; estos últimos habían acudido al juzgado general de indios de México, y su juez prohibió al fiscal usar el cargo. Ante ello, el virrey pidió todos los autos realizados para su revisión. El virrey, con parecer de su abogado fiscal, concluyó que el nombramiento de fiscales tocaba sólo a los jueces eclesiásticos, como delegados de los obispos, según la ley 6, título 13, del libro primero de la *Recopilación*,[733] señalando que los curas ministros no tenían facultad: "para nombrar fiscales indios para que se junten a la doctrina, antes le está expresamente denegada

---

[730] AGN, Bienes Nacionales, 1016, exp. 9, años de 1721-1722: "Diligencias ejecutadas por el juez eclesiástico de Apa, Tepeapulco y sus anexos, doctrinas, en virtud de comisión del arzobispo de México".

[731] AHAM, caja 47, exp. 22, año de 1732: "Se declara que aunque en los matrimonios alguno de los contrayentes sea indio, toca el juez eclesiástico igualmente su conocimiento y no a los reverendos padres ministros".

[732] *Idem.*

[733] AGN, Clero Regular y Secular, 93, f. 121: "Vuestra Excelencia manda que, para que se conserve indemne la jurisdicción que pertenece al juez eclesiástico del pueblo de Tecamac y otros, y los indios inobedientes a su llamamiento no se queden sin la debida corrección, se ejecuten las diligencias que previene este despacho".

a dichos curas ministros esta facultad en otras muchas leyes de la *Recopilación*".[734] Esta actitud contrasta con la postura guardada normalmente en el siglo XVII, cuando los virreyes procuraban, abierta o disimuladamente, apoyar los intereses de las órdenes con el fin de frenar la expansión de la autoridad arzobispal.[735]

El control de las cofradías fue, igualmente, fuente de fricciones. Los jueces debían ocuparse de supervisar las elecciones de los mayordomos, así como de tomar cuentas de sus rentas y su distribución.[736] En la vida parroquial del arzobispado sus cofradías, congregaciones y hermandades fueron un reglón central, pues constituyeron una de las vías principales de articulación de los feligreses con las tareas religiosas. Su éxito se debió a varios factores: en primer lugar, eran fomentadas en buena medida por los mismos curas, pues se solucionaban varias cosas a la vez, tales como una mayor devoción colectiva, recursos para la fábrica de la iglesia y, por supuesto, más ingresos para los mismos por conceptos de misas y otras celebraciones.[737] El apogeo de tales fundaciones se alcanzó en el transcurso del siglo XVIII; ello se reflejó muy bien en la cantidad de tales asociaciones que es posible hallar en los primeros años de esa centuria. Según Vetancurt, desde fines del siglo XVII había cofradías en casi todos los pueblos del arzobispado.[738] A juzgar por los informes que tenemos de la primera década del siglo XVIII, en efecto, las cofradías se hallaban presentes al menos en 80 por ciento de las parroquias.[739]

Los problemas se presentaban cuando un juez reclamaba su derecho de presidir las elecciones de los mayordomos y pedirles cuentas de las rentas y bienes de la cofradía, tareas que en tiempos anteriores habían desempeñado los religiosos. En el partido de Chalco, su juez se enfrentó a tales situaciones, por lo que prefirió consultar al ordinario.[740] La respuesta del arzobispo

---

[734] *Ibid.*, f. 122.

[735] Jonathan I. Israel, *op. cit.*, pp. 144-190 y Leticia Pérez Puente, *op. cit.*, p. 20.

[736] AGN, Bienes Nacionales, 269, exp. 18.

[737] William B. Taylor, *Ministros de lo sagrado...*, *op. cit.*, vol. II, p. 453.

[738] Citado en *ibid.*, p. 451.

[739] Rodolfo Aguirre Salvador, "Las cofradías de indios en el arzobispado de México al iniciar el siglo XVIII", inédito.

[740] AHAM, caja 45, exp. 43, año de 1731, decreto sobre el gobierno y las elecciones de cofradías por el juez eclesiástico de Chalco: "por lo que toca al gobierno de cofradías llegó a entender que en sus elecciones podrá ejemplarizarse con algunas en que los curas ministros y prelados del lugar han llevado el de preferencia, no obstante a celebrarlas y asistirlas el eclesiástico, como en funciones públicas y de iglesias, y aunque es debida a este por la representación (que no ignoro) mayormente en el acto de dichas elecciones, como *propie iurisdictionis* por no proceder en ellas inconsulto vuestra señoría, hago esta representación para que me mande

Vizarrón fue categórica, dio toda la preferencia a sus jueces para presidir las elecciones y exigir las cuentas a los mayordomos.[741]

Pero si esto sucedía en cofradías autorizadas por la mitra, las cosas se salían de control en aquellas que se fundaron sin autorización. En 1739, el juez de Pachuca hizo un informe al gobernador del arzobispado, el deán Ildefonso Moreno Castro, en donde narraba que cuando murió el notario receptor que había nombrado para Actopan, mandó recoger los papeles que tenía el finado en su poder, y entre ellos halló un decreto de Lanciego que ordenaba a todas las cofradías y hermandades presentar su libro de fundación y el de sus bienes y rentas. En respuesta, el juez decidió nombrar a un nuevo notario para terminar de aplicar el decreto; el nuevo notario informó que las cofradías estaban fundadas sin autorización y totalmente gobernadas por los doctrineros,[742] además, en una cofradía se idolatraba a una rosa de listón, fabricada en el sendal del Cristo. Tal situación, a decir del mismo juez, se agravó por la ausencia de los ministros de doctrina, quienes sólo visitaban la cofradía una vez al año, y el indio fiscal encargado era en realidad quien manejaba a su antojo los bienes de la misma.

El juez de Pachuca recomendó a la mitra que era el momento de meter al orden a las hermandades y a los doctrineros que las protegían, para extirpar:

> Las perniciosísimas consecuencias que se originan de las hermandades, que tan sin cuenta y razón se han fundado y mantienen, de que provienen escan-

---

lo que deba ejecutar, y también sobre la aprobación de cuentas en otras que se hallan casi perdidas porque la malicia de los que las rigen para no darlas en mi juzgado pretextan hacerlo en los superiores de esa curia, e igualmente si la precedencia en cabildos, su celebración y demás providencias para el gobierno de las cofradías de naturales se inhibe de mi conocimiento, y sólo toca al de dichos curas y prelados regulares; para que con más pleno acuerdo y segura dirección pueda en todo proceder con acierto [...] Chalco y diciembre 16 de 1731 [...] Licenciado Valentín Cándido Corsi de Ursini".

[741] *Idem:* "en todos los actos que se celebrasen con su asistencia, así de elecciones de cofradías de españoles o naturales, como demás cabildos o juntas sobre el gobierno de ellas, el que igualmente pertenece a la jurisdicción que le tenemos encomendada, como también en las funciones públicas de iglesia y procesiones, preferirá en el lugar y en el asiento, como es razón y de derecho, a los reverendos padres curas ministros y prelados de cualquier religión; y en cuanto a las cuentas de las referidas cofradías, así de españoles como de naturales, procederá judicialmente a compeler a los morosos a que ante sí las den; y puestas en estado de aprobación las remitirá a los juzgados donde tocasen de esta nuestra curia arzobispal para que se aprueben".

[742] AGN, Bienes Nacionales, 905, exp. 5: "El cura beneficiado y juez eclesiástico del Real de Minas de Pachuca, sobre habérsele impedido por el cura ministro de Actopan, la visita a la hermandad del Santísimo Cristo, fundada en el pueblo de San Salvador".

dalosas fiestas y destrucción de muchos ganados y limosnas, que con sólo su licenciosa libertad recogen los mayordomos.[743]

Además, el futuro de las cofradías también se ponía en riesgo, pues: "las cofradías de dicha sierra necesitan el tener el respecto del juez eclesiástico inmediato para no acabarse de perder con los desórdenes que hay".[744]

Otro tipo de tarea de los jueces en contra de los intereses de los religiosos era el asunto de la división de doctrinas, tal como sucedió en Huitzilac, doctrina de Cuernavaca; allí, los indios solicitaron al virrey que su pueblo se convirtiera en una vicaría independiente, debido a que estaba a más de tres leguas de la cabecera, a que frecuentemente se quedaban sin los sacramentos debidos, además de que había ya 300 vecinos, para lo cual se comprometían a mantener a un vicario y a tener los ornamentos necesarios en su capilla.[745] Los frailes se opusieron a la división, rechazando los argumentos de los indios. En vista de ello, Lanciego pidió su parecer al promotor fiscal de su provisorato, quien sugirió la intervención del juez eclesiástico para realizar la averiguación. Éste, en efecto, confirmó la petición de los indios. Luego de ello, el arzobispo Lanciego pidió al virrey la división, con base en los argumentos elaborados por su juez. Un caso similar se dio en 1718, cuando los indios de Tarasquillo, jurisdicción de Alfaxayuca, pidieron a Lanciego, durante su visita, que se les independizara de la cabecera, por razones parecidas a las de Huitzilac.[746] Lanciego, como era su costumbre, pidió parecer a la doctrina, con idénticos resultados de rechazo, como en Cuernavaca. Sin embargo, la actuación del juez eclesiástico local fue decisiva. Correspondió a Francisco de Acosta, comisario del santo oficio, vicario *in capite* y juez del partido de Ixmiquilpan, Alfaxayucan y Chichicastla, las tres doctrinas agustinas, hacer las averiguaciones sobre la población y las rentas reales de los pueblos. El juez fue diligente y pronto envió su informe al arzobispo.

Si hacia la década de 1550 el arzobispo Montúfar llegó a expresar que había obispo sólo hasta donde los religiosos querían, en la época de Lanciego,

---

[743] *Idem.*

[744] *Idem.*

[745] AGN, Clero Regular y Secular, 93, fs. 48v-49: "De ruego y encargo para que el ilustrísimo señor arzobispo de esta diócesis, en conformidad de su jurisdicción, y de lo determinado por el santo concilio de Trento, de las providencia conducentes a fin de que se ponga en el pueblo de Huitzilac un vicario de pie que cuide de su puntual administración como se previene".

[746] *Ibid.*, f. 232: "Vuestra excelencia, como señor vice-patrono, presta su consentimiento para que el pueblo de Tarasquillo, sujeto a la doctrina de Alfaxayuca, se erija en ayuda de parroquia y manda se devuelvan con este despacho los autos de la materia al ilustrísimo señor arzobispo de esta metrópoli para que por su parte de las providencias necesarias como se previene".

las cosas parecían invertirse: el poder de los religiosos llegaba hasta donde el arzobispo, el provisor y los jueces lo permitían; ello no quiere decir que los doctrineros del siglo XVIII hayan perdido todo poder, pero el que disfrutaban ya no podía compararse con el de los dos siglos precedentes. El hecho de haber instituido juzgados eclesiásticos que cubrían todos los pueblos del arzobispado, bajo administración clerical o de religiosos, fue un logro para la mitra, aun cuando los frailes doctrineros siguieran intentando ignorar o disminuir su autoridad. Es indudable que los jueces jugaron un papel central para acabar de sujetar a las doctrinas al ámbito de la jurisdicción episcopal. Los arzobispos aprovecharon, especialmente Lanciego, el nuevo impulso a los jueces a propósito de la recaudación de subsidio eclesiástico para lograr lo que sus antecesores sólo intentaron: imponer de forma permanente la jurisdicción de estos funcionarios en las doctrinas, como preludio de la secularización de la segunda mitad del siglo XVIII.

La guerra de sucesión, en la que la Iglesia peninsular se dividió y mostró su peso político y social, mostró a Felipe V que su objetivo debía ser lograr el patronato universal. Respecto a América, en donde el patronato se ejercía con mayor fuerza, como bien señaló Campillo, había que reafirmarlo y, mejor aún, sacar mayor provecho del mismo, tratando de resolver viejos problemas entre los cleros. Si la mayoría de los asuntos y problemas sobre la Iglesia y el clero indiano no era algo nuevo para la época de Felipe V, sí lo fue, en cambio, el tratamiento que la nueva monarquía les dio; es decir, todo indica que en Madrid hubo mayor definición sobre el trato a la Iglesia indiana y a sus cleros, en especial. Por ello, no debe extrañar la serie de medidas que desde la guerra de sucesión se fueron decretando por Felipe V Borbón. Respecto al clero regular indiano, la tónica fue lograr un mayor control y sujetarlos al obedecimiento del real patronato, lo que en la práctica los arzobispos entendieron como sujeción a la autoridad de ellos mismos, como ordenaban tanto el Concilio de Trento como las leyes reales. Paralelamente, la sujeción del clero regular también significó terminar con su tendencia de autonomía y de autogobierno.

En lo que respecta al clero secular, y aunque también se le pidió obediencia al real patronato, el trato fue otro: para sus miembros, especialmente para el alto clero, hubo apoyo político y dotación de mercedes, prebendas e incluso mitras, aunque ya en otro contexto. Los jerarcas debían apoyar las medidas conducentes a fortalecer el real patronato, a sujetar al clero regular, a disminuir gastos de la real hacienda para la Iglesia y a instaurar la implantación del subsidio eclesiástico. El juez de doctrinas, en ese sentido, fue el mayor logro para la causa de la jurisdicción arzobispal en la primera mitad del siglo XVIII, pues luego de que durante muchas décadas los arzobispos sólo pudieran nombrar jueces comisionados o visitadores, la cédula de 1701 emitida por Felipe V dio pie a su instauración definitiva; además, los jueces eclesiásticos adquirieron con el nuevo monarca una mayor relevancia por su articulación con el servicio recaudatorio del subsidio. Con esa cédula y la de 1721, los doctrineros se quedaron sin argumentos y dejaron de citar las tradicionales bulas de privilegios del siglo XVI. En su lugar, los doctrineros del siglo XVIII, especialmente los franciscanos, podían obstaculizar en la práctica a algunos jueces de doctrina. El hecho fue que la presencia de los jueces eclesiásticos de la primera mitad del siglo XVIII provocó, como era de esperarse, serias incomodidades a los doctrineros.

Sin duda que Felipe V exigió al clero regular sujetarse en la práctica, y ya no sólo en el papel, a lo estipulado en las leyes sobre su actuación en el suelo indiano. Mientras, al clero secular, además de exigírsele lo mismo, le prometió premiar a los eclesiásticos beneméritos; es decir, aquellos que, lejos de cuestionar las decisiones regalistas, fueron obedientes y cooperativos; sobre todo en este momento en que la nueva dinastía comenzó una política más fiscalizadora para la iglesia indiana.

AL CÉSAR... MÁS GRAVÁMENES Y SUBSIDIOS ECLESIÁSTICOS

Averigüen por todos los medios que juzgaren más
justos y proporcionados, según estilo de esa diócesis,
qué renta goza cada uno de los eclesiásticos de ella,
así secular como regulares.[747]

Para el régimen de Felipe V, fue claro que no se trataba solamente de lograr la lealtad del clero indiano, algo que, por supuesto, era fundamental para la consolidación de su corona, sino también de obtener más ayuda financiera. Aunque desde plena guerra de sucesión Madrid pidió informes sobre el estado que guardaba el estado eclesiástico indiano y el nuevo régimen comenzó a poner atención al desempeño del clero al frente de la administración espiritual, encargando "su conciencia" a obispos, virreyes y gobernadores, en el fondo lo que le interesaba era contar con su cooperación económica y su obediencia; esto lo advirtió desde los primeros años del siglo XVIII el alto clero del arzobispado y el cabildo eclesiástico protestó, pero no hubo marcha atrás, y lo único que pudieron hacer fue resistir hasta donde les fue posible. No obstante, lo que Felipe V inició sus herederos no hicieron sino reforzarlo; es decir, la obtención de mayores recursos de la Iglesia.

Felipe V y los gravámenes a la Iglesia peninsular

Desde fines del siglo XV, el papa otorgó a los reyes católicos prerrogativas para exigir recursos al clero, especialmente las "tres gracias": la bula de cruzada, el excusado y el subsidio.[748] Estas contribuciones, aunque fueron

---

[747] AGN, Bienes Nacionales, 636, exp. 6, año de 1712, instrucciones de Felipe V al arzobispo José Lanciego Eguilaz para la recaudación eficaz del subsidio eclesiástico.

[748] La bula de santa cruzada consistía en la venta de indulgencias a los fieles, para contribuir a la guerra contra los infieles. En Nueva España, la predicación de la bula y su recaudación

pagadas durante las guerras de reconquista contra los musulmanes en calidad de auxilios únicos y extraordinarios, a partir de los reyes católicos fueron adquiriendo la apariencia de regalías de la monarquía, no sin el rechazo de los cabildos catedralicios y del bajo clero. En el reinado de Felipe II, tales concesiones se consolidaron como partidas previsibles de la real hacienda, cobrables en la península ibérica;[749] a ellas, se agregaron las tercias reales, también conocidas como novenos, provenientes del diezmo.[750] Con el tiempo, la cruzada y los novenos fueron establecidos en el Nuevo Mundo en la segunda mitad del siglo XVI.

En la época de Felipe IV (1621-1665), la búsqueda de recursos eclesiásticos aumentó: además de las tres gracias, fue recurrente la exigencia de donativos, recurso inaugurado por Felipe II y que ya no desaparecería en adelante. En Nueva España, se pidieron varios donativos en el siglo XVII; los que más contribuyeron fueron funcionarios civiles y eclesiásticos, en menor medida los nobles, y aun menos el pueblo.[751] En la época de Carlos II (1665-1700), la presión fiscal sobre las rentas eclesiásticas peninsulares no fue menos debido al riesgo creciente de bancarrota, especialmente en la década

---

fue regularizada por Felipe II en 1574, y se hizo extensiva a toda la población. El excusado surgió en el siglo XVI, bajo Felipe II también, y consistía en que el diezmo de la mejor casa o finca de cada parroquia pasaba directamente a la real hacienda, no a la Iglesia. En tanto, el subsidio afectaba directamente a los miembros de ambos cleros, pues un porcentaje de ingresos, que comenzó siendo 10 por ciento y en el siglo XVIII se rebajó a 6 por ciento, les sería cobrado durante algunos años hasta completar una cifra fija concedida por el papa al rey. Véase Antonio F. García Abasolo, *Martín Enríquez y la reforma de 1568 en Nueva España,* Sevilla, Diputación Provincial de Sevilla, 1983, pp. 232-237, y Manuel Teruel Gregorio de Tejada, *op. cit.,* p. 152 y siguientes.

[749] Antonio María Rouco Varela, *Estado e Iglesia en la España del siglo XVI,* Madrid, Facultad de Teología "San Dámaso"/Biblioteca de Autores Cristianos, 2001, pp. 201-232, y Antonio Domínguez Ortiz, *Política y hacienda de Felipe IV,* Madrid, Pegaso, 1983, p. 229.

[750] Antonio Domínguez Ortiz, *La sociedad española..., op. cit.,* p. 153.

[751] Antonio Domínguez Ortiz, "Los caudales de Indias y la política exterior de Felipe IV, en *Estudios americanistas,* Madrid, Real Academia de la Historia, 1998, especialmente el capítulo "Los caudales de Indias y la política exterior de Felipe IV", p. 35: "Los virreyes, presidentes y obispos debían hacer presente a sus súbditos los sacrificios que soportaba Castilla para la defensa de la fe y la Corona, y la necesidad de que contribuyeran a ellos los vasallos de Indias, con tanto más motivo cuanto que también se hallaban amenazadas por la potencia de los enemigos". Los hubo en 1621, 1625, 1631 y 1636. Otro donativo en 1641, a causa de la sublevación de Portugal. En Perú: 350 000 pesos. Otro en 1647, y otros más en 1654, 1657, 1660, 1664 y 1665. Véase también Asunción Lavrin, "Los conventos de monjas en la Nueva España", en A. Bauer (comp.), *La Iglesia en la economía de América Latina: siglos XVI al XVIII,* México, INAH, 1986, p. 195. Según esta autora, se hicieron donativos en 1624, 1636, 1647, 1696, 1703, 1710, 1723, 1765 y 1780 por lo menos.

de 1690, a pesar de que en 1683 los obispos pidieron una rebaja del subsidio y del excusado.[752] Es probable que la Iglesia española haya aportado al año, durante el reinado de Carlos II, más de 2 000 000 de ducados;[753] cantidad que, aunque no resolvía del todo el déficit, sí dio liquidez para hacer pagos urgentes.[754] En el caso de las Indias, en la primera mitad del siglo XVIII hubo serios intentos por aumentar sustancialmente las contribuciones del clero.

La guerra de sucesión tuvo, entre otra de sus consecuencias, la determinación indeclinable de Felipe de Anjou por lograr una mayor cooperación económica del clero; asunto que fue paralelo a las relaciones inestables con Roma. Para muchos miembros de la Iglesia, "La política eclesiástica de Felipe V era simplemente un aspecto de su política financiera".[755] El hecho es que el nuevo régimen borbónico buscó disminuir el poder de Roma en España, limitar el dinero que por diferentes conceptos se enviaba al papa y lograr la venia papal para extraer más recursos del clero. Aunque la guerra de sucesión fue financiada principalmente por los contribuyentes españoles y la plata americana,[756] el rey buscó desde el principio el apoyo de la Iglesia.[757] Aunado a ello, ministros como Macanaz defendieron la idea de que se tendría que castigar al clero que había apoyado la casa austracista y, por tanto, se le podía gravar más. De esa forma, en Cataluña se estableció el catastro a las propiedades de eclesiásticos,[758] mientras que en Valencia se implantó el estanco del tabaco, lo que provocó fuertes críticas por parte de un clero local desafiante.[759]

---

[752] Antonio Domínguez Ortiz, *Política fiscal y cambio social en la España del siglo XVII*, Madrid, IEF, 1984, pp. 144-145.

[753] *Ibid.*, p. 356.

[754] Manuel Garzón Pareja, *La hacienda de Carlos II*, Madrid, Ministerios de Hacienda, 1980, p. 381: "La Iglesia fue convirtiéndose así en un agente recaudador y tributario de primer orden, que entregaba al Estado saneadas y limpias cantidades por los conceptos de cruzada, subsidio y excusado".

[755] John Lynch, *El siglo XVIII..., op. cit.,* p. 100.

[756] *Ibid.* p. 55: "La mayor parte de los años los envíos fueron modestos, pero se registraron importantes cargamentos de plata en 1702 (12-20 millones de pesos), 1707 (10 millones), 1708 (20 millones), 1710 (10 millones) y 1713 (4-12 millones). El tesoro americano contribuyó al esfuerzo de guerra y dio a los Borbones una ventaja financiera sobre los Austrias".

[757] Concepción de Castro, *A la sombra de Felipe V. José de Grimaldo, ministro responsable (1703-1726)*, Madrid, Marcial Pons, 2004, pp. 199-203 (colección Historia).

[758] Antonio Domínguez Ortiz, *Sociedad y Estado en el siglo XVIII español*, Barcelona, Ariel, 1984, p. 94.

[759] Ricardo Franch Benavent, "Regalismo e inmunidad eclesiástica en la España del siglo XVIII: la resistencia del clero valenciano a la imposición del estanco del tabaco", en *Hispania. Revista Española de Historia*, vol. LXVII, núm. 225, enero-abril de 2007, pp. 295-316.

Durante la guerra, el enviado de Luis XIV, Jean Orry, se encargó de buscar fuentes extraordinarias de financiamiento;[760] la prioridad fue aumentar los ingresos para el pago de los ejércitos, sin necesidad de restructurar el régimen tributario. De esa forma, aunque no hubo una reforma hacendaria, sí se inició una mayor presión fiscal en general, una vez que Felipe fue proclamado rey en Madrid. Si bien los recursos de que echó mano siguieron proviniendo de las fuentes tradicionales, la diferencia fueron las exacciones extraordinarias: préstamos forzosos, impuestos sobre las enajenaciones de las propiedades y rentas de la Corona, impuestos a los salarios, confiscación de los bienes de los disidentes, rentas de las sedes episcopales vacantes y suspensión de pagos por concepto de juros.[761]

Una vez acabada la guerra, el italiano Alberoni (1715-1719) siguió buscando recursos para la Corona a la vez que decretando recortes al gasto público, gravando con impuestos a la Iglesia y aumentando las imposiciones sobre los individuos de mayor riqueza, todo con el fin de financiar las expediciones españolas a Cerdeña y Sicilia.[762] En 1717, gracias a un nuevo intento de entendimiento con Roma, se firmó un concordato de fuerte tendencia regalista que acabaría también incumpliéndose,[763] aunque sí sirvió para restablecer las relaciones con el pontífice. Se buscó entonces que la Corona se quedara con la renta de las sedes vacantes y los ingresos cobrados en los tribunales eclesiásticos;[764] lo mismo sucedió con el siguiente favorito en turno, el barón de Ripperdá.[765] El regreso

[760] John Lynch, *El siglo XVIII...*, *op. cit.*, p. 59: "Orry [...] realizó, no obstante, una serie de reformas específicas, como los métodos sistemáticos de contabilidad, un tesoro de guerra separado y la recuperación de propiedades e impuestos enajenados, que contribuyeron al incremento de las rentas españolas y proporcionaron al gobierno los recursos necesarios para sobrevivir a la guerra". Véase para lo mismo, Antonio Domínguez Ortiz, *Sociedad y estado...*, *op. cit.*, pp. 68-69.

[761] John Lynch, *El siglo XVII...*, *op. cit.*, pp. 58 y 59: "La presión fiscal, más que la reforma de los impuestos, fue la política que eligió la primera administración borbónica". Un estudio que sigue siendo fundamental es el de Richard Kagan, *The War of Succession in Spain 1700-1715*, Londres, Weidenfeld Nicolson, 1969. De Henry Kamen, véase, "Melchor de Macanz and the Foundations of Bourbon Power in Spain", en *English Historical Review*, núm. 317, 1965, pp. 699-716.

[762] John Lynch, *El siglo XVIII...*, *op. cit.*, p. 74.

[763] Virginia León Sanz, *op. cit.*, p. 109: "La Santa Sede conseguía la reapertura de la Nunciatura en Madrid y la reanudación del comercio y la percepción de bienes españoles, fundamentales para la economía romana. España obtenía la concesión de los bienes de cruzada, subsidio, excusado, millones y diezmos sobre las rentas eclesiásticas, además de 150 000 ducados anuales destinados a la lucha contra el turco".

[764] John Lynch, *El siglo XVIII...*, *op. cit.*, p. 99.

[765] *Ibid.*, pp. 81-82: "La política de Ripperdá no fue reformista, sino que constituyó un intento desesperado por incrementar los ingresos para pagar los ingentes subsidios prometidos en el Tratado de Viena".

del nuncio papal a Madrid culminó con la expedición de la bula *Apostolici Ministerii* de 1723, que disponía una reforma del clero secular y regular,[766] misma que por entonces quedó sin efecto, ante el rechazo del clero español.

En 1726, el ministro Álvarez de Abreu, en su tratado *Víctima real legal*,[767] defendía el derecho del rey a percibir los emolumentos de las vacantes menores de las iglesias catedrales de Indias; es decir, de las dignidades y canonjías de los cabildos eclesiásticos. Aunque a corto plazo ese tratado no tuvo consecuencias concretas, sus argumentos fueron retomados en 1737, y a partir de entonces la Corona y el mismo Abreu se dispusieron a hacer de esa tesis una realidad. En la década de 1730, el obispo de Málaga, por entonces gobernador del Consejo de Castilla, presionó para lograr más recursos de la Iglesia española. Paralelamente, la Corona pidió a Roma la renovación del subsidio eclesiástico y la del excusado. Los objetivos económicos y políticos llevaron a Felipe V a lograr el concordato de 1737, en el que Roma concedió alguna provisión de cargos y las rentas de sedes vacantes. No obstante, poco de ello se cumplió.

En el interior de la península ibérica, la actitud del clero ante tales objetivos de Felipe V fue ambivalente, pues si, por un lado, el alto clero en general estaba de acuerdo con una mayor independencia del papa, por el otro, rechazaba las críticas a sus fueros y tener que aportar más recursos a la Corona. No obstante, aunque lo financiero fue el sello distintivo de la relación entre el rey y la Iglesia, en el trasfondo se hallaba una nueva conceptualización del papel subordinado que las instituciones eclesiásticas debían desempeñar, como el clero de Indias pudo comprobarlo también.

Política fiscal hacia la Iglesia indiana: donativos y vacantes menores

En América, el nuevo rey intentó también acrecentar los ingresos económicos provenientes de la Iglesia y reducir gastos derivados del patronato;[768] es posible pensar que la apuesta fuera establecer en Indias el mismo número de

---

[766] Teófanes Egido, *Opinión pública y oposición al poder en la España del siglo XVIII, 1713-1759*, Valladolid, Universidad de Valladolid, 1971.

[767] Antonio José Álvarez de Abreu, *Víctima real legal. Discurso único jurídico histórico-político sobre que las vacantes mayores y menores de las Indias Occidentales pertenecen a la corona de Castilla y León con pleno y absoluto dominio*, s/e, Madrid, 1726.

[768] Hay estudios valiosos sobre el financiamiento de la Iglesia a la monarquía, aunque se han centrado en el periodo colonial tardío; véase Carlos Marichal, "La Iglesia y la crisis financiera del virreinato, 1780-1808: apuntes sobre un tema viejo y nuevo", en *Relaciones. Estudios de Historia y Sociedad*, núm. 40, 1989, pp. 103-129.

exacciones que se obtenían de los eclesiásticos peninsulares. La tónica general fue obtenerlos por dos vías: la normalización de gravámenes ya logrados por sus antecesores y el establecimiento de nuevas exacciones. En cuanto a la primera, desde los primeros años de su reinado, Felipe V ordenó poner al corriente el cobro de diferentes rubros, como la mesada eclesiástica,[769] los dos novenos del diezmo,[770] la bula de cruzada, la disposición de las vacantes de obispos,[771] así como de sus expolios.[772] La mesada tenía un interés particular para los ministros de Madrid, pues esperaban que de ese rubro se les pagara su salario.[773] El virrey, en efecto, remitió la mesada a España.[774] No obstante, puesto que este gravamen era una concesión papal por un corto número de años, debía renovarse periódicamente; aspecto que causaba molestia en la Corona y en sus ministros regalistas.[775] Sobre las vacantes mayores o de obispos, se tenía mucho interés en saber los promedios quinquenales,[776] y todas estas partidas estuvieron en el centro de atención del gobierno de

[769] AGN, Reales Cédulas Originales, 32, exp. 62, de 30 octubre de 1704, sobre remitir puntualmente el importe de la mesada eclesiástica a España.

[770] AGN, Reales Cédulas Originales, 71, de 28 de noviembre de 1704, sobre reales novenos de México, ordenando se remita la certificación de sus valores, así como el importe de los diezmos del arzobispado. Igual que con la mesada, el rey pide cuentas claras sobre lo que importan y el grueso de los diezmos del arzobispado para revisarlas.

[771] Ibid., exp. 90, de 25 de enero 25 de 1705, que de la vacante del obispado de Puebla se den 1 000 ducados como limosna a Catalina Calderón y Quijano.

[772] AGN, Reales Cédulas Originales, 37, exp. 21, de 21 de marzo de 1715, sobre enviar el valor de los bienes que pertenecían al obispo Pedro de los Reyes, de Yucatán.

[773] AGN, Reales Cédulas Originales, 32, exp. 62, de 30 de octubre de 1704, el rey se extrañaba que Ortega y Montañés, virrey anterior, no hubiera remitido como debía hacerlo los caudales de la mesada para el salario de los ministros del Consejo de Indias. Ahora, ordenaba al virrey Alburquerque hacer efectiva esa orden, a pesar de que desde hacía 10 años la mesada se destinaba al viaje de los religiosos de doctrina a Indias. Es evidente que, aprovechando la coyuntura política, los ministros de Felipe V tendían a "poner al día" las cuentas debidas por las iglesias indianas pues, de hecho, los ministros del Consejo de Indias le habían pedido al rey poder cobrar todo lo que se les debía: "para no carecer de este socorro y alivio y poderse mantener y a sus familias con la decencia correspondiente a sus personas y plazas que sirven y en premio de tan dilatados y continuados servicios".

[774] Ibid., exp. 136, de 4 de junio de 1705.

[775] AGN, Reales Cédulas Originales, 36, exp. 109, de 21 de abril de 1714: "Por cuanto habiendo expirado la última prorrogación que me concedió su santidad de la mesada eclesiástica que contribuyen los arzobispos, obispos, prebendados y demás personas constituidas en oficios eclesiásticos de las Indias, he resuelto, a consulta de mi consejo de ellas, se suspenda la cobranza de este derecho, ínterin que su beatitud se sirva dispensarme nueva prorrogación".

[776] AGN, Reales Cédulas Originales, 39, exp. 64, de 5 de abril de 1718: "el rey manda que vuestra excelencia dé las órdenes convenientes para que se formen relaciones que con la mayor distinción expliquen lo que importaron en los cinco años desde el de 1695 hasta el de 1700 las vacantes de arzobispados y obispados".

Felipe V para que se pusieran al corriente o se pudiera disponer de ellas para solucionar diferentes gastos de la Corona.

A ello, se sumaron las acciones del virrey marqués de Valero para tratar de poner orden en el Tribunal de Cuentas de la Nueva España.[777] En consonancia, la Corona fue renuente a permitir cualquier gasto para templos sin antes estudiarlo bien, como cuando el arzobispo Lanciego Eguilaz solicitó en 1718 fondos para restaurar las parroquias y el sagrario de la capital, haciendo notar que de esa partida se debían 300 000 pesos del medio real de indios para la fábrica de catedral; aunque Felipe V no negaba tales necesidades y deuda, pedía más justificaciones para aprobarlo.[778] Recordemos que por los mismos años se inició la visita de Francisco de Garzarón a los tribunales de Nueva España, y que junto con el virrey marqués de Valero, revisó el estado que guardaban las rentas reales.[779]

En 1728, el ministro José Patiño recordó al virrey la necesidad de aumentar las rentas reales, reducir los gastos y sueldos innecesarios, y que debía formar una junta de ministros para cumplir con todo ello.[780] En ese sentido, debemos recordar que por esos años se suspendió el pago de limosna a las doctrinas del clero regular, esto aparejado a una crítica a su riqueza.

La segunda vía de la política fiscal fue la obtención de recursos extraordinarios y el establecimiento de nuevos gravámenes, primero durante la guerra de sucesión, y después como partidas estables de la real hacienda; la solicitud de donativos extraordinarios del clero en realidad continuaba los del siglo XVII.[781] Ya desde 1701 fue pedido un donativo a obispos y cabildos novohispanos, por lo que el arzobispo virrey Ortega y Montañés se aprestó a solicitar la ayuda inmediata de su clero, comenzando por los capitulares de catedral, de quienes se esperaba la mayor cooperación.[782] Lo mismo sucedió en 1705, aunque no fue mucho lo que se logró recolectar para la causa de Felipe V. En 1710, con el argumento de construir navíos para cuidar las flotas

---

[777] AGN, Reales Cédulas Originales, 40, exp. 124, de 14 de noviembre de 1719.

[778] AGN, Reales Cédulas Originales, 39, exp. 91, de 22 de julio de 1718.

[779] AGN, Reales Cédulas Originales, 40, exp. 124, de 14 de noviembre de 1719. Hasta entonces, el virrey había puesto en marcha la visita general de audiencia y tribunales con Garzarón; había revisado las rentas reales, y reconocido su menoscabo en perjuicio de la hacienda, especialmente la del pulque, cuyas pérdidas se calculaban en 90 000 pesos en 9 años, en buena medida debido al desconocimiento del valor de las rentas por la distancia.

[780] AGN, Reales Cédulas Originales, 47, exp. 18, f. 64, de 4 de febrero 4 de 1728, sobre aumentar las rentas y disminuir gastos y sueldos.

[781] Asunción Lavrin, *op. cit.*, p. 195.

[782] AGN, Reales Cédulas Originales, 31, exp. 27, de 8 de junio de 1702. El rey da gracias por el celo que se aplica para que sea cuantioso el donativo que se pidió.

y la religión de sus enemigos, se pidió uno más;[783] la petición fue dirigida esta vez a todo el clero secular de los reinos de Perú y Nueva España. En el arzobispado de México, el cabildo en sede vacante nombró al chantre para la recaudación en la ciudad de México, y a los curas y jueces eclesiásticos para los curatos de las provincias. Todo lo recaudado debía entregarse en la real caja de la capital. Sin embargo, la respuesta del clero fue escasa, pues en 1713 se informó que sólo se habían recaudado 1 451 pesos, de los cuales 294 correspondían al de la capital y el resto al de las provincias, especialmente de 50 curas. La pobre respuesta del clero dejó claro que no estaba dispuesto a mayores exacciones, así fueran de su nuevo monarca.

En la década de 1730, se dio otro paso para obtener más recursos de las iglesias indianas. Del concordato de 1737 con Roma se desprendió el asunto de las vacantes de catedrales; en una junta de ministros convocada para tratar el asunto, Álvarez de Abreu y el secretario de la real hacienda convencieron al rey para decretar como regalía las rentas de todas las vacantes mayores y menores de las diócesis de Indias. En cuanto a las vacantes de obispos, al parecer no hubo mayor resistencia, pues era un asunto en el que se había insistido desde el siglo XVI. Pero no fue igual con las vacantes menores de las catedrales. A decir del arzobispo de México, Rubio y Salinas, el asunto fue nuevo, pues el único antecedente era del mismo Álvarez de Abreu en su libro *Víctima real*, quien ahí se había vanagloriado de ser el primero en "descubrir" esa regalía.

El 5 de octubre de 1737 la Corona decretó que le pertenecían las rentas:

> De todas las dignidades, canonjías, raciones y medias raciones de las iglesias de Indias, durante el tiempo que estuvieren vacantes, por cualquier título de muerte, renuncia o traslación de sus últimos poseedores, mandando que desde el día de la fecha del citado decreto en un año entrasen en las reales cajas estos efectos.[784]

En México, el cabildo eclesiástico se aprestó a hacerse oír por el rey, acción que fue imitada por los otros cabildos diocesanos. Su principal argumento era que por 200 años los cabildos habían distribuido los recursos de esas vacantes a los capitulares que asistían a los oficios de coro, y que tal derecho estaba sancionado por concilios y leyes reales. No obstante, según

---

[783] AGN, Bienes Nacionales, 853, exp. 2: "Gobierno sede vacante. Año de 1711-1713. Real cédula y cordilleras sobre la recaudación del donativo que por ella se sirve pedir su majestad".

[784] AGN, Bienes Nacionales, 1084, exp. 12, representación sobre vacantes menores del arzobispo Rubio y Salinas al rey, de 19 de febrero de 1752.

el arzobispo Rubio y Salinas, tal acción fue entorpecida por ministros como Álvarez de Abreu.

Con todo, la cobranza de las vacantes menores no se efectuó sino hasta 1750, pues antes los cabildos convencieron a los virreyes de que su recurso de audiencia no se había contestado y, ante ello, la ejecución de la cédula quedó suspendida. Sin embargo, el 19 de marzo de 1750 Fernando VI emitió nueva cédula, repitiendo la de 1737 y haciéndola cumplir esta vez, provocando el enojo de los capitulares de México, pero logrando cobrarles más de 9 000 pesos, de forma retroactiva a 1737.[785] En esa misma cédula, Fernando VI calificó al cabildo mexicano de desobediente, resistente y seductor de los demás cabildos novohispanos. Entonces, los capitulares acudieron con el arzobispo Rubio y Salinas, y lo convencieron de escribir al rey para que los escuchara en justicia, alegando que desde 1737 la Corona no les había dado ese derecho.

En 1752, Rubio y Salinas escribió una representación al rey y dos cartas: una a un ministro del Consejo y Cámara de Indias, y la otra al jesuita Francisco Rábago, por entonces confesor del monarca. En ellas, además de que reflejan la posición regalista del prelado, es posible advertir el malestar que el asunto de las vacantes ocasionó en el alto clero novohispano. En su *Representación* al rey, Rubio y Salinas, sin abandonar su discurso regalista y reconociendo en todo momento los derechos regios sobre las iglesias indianas, defendió hábilmente los de los cabildos en dos vertientes. La primera tendría como eje el derecho de todo vasallo a ser escuchado por su rey, independientemente de la decisión final. A decir de Rubio y Salinas, en 1737, "las iglesias quedaron con el desconsuelo que en la referida junta no se promovieron sus derechos";[786] además, tanto el rey como los jueces tenían la obligación de enmendar las leyes y decretos si éstos eran corregibles, lo cual no se podía saber si no se escuchaba a los interesados.[787]

La segunda vertiente defendió el derecho y costumbre de los cabildos a quedarse con los recursos de las vacantes de sus miembros; por ello, en 1738 los cabildos pidieron sobreseer la cédula de 1737, "pues se despojaba

---

[785] AGN, Reales Cédulas Originales, 70, exp. 13, de 19 de marzo de 1750, sobre vacantes menores e instrucciones para el cabildo de México, sobre el entero del producto.

[786] AGN, Bienes Nacionales, 1084, exp. 12, representación sobre vacantes menores del arzobispo Rubio y Salinas al rey, de 19 de febrero de 1752.

[787] *Idem:* "Alentó esta consideración la estrecha obligación de conciencia en que están los soberanos, los jueces y todos los superiores a revocar, enmendar y corregir sus determinaciones, sus leyes, sus sentencias y sus mandatos, siempre que mejor informados no aparecieren justas y arregladas, y a esto no pudieran venir si benignamente no diesen las súplicas, los clamores y las representaciones de los que se juzgan agraviados en ellas".

a sus cabildos de la posesión en que habían estado por dos siglos continuos de percibir estas vacantes con título justo y legítimo, fundado en sus mismas erecciones, por un uso y costumbre constante, firme y universal".[788] El mensaje era: si el rey tenía derechos en la Iglesia, también ésta los poseía y sus miembros habían jurado defenderlos; juramento que obligó a los capitulares a representar su inconformidad ante el rey.[789] Aun más, Rubio y Salinas hizo frente a las críticas sobre la riqueza de las iglesias indianas:

> Aunque las rentas de estas iglesias se conciben excesivas, esto podrá ser respecto de otros países y provincias, pero no de éstos, porque para vivir en ellos con la decencia correspondiente al estado y calidad de las personas, apenas son bastantes para lo preciso y necesario.[790]

A continuación, el prelado defendió a su cabildo de los fuertes descalificativos que el rey vertió en la cédula de 1750 y, por el contrario, los describió como fieles vasallos que lo único que quisieron hacer fue defender sus derechos, según su entendimiento.[791] En la junta de 1737, a decir de Rubio, aunque Álvarez de Abreu era un sabio ministro, celoso de las regalías de la Corona, ello no bastaba para terminar con la "larga posesión y el título justo y legítimo de las iglesias". Luego, Rubio preguntaba al rey por qué los cabildos del reino de Granada sí seguían gozando de las vacantes menores, a pesar de que Abreu también los había incluido en su propuesta. Al final de su *Representación*, sugería escuchar a los cabildos sólo para afianzar la justicia de la cédula de vacantes menores y asegurar "eternamente" el derecho de la Corona,[792] no sin dejar de señalar que el

---

[788] *Idem.*

[789] *Idem:* "pues el derecho de las iglesias, la costumbre, la prescripción y sobre todo el culto divino principalmente interesado en el negocio, y la religiosa obligación del juramento, que a todos nos estrecha la defensa de los bienes y derechos eclesiásticos, no dejaban libertad para callar en materia de tanta gravedad, y más habiendo de ser el recurso a un rey tan religioso, tan pío y tan justo, como el augusto padre de vuestra majestad; pues aunque sus supremas determinaciones, como emanadas de un príncipe que sólo dependía de Dios por su naturaleza, no eran apelables, con todo, nuestras leyes y sus mismos decretos que son su panegírico y su mayor gloria, abrían la puerta para suplicar de su majestad a su majestad mismo".

[790] *Idem.*

[791] *Idem:* "delitos tan enormes no caben, aun imaginados, en uno humildes vasallos, sacerdotes y beneficiados de vuestra majestad que estiman por el mayor mal el haber incurrido la indignación de su rey y señor".

[792] *Idem:* "si no hay temor, no concibo inconveniente alguno en que se difiera al pedimento de las Iglesias, y antes si mucha utilidad en que queden perpetuamente acalladas y convencidas, y el derecho de la corona asegurado eternamente. Esta instancia ofrece a vuestra

culto en catedrales disminuiría, al faltarles a los capitulares el aliciente del premio temporal.

Rubio y Salinas envió carta a otro ministro en Madrid, en donde explicó lo justo que era que a los que iban al coro se les premiara con la distribución de las vacantes, anteponiendo el interés del culto divino al de la real hacienda.[793] Finalmente, el prelado acusaba directamente a Álvarez de Abreu de no haber permitido hasta entonces que llegase al rey la representación de los cabildos eclesiásticos:

> Por este motivo me he resuelto a escribir a vuestra señoría esta carta privadamente, acompañando la Representación que hago al Rey en este asunto y dirijo por la vía ordinaria que corresponde, para que vuestra señoría la ponga en las manos del Rey, porque me recelo justamente que el recurso de las Iglesias se sofoque sin llegar a su majestad porque este ha sido todo el empeño del autor de este negocio, precaviendo que si en justicia se controvierte, la administre el Rey a estas Iglesias. Vuestra señoría conocerá que en esto cumplo con las obligaciones de prelado, y que no excedo los límites de mi oficio y que procuro llenar las obligaciones del cargo a que me elevó la piedad del Rey y el favor de vuestra señoría […] México 11 de febrero de 1752. [794]

Igualmente, Rubio escribió al virrey de Nueva España pidiendo su apoyo para que su *Representación* llegara efectivamente, lo cual serviría para: "aquietar las conciencias a todos y asegurar la de su majestad, solidando por las reglas ordinarias el derecho de la Corona".[795] No le faltó a Rubio una carta al confesor del rey, el jesuita Francisco de Rábago, en donde repetía los argumentos ya mencionados aunque haciendo énfasis en el derecho de las iglesias y criticando los intereses pecuniarios de la Corona;[796] agregaba que

---

majestad la ocasión más oportuna de acreditar aquel alto concepto que de su rectitud y justicia formaron sus vasallos en los principios de su dichoso reinado".

[793] *Idem*: "porque no habiendo el aliciente de la rigurosa interesencia, es mucha la tibieza de los siglos en que vivimos para creer que sin premio alguno haya quien quiera cargar con la pesada tarea del servicio de las iglesias catedrales en el coro […] creo que en la piedad de su majestad no podrá caber que con tanto perjuicio del culto divino se engrose su real hacienda. Finalmente, señor, la materia la concibo de mucha gravedad y que la conciencia del rey no está segura, pues turbar una posesión de doscientos años, autorizada por las leyes, sin reclamo alguno, por solo el dictamen de un autor particular, poderoso e interesado en promoverlo en la junta, sin oír a las iglesias, es cosa que podrá desde luego ser justa, pero nunca será conforme a las reglas de la equidad y de la justicia".

[794] *Idem.*

[795] *Idem*; carta del arzobispo Rubio al virrey, de 10 de febrero de 1752.

[796] *Idem*; carta del arzobispo Rubio al padre Rábago, de 11 de febrero de 1752: "no se

con prebendas empobrecidas no habría clérigos peninsulares que quisieran ir a Indias. Finalmente, justificaba así el porqué los prebendados debían tener rentas altas:

> Bien conocen que la emulación y la envidia con que arma el común enemigo los ejércitos de sus insidias contra la floreciente cristiandad de estas provincias, persuaden abundancias, exuberantes rentas y riquezas en los prelados y cabildos de ellas, sin carearlas (aunque fuesen tan del todo ciertas) con los precisos gastos de la decencia anhelada en la carrera de sus fatigas literarias, y con la pobreza de las inferiores prebendas, precisados siempre a subvenir a las comunes necesidades de tanto infeliz mendigo como hay en estas capitales, siendo innegable que solamente en México y Puebla hay más pobres que en todos los dominios del Rey, sustentándose a expensas de los prelados de los cabildos y demás eclesiásticos, edificándome señaladamente muchos individuos de mi santa iglesia que no reservan su ropa y alhajas que han vendido más de una vez, para socorrer la notoria pobreza de esta capital.[797]

Debe destacarse que el hecho de que un arzobispo regalista como Rubio y Salinas alzara la voz en Madrid de esta manera, defendiendo los intereses del alto clero novohispano, refleja indudablemente el malestar generalizado que ya para mediados del siglo XVIII existía en la Iglesia novohispana ante la política eclesiástica de los Borbones. Y es que, junto a los donativos y al asunto de las vacantes, durante todo su reinado Felipe V había insistido en la consolidación del subsidio eclesiástico; gravamen que afectó no sólo al alto clero, sino a los regulares y a todos los que disfrutaran de alguna renta eclesiástica.

El subsidio eclesiástico: principal proyecto fiscal para la Iglesia indiana

La idea de extender el subsidio eclesiástico a Indias surgió a raíz de los daños de la piratería en las costas americanas en la década de 1670.[798] Ante la escasez de fondos para costear una armada eficaz, se planteó en el Consejo de Indias que el clero indiano contribuyera ya fuera con donativos o con la

---

mira de la otra parte más que un aparente aumento del real erario, interés tan despreciable para la generosidad del rey como que todas estas Iglesias no llegaría el anual producto de las vacantes ni a dieciséis mil pesos".

[797] Idem.

[798] Juana Gil-Bermejo García, "La Iglesia y defensa de las Indias", en *Anuario de Estudios Americanos*, vol. XXXIII, 1976, pp. 343-383.

décima parte de sus rentas. Entre 1671 y 1699, la Corona insistió en Roma
para lograr el pago de la décima indiana, no obstante las constantes evasi-
vas de un pontífice que se negaba a gravar al clero a favor del rey. Cuando
en 1693 Inocencio I por fin concedió un subsidio por 1 000 000 de ducados,
puso como condición que el nuncio papal pudiera pedir cuentas sobre lo
recaudado. Este factor motivó, por supuesto, la reticencia de Carlos II, pero
ante la necesidad pecuniaria tuvo que aceptar. Sin embargo, el nuncio hizo
lo necesario para entorpecer la ejecución. Finalmente, en 1699, Inocencio II,
más condescendiente, otorgó un nuevo subsidio, más cercano a los deseos
de Carlos II, quien ordenó su cobro en las diócesis de los virreinatos de Perú
y Nueva España, aunque la vida ya no le alcanzó para ver su realización.

El primer subsidio, 1700-1721

En julio de 1700, llegó a manos del arzobispo Ortega y Montañés un breve
papal y la cédula de Carlos II, que ordenaban recaudar el subsidio.[799] Se
trataba del cobro del 10 por ciento de todas las rentas eclesiásticas. La noticia
sorprendió al arzobispo y al cabildo catedralicio, no porque desconocieran
la figura del subsidio, sino porque era algo nuevo en Indias. Esta contribución era diferente a los donativos pedidos antaño por los Habsburgo, pues
se les ordenaba pagar, bajo pena de excomunión, con una dureza a la que
no estaban acostumbrados; también se les pedía comprobar las rentas con
registros contables para poder hacer el cálculo. De manera indirecta, se
estaba iniciando una fiscalización de los ingresos eclesiásticos.

La Corona se dirigía al arzobispo tanto en su calidad de prelado
como en la de metropolitano, cabeza de las diócesis de Nueva España,
aumentando así su responsabilidad. Pero no sólo eso, sino que Ortega fue
nombrado también delegado del papa; hecho que dejaría a quienes se opusieran al nuevo gravamen sin oportunidad de apelar ante alguna instancia
papal. Junto con el breve y la cédula llegaron instrucciones precisas para
la recaudación; los funcionarios de Madrid conocían bien el asunto. Las
instrucciones señalaban que debía recaudarse 1 000 000 de ducados, de a
11 reales de plata cada uno; es decir, 1 375 000 pesos de a 8 reales, libres
de cualquier gasto de ejecución; se nombraba como delegados a todos los

---

[799] AGN, Bienes Nacionales, 1090, exp. 20, Thomas Calvo, en su trabajo "Los ingresos
eclesiásticos en la diócesis de Guadalajara en 1708", en María del Pilar Martínez López-Cano
(coord.), *Iglesia, estado y economía. Siglos XVI al XIX*, México, UNAM/Instituto Mora, 1995,
pp. 47-58, analizó la información que sobre las rentas del clero generó el primer subsidio
ordenado por Felipe V.

obispos. Pero lo que el breve, las cédulas y las instrucciones no decían era que los virreyes y las audiencias debían seguir muy de cerca el proceso recaudatorio. Al poner la recaudación en manos de los obispos, se daría la impresión de que ningún seglar intervenía, respetando los fueros eclesiásticos. No obstante, de manera discreta los funcionarios reales intervinieron cuando el arzobispo se vio superado en sus esfuerzos para que en otras diócesis se pusiera en marcha el proceso.[800]

De la quinta instrucción se derivó el temor de la clerecía de que este subsidio se convirtiera en perpetuo: "señalen a cada uno lo que le tocare y debiere contribuir por razón de la décima, que ha de pagar el primer año y siguientes hasta la entera contribución del concedido millón de ducados". Sin embargo, no se señalaba el porcentaje que del total debía contribuir el arzobispado; asunto que provocaría mucho retraso en el futuro. Previendo la resistencia clerical, otra instrucción ordenaba que los subdelegados oyeran las apelaciones de los contribuyentes en primera instancia, y el prelado en segunda, y resolvieran sumariamente cada caso para no detener la recaudación. La última instrucción expresaba: "siendo vos y ese cabildo los primeros que en la contribución den ejemplo a los demás seculares y regulares de esa diócesis, los cuales, quiero creer, se ajustarán a ella con sumisa docilidad y puntualidad".[801]

La intención de la Corona era evitar cualquier obstáculo que retrasase la recaudación, especialmente la resistencia de los cabildos catedralicios, como era usual en la península ibérica. De manera optimista, se esperaba que en dos años el arzobispo supiera ya el monto de las rentas de todos los obispados sufragáneos para saber con qué cantidad y durante cuántos años se debía recaudar el subsidio para completar el millón de ducados; cálculos que en realidad no llegaron a realizarse nunca.

---

[800] AGN, Bienes Nacionales, 574, exp. 4, el virrey Alburquerque, quien gobernó entre 1702 y 1711, entabló una correspondencia regular con el arzobispo Ortega y Montañés, quien debía darle cuenta de los problemas y los avances de la empresa. En carta de 22 de agosto de 1703, el virrey le pedía a Ortega, "dar las más prontas disposiciones en la cobranza y recaudación de lo que los bienes de eclesiásticos de esta diócesis deben exhibir por razón del subsidio". Junto a la carta, se anexó un despacho de ruego y encargo en donde se argumentaba la necesidad del subsidio para defender los reinos de Indias de un supuesto plan inglés para invadir con 15 000 soldados. En el mismo documento, se exhortaba a los prelados a que, "cumpliendo con su amor y obligación, dispongan que, con motivo ni pretexto alguno, no se suspenda ni ponga reparo en el entrego del subsidio caritativo que su santidad fue servido conceder al rey nuestro señor don Carlos Segundo". En respuesta, el arzobispo Ortega expuso al virrey que, aunque había rogado ser eximido de la recaudación, no había sido complacido, y que se disponía a efectuarla, "trabajosa ocupación que trae consigo esta dependencia".

[801] AGN, Bienes Nacionales, 636, exp. 6.

Aunque no se involucraba al virrey en la recaudación, sí se le hacía co-rresponsable de concentrar los recursos en las cajas reales. A la real audiencia se le ordenó no recibir recursos de fuerza del clero en contra del subsidio;[802] sin duda, las instrucciones no dejaban mucho margen de acción a quienes se opusieran. El asunto no era menor cuando pensamos que se trataba de introducir un nuevo gravamen en el clero indiano.

A pesar de su amplia experiencia en tierras novohispanas, el arzobis-po Ortega y Montañés[803] sufrió en la recaudación, tarea que perjudicaba a toda la clerecía, desde los capitulares hasta el vicario más alejado de su arzobispado. Sin embargo, tuvo que hacerlo. El 27 de julio de 1700, apenas a cuatro meses de su arribo a la mitra de México, Ortega y Montañés con-vocó a sesión de cabildo en la catedral para dar a conocer el breve papal y la real cédula sobre el subsidio.[804] Luego de hacer leer los documentos, el prelado expresó, previendo ya las protestas, que él "no era más que un mero ejecutor, pues ni recurso quedaba a las partes para defenderse, y que, con bastante mortificación, las haría publicar y que antes de hacerlo, daba cuenta al cabildo."[805] No obstante, el deán insistió en preguntar al arzobispo cuál era su resolución respecto a la cédula; la respuesta de Ortega no fue nada alentadora: "que qué ha de resolver, pues vea su señoría de la forma que viene dicha real cédula y bula".[806] Entonces, el deán advirtió: "que todo el estado eclesiástico ha de alzar el grito al cielo por semejante cosa, pues introducida por una vez como se expresa en ella, quedará establecida per-petua para siempre".[807] Luego de lo cual se disolvió el cabildo. El malestar de los capitulares ante el subsidio refleja la preocupación que a partir de ese momento los invadió; la medida iba en contra de sus rentas y atizaba el temor

---

[802] *Idem*: "Y porque conviene atajar los pasos y dilaciones que podrá intentar la cautela para eximirse algunos individuos y comunidades de satisfacer la cuota que se les repartiere; ordeno, por despacho de este día, a las audiencias de esos mis reinos no admitan el recurso de la fuerza en lo tocante, concerniente y dependiente de esta contribución, con ninguna causa ni pretexto, por ser este de los casos exceptuados para semejantes recursos, antes os den y hagan dar a vos y a los prelados de esos reinos el favor y auxilio que se les pidiere y fuere necesario".

[803] Aunque de origen peninsular, Ortega y Montañés ya tenía algunas décadas en tie-rras novohispanas, a donde llegó inicialmente como inquisidor para luego emprender una carrera eclesiástica que lo llevó a la mitra de Michoacán, cargo que detentaba hasta antes de su arribo a la de México. En la década de 1690, había ocupado el cargo de virrey interino y nuevamente entre 1700 y 1701. Esa experiencia le dio un conocimiento amplio del clero novohispano; en su opinión, la pobreza era su principal característica.

[804] AGN, Bienes Nacionales, 574, exp. 1.

[805] *Idem*.

[806] *Idem*.

[807] *Idem*.

de una fiscalización permanente para futuras exacciones. Por otra parte, el arzobispo Ortega y Montañés escribió al rey 15 dudas sobre la recaudación, en carta de 18 de noviembre de ese año, esperando su resolución;[808] actitud con la que demostraba al cabildo su preocupación.

Entre fines de 1700 y marzo de 1701, la situación política en Madrid cambió vertiginosamente debido a la guerra de sucesión, suspendiéndose hasta 1703 la puesta en marcha de la recaudación.[809] Apenas iniciado el conflicto, Felipe V exigió el reconocimiento a los dominios americanos. Las élites coloniales, en general, así lo hicieron y, a decir de Lynch, se renovó el pacto político con la nueva monarquía.[810] Los máximos poderes del virreinato novohispano se apresuraron a jurar obediencia al nuevo rey.[811] Felipe V retomó de inmediato el tema del subsidio y lo puso en marcha, sin importarle el rechazo generalizado de ambos cleros.[812]

En septiembre de 1703, se reinició la confrontación entre el arzobispo de México y el cabildo catedral; esas semanas fueron decisivas para el futuro del subsidio. Por un lado, el arzobispo tenía la presión del virrey y la audiencia para el cobro y, por el otro, los capitulares de catedral defendían los intereses del clero local, en una época en que ese cabildo estaba dominado por criollos que encabezaban clientelas clericales en el arzobispado.[813] El día 26 el arzobispo avisó a los capitulares que finalmente se publicaría la cédula de recaudación, provocando su enojo.[814] Los capitulares expresaron que la exacción dañaba

[808] AGN, Bienes Nacionales, 574, exp. 4, f. 9.

[809] *Idem*; aunque en 1702, por cédula de 5 de septiembre, el nuevo rey contestó las dudas que el arzobispo de México había planteado a su antecesor sobre la recaudación del subsidio, y ordenándole continuar con el proceso, Ortega siguió posponiéndolo por un año más.

[810] John Lynch, *El siglo XVIII...*, *op. cit.*, p. 51.

[811] Iván Escamilla González, "Razones de la lealtad, cláusulas de la fineza: poderes, conflictos y consensos en la oratoria sagrada novohispana ante la sucesión de Felipe V", en Alicia Mayer y Ernesto de la Torre Villar (coords.), *Religión, poder y autoridad en la Nueva España*, México, UNAM, 2004, pp. 181-182.

[812] Rodolfo Aguirre Salvador, "El arzobispo de México, Ortega y Montañés, y los inicios del subsidio eclesiástico en Hispanoamérica, 1699-1709", en Francisco Javier Cervantes Bello, Alicia Tecuanhuey y María del Pilar Martínez López-Cano (coords.), *Poder civil y catolicismo en México. Siglos XVI-XIX*, México, BUAP/UNAM, 2008, pp. 253-278.

[813] Rodolfo Aguirre Salvador, "De las aulas al cabildo eclesiástico. Familiares, amigos y patrones en el arzobispado de México, 1680-1730", en *Tzintzun, Revista de Estudios Históricos*, núm. 47, Morelia, Universidad Michoacana de San Nicolás de Hidalgo, enero-junio de 2008, pp. 75-114.

[814] Antonio de Robles, *Diario de sucesos notables (1665-1703)*, México, Porrúa, 1972, p. 287: "hubo mucha alteración, habiéndose leído la cédula real, y su Ilustrísima dijo que tenían razón, pero que él era ejecutor y la había de cobrar, porque habiéndole venido mucho antes, y escrito a su majestad y al consejo quince capítulos en que representaba la imposibilidad de la tierra, pobreza del clero y otras razones, le vino represión y orden apretada para su ejecución".

gravemente la libertad eclesiástica, y le pidieron dejar en el cabildo la cédula, la bula y las instrucciones. Ortega se negó a hacerlo. Los capitulares insistieron en que las causas del subsidio al rey se habían extinguido; que muerto el papa, la aplicación de su bula debía ser sancionada por su sucesor; que si de todos modos se aplicaba, antes de hacerse, procedía establecer la tasa global que cada obispado debía pagar y, finalmente, que el subsidio se pagaría de las rentas futuras, no de las pasadas. Cansado el arzobispo de la agria discusión, expresó que él había hecho cuanto había podido y que la cédula se iba a publicar en la iglesia el próximo domingo, luego de lo cual se levantó, llevándose todos los papeles.[815] El domingo siguiente, después de misa mayor en catedral, se publicó el decreto del subsidio.[816]

Días después el deán convocó a los capitulares para nombrar a los comisarios que ventilarían el litigio ante el arzobispo. Aunque casi todos rechazaron el subsidio, el racionero Flores de Valdés opinó lo contrario; es decir, que la bula no había expirado y se debía cumplir. Después, el canónigo doctoral presentó un escrito en el que los canónigos solicitaban la entrega de la cédula y la bula para proteger su conciencia y discutir su aceptación, pero de ninguna manera para negar la ayuda a su rey. Luego de su lectura, el deán lo aceptó y propuso que todos los presentes lo firmaran y, en efecto, así se hizo. Dos días después, el 5 de octubre, en nueva sesión del cabildo, el arzobispo siguió firme en su postura.[817] Los comisarios insistieron en convencer al prelado de que les entregara los papeles del subsidio y de que se cometía una injusticia, pero Ortega fue inflexible[818] e incluso multó con 3 000 pesos a cada uno por su actitud. Los capitulares se negaron a recibir la notificación de la multa si con antelación no recibían respuesta al escrito que habían tratado de entregar antes. Ortega y Montañés recurrió entonces al virrey, buscando su apoyo, pero el alto funcionario se excusó de intervenir en esta ocasión. Por su parte, los capitulares acudieron con el delegado del papa, residente en Puebla, y tuvieron alguna esperanza:

> Fue el secretario de cabildo, bachiller don Tomás de la Fuente, a notificar al señor arzobispo una compulsoria del delegado de la Puebla, para que dentro de seis

---

[815] AGN, Bienes Nacionales, 574, exp. 1, fs. 17v-19.

[816] Antonio de Robles, *op. cit.*, tomo III, p. 287.

[817] *Ibid.*, p. 288.

[818] *Ibid.*, pp. 291-292. El prelado respondió que: "ha de proseguir en la exacción de la décima, y que no ha lugar dar los autos que piden, y mandó notificar al mayordomo de gruesa, con pena de excomunión mayor y de 200 pesos, no pague libranza alguna a prebendados ni ministros, y que el contador ajuste el cuadrante y lo presente dentro de segundo día, pena de 200 pesos, excomunión mayor y destierro a Panzacola".

días entregue los autos su ilustrísima, pertenecientes a la cobranza de la décima, pena de 200 ducados de Castilla, y a su secretario de excomunión mayor y 200 pesos, y otros 200 pesos al secretario de cabildo para que la notifique, a quien se la entregaron para este efecto los cuatro señores comisarios que quedaron acá. Su ilustrísima la oyó con mucho sosiego, y dijo que respondería.[819]

El arzobispo desconoció cualquier jurisdicción del delegado papal en el asunto y le pidió su abstención al respecto; acto seguido, solicitó a la real audiencia protección ante la fuerza que le hacía el representante del papa. Esta vez el virrey Alburquerque sí intervino y, en real acuerdo con los oidores, se requirió al representante del papa que se abstuviera de intervenir. De esa forma, a fines de 1703, el tema del subsidio, al menos formalmente, estaba más que discutido y decidido: se cobraría tal como ordenaba la Corona, sin importar las opiniones en contra. No obstante, si bien el clero no pudo ya librarse del gravamen, en la práctica pagaría lenta y limitadamente, con cierta complicidad de los arzobispos en turno.

La recaudación del subsidio en el arzobispado, sin precedentes, resultó complicada: la notificación al contribuyente, la tardanza en recibir su declaración jurada de rentas, luego el cotejo con libros contables y de ingresos, después el cálculo del 10 por ciento, una nueva notificación de lo que cada uno debía pagar, el pago propiamente, la concentración de todos los pequeños pagos y su final depósito en la real caja de México. Para ello, el arzobispo Ortega ideó una estrategia que diera resultados a corto y mediano plazos, evitando dar pretextos al clero para evadir la exacción.[820] Decidió doblegar primero a los capitulares, como líderes del clero del arzobispado; el siguiente paso fue que la iglesia catedral pusiera el ejemplo, para lo cual hizo las gestiones decisivas con el fin de lograr cuanto antes el subsidio de esa entidad en 1704.[821]

---

[819] *Ibid.*, p. 299.

[820] AGN, Bienes Nacionales, 574, exp. 1, fs. 21-22, Ortega y Montañés quiso evitar escándalos de clérigos opositores al subsidio cobrando gradualmente y por sectores, según recordó el arzobispo de Lima en una carta enviada al primero: "Pondérame vuestra excelencia, justamente, el conflicto en que le había constituido la práctica de esta comisión y el ingreso a ella, conociendo por experiencia la pobreza del clero y religiones *utriusque sexus*, y abundando ese reino en las más partes, de gente sin obligaciones con mezcla de muchos vagabundos que, a los clamores inconsiderados de algunos eclesiásticos, fácilmente podían turbar el sosiego público, no mal dibujado este recelo, en los discursos que proferían, con sólo la noticia de la perpetuidad de este subsidio [...] *ayudándose del tiempo y la espera*; para que a la vista de la obligación y de la soberanía del mandato, se templasen los ánimos con los pundonores de la obediencia, fortaleciéndose de los respetos". Las cursivas son del autor.

[821] AGN, Bienes Nacionales, 1090, exp. 20, a pesar de la inicial reticencia del contador y administrador de los bienes y rentas de la catedral, finalmente no tuvieron otra opción que

Ortega y Montañés nombró entonces "colector general" al canónigo Miguel Gonzáles de Valdeosera, quien era ampliamente conocido en los círculos eclesiásticos y académicos de la capital, destacado defensor de los intereses del alto clero en la universidad cuando hubo un cruento litigio con el Colegio Mayor de Todos Santos,[822] y quien se hizo cargo de recibir los pagos del subsidio, tanto de la ciudad de México como de los curatos. El subsidio de capellanías de México fue encargado al promotor fiscal de la curia, el doctor Andrés Moreno Bala;[823] además, se echó mano del trabajo de varios oficiales, notarios, contador y amanuenses. Después, se notificó a todos los contribuyentes, individuos o comunidades, para que enviaran la relación jurada de todas sus rentas eclesiásticas a la mitra.

Ortega decidió comenzar la recaudación en la capital para a continuación proseguir en los curatos del interior; para ello, utilizó la tradicional cordillera que establecía cadenas de información de ida y vuelta, entre los curas de una misma subregión o rumbo geográfico.[824] En este caso, la complicación era el costo de la recaudación: los traslados para hacer las notificaciones, el cálculo de la décima o el cobro y transferencia de los dineros; sin lugar a dudas todo se lograría con muchos esfuerzos. Por ello, el arzobispo descargó la responsabilidad del proceso en agentes locales de la Iglesia: curas beneficiados y jueces eclesiásticos, dándoles el nombramiento de "subdelegados" para cobro del subsidio, sin pago alguno.[825] No se intentó gravar más allá de las rentas eclesiásticas mejor conocidas: obvenciones parroquiales, capellanías y rentas de cofradías; es decir, aquellas que podían cotejarse en los archivos parroquiales, si bien aun así podían presentar dificultades. Sin embargo, la recaudación en los curatos resultó ser la más tardada, a tal punto que cuando murió el arzobispo Ortega, en 1708, apenas se había iniciado.

---

obedecer, luego de varias amenazas de excomunión, multas y destierro proferidas por el prelado.

[822] Rodolfo Aguirre Salvador, "El conflicto entre el alto clero de México y el Colegio de Santos por la universidad, y la corona española. 1700-1736", en Rodolfo Aguirre Salvador y Lucrecia Enríquez (coords.), *La Iglesia hispanoamericana, de la colonia a la república*, México, IISUE-UNAM/Universidad Católica de Chile/Plaza y Valdés, 2008, pp. 231-258.

[823] AGN, Bienes Nacionales, 574, exp. 8, f. 1v.

[824] AGN, Bienes Nacionales, 527, exp. 19.

[825] AGN, Bienes Nacionales, 574, exp. 4, f. 45, el no pago a los subdelegados de curatos fue justificado por el arzobispo para no cobrar nada extra a los contribuyentes: "encargando la cobranza a los jueces eclesiásticos y beneficiados que, con poca diligencia y trabajo, practican la cobranza y cuidan de la remisión sin querer que por lo que obran se les asista con estipendio".

Pero si Ortega y Montañés tuvo tantos retrasos y reparos para recaudar el subsidio de su propio clero, ¿qué podía esperar de los regulares? Cuando a fines de 1703 se publicó el edicto del subsidio, los religiosos ya estaban preparados para ello, pues les incomodaba mucho su fiscalización por el arzobispo, autoridad que históricamente habían rechazado. Las órdenes regulares siguieron una estrategia similar a la del cabildo de catedral: solicitar al arzobispo una copia de la bula y de la cédula para alegar en su derecho. Así, apenas a una semana de que Ortega publicara el edicto, los frailes de Santo Domingo, la Merced, San Agustín, del Carmen y la Compañía de Jesús solicitaron tales documentos.[826] El viceprovincial de la compañía justificó así la petición: "para decir y alegar lo que conforme al mismo breve competa al derecho de mi sagrada religión".[827] La respuesta de Ortega fue tajante: "cuando se haya determinado lo que la sagrada religión de la Compañía de Jesús debe obrar en ejecución y cumplimiento del breve de nuestro santísimo padre Inocencio XII [...] será oído en lo que hubiere lugar".[828] En otras palabras, los jesuitas debían primero cumplir con la paga del subsidio y sólo después de ello se recibirían sus apelaciones. Algo similar sucedió con el resto del clero regular.

El arzobispo tuvo el acierto de consultar al rey ciertas dudas sobre los criterios para definir cuáles rentas eclesiásticas debían subsidiar y cuáles no. En cuanto a las del clero regular, la principal objeción de los religiosos era que los réditos que pagaban de censos y capitales impuestos sobre sus conventos y haciendas debían rebajarse de sus rentas, y sólo después calcular la décima del subsidio; tal problemática la hizo saber el arzobispo a Felipe V, quien contestó a favor de los religiosos.[829] La previsión de Ortega tuvo éxito, pues así evitaba cualquier nueva interpretación sobre las rentas de los regulares y los dejaba sin argumentos para seguir litigando o apelando. Aun así, los religiosos retardaron, sin excepción, tanto la entrega de sus relaciones juradas de rentas como el pago del subsidio. En agosto de 1704, el arzobispo tuvo que emplazarlos a entregar sus cuentas, bajo pena

[826] AGN, Bienes Nacionales, 859, exp. 45, y 218, exps. 5, 6 y 7.

[827] AGN, Bienes Nacionales, 859, exp. 45: "Año de 1703. El reverendo padre prepósito y vice provincial de la Compañía de Jesús de esta Nueva España sobre pretender se le entreguen los autos hechos por su excelencia, como señor delegado de su santidad, sobre la exacción del subsidio concedido al rey nuestro señor por nuestro santísimo padre Inocencio XII".

[828] *Idem.*

[829] *Ibid.*, f. 3: "estar comprendidas las sagradas religiones y obligadas a la paga y satisfacción de la décima de sus rentas, frutos, obvenciones y de otros cualesquiera emolumentos que gozaren y percibieren, menos de lo que pagaren de réditos de censos y otras pensiones a que los dichos frutos y rentas fueren obligados".

de excomunión. Ante ello, las órdenes respondieron que necesitaban una prórroga para reunir la información con el fin de elaborar sus relaciones. El arzobispo, conciliadoramente, aceptó darles algunos meses más; entre 1704 y 1705 fueron llegando a la Secretaría de Cámara y Gobierno de la mitra las importantes relaciones, a excepción de la Merced, comunidad que hasta 1721 aún no la entregaba.[830]

Una vez que las relaciones del clero regular estuvieron en poder del arzobispo, las envió de inmediato al promotor fiscal para su revisión y dictamen, iniciándose una nueva etapa de fricciones. El promotor fue muy cuidadoso en la revisión y encontró falta de información o inconsistencias en varios informes. En la de los jesuitas, por ejemplo, halló que:

> No se especifican las haciendas y fincas que tiene cada colegio los frutos de cada una y costos en su cultivo, ni las posesiones de casas y censos que tengan, de suerte que aunque líquido que sobra a los colegios sea lo mismo que dicho reverendo padre expone en dicha relación, como debe creerse, es necesaria dicha expresión y distinción para el pleno juicio y conocimiento, y por lo que pueda resultar a favor de dicho subsidio.[831]

Se ordenó entonces a la compañía entregar otra relación detallada; igual aconteció con la orden del Carmen y con la de San Agustín. Con esta última, en especial, las cosas se complicaron por la cuestión de las obvenciones por entierros, bautismos y casamientos que los indios pagaban en especie, en las doctrinas. El promotor expresó que en la información sobre las doctrinas no se registraban las obvenciones en especie;[832] en respuesta, los agustinos expresaron que el valor de la obvenciones en especie no se había omitido, pues en la relación estaban incluidos los géneros que los indios pagaban, aunque no negaron que muchos doctrineros, sobre todo de la sierra, seguían recibiendo obvenciones en mantas, gallinas o huevos, cuyo valor se había expresado en reales de todos modos. Igualmente, el promotor objetó al provincial agustino su propuesta sobre que los sínodos pagados por el rey

---

[830] AGN, Bienes Nacionales, 218, exp. 6, año de 1703, f. 19v.

[831] AGN, Bienes Nacionales, 859, exp. 45, f. 5v.

[832] AGN, Bienes Nacionales, 218, exp. 7, f. 26v: "por la costumbre inmemorial que tienen con ración y tasación, según el pacto por semanas, para el sustento de dichos ministros [...] parece deberse especificar por dicho muy reverendo padre provincial para que conste lo que legítimamente tiene de frutos y aprovechamientos cada doctrinero, advirtiéndose que lo que toca a misas, fiestas de pueblos y cofradías, y de las Pascuas, se recibe la obvención en reales, y por lo que toca a entierros, bautismos y casamientos, se percibe parte en reales y parte se remite por la razón expuesta por el promotor".

no subsidiasen. Para el provincial, la actitud del promotor era rigorista e innecesaria;[833] además, defendió que el sínodo que recibían los doctrineros era para su preciso sustento y por su: "trabajo personal de tan alto grado y elevada aplicación", de la misma manera que las limosnas.

Ante tal respuesta, el promotor propuso que, aunque las obvenciones en especie no se ceñían al arancel, debían aceptarlas como estaban para no retardar más la recaudación; y respecto a los sínodos, sí debían subsidiar, pues así se ordenaba en el breve, pasando por alto cualquier alegato de la orden. El arzobispo no hizo sino confirmar todo lo anterior. El pago de los religiosos aún se retrasó un tiempo, pero entre 1706 y 1707 habían pagado casi todos; los montos del subsidio fueron los siguientes:

CUADRO 31
Subsidio del clero regular, 1706-1707

Orden	Subsidio en pesos
Compañía de Jesús	3 825
San Agustín	7 080
Santo Domingo	4 591
El Carmen	3 484
La Merced	1 400

Fuente: Archivo General de la Nación, Bienes Nacionales 859, exps. 45 y 218; exps. 5, 6 y 7.

Cuando el arzobispo Ortega y Montañés murió en 1708, la recaudación lograda hasta entonces en el reino de Nueva España había estado muy por debajo de las expectativas de la Corona. Un informe dado en sesión del cabildo catedralicio, en el mes de enero de 1709, ya fallecido el arzobispo, señaló que aún no se terminaba la primera exacción del subsidio. En la ciudad de México, aunque ya estaba muy avanzada, faltaban las cofradías, así como una parte de las capellanías.[834] Respecto a los curatos, ya se habían enviado cuatro de las cinco cordilleras que ordenaban la regulación, y el proceso continuaría, según se comprometieron los capitulares. Finalmen-

---

[833] *Ibid.*, f. 29v: "los reescritos de su santidad y majestad para deducir el subsidio, no son de tan estrecha rigorosa naturaleza que pidan examen tan prolijo, cuenta tan nimia ni relación tan por menor, es de más lo propuesto por el promotor fiscal, pues de nada de lo que expone su rigor puede deducir crecimiento para el subsidio".

[834] AGN, Bienes Nacionales, 574, exp. 8.

te, ordenaron pedir un informe al colector general de lo recaudado hasta entonces en el arzobispado; este último, luego de varios meses de retraso, dio un informe general, según el cual, hasta la muerte del arzobispo, se habían recaudado 67 147 pesos, cifra muy por debajo de las expectativas de la Corona.[835]

De esa forma, luego de una década de que se decretara la implantación del subsidio eclesiástico en América, los resultados para Felipe V estuvieron lejos de sus cálculos originales. La recaudación de 500 000 ducados que se esperaba obtener del reino de Nueva España a corto plazo había fracasado. La molestia del gobierno monárquico era evidente, pero no desistió y siguió presionando a los prelados, a los cabildos en sede vacante y a los virreyes para que se continuara con la recaudación; aunque los recursos recabados dejaron mucho que desear, el régimen filipense tenía la consigna irreversible de consolidar el subsidio. Así, en 1712, una encomienda especial al nuevo arzobispo José Lanciego Eguilaz fue terminar con la recaudación del subsidio, no sólo del arzobispado, sino del resto de los obispados sufragáneos:

Con ocasión de haberse visto en mi consejo de las Indias […] de no haberse enterado en cajas reales más que ochenta mil doscientos cincuenta y cuatro pesos, como quiera que ha causado gran reparo el que en tantos años como han pasado sólo se haya enterado la cantidad referida, he tenido por bien ponerlo en vuestra noticia y remitiros las copias adjuntas del despacho de once de abril de mil setecientos y de la instrucción que con el se acompañó y dirigió al referido don Juan de Ortega Montañés, vuestro antecesor, para que enterándoos de su contenido os podáis embarcar con el conocimiento de esta dependencia fiando de vuestro celo a mi mayor servicio que luego que lleguéis a México […] la determinaréis y concluiréis sin dilación.[836]

El poco éxito en la recaudación del subsidio es una señal inequívoca de la resistencia del clero indiano; ahora, con un nuevo arzobispo, Felipe V intentaría vencerla nuevamente. Las instrucciones al arzobispo Lanciego variaban poco de las anteriores, aunque el tono era más fiscalizador, al grado de ordenar averiguar "por todos los medios que juzgaren más justos y proporcionados"[837] la renta de cada clérigo y religioso. Es de dudar que cualquier prelado haya cumplido tal disposición al pie de la letra. La quinta instrucción insistía en que cada contribuyente debía abonar tantas veces como fuera necesario "hasta la

---

[835] AGN, Bienes Nacionales, 636, exp. 6.
[836] *Idem.*
[837] *Idem.*

entera contribución del concedido millón de ducados";[838] se ordenaba nombrar a cuanto colector fuera necesario, aun cuando tuviera que pagársele algún salario, mismo que debían solventar aparte los contribuyentes. No obstante tan categóricas instrucciones, para el arzobispo Lanciego el asunto del subsidio no fue lo más importante, pues pronto comenzó una larga visita a su jurisdicción. Por otra parte, la Corona intentó en 1717 un segundo subsidio que, sin embargo, fracasó debido a un nuevo alejamiento de Roma.[839]

Cuando en 1719 se le pidieron cuentas al arzobispo sobre la recaudación, tanto del arzobispado como de los demás obispados, los resultados volvieron a dejar mucho que desear, a pesar de que poco antes el virrey lo había felicitado por su celo y aplicación en el asunto.[840] A juzgar por el informe enviado por Lanciego al rey, a dos décadas de ordenado el subsidio en Indias, aún no se conseguía reunir el 1 000 000 de ducados de plata: en el reino del Perú se habían cobrado poco más de 160 000 pesos, mientras que en el de Nueva España la suma apenas rebasaba los 120 000; en otras palabras, aún se estaba muy lejos del millón de ducados concedidos por el papa.

Lanciego consideraba que, siguiendo la política de su antecesor, en tanto no se completara una primera recaudación de todo el clero, y mientras no se aclarara si los 160 000 pesos del Perú correspondían a todo el reino, o sólo al arzobispado de Lima, difícilmente se podría pasar a una segunda exacción, y así consecutivamente, para completar el 1 000 000 de ducados. El arzobispo explicaba que ninguno de los obispados que ya habían cumplido querría iniciar una segunda exacción hasta no saber exactamente el prorrateo del resto; además, defendía que el prorrateo entre los dos reinos no debería ser 50 por ciento y 50 por ciento, sino con base en el nivel de rentas de cada reino. Como Ortega, Lanciego creía que los obispados del Perú tenían más rentas y que, por tanto, estaban obligados a dar un mayor porcentaje. Al comparar tal situación con lo que pasaba en España, de inmediato salta a la vista lo contrastante de la recaudación, pues mientras que en la península ibérica se hacían hasta cuatro o cinco exacciones anuales para completar el subsidio de 2 000 000 de ducados, en Indias, luego de 20 años, aún no se podía terminar ni la primera. Este panorama tan poco alentador para el primer subsidio tenía irritada a la monarquía que, por supuesto, pedía satisfacciones.

[838] *Idem.*

[839] AGN, Bienes Nacionales, 859, exp. 45, en 1717 Roma concedió un subsidio de 1 500 000 ducados, el cual, como el mismo Felipe V informó en una cédula de 1741, nunca se inició en la práctica.

[840] AGN, Bienes Nacionales, 574, exp. 6.

Paralelamente al informe, a Lanciego no le quedó otra opción que nombrar a un nuevo colector general, en este caso José de Llabres, prebendado y mayordomo de la fábrica de catedral, así como al promotor fiscal recaudador del subsidio de los capellanes de la capital; sólo hasta 1721 el colector ordenó notificar a todos los que aún no hubieran pagado el subsidio a hacerlo.[841]

Cuando pasó el tiempo y los mayordomos de conventos no lo exhibieron, el colector decidió pasar los despachos correspondientes al provisor y gobernador del arzobispado, Bermúdez de Castro, para que diera una solución. La respuesta del provisor fue cautelosa: puesto que Lanciego estaba ausente, era mejor esperarlo para que él mismo resolviera.[842] Por su parte, el promotor fiscal, Felipe Neri de Apellaniz, pidió su renuncia como recolector del subsidio de capellanías pues, entre otras consideraciones, argumentaba que muchos clérigos habían perdido ya el recibo de su pago, al considerar que puesto que su aportación había sido *caritativa* al rey, no tenían por qué guardarlo; pero además:

> En representación del muy ilustre venerable clero de esta diócesis, suplica al señor juez comisario sobresea y de por conclusa su comisión, estimando para ello todo lo referido, como que le consta no sólo por las noticias que los mismos autos le ministraran, sino también por las experiencias que a dicho señor juez comisario le asisten, de las cortedades que comúnmente padecen los eclesiásticos.[843]

En otras palabras, los mismos miembros de la curia veían difícil retomar la recaudación.

¿Por qué este pobre resultado del primer subsidio? En primer lugar, por la gran antipatía que despertó el cobro en el clero indiano; los problemas que tuvo Ortega y Montañés para obligar a su cabildo a aceptarlo hacen fácil suponer que esto se repitió en otras diócesis. El mismo Ortega quiso renunciar al encargo y, aunque no le fue admitida su renuncia, él siempre estuvo consciente de la gran dificultad que implicaba el gravamen. Para Ortega, el camino fue la gradualidad: que el clero asimilase el nuevo gravamen, que luego se reuniera toda la información necesaria para calcular la décima de cada contribuyente, después recaudar y finalmente concentrar los pagos. En segundo lugar, por la falta de experiencia y las dificultades para poder comprobar las rentas declaradas. La complejidad de las rentas, en especial

---

[841] *Ibid.*, exp. 3, año de 1721.
[842] *Ibid.*, fs. 29v-30.
[843] *Ibid.*, f. 30.

el pago de las obvenciones parroquiales, volvía materialmente imposible averiguar con certeza qué ingresos se ocultaban en las relaciones juradas. El ejemplo más evidente es el del pago en especie por bautismos, casamientos y entierros en las doctrinas del arzobispado, según hemos visto ya. ¿Cuántos de ellos no fueron registrados por los curas, al igual que misas, procesiones u otras actividades ocasionales? En tercer lugar, agudizaba la problemática la actitud guardada, en la práctica, por los prelados ante la ingrata tarea de cobrar a clérigos pobres. Tanto Ortega como Lanciego estaban persuadidos de que buena parte de su clero era pobre, y por ello fueron tolerantes, dando tiempo para que pagaran paulatinamente. Ortega tardó más de cinco años en enviar cuatro cordilleras de subsidio a los curatos. Lanciego, por su parte, se negó a iniciar una segunda exacción, con el argumento de no saber aún cuánto le correspondía pagar a cada diócesis. Es evidente que los prelados encontraron en la recaudación lenta elementos para hacer frente a las presiones del rey, por un lado, y para apaciguar el malestar del clero, por el otro.

EL SEGUNDO SUBSIDIO DE 1721

El arzobispo Lanciego aún estaba retomando la recaudación del primer subsidio cuando en 1723 recibió un breve papal del año de 1721 y una cédula de 1722 que ordenaban la recaudación de un segundo subsidio, pero ahora por 2 000 000 ducados de plata.[844] Sus responsabilidades aumentaron sensiblemente, pues esta vez él debía iniciar otra recaudación por el doble del monto que antes. En esta ocasión, sin embargo, la experiencia de la primera recaudación sirvió para enmendar errores de procedimiento y en menos tiempo se terminó con una primera recaudación.

Las instrucciones para la recaudación eran muy similares a las de 1700, aunque con una diferencia notable: el gravamen se reducía de 10 a 6 por ciento, buscando una menor resistencia de los cleros y una mayor rapidez de la recaudación. Se volvía a permitir un salario a los subcolectores a costa de los contribuyentes; nuevamente se sugería al arzobispo que nombrara a cuantos comisarios, cobradores, colectores y subcolectores fueren necesarios.

Lanciego convocó a su cabildo el 26 de enero de 1723 para dar a conocer la nueva situación, pero en esta ocasión, en claro contraste con lo que vivió su antecesor en 1700, no hubo protesta de los capitulares; sin duda que las buenas relaciones que en los años previos el prelado había guardado con ellos rindieron frutos. Acto seguido, el arzobispo nombró nuevamente a José de

---

[844] AHAM, caja 36, exp. 15, y AGN, Bienes Nacionales, 932, exp. 15.

Llabres como colector general y ordenó al inquisidor Francisco de Garzarón y al canónigo José Torres Vergara, juez comisario de Cruzada, informasen sobre las rentas de sus tribunales;[845] además, nombró a este último como su asesor de apelaciones y conflictos, quien por entonces ya tenía cerca de 30 años al frente del juzgado de testamentos y capellanías, experiencia que fue aprovechada por el prelado. En días posteriores, Lanciego envió instrucciones a 91 jueces eclesiásticos, que cubrían tanto los curatos como las doctrinas, en un despliegue de recursos humanos que no tenía precedente en el arzobispado. Los jueces recibieron el nombramiento de subdelegados del subsidio para cubrir cualquier duda sobre su autoridad.[846] La actuación de estos personajes fue crucial. Aunque a principios del siglo XVIII se había permitido a los religiosos que pudieran presentar en una sola relación las rentas de todos sus conventos y casas, esto cambió con Lanciego, pues las órdenes religiosas ya no pudieron declarar rentas de manera global, y cada convento tuvo que rendir cuentas por separado a los jueces diocesanos; ello demostró a todos que, en la medida en que las instancias arzobispales estuviesen mejor cimentadas, esto favorecía tanto a la mitra como a la Corona.

En la capital, Lanciego logró que en 1723 hasta 247 capellanes declararan las rentas de sus capellanías.[847] No obstante, hacia 1725 aún faltaba de pagar el subsidio 67 por ciento de ellos; se amenazó con excomulgarlos y, entonces, comenzaron a pagar.[848] Los conventos de la capital también se habían retrasado en sus pagos, de tal manera que el 9 de junio de 1723 el colector general Llabres ofreció su renuncia ante la dificultad de su tarea.[849]

En las provincias, aunque ya nadie cuestionaba la legitimidad del subsidio, se buscaban pretextos para no pagarlo, como el doctrinero franciscano de Tulancingo, quien se negó a entregar relación de sus rentas, alegando que sus superiores habían puesto *litis* al subsidio y que, además, tenía una cédula

---

[845] *Ibid.*, f. 22.

[846] *Ibid.*, f. 40: Los jueces debían tomar declaración de rentas del clérigo ante notario, tanto de las personales (capellanías, memorias de misas, patronatos laicos) como de obvenciones, fábrica, dotaciones, cofradías y sacristías; para frutos de curatos y doctrinas, debía averiguarse de los libros de bautismo, casamientos y entierros, y complementar con testigos fidedignos de cada parroquia sobre las cofradías y sus ingresos; podían embargar las propiedades y rentas de aquellos individuos renuentes a pagar o defraudadores, hasta que cumplieran; tenían sólo dos meses para efectuar el proceso de recaudación y el dinero debían remitirlo al colector general Llabres, quien a su vez lo haría a la caja real.

[847] AGN, Bienes Nacionales, 943 exp.1, año de 1723.

[848] AGN, Bienes Nacionales, 752, exp. 17: "Cuaderno de los clérigos que faltan por pagar y diligencias hechas para su recaudación".

[849] AGN, Bienes Nacionales, 739, exp. 9.

real que exoneraba a los regulares.[850] Lanciego contestó que esa cédula no hablaba de excluir subsidios, y por lo tanto debía pagar. Otro problema al que se enfrentaba ese subdelegado era el de los capellanes de haciendas, a quienes era difícil localizar para cobrarles.[851]

En Tochimilco, el juez José Castellanos, debido a que el doctrinero se había negado a informar sobre el monto del sínodo real, alegando que su prelado le avisó que no respondiera a ello, preguntó al arzobispo cuál debía ser su proceder. El parecer del asesor Torres Vergara fue una dura opinión contra el clero regular:

> En atención a que el padre provincial o su superior, no es el cura ministro con quien se debe entender, mandara vuestra señoría ilustrísima se proceda contra dicho cura ministro, que sin embargo dé sus respuestas, se le requiera por último apercibimiento dé razón íntegramente de la renta que dice tener en arcas reales, y no haciéndolo, proceda contra tal, como contumaz e inobediente a los mandamientos de su santidad. Y sólo lo que me resta decir a vuestra señoría ilustrísima es que de lo que este cura ministro responde ahora (aun habiendo dado la relación jurada diminuta) y lo pedido por el padre provincial de San Agustín, se está evidenciando que *lo que se intenta por estas sagradas religiones y parece, es excusar el que haya conocimiento del verdadero valor de las doctrinas que administran, queriendo que por mano de sus superiores, no teniendo parte en esta materia de curatos, ni debiéndola tener, no se haga tan accesible este conocimiento del verdadero valor, siendo esto no sólo contrario a la bula y cédula de instrucción, sino también a que de ahí se irrogue una notoria injusticia a todos los subsidiantes.*[852]

Con estos argumentos, Lanciego ordenó al juez local pedir nuevamente la declaración al doctrinero:

> Y no haciéndolo, proceda contra él como contra contumaz e inobediente a los mandatos de su santidad; y si llegare el caso de que lo rotule, le damos facultad para que en el ínterin nombre por coadjutor que administre los santos sacramentos al religioso que juzgare más idóneo en suficiencia e idioma.[853]

---

[850] AGN, Reales Cédulas Originales, 36, exp. 98, la cédula era del 10 de febrero de 1714, y en ella Felipe V exoneraba a la orden de San Francisco de dar donativos.

[851] AGN, Bienes Nacionales, 739, exp. 9.

[852] *Idem*; parecer de 24 de julio de 1723. Las cursivas son del autor.

[853] AGN, Bienes Nacionales, 739, exp. 9, algo similar aconteció con los jueces de Huichiapan e Ixmiquilpan, doctrinas de religiosos.

En Toluca, el doctrinero franciscano contestó que lo que se le pidiera del subsidio se debía entender en realidad con su provincial. Lanciego actuó como en el caso de Tochimilco: ordenó apercibir por última vez al doctrinero de Toluca, o en caso contrario excomulgarlo.[854] En Querétaro, el viceprefecto del Colegio Apostólico de Santa Cruz, de franciscanos, cuestionó si debían pagar, pues ellos vivían sólo de limosna y, desde su punto de vista, en la bula no estaban comprendidos, pues no tenían bienes raíces ni réditos. En este caso, el asesor Torres concluyó que si bien era cierto que los franciscanos no podían tener bienes ni capitales impuestos en su comunidad, también lo era que los recursos que recibían de forma fija y anual por las misas no podían considerarse limosnas y, por ello: "debían regular la sexta de todo aquello que constare al juez eclesiástico ser anuos réditos de capellanías, aniversarios o dotaciones".[855]

Poco después de 1723, el arzobispo informó al obispo de Guatemala, Nicolás de Cervantes, antiguo capitular a quien el primero ayudó a promoverse a las mitras, que hasta esos momentos había recaudado 81 068 pesos en el arzobispado, que los costos de la recaudación ascendían a 5 727 pesos y que sólo faltaban por cobrar 2 633 debido a que los clérigos deudores eran muy pobres, agregando que sólo esperaba resolver esto para cerrar los autos de una primera recaudación. El consejo que le daba al obispo Cervantes era obedecer al pie de la letra las instrucciones reales,[856] informándole que antes de iniciar una segunda recaudación estaba esperando el consentimiento del rey para evitar problemas como los del obispo de Puebla cuando la inició: "como me lo enseña la experiencia de lo sucedido en el obispado de la Puebla, pues habiendo aquel señor obispo pasado a la segunda recaudación, se le ha suscitado su poquito de cisma".[857] Al parecer, Lanciego ya no inició una segunda recaudación y, a su deceso, la sede vacante se desentendió del subsidio, por lo que Felipe V hubo de esperar el arribo del siguiente prelado.

Aunque el arzobispo José Antonio Vizarrón inició su gobierno en 1730, no sería sino hasta los últimos años de su gestión cuando se hizo cargo de dar continuidad al subsidio de 1721. Es probable que ello se haya debido a José

---

[854] *Idem.*

[855] *Idem.*

[856] *Idem:* "La forma y modo de que me he valido para la recaudación de esta primera sexta ha sido arreglarme en un todo a la instrucción de su majestad, teniendo presente el capítulo 4 de ella en que me manda de comisión para que mis subdelegados averigüen por todos los medios que juzgaren más justos y proporcionados según el estilo de esta diócesis. Que renta goza cada uno de los eclesiásticos de ella, así seculares como regulares, sin omitir medio alguno, que sea practicable y conducente a este fin."

[857] *Idem.*

Campillo y Cosío, designado secretario de Hacienda y después también de Guerra, Marina, Indias y Estado en 1739, quien continuó con mayor tesón la política hacendaria de Patiño y la preocupación por aumentar el real erario.[858] Para Campillo, una de las principales funciones de la Secretaría de Indias era la inspección de "las provisiones y recursos de iglesias, obispados, curas y clero en común".[859] En 1743, en su *Nuevo sistema de gobierno económico para América*, Campillo planteó un programa para aumentar la productividad en las Indias, el comercio y también sus contribuciones.[860] Es evidente que el subsidio eclesiástico cabía muy bien en tales propósitos.

En cédula de 1741, dirigida al arzobispo Vizarrón, la Corona hizo una recapitulación sobre el pobre desempeño de los obispos indianos para terminar la recaudación, luego de lo cual se le pedía continuar con la encomienda.[861] Igualmente, se exigía al virrey estar muy atento al proceso de recaudación:

> Y os prevengo que me daré por deservido y manifestaré mi indignación siempre que me conste habéis excedido o faltado a la observancia de esta orden [...] Os dedicaréis a cuidar por vuestra parte (como os lo encargo) de que se ejecute lo contenido en la mencionada instrucción, dando todas las órdenes que juzgareis necesarias para su más puntual cumplimiento.[862]

[858] José del Campillo y Cosío, *op. cit.*, pp. 13-24.

[859] *Ibid.*, p. 24.

[860] *Ibid.*, pp. 30-31.

[861] AGN, Bienes Nacionales, 859, exp. 45, f. 1 bis, cédula de 23 de octubre de 1741: "con motivo de haberse reconocido la omisión y tibieza con que han procedido los dos arzobispos de Lima antecesores del actual, y los demás prelados de las iglesias de las provincias del Perú, en la exacción del subsidio de dos millones de ducados de plata, que me concedió nuestro muy santo padre, el Papa Clemente Undécimo [...] sobre el estado eclesiástico de mis reinos de la Indias, por su breve de ocho de marzo del año de mil setecientos veintiuno, y que la misma omisión se ha experimentado en la mayor parte de los obispos de esas provincias de la Nueva España, pues sin embargo de habérseles remitido a todos con el citado breve la instrucción correspondiente, con las circunstancias que entonces parecieron más proporcionadas para su efectivo cumplimiento, ha demostrado la experiencia el grave descaecimiento y atraso de esta cobranza, he resuelto, por mi real decreto de once de abril del año próximo pasado, y a consulta de mi consejo de las Indias de veinticuatro de mayo del propio año, rogaros y encargaros (como lo ejecuto por despacho de este día) que procedáis a ella con la mayor actividad y celo; para lo cual os remito separadamente esta nueva instrucción que observaréis puntualmente".

[862] AGN, Bienes Nacionales, 932, exp. 15, f. 1-bis, "autos hechos en prosecución de que el clero de este arzobispado, declare las capellanías y rentas eclesiásticas que obtiene, para la regulación del 6% con que debe contribuir a su majestad".

Luego, el rey le insistía al virrey que estuviera atento a que el arzobispo no dejara de enviar periódicamente avisos del pago correspondiente entre su clero y del importe del valor de las rentas del estado eclesiástico de su diócesis.

En un intento por acelerar el proceso, el rey dispuso que, para obviar el que toda la información sobre la primera exacción se concentrase en el arzobispo, y este mismo tuviera que hacer el prorrateo general, ahora se ordenaba que cada obispo debía formar la regulación de su obispado y enviarla directamente al Consejo de Indias para que ahí se hiciera la distribución proporcional de lo que a cada diócesis le correspondía, así como el número de exacciones anuales que harían falta para completar los 2 000 000 de ducados. Esta medida, sin duda, le daba más atribuciones e injerencia al consejo en la iglesia indiana; además, debía apercibirse al estado eclesiástico de que la contribución no sería perpetua, sino sólo el tiempo que se necesitare; aunque, eso sí, nadie debía eximirse de ella.[863]

Sin opción tampoco, el arzobispo Vizarrón retomó la recaudación del subsidio en el estado en que lo había dejado Lanciego y nombró a capitulares como colectores generales, aunque con una recompensa concreta: 3 por ciento de lo recaudado sería para ellos.[864] No obstante, todavía en abril de 1744 se pedía a Vizarrón que hiciera los depósitos del subsidio, pues aún no se había hecho ninguno.[865] Ante ello, el prelado puso manos a la obra y nombró a un nuevo colector, quien fue más diligente en su tarea: el prebendado Juan del Villar Gutiérrez y, como su secretario, a uno de sus propios familiares, el joven presbítero Leonardo Terralla.[866]

Sin duda que los colectores anteriores no habían tenido interés alguno en gravar a sus paisanos. Como ya antes se había ordenado, el colector debía averiguar "todas las rentas y capellanías que en propiedad, en ínterin o

---

[863] AGN, Bienes Nacionales, 859, exp. 45, año de 1741, "Y porque conviene atajar los pasos y dilaciones que podrá intentar la cautela de algunos individuos y comunidades, para eximirse de satisfacer el seis por ciento que se les ha de repartir, tendréis así mismo entendido que por despachos de este día se previene a mis audiencias de todas esas provincias de la Nueva España, que no admitan el recurso de la fuerza en lo tocante, concerniente y dependiente de esta contribución, con causa ni pretexto alguno, por ser este de los casos exceptuados para semejantes recursos y antes bien se les ordena que den el auxilio que fuere necesario a todos y cualesquiera prelados de ellas".

[864] AHAM, caja 91, exp. 7, año de 1744, sobre el cobro del subsidio eclesiástico de dos millones de ducados de las rentas eclesiásticas.

[865] AGN, Clero Regular y Secular, 150, fs. 25v-26, 27 de abril de 1744.

[866] AGN, Bienes Nacionales, 932, exp. 15, f. 1: "autos hechos en prosecución de que el clero de este arzobispado, declare las capellanías y rentas eclesiásticas que obtiene, para la regulación del 6% con que debe contribuir a su majestad".

por vía de patronato laico goza el venerable clero avecindado en esta dicha ciudad y sus contornos".[867]

Durante la recaudación, el prelado hizo uso de la moderación y la flexibilidad cuando así convenía, o de dureza con los religiosos.[868] Claro que la flexibilidad mostrada por Vizarrón no fue por iniciativa propia, sino en respuesta a quejas de sectores del clero, como la de los capellanes de la capital.[869] Aunque en principio cada clérigo secular u orden religiosa contribuyente de la ciudad de México tuvo que ir a la real caja a pagar, recibir su constancia y presentarla ante la mitra, el colector Juan del Villar decidió después que cada contribuyente le diera a él mismo su cuota, entregándosele su "recibo jurídico" correspondiente; además, se formó un libro de caja con todos los pagos recibidos, enviando a su notario a entregar a la caja real montos fijos de 6 000, 8 000 o 10 000 pesos. La moderación se aplicó en otros rubros, tales como descontar del cálculo del subsidio las limosnas de los capellanes de misas, o el gasto en aceite en las parroquias; igual se actuó con las rentas provenientes de arrendamientos de los religiosos, de donde se descontó un tercio por concepto de mantenimiento, y también se rebajó la limosna de las misas cantadas y rezadas, así como lo del gasto de aceite. Los conventos de religiosos que vivían sólo de limosnas fueron exentados.

El clero capitalino no dejó de ser presionado para que pagara lo que le correspondía.[870] En la ciudad de México, Vizarrón consiguió una mayor contribución del "venerable clero", como lo llamó; es decir, los poseedores de capellanías, duplicando casi lo logrado por su antecesor.[871] En las provincias, Vizarrón también ejerció presión, tanto sobre sus jueces locales como sobre los doctrineros, para que cumplieran con el pago. A los primeros, por ejemplo, se les advirtió que de no cumplir con diligencia se nombraría a otro juez, al cual el omiso debía pagar un salario.[872] En algunas doctrinas, ante la omisión de los religiosos de registrar los derechos cobrados por bautismos, matrimonios y entierros, se pedía a los jueces insistir en averiguarlos de todos modos. En Tamazunchale, se pidió al cura la siguiente documentación: directorio o cuadrante con que se cobraban las obvenciones y emolumentos,

---

[867] *Idem.*

[868] AHAM, caja 91, exp. 7, año de 1744, sobre el cobro del subsidio eclesiástico de dos millones de ducados de las rentas eclesiásticas, "se dieron varias providencias piadosas a favor de los contribuyentes de dichas rentas eclesiásticas, no todas a un tiempo, sino sucesivamente, según se iban ocurriendo".

[869] AGN, Bienes Nacionales, 932, exps. 2 y 3.

[870] *Ibid.*, exp. 11 y 15, y 644, exp. 39.

[871] *Ibid.*, exp. 12.

[872] AGN, Bienes Nacionales, 839, exp. 4, f. 1.

libros de entierros, bautismos y casamientos, libros del uso y gobierno de cofradías y hermandades, relación jurada del total de sus ingresos, autorizada por su notario; además, se interrogó a españoles vecinos, oficiales de república, barrios y visitas, mandones, considerando que por ser ellos los que pagaban sabrían muy bien los ingresos del párroco.

En las misiones de Tampico, el juez eclesiástico subdelegado tuvo que enfrentar al principio una fuerte resistencia del misionero de Aquismon, fray Francisco Ignacio de Ostolaza, quien insistió en que debía acudir al procurador de la custodia de Tampico y no con él. Ante ello, el juez subdelegado fue terminante: "se tenga por nula y de ningún valor esta su dicha respuesta [...] como ministro misionero que es de esta dicha misión, cumpla con las nobles obligaciones de buen cristiano religioso y fiel vasallo".[873] En caso contrario, usaría todo el rigor de derecho que se le confería como juez subdelegado y lo excomulgaría. El misionero de Aquismon interpuso entonces una apelación ante el arzobispo, pidiendo que se le hiciera saber también a sus superiores, y respecto al juez:

> estando patente la pasión con que el presente señor juez procede [...] lo recusa una, dos y tres veces y jura la recusación en forma para que las funestas consecuencias que prevé el dicho señor juez no sean del cargo del que responde.[874]

No obstante, se pegó la papeleta de excomunión en la puerta occidente de la iglesia de Aquismon. Algo similar sucedió en la misión de Misión de San Francisco de la Palma. Esa manera de tratar a los misioneros renuentes sirvió para que el resto accediera a presentar relación jurada y a pagar el subsidio.[875]

La recaudación del subsidio de 1721 se alargó por tres décadas y, aun más,[876] con similares resultados exiguos para la Corona. Todo indica que los obispos guardaron una doble actitud: formalmente prometieron cumplir con las instrucciones recibidas de Madrid; en la práctica, actuaron con cautela y gradualismo, sabedores de que, desde el punto de vista político, la recaudación era muy perjudicial para la paz interna de sus respectivas

---

[873] *Ibid.*, f. 24.

[874] *Ibid.*, f. 27.

[875] AGN, Bienes Nacionales, 839, exp. 4, se trata de las misiones de Tamitas, Tampasquit, Guayabos, Tanlacu, Valles, Tamuin, Tancuayalab y Tanlaxax.

[876] David A. Brading y Óscar Mazín (eds.), *El gran Michoacán en 1791. Sociedad e ingreso eclesiástico en una diócesis novohispana*, México, El Colegio de Michoacán/El Colegio de San Luis, 2009, p. 98, en 1751, Fernando VI aún urgía a los obispos de Indias a terminar con ese subsidio, debido a los pobres resultados recaudatorios.

jurisdicciones. Aunque en el arzobispado de México se hicieron dos re-
caudaciones que se entregaron en la real caja, una por Lanciego y otra por
Vizarrón, no continuaron adelante hasta no saber cuánto le correspondía a
su clerecía pagar, algo imposible de saber mientras el resto de los obispados
indianos no hicieran lo propio como, en efecto, sucedió. En 1740, Felipe V
logró otro subsidio de 2 000 000 de ducados del papa Clemente XII, cuya
recaudación, no obstante, se postergó hasta que se terminara de cobrar el
anterior.[877] De cualquier forma, las rentas del clero indiano siguieron en
la mira de los ministros de la real hacienda durante el resto del siglo XVIII;
todavía en la última década de esa centuria, Carlos IV se hizo el propósito
de acabar de cobrar el subsidio de 1721.[878]

§

Sin duda, a Felipe V lo que más le interesaba de la iglesia indiana eran
sus rentas, algo que puede considerarse el principal signo de su gobierno
en cuanto a política eclesiástica. No obstante, las cosas resultaron difíciles
para la real hacienda, pues si bien se establecieron nuevos gravámenes en
el papel y se siguieron pidiendo donativos extraordinarios, la recaudación
quedó lejos de las expectativas de Madrid. Es muy probable que la Corona
haya sobrestimado al clero indiano en cuanto a su riqueza. Aunque para
Felipe V el subsidio era, esencialmente, un refuerzo a su siempre precaria
hacienda, para la iglesia indiana significó muchas otras cosas; el sentido
impositivo del subsidio provocó el recelo del alto clero. Aunque cabildos
como el de México no pudieron evitar el inicio de la recaudación, su rechazo
se tradujo en indiferencia y falta de apoyo para cumplir con ella. Pero fueron
los cabildos en sede vacante los que mostraron mejores justificaciones para
no realizar el cobro, aunque expresando siempre su "lealtad" al monarca.
Sería interesante averiguar qué tanto influyó esa actitud en contra del subsidio para que en los tiempos venideros la Corona acortara lo más posible
las sedes vacantes.

A ello, hay que agregar el rechazo del clero a tener que develar sus
ingresos, aun cuando se tratara de hacerlo en el interior de la Iglesia, frente
a su prelado. Para el clero, los subsidios a Felipe V fueron un aviso claro de que
su relación con la monarquía estaba cambiando, pues ya no se trataba de
dar donativos voluntarios, sino de enfrentar una carga impositiva que temía

[877] *Ibid.*, pp. 120-121.
[878] *Ibid.*, pp. 17-18.

fuera permanente. No es que el clero no quisiera cooperar con la Corona; siempre lo hacía de una u otra forma. Lo que le molestaba era la imposición; es decir, que no se le pidiera, sino que se le obligara, pues lo consideraba como una violación a su inmunidad tributaria. Por otro lado, hubo de enfrentar fricciones con sus superiores que a la larga podían provocar divisiones.

Para los arzobispos, principales responsables de la recaudación en Indias, la fiscalización de las rentas eclesiásticas resultó ser muy complicada, de ahí que actuaran con mucha cautela, mostrando obediencia plena ante la Corona y el virrey, y condescendencia hacia su clero. Queda claro que para los obispos indianos lo mejor era alargar el asunto de la recaudación, temiendo que si se aplicaba a fondo y con la rapidez pedida, podía provocarse una protesta generalizada de su clero, como estuvo a punto de suceder en el arzobispado de México y en el obispado de Puebla.

Una consecuencia importante del establecimiento del subsidio fue la movilización de funcionarios, jueces eclesiásticos y curas para intentar llevar a buen término el cometido y, de paso, avanzar en el reforzamiento de la jurisdicción episcopal. Los jueces eclesiásticos actuaron como fiscalizadores que pudieron llegar hasta el último rincón del arzobispado; además, el proceso recaudatorio sirvió a los arzobispos, sin lugar a dudas, para ponerse al día en cuanto al tamaño de su clero, sus ocupaciones y sus rentas. No fue casual que el arzobispo Ortega y Montañés recomendara a los obispos establecer pronto la "planta" de las rentas eclesiásticas; información que podía servir para mucho más que sólo el subsidio.

Para Felipe V, a pesar de los pobres resultados monetarios que los donativos, las vacantes menores y los subsidios reportaron, era esencial mostrar al clero indiano que podía establecer nuevos gravámenes, demostrando así la fuerza de la nueva dinastía. En cambio, se negó a apoyar al arzobispo Lanciego Eguilaz en su proyecto de secularización de doctrinas, a pesar de que todo apuntaba a que tal paso era esencial para lograr la reforma del clero regular en Indias; cuestión en la que insistieron mucho sus ministros. Un último artilugio de los franciscanos de la provincia del Santo Evangelio, que se abordará en el siguiente y último capítulo de esta obra, logró detener por casi tres décadas la pérdida de sus doctrinas pero, al igual que el subsidio, la secularización ya no desapareció de la agenda real.

LA SECULARIZACIÓN DE DOCTRINAS Y LA REFORMA DEL CLERO, DEL ARZOBISPO LANCIEGO A LA CÉDULA DE 1749

Se representa a vuestra santidad que en dicho arzobispado de México hay un número suficientísimo de sacerdotes hasta en cantidad de ciento y diez y siete [...] sin el gran número de clerecía que todavía no ha tenido las órdenes sacerdotales, que junto al de los dichos sacerdotes, llegan a cuatrocientos y cuarenta, y estos sólo en la ciudad de México [...] siendo la mayor parte de ellos de suma capacidad y doctrina, doctores en los sagrados cánones y profesores de la sagrada teología, los cuales, además de ser muy pobres, no pueden conseguir beneficios eclesiásticos para su decente manutención por razón de que casi todas las prebendas, beneficios y curatos se administran por tres solas religiones.[879]

Una más de las transiciones vividas en el arzobispado de México durante la primera mitad del siglo XVIII fue la revitalización del añejo asunto de la administración de las doctrinas de indios. Sin embargo, en algún sentido, el tema fue nuevo para el arzobispado, pues aunque en otras diócesis se habían intentado e incluso logrado secularizaciones, a partir de lo obrado por el obispo Palafox en Puebla,[880] no hay, hasta donde sabemos, un intento similar en la diócesis fundada por Zumárraga antes de la década de 1720.

Si pensamos en que el origen del poder y el prestigio de las órdenes religiosas en Nueva España inició en buena medida en lo que después sería el arzobispado de México es más fácil comprender que para ningún arzobispo fue tarea fácil tratar de sujetar a los religiosos; más complicado fue intentar arrebatarles las doctrinas, con mucho, la mayor gloria de los frailes.

[879] AGI, México, legajo 703, carta del arzobispo José Lanciego Eguilaz al papa Inocencio XIII solicitando la secularización de 60 doctrinas.

[880] Antonio Rubial, *op. cit.*, pp. 239-272.

No obstante, el arzobispo Lanciego Eguilaz, persona de "mucha devoción", como fue calificado por el virrey Alburquerque, según se ha mencionado, se propuso lograr lo que sus antecesores tal vez ni siquiera pensaron: traspasar 60 doctrinas de los religiosos al clero secular. Es probable que esa decisión la haya tomado teniendo en cuenta la disposición favorable que Felipe V había mostrado ya a los obispos y al alto clero. Sin embargo, maniobras atinadas de los franciscanos en Madrid impidieron por entonces la secularización, pero no lograron hacer desaparecer el asunto de las discusiones en la metrópoli, lo cual se articuló con el proyecto de reforma del clero regular en el imperio español. ¿Hubo alguna relación entre el intento secularizador de Lanciego de 1721 y la cédula de 1749 que dio inicio al traspaso de doctrinas?

Lanciego y las doctrinas del arzobispado

Aunque el aumento de una veintena de curatos entre fines del siglo XVII y la primera mitad del siguiente dio ocupación a algunas docenas de clérigos, ello no resolvió sustancialmente la desocupación de muchos presbíteros y sí, en cambio, provocó expectativas y presiones que acabaron coincidiendo en el proyecto secularizador de la mitra. Desde su arribo a la mitra mexicana en 1712, y hasta 1718 al menos, Lanciego se dedicó a reconocer las problemáticas de las parroquias del arzobispado; luego de su tercera visita pastoral expresó al rey haber hallado mucha ignorancia de la doctrina cristiana en los indios, y que sus antecesores, ya por viejos o por ocupados en cuestiones políticas, no habían hecho sus visitas

> De que resultara la relajación de costumbres, y omisión de los párrocos en el cultivo de esas almas, que por su nativo temperamento se inclinan al ocio y flojedad […] contentándose asimismo los ministros con ir a los pueblos a decir su misa sin explicarles la doctrina cristiana ni trabajar en los indios con la perseverancia que necesita la rudeza de su genio.[881]

Luego de terminar la visita a su arzobispado y de conocer mejor la situación de su jurisdicción, Lanciego tuvo los elementos necesarios para emprender acciones concretas. Entre 1719 y 1720, el prelado hizo varios intentos para tratar de corregir la administración en las doctrinas, apoyándose en las cédulas y cánones que le daban ese derecho, pero también en el virrey Alburquerque, quien tenía la orden expresa del rey de ayudarlo

---

[881] Eduardo Chávez Sánchez, *op. cit.*, p. 206.

en todo lo que hiciera falta. En Querétaro, por ejemplo, se enfrentó a las quejas de vecinos y clérigos por lo que consideraban una mala atención de los franciscanos. Al acudir a la Corona, ésta decidió que, aunque la doctrina debía seguir bajo administración religiosa, tendrían que erigirse cinco ayudas de parroquia con vicarios fijos para subsanar el problema denunciado.[882] Después, aunque el virrey y el arzobispo habían planeado el lugar donde deberían erigirse las ayudas de parroquia,

> Señalando a cada una el número de haciendas correspondiente al cuidado de los feligreses y enseñanza de la fe, y que a fin de que se atendiese a esta importancia hizo dicho arzobispo notificar al provincial que dentro de cuatro meses pasase a erigirlas poniendo en ellas ministros peritos en el idioma con los demás apercibimientos que tuvo por eficaces para el remedio del daño que se padecía y experimentó en las visitas que había hecho.[883]

los religiosos seguían negándose. Aun más, acudieron al virrey para tratar el asunto pero éste sólo les ratificó la orden, amenazando con poner clérigos en esas ayudas si ellos se negaban a hacerlo. Aunque los franciscanos acudieron a Madrid para evitar la medida, Felipe V fue categórico:

> Se encarga por despacho de este día al arzobispo de esa ciudad que por todos los medios jurídicos, hasta la secuestración de frutos y privación de la doctrina, pasado el término que se señalare, compela a los religiosos de San Francisco a que pongan las cinco ayudas de parroquia.[884]

En 1719, Lanciego informó al rey que, luego de cinco visitas a la mayor parte del arzobispado, concluía que sería de mucha utilidad crear escuelas de castellano para indios, dividiendo las parroquias para mayor cercanía de los curas con los fieles. Agregó que, puesto que para lograr las divisiones podía pasar mucho tiempo, como lo demostró el caso de Querétaro, era posible agilizar la futuras escisiones no esperando ya los pareceres que se acostumbraban pedir, sino sólo: "La consulta que sobre ellos hiciese a mi vice patrón, sin dar lugar a más dilación, porque de lo contrario serían in-útiles las grandes incomodidades que había experimentado en las referidas visitas".[885] En Madrid, se contestó al arzobispo que, contando con el visto bueno del virrey y de acuerdo con el Concilio de Trento, podía erigir las

---

[882] AGN, Reales Cédulas Originales, 39, exp. 85, fs. 218-220v, julio 11 de 1718.

[883] *Ibid.*, f. 219.

[884] *Ibid.*, f. 220v.

[885] AGN, Reales Cédulas Originales, 41, exp. 23, cédula de 25 de mayo de 1720.

escuelas y parroquias que tuviere por convenientes. Igualmente, al virrey se le ordenó aplicar, "los medios más convenientes a conseguir cuanto sea del mayor servicio de Dios y bien espiritual de esos naturales".[886]

Al contar con este respaldo, Lanciego siguió intentando reordenar las parroquias y misiones de regulares asentadas en su arzobispado como, por ejemplo, asignar clérigos como vicarios en las doctrinas vacantes. En 1719, el procurador de los agustinos, fray Felipe de Rivera, se quejó ante el virrey de que el arzobispo había nombrado a un clérigo como cura interino de Cardonal y sus sujetos, que dependían del convento de Ixmiquilpan, "en el entretanto que se proveía de cura propietario".[887] El procurador agustino argumentó que el nombramiento de vicario en Cardonal correspondía al convento de Ixmiquilpan y no al ordinario, pues ya en 1663 se había intentado algo similar, y en aquella ocasión el virrey conde Baños:

> Se sirvió de declarar, con parecer del licenciado don Alonso de Alavez Pinedo, deberse amparar al religioso doctrinero en la posesión del ministerio y administración de doctrina en que había estado y estaba en el pueblo de Ixmiquilpan, en los puestos de la Sabanilla, Cubo, Pinal y visita de Santa María del Cardonal, mandado a la justicia que amparase a dicho religioso en la referida posesión sin permitir se le embarazase, antes sí, que recogiese el mandamiento librado a dicho licenciado Escamilla para que no usase de él y cesase en el ejercicio de la doctrina por tocar al religioso doctrinero de Ixmiquilpan.[888]

Con base en este antecedente, se pedía que ahora se actuara igual. Por parte de la mitra, el promotor fiscal Félix Rodríguez de Guzmán respondió que el Real del Cardonal era un curato nuevo, dividido de Ixmiquilpan y que la división había sido permitida por el virrey, como vicepatrono, debido a:

> Las urgentísimas causas que sin permitir mora *in continenti* la provocaron y fueron el absoluto defecto de administración de los santos sacramentos y conmoción ocasionada a los mineros vecinos españoles e indios que concurrieron al pedimento, en que por la exasperación que se les había causado, amenazaba próximo peligro del desamparo de las minas, en perjuicio del real haber

---

[886] *Idem.*

[887] AGN, Clero Regular y Secular, 93, f. 222, "Para que en consecuencia de lo determinado por vuestra excelencia la justicia del partido de Ixmiquilpan restituya y ponga en posesión de la doctrina del Cardonal al religioso aprobado que nombrare el reverendo padre provincial de San Agustín para su administración en la forma y por las razones que arriba se refieren".

[888] *Idem.*

y disgregación de la población y congregación de indios en aquel real, con los demás méritos que tuvo presenta la justificación de vuestra excelencia.[889]

Por todo ello, agregaba el promotor de la mitra, el virrey había pedido al arzobispo que tomase la providencia necesaria pues, además, ningún derecho privado podía contra el real patronato, y puesto que la división había sido aprobada por el vicepatrono, no existía ilegitimidad alguna. En cuanto al antecedente de 1663, carecía de razón en el tiempo presente. El fiscal del virrey replicó que el problema ya no era la división de la doctrina, la cual ya se había autorizado, sino cuál de ambos cleros debía hacerse cargo del nuevo curato. En ese sentido, opinaba que en tanto se decidía la cuestión, debía ser la misma orden religiosa la que designase cura interino. Los feligreses del Cardonal también intervinieron en el conflicto, expresando al virrey su rechazo a tener un clérigo secular en su pueblo, pues además de que siempre habían estado muy bien administrados por agustinos, el primero había cambiado la forma tradicional en que recibían los sacramentos; además, acusaban al juez eclesiástico y a la justicia real de no haberlos escuchado e incluso los habían amenazado.

Resolver el asunto de Cardonal no era tarea sencilla para el virrey, pues si por un lado convenía a los intereses reales una mayor presencia del clero secular en las parroquias, por el otro, el poder que podían adquirir prelados como Lanciego Eguilaz no era deseable. Quizá por ello, el virrey optó por analizar con más detenimiento la situación, para lo cual se revisó una cédula de 1699, a propósito de un pleito entre el obispo de Quito y los franciscanos, por el nombramiento de vicarios, coadjutores y tenientes de curas por el obispo. En esa ocasión, el Consejo de Indias, basándose en normas tridentinas y las leyes del real patronato, decidió que:

Haya de ser el coadjutor religioso de la orden a quien estuviere concedida la doctrina, pues concurriendo en ellos los requisitos necesarios para poder ser presentados y obtener la colación, se hallan con especial motivo para que el diocesano en los casos referidos de poder nombrar coadjutores, haya de ser de los regulares a quien están concedidas las doctrinas.[890]

En la misma cédula, expresaba que todos los cánones y las leyes reales a ese respecto debían cumplirse, y pedía a los diocesanos dar la canónica institución y colación a los doctrineros presentados por el vicepatrón, y

---

[889] *Ibid.*, f. 223.
[890] *Ibid.*, f. 226v.

que sólo en casos en que los sujetos no tuvieran las cualidades necesarias se lo hicieran saber para que nombrara a otros; además, la misma cédula ya había sido revalidada por Felipe V el 23 de julio de 1718, debido a que: "en diferentes distritos de dichos dominios de las Indias están sin la debida observancia lo dispuesto por la cédula preinserta".[891] Ante tales hechos, el fiscal que revisó el caso del Cardonal sugirió que una copia de la cédula se diera al arzobispo. Al final, el 5 de noviembre de 1720 el virrey ordenó hacer cumplir en todo las recomendaciones del fiscal.

Paralelamente al asunto de la división de doctrinas en el centro del arzobispado, las misiones del norte no dejaron de estar en la agenda del activo arzobispo, que buscaba su conversión a doctrinas para poder ejercer más atribuciones. A raíz de su visita a la Huasteca, Lanciego constató que los ministros de las misiones franciscanas de Tampico carecían de presentación del virrey o de algún arzobispo, y violaban las leyes del real patronato al respecto, sobre todo la ley 3, título 15 del libro I de la *Recopilación de leyes de Indias*.[892] Por ello, en 1720 el arzobispo le propuso al virrey decretar la conversión de las misiones en doctrinas, para seguir los requisitos de presentación de ministros. El abogado fiscal del virrey fue de la opinión de que, aunque la población de las misiones había aumentado considerablemente, sobre todo de gentes de razón, y ello justificaría su transformación a doctrinas, antes había que pedir al provincial franciscano si tenía algo que alegar al respecto.[893] El virrey asintió con esta opinión y así lo ordenó. Aunque no sabemos la opinión precisa del provincial, es seguro que se negó al cambio de estatus, pues en informes de 1743 aún aparecían como misiones los establecimientos franciscanos de esa zona. En ese año, un alcalde mayor opinó que Valles, por ejemplo, ya no debía ser considerada misión debido a que: "Hace más de 150 años que dichos naturales y sus ascendientes gozan y gozaron del nombre cristiano".[894] La composición de la población así lo reflejaba tam-

---

[891] *Ibid.*, f. 228.

[892] *Recopilación de leyes..., op. cit.*, p. 76, en la parte central de esa ley se especifica que: "Ordenamos y mandamos que en cuanto a remover y nombrar los provinciales y capítulos de las religiones, religiosos doctrineros, guarden y cumplan lo que está dispuesto por las leyes del patronazgo real de las Indias, sin ir ni pasar contra ello, en forma alguna. Y demás de esto, siempre que hubieren de proveer algún religioso para doctrina que tengan a su cargo, ora sea por promoción del que la sirviere, o por fallecimiento o otra causa, el provincial y capítulo hagan nominación de tres religiosos, los que les parecieren más convenientes para la doctrina, sobre que les encargamos las conciencias, y esta nominación se presente ante vuestro virrey, presidente o gobernador".

[893] AGN, Clero Regular y Secular, 93, f. 197.

[894] Francisco de Solano (ed.), *op. cit.*, p. 519.

bién, pues mientras sólo había 75 familias de indios, en cambio, ya estaban asentadas 242 de españoles, pardos y mulatos.

Los casos anteriores demuestran que Lanciego no pudo conseguir mucho en cuanto a la conversión de misiones en doctrinas o a la colocación de clérigos seculares como vicarios de doctrineros; en cambio, a raíz de la recaudación del subsidio, sí pudo saber que las rentas de los doctrineros superaban las de los curatos. Esa diferencia de ingresos causaba mucho escozor al clero secular, como lo demuestra una expresión del juez de testamentos a propósito de la ambigüedad de los doctrineros en la declaración de sus ingresos por obvenciones.[895] Lanciego mismo insistió siempre que pudo en la pobreza de su clero, quizá en alusión a la "riqueza" de los frailes.

1721-1723: el proyecto de secularización del arzobispo

Luego de casi una década de estancia en el arzobispado, de haber recorrido buena parte de su territorio, conocido de cerca a los dos cleros, sus alcances y sus limitaciones, así como haber intentado dividir doctrinas, nombrar más clérigos seculares como vicarios y convertir misiones en doctrinas, todo ello sin mucho éxito, Lanciego se aprestó a una reforma de mayores alcances: la secularización de 60 doctrinas. El arzobispo estaba bien informado sobre la reciente secularización de doctrinas en Oaxaca, a juzgar por unas copias de cartas sobre el asunto que había en su curia, de 1709, dirigidas por el obispo de Oaxaca, fray Ángel Maldonado, al clero regular y al virrey; varios puntos que el obispo oaxaqueño tocó en sus misivas parecen haber influido en acciones posteriores de Lanciego en el arzobispado.[896] Cabe se-

---

[895] Véase el capítulo anterior sobre el juez José Torres y Vergara.

[896] AGN, Bienes Nacionales, 472 exp. 3, carta dirigida a un provincial de Oaxaca, al parecer de los dominicos, por parte del obispo de Oaxaca, fray Ángel Maldonado, en que le responde sobre la necesidad de dividir las doctrinas y poner en ellas más ministros "de pie". Se trata el tema de su manutención y se expresan ciertos índices de ingresos por obvenciones y limosnas de los indios a los frailes. Enseguida, otra carta del mismo obispo dirigida al virrey en donde abunda en los argumentos que dio al religioso sobre la división de doctrinas; resulta interesante porque hace comparaciones entre los curatos de clérigos y aquéllas, en cuanto a su funcionamiento y administración espiritual y material. Fundamenta el porqué en las divisiones que hizo puso a más clérigos para administrar: garantizar el bien espiritual de los fieles; cita la cédula de los diez curatos que se dieron al clero y enseguida hace un balance sobre el número de fieles que administraba el clero secular. Después, toca también el problema de las lenguas, su diversidad y la obligación de los curas de saberlas. Aun más, discute el tema de la mayor o menor jurisdicción a unos o a otros, así como el cumplimiento de los aranceles. Casi al final de su escrito, el obispo de Oaxaca toca el punto medular de la

ñalar que por la misma época en que Lanciego envió un procurador a Roma para tratar el tema de la secularización, llegó al papa un informe detallado sobre los males que aquejaban a ambos cleros en la provincia del Perú, criticando con amplitud las doctrinas de los religiosos y, coincidentemente, proponiendo también el traspaso de todas ellas, alrededor de 1 000, como el remedio más eficaz.[897] Sin duda que la atención a la problemática de las doctrinas ya no tuvo marcha atrás en Madrid.

Lanciego decidió enviar a su secretario, José Ansoain y los Arcos, como procurador a Roma en 1721, para tratar varios asuntos sobre doctrinas, incluyendo la propuesta para secularizar 60 de ellas. Para ello, el procurador Ansoain fue primero a Madrid a solicitar un permiso del rey para viajar a la península itálica. En España, se examinaron detenidamente las instrucciones que el procurador llevaba de México; aunque logró el permiso para ir a Roma, se le prohibió tratar sobre el cuarto capítulo de las instrucciones. Este capítulo trataba precisamente sobre el pleito de precedencia entre regulares y clérigos seculares de la ciudad de Querétaro, mencionado antes, debido a que el Consejo de Indias consideró que ya estaban dadas las providencias convenientes.

Lanciego escribió una carta al papa en la cual, de manera sumaria, le explicaba la situación del clero del arzobispado y la solución a sus problemas, la cual se transcribe en su parte medular:

> A la santidad de nuestro señor el papa Inocencio Décimo Tercio
> Por el arzobispo de México
> El arzobispo de México, muy humilde suplicante de vuestra santidad, deseando con su suprema autoridad quitar muchos abusos que con sumo dolor suyo se reconocen presentemente, así en la propia diócesis como en las otras subalternas, ha tenido por preciso enviar con sumisión y suplica a los pies de vuestra santidad, a don José de Ansoain y los Arcos, su secretario, a fin de que, en su nombre, le pida se sirva dar su paternal providencia sobre lo que sigue:

---

discusión: la secularización de las doctrinas: "deseo que los religiosos no estén en muchos de los parajes de la división, y si deseara que en ninguno estuvieran, sino en sus santos conventos, en sus religiosas observancias, deseara lo que han anhelado cuantos regulares y seculares han manifestado en este punto su dictamen, concordando todos en que la disciplina religiosa se pierde con el ministerio de curas y que ha sido gran menoscabo de las religiones, con que, aunque este fuera el fin de las divisiones, el fin era santo, el medio, que es la división, lo es también".

[897] Alfredo Moreno Cebrián, "El regalismo borbónico frente al poder vaticano: acerca del estado de la iglesia en el Perú durante el primer tercio del siglo XVIII", en *Revista de Indias,* vol. LXIII, núm. 227, 2003, pp. 223-274.

Primeramente se representa a vuestra santidad que en dicho arzobispado de México hay un número suficientísimo de sacerdotes hasta en cantidad de ciento y diez y siete, según consta por la letra (A), sin el gran número de clerecía que todavía no ha tenido las órdenes sacerdotales, que junto al de los dichos sacerdotes, llegan a cuatrocientos y cuarenta, y estos sólo en la ciudad de México, sin comprender los que habitan en el oratorio de San Felipe Neri y sin los colegiales del colegio apostólico según consta por la letra (B), siendo la mayor parte de ellos de suma capacidad y doctrina, doctores en los sagrados cánones y profesores de la sagrada teología, los cuales, además de ser muy pobres, no pueden conseguir beneficios eclesiásticos para su decente manutención por razón de que casi todas las prebendas, beneficios y curatos se administran por tres solas religiones, a saber: por los de Santo Domingo, veinticinco; por los de San Francisco de la observancia, setenta y tres; y por los de San Agustín, cincuenta y uno; que en todo hacen la cantidad de ciento y cuarenta y nueve, según consta por la letra (C) [...] por tanto, se suplica a vuestra santidad se sirva por lo menos minorar a los dichos regulares el número de las susodichas parroquias, mandando que, como vayan vacando se den a los sacerdotes seculares, y si bien pareciese a vuestra santidad, a los de Santo Domingo, que tienen veinte y cinco se podrán quitar diez; a los de San Agustín, que tienen cincuenta y uno, veinte; y a los de San Francisco, que tienen setenta y tres, treinta; que en todo se acrecentaría a los pobres sacerdotes seculares el número de sesenta parroquias, con las cuales se proveerían los que actualmente se hallan y se animarían los demás a los estudios y costumbres más morigeradas, y después por las que quedasen a los dichos religiosos, como así mismo por las otras, hasta tanto que no llegue el caso de la vacante. Es necesario que vuestra santidad tome alguna providencia, así sobre las clandestinas remociones que se hacen por los superiores regulares de los párrocos o coadjutores o sean vicarios, en las otras parroquias filiales, sin que lo sepa el arzobispo ni los demás obispos.[898]

Esta propuesta específica de secularizar 60 doctrinas, que ya preveía un traspaso gradual conforme fueran vacando las doctrinas, fue la manzana de la discordia en Madrid y Roma por entonces, pues al parecer Lanciego omitió consultarlo con el rey. Es interesante constatar cómo el prelado vinculó las problemáticas y expectativas del clero secular del arzobispado con la secularización, y comprobar claramente el apoyo que siempre dio Lanciego a los suyos. Por otro lado, al final del escrito, el arzobispo deja ver, sin duda, que para él las 60 doctrinas afectadas sólo eran un primer paso, confiando

[898] AGI, México, legajo 703, "Cartas y expedientes de personas eclesiásticas del distrito de aquella audiencia. Años de 1722 a 1724".

en que la expectativa de traspasar el resto en un futuro cercano movería al resto del clero a seguir estudiando y a reformar su vida misma.

No obstante, Mazín planteó hace ya varios años que la secularización de doctrinas de la segunda mitad del siglo XVIII no contribuyó del todo a solucionar las problemáticas de la clerecía, pues siguió habiendo muchos clérigos pobres y sin beneficio.[899] Habría, en el futuro, que profundizar en el porqué fue así, a pesar de que prelados como Lanciego estaban seguros del mejoramiento del clero con el traspaso.

En Roma, una vez que Ansoain discutió con los religiosos sobre fijar los asuntos por consultar ante el papa, todo se resumió en siete dudas:

> Primera: ¿Si la bula de San Pío V, la 34 que comienza *Exponi Nobis*[900] concedida a los regulares, a instancia del señor Felipe segundo, es perpetua o temporal?
> Segunda: ¿De que manera se ha de haber en las futuras vacantes de las parroquias que obtienen los regulares, esto es, si como hasta aquí, se habían de suceder unos a otros?
> Tercera: ¿Si los vicarios o tenientes de curas regulares, ya sean perpetuos o temporales, pueden ser instituidos por párrocos, sin legítima aprobación del reverendo arzobispo, o removidos sin su licencia?
> Cuarta: ¿Qué providencia se haya de dar acerca del señalamiento de ministros en las parroquias en que haya mucho pueblo y son muy dilatadas?
> Quinta: ¿Si compete al reverendo arzobispo el derecho de visitar las cofradías erigidas en las doctrinas regulares, y con especialidad las de la madre de Dios, con los títulos del Rosario y Monte Carmelo?
> Sexta: ¿Si, y por qué derecho, pueda el reverendo arzobispo proceder en el caso de huirse los regulares de unas a otras religiones?
> Séptima y final: ¿Si compete al reverendo arzobispo el derecho de aprobar los confesores regulares, y de ejecutar lo demás que se previene, en la bula de Gregorio XV, que comienza *Inscrutabili*, aun en los monasterios sujetos pleno jure a los regulares?[901]

Como es posible advertir, los puntos que el procurador de Lanciego trató en Roma tenían como objetivo central cuestionar si la posesión

---

[899] Óscar Mazín, "Reorganización del clero secular novohispano en la segunda mitad del siglo XVIII", en *Relaciones. Estudios de Historia y Sociedad*, núm. 39, 1989, p. 73.

[900] Alberto de la Hera, *op. cit.*, p. 381, la bula *Exponi Nobis*, de 24 de marzo de 1567, reafirmó que los regulares podían ser párrocos en Indias, a falta de clérigos seculares, al igual que se los declaraba capaces para administrar todos los sacramentos y ejercer la cura de almas. Tiempos después, Gregorio XIV y Urbano VIII la ratificaron.

[901] AHNE, Diversos-colecciones, legajo 37, núm. 25.

de las doctrinas por los regulares tenía aún razón de ser, por un lado, y fijar los alcances que los obispos debían poseer en el conocimiento de los frailes al frente de la administración de sacramentos, del movimiento de los mismos de una a otra comunidad religiosa y de las cofradías de doctrinas, por el otro. Tales temas no eran nuevos, por supuesto; lo realmente nuevo era que un obispo negociara directamente en Roma la salida de los regulares de las doctrinas indianas pues, como sabemos, los monarcas españoles tradicionalmente eran renuentes a permitir una intervención directa del papado en las Indias, y Felipe V no fue la excepción. Es probable que el permiso concedido al procurador de Lanciego para ir a Roma fuera subestimado en su momento; esta distracción de la Corona fue aprovechada por los franciscanos para detener las negociaciones del arzobispo.

Cuando el procurador Asoain se hallaba en la sede romana, los franciscanos, con incomparable experiencia luego de dos siglos de luchar por conservar las doctrinas, acusaron en Madrid al arzobispo Lanciego de menospreciar el real patronato, al negociar directamente ante el papa la secularización de 60 doctrinas, sin consultarlo o pedir autorización primero al rey.

Tal argumento fue un éxito para los intereses de los religiosos, pues el monarca español y sus consejeros fueron muy sensibles a la acusación de omisión del real patronato, "la joya más preciosa que adorna la real corona", como expresara un virrey[902] y, en consecuencia, olvidándose del objetivo central de Lanciego, llamaron a cuentas a su procurador.

En 1723, la actuación de Ansoain en Roma fue duramente criticada en el Consejo de Indias, pues se declaró que Lanciego no debió tratar directamente la secularización de 60 doctrinas con el papa, sin antes consultarlo convenientemente con el rey; aun más, el consejo concluyó que la cuestión de si ir o no a Roma ni siquiera debió considerarse, pues en realidad correspondía al real patrón hacerse cargo del negocio.[903] En Roma, el embajador del rey, Aqcuaviva, informó que la actuación del procurador de Lanciego había provocado un escándalo, debido a que había complicado el aún pendiente asunto de Palafox y los jesuitas de Puebla.

De regreso en Madrid, el procurador Ansoain se enteró de todo lo que había sucedido mientras él estuvo en Roma y, sin perder tiempo, envió un escrito al rey explicando su actuación y negando, por supuesto, cualquier

---

[902] Iván Escamilla González, "La memoria del gobierno del virrey duque de Albuquerque, 1710", en *Estudios de Historia Novohispana*, 25, julio-diciembre de 2001, p. 167.

[903] AGI, México, legajo 817.

menosprecio u omisión del real patronato.[904] Este escrito refleja muy bien la idea que el arzobispo de México y su procurador tenían sobre el futuro de las doctrinas y del clero secular; se consideraba que la autoridad del prelado no se limitaba sólo a las doctrinas, sino que también tenía incumbencia en terrenos internos de las órdenes, basándose en preceptos tridentinos y cédulas reales de los siglos anteriores. Por supuesto que lo que más se discutió en Roma y en Madrid fue por cuánto tiempo más debían seguir los frailes en las doctrinas; el pretexto fue pedir a Roma una declaración expresa sobre la temporalidad o perpetuidad de la bula *Exponi Nobis*.

Ansoain informó al rey que había explicado al papa la situación del "numeroso clero de su arzobispado, lo pobre que se halla por los pocos y cortos curatos que hay que proveer en él, por tenerlos los regulares".[905] De este punto se había derivado el cuestionar la perpetuidad, tan defendida por los regulares, de la bula que les concedía la posesión de las doctrinas:

> Para hacer la expresada representación a su santidad, era precisa la decisión de la expresada primera duda[906] para que de esta manera quedase más patente la regalía de vuestra majestad y que en adelante se evitasen los ningunos fundamentos con que en todas ocasiones y tiempos han exclamado los regulares: se debe hacer en ellos precisamente la nominación y elección de las parroquias por vuestra majestad, en virtud del privilegio y exención perpetua que a instancia del señor Felipe segundo se les había concedido por la expresada bula de San Pío V.

Pero las cosas se complicaron para Ansoain y el arzobispo cuando se supo en Madrid, vía los franciscanos, que se estaba negociando en Roma la

---

[904] AHNE, Diversos-colecciones, legajo 37, núm. 25, "Aclaración del proceder del arzobispo de México en Roma". En la parte inicial del escrito, Ansoain explicaba así el origen de su escrito: "viendo que los regulares han manifestado ser su fin, por los suyos particulares, malquistar al reverendo arzobispo y a mí con vuestra majestad, exclamando haber procedido en la corte romana contra vuestro real patronato, siendo lo contrario, me ha parecido justo resistirlo con esta breve representación". En Roma, explicaba el procurador, la congregación de cardenales intérpretes del Concilio de Trento determinó que se oyera a los procuradores de los regulares y que se establecieran de común acuerdo con Ansoain las dudas que se habían de discutir en la misma instancia papal. Ansoain destacó que las siete dudas fueron aceptadas por las partes en litigio, con la sanción de la congregación, que aclaró que se rechazaría tratar cualquier otra cosa.

[905] *Idem.*

[906] *Idem*: "¿Si la bula de San Pío V, la 34, que comienza *Exponi Nobis,* concedida a los regulares a instancia del señor Felipe segundo, es perpetua o temporal?".

adjudicación de 60 doctrinas a los seculares, sin contar con el rey y su patronato. A desvanecer tal acusación dedicó Ansoain buena parte de su defensa:

> El haber insinuado, en el primer memorial formado en el idioma italiano, número de parroquias, como es el de sesenta, para que estas se proveyesen en clérigos seculares, conforme fuesen vacando las de los regulares, no fue mi ánimo el que su santidad ni la congregación determinasen cosa alguna, porque esto siempre toca y pertenece a vuestra majestad, como consta de mis respuestas, que originales exhibo, y las veces que informé, lo expresé en esta conformidad, ni la congregación lo recibió en tal sentido, pues su ánimo sólo es declarar, siendo del agrado de vuestra majestad, el que la bula 34 de San Pío V, es temporánea y no perpetua, como quieren los regulares, siendo de la facultad de vuestra majestad y todos sus sucesores, el elegir seculares o regulares como más claramente consta en el número 9 de la referida instrucción de la sacar congregación. Si sólo expresé dicho número, a fin de que viese su santidad el modo suave con que me había de presentar ante vuestra majestad, y que no se pretendía despojar de una vez a los regulares, por los inconvenientes que vuestra majestad tendrá premeditados; y esto se evidencia en los mismos folios de la congregación, pues sólo refiere los expresados siete dubios, sin hacer mención del expresado número de parroquias.

Aunque no se explica en la carta el porqué se habló de la cifra de 60 doctrinas no sería raro que Lanciego haya pensado en invertir la proporción de curatos/doctrinas descrita en el quinto capítulo, o bien que ya tuviera elaborada una lista de doctrinas deseadas por su clero, algo muy probable debido a la información que sobre cada una se tenía. Ansoain agregó en su alegato que nunca fue su intención cuestionar el derecho de presentación a las parroquias que el patronato daba al rey, sino sólo verificar del papa la temporalidad o perpetuidad de las doctrinas en los regulares.[907]

[907] *Idem*: "todo el fundamento de los regulares, en las referidas hipótesis, proviene de la dispensación de la expresada bula de San Pío V, con que declarándose que esta bula es temporal y no perpetua, queda ilesa la omnímoda disposición que vuestra majestad tiene de conferir las parroquias a los seculares o regulares, como más fuere de vuestro real agrado; luego, el haber intentado esta declaración, más parece he solicitado en cumplimiento de mi obligación el aumento y defensa de vuestro real patronato que su disminución, y el haber pretendido e insistido los regulares que la expresada bula de San Pío V es perpetua, y que sus exenciones y privilegios se les concedieron en remuneración de su trabajo, y que jamás se les puede privar de las parroquias que en su virtud poseen y se van sucediendo unos a otros, parece directamente han procurado coartar la omnímoda facultad que vuestra majestad tiene de elegir y poner en ellas seculares o regulares, aspirando a tener derecho de propiedad en

Respecto a la segunda duda,[908] Ansoain explicó que su intención fue simplemente confirmar que el rey de España podía, indistintamente, designar clérigos seculares o regulares en las parroquias.[909] En el resto de las dudas, se trataron asuntos tendientes a hacer cumplir preceptos tridentinos a favor de la jurisdicción ordinaria, y que, según el mismo arzobispo, no se cumplían en el arzobispado por los regulares. Así, por ejemplo, se presentaron la tercera[910] y la cuarta[911], "en conformidad de lo expresamente dispuesto por el Santo Concilio de Trento, en la sesión 23[912] y en la 21,[913] capítulo 4 *de reformatione*, y en el capítulo 11 sesión 25,[914] *de regularibus*".

---

las parroquias, que sólo administran en precario y por falta de clérigos seculares, como sus tenientes o vicarios, en fuerza de la exención de la referida bula de San Pío V".

[908] *Idem*: "¿De que manera se ha de haber en las futuras vacantes de las parroquias que obtienen los regulares, esto es, si como hasta aquí se habían de suceder unos a otros?".

[909] *Idem*; Ansoain buscaba que el papa confirmara una cédula expedida en 1583, "ejecutada por muchos obispos de las Indias, para que confirmándose por su beatitud, no se pudiese dudar jamás de la regalía y omnímoda disposición que vuestra majestad siempre ha tenido, y tiene de conferir a clérigos seculares o regulares, conforme fuesen vacando".

[910] *Idem*: "¿Si los vicarios o tenientes de curas regulares, ya sean perpetuos o temporales, pueden ser instituidos por párrocos, sin legítima aprobación del reverendo arzobispo, o removidos sin su licencia?".

[911] *Idem*: "¿Qué providencia se haya de dar acerca del señalamiento de ministros en las parroquias en que haya mucho pueblo y son muy dilatadas?".

[912] AHNE, Diversos-colecciones, legajo 37, núm. 25, sesión XXIII, capítulo I: "con la circunstancia de que siempre que estén ausentes, tomando antes el obispo conocimiento de la causa y aprobándolo, dejen vicario idóneo que ha de aprobar el mismo ordinario, con la debida asignación de renta". Biblioteca Electrónica Cristiana, en < http://multimedios.org/docs/d000436/p000004.htm#3-p0.11.1.1>, consultado el 29 de junio de 2010.

[913] *Ibid.*, sesión XII, capítulo IV: "Cuando se han de nombrar coadjutores para la cura de almas. Prescríbese el modo de erigir nuevas parroquias", "Los obispos, aun como delegados de la sede apostólica, obliguen a los curas, u otros que tengan obligación, a tomar por asociados en su ministerio el número de sacerdotes que sea necesario para administrar los Sacramentos, y celebrar el culto divino en todas las iglesias parroquiales o bautismales, cuyo pueblo sea tan numeroso, que no baste un cura solo a administrar los sacramentos de la iglesia, ni a celebrar el culto divino".

[914] *Ibid.*, sesión XXV, capítulo XI: "En los monasterios que tienen a su cargo cura de personas seculares, estén sujetos los que la ejerzan al obispo, quien deba antes examinarlos: exceptúanse algunos" ,"En los monasterios, o casas de hombres o mujeres a quienes pertenece por obligación la cura de almas de personas seculares, además de las que son de la familia de aquellos lugares o monasterios, estén las personas que tienen este cuidado, sean regulares o seculares, sujetas inmediatamente en las cosas pertenecientes al expresado cargo, y a la administración de los sacramentos, a la jurisdicción, visita y corrección del obispo en cuya diócesis estuvieron".

La quinta duda[915] atendía el asunto de las cofradías fundadas en doctrinas y el derecho que el ordinario tenía de visitarlas.[916] De la sexta duda,[917] Lanciego preguntaba su derecho a vigilar también el movimiento de los frailes de una religión a otra, basándose en el capítulo 4, de la sesión 25 del mismo concilio.[918] Y respecto a la séptima,[919] Lanciego se hacía cargo también del asunto de los frailes confesores, apoyado en el capítulo 15, sesión 23,[920] así como por la bula de Gregorio XV, *Inscrutabili*, y por varias reales cédulas.

Los regulares, continuaba Ansoain, defenderían acérrimamente la perpetuidad de sus doctrinas, con base en su labor de dos siglos, su trabajo y sus méritos, por lo cual argumentarían que: "De ninguna de las maneras

[915] AHNE, Diversos-colecciones, legajo 37, núm. 25, "¿Si compete al reverendo arzobispo el derecho de visitar las cofradías erigidas en las doctrinas regulares, y con especialidad las de la madre de Dios, con los títulos del Rosario y Monte Carmelo?"

[916] Biblioteca Electrónica Cristiana, sesión XXII, capítulo VIII, en <http://multimedios. org/docs/d000436/p000004.htm#3-p0.11.1.1>, consultado el 29 de junio de 2010,: "Ejecuten los obispos todas las disposiciones pías: visiten todos los lugares de caridad, como no estén bajo la protección inmediata de los Reyes", "Los obispos, aun como delegados de la sede apostólica, sean en los casos concedidos por derecho, ejecutores de todas las disposiciones piadosas hechas tanto por la última voluntad, como entre vivos: tengan también derecho de visitar los hospitales y colegios, sean los que fuesen, así como las cofradías de legos". Capítulo IX: "Den cuenta todos los administradores de obras pías al ordinario, a no estar mandada otra cosa en las fundaciones", "Los administradores, así eclesiásticos como seculares de la fábrica de cualquiera iglesia, aunque sea catedral, hospital, cofradía, limosnas de monte de piedad, y de cualesquiera otros lugares piadosos, estén obligados a dar cuenta al ordinario de su administración todos los años".

[917] AHNE, Diversos-colecciones, legajo 37, núm. 25, "¿Si, y porque derecho, pueda el reverendo arzobispo proceder en el caso de huirse los regulares de unas a otras religiones?".

[918] Biblioteca Electrónica Cristiana, sesión XXV, capítulo IV, en <http://multimedios. org/docs/d000436/p000004.htm#3-p0.11.1.1>, consultado el 29 de junio de 2010: "No se sujete el religioso a la obediencia de extraños, ni deje su convento sin licencia del superior. El que esté destinado a universidad, habite dentro de convento", "Y el que se hallase fuera sin la licencia mencionada, que ha de obtener por escrito, sea castigado por los ordinarios de los lugares, como apóstata o desertor de su instituto. Los que se envían a las universidades con el objeto de aprender o enseñar, habiten solo en conventos; y a no hacerlo así, procedan los ordinarios contra ellos".

[919] AHNE, Diversos-colecciones, legajo 37, núm. 25, "¿Si compete al reverendo arzobispo el derecho de aprobar los confesores regulares, y de ejecutar lo demás que se previene, en la bula de Gregorio XV, que comienza *Inscrutabili*, aun en los monasterios sujetos pleno jure a los regulares?".

[920] Biblioteca Electrónica Cristiana, sesión XXII, capítulo XV, en <http://multimedios. org/docs/d000436/p000004.htm#3-p0.11.1.1>, consultado el 29 de junio de 2010,: "Nadie oiga de confesión, a no estar aprobado por el ordinario", "Aunque reciban los presbíteros en su ordenación la potestad de absolver de los pecados; decreta no obstante el santo concilio, que nadie, aunque sea regular, pueda oír de confesión a los seculares, aunque estos sean

se les puede privar de las parroquias para darlas a presbíteros seculares [...] sacando por consecuencia precisa, que es, cuanto a las futuras vacantes de las parroquias que retienen los regulares, siempre deben sucederse ellos mismos".[921]

Según Ansoain, viéndose los regulares en Roma despojados de argumentos para sostener sus puntos, agregaron uno nuevo al insistir que había que citar a los directamente interesados; es decir, todos los doctrineros del arzobispado para que alegaran en su derecho. Igualmente, los regulares habían querido llevar la discusión a acusar al arzobispo de que se estaba afectando al patronato, y agregaron también que, "una vez hecha la asignación de las parroquias a regulares, no se les puede privar de ellas".

Otra dificultad que enfrentó Ansoain fue la acusación de los regulares de que el arzobispo se arrogaba el título de legado papal, y aunque tal era anexo al de arzobispo, "no consentí ni permití se pidiese ni disputase en la congregación semejante facultad, por evitar aun la más leve sombra que pudiese hacer contra vuestro real patronato". Tampoco era cierto que el arzobispo hubiera pedido la restricción del número de parroquias "liberadas", pues al hacerlo disminuiría también el de párrocos, afectando el derecho de presentación del rey; en cambio, decía el procurador, se había declarado que debía ser el rey quien, "señalase el número de parroquias que se habían de adjudicar a los presbíteros seculares". Los regulares, por el contrario, sí afectaban el real patronato, al limitar al rey a que sólo pudiera nombrar frailes en las doctrinas, y no a quien el soberano quisiera. Concluía Ansoain su carta expresando que los regulares sólo actuaban "en hombros de su apasionado afecto y fines particulares", y que el papa y los cardenales no definirían nada hasta no "informarse del real ánimo de vuestra majestad", pidiendo finalmente "se digne vuestra majestad dispensar cualquier yerro e ignorancia en que pueda yo haber incurrido, en todo lo expresado, como se lo promete de la real piedad y suma clemencia de vuestra majestad".

El intento del arzobispo Lanciego en Roma terminó sin éxito inmediato, pues a la Corona le importó más cerrar cualquier fisura en el patronato de la Iglesia indiana que apoyar la decisión del prelado de poner en práctica los preceptos tridentinos en cuestión de doctrinas. El trance antes descrito demostró que los frailes aún podían incidir a su favor en Madrid, evitar la siempre temida secularización de sus doctrinas y que Felipe V no se atreve-

---

sacerdotes, ni tenerse por idóneo para oírles; como no tenga algún beneficio parroquial; o los obispos, por medio del examen, si les pareciere ser este necesario, o de otro modo, le juzguen idóneo; y obtenga la aprobación".

[921] AHNE, Diversos-colecciones, legajo 37, núm. 25.

ría a impulsarla, temeroso quizá de provocar cambios que pudieran salirse de control. Por otro lado, pudo haber influido también el recelo con que se vio la *Relación* del clero peruano, en donde claramente se ponía al papa por arriba del rey en las cuestiones eclesiásticas indianas.[922]

No obstante, el intento secularizador del arzobispo Lanciego tuvo consecuencias, no a corto sino a mediano plazo, por cuanto ayudó a poner nuevamente en la agenda de la monarquía borbónica la discusión sobre la excepcionalidad de la Iglesia de los regulares en Indias. En este sentido, la *Relación* de Perú habría ocasionado el mismo efecto;[923] además, la búsqueda en Roma del patronato universal de la Iglesia para el monarca español ponía en la mira cualquier intento de injerencia papal en América. ¿Cómo entender de otra manera la negociación del concordato en 1737, en el cual se convenció al papa para que el rey proveyera cargos y se quedara con las rentas de sedes vacantes, así como que la Iglesia ya no estaría exenta de impuestos y que había que reformar al clero y su número?[924]

Aunque por entonces tampoco se llegó a una reforma de la Iglesia, sí sentó un precedente indudable para la secularización decretada en 1749. Si bien Felipe V no logró tales objetivos con medidas concretas, los intentos en Roma de 1737, los escritos de sus ministros regalistas y las discusiones en Madrid dieron argumentos y justificaciones suficientes para que a tres años de su muerte su sucesor decretara el inicio de la tan esperada secularización de doctrinas.

A fin de cuentas, el poder que los monarcas españoles ejercieron en las iglesias indianas fue un parámetro de primer orden para lo que querían obtener en la metrópoli, como lo fue el concordato de 1753.

El caso es que entre el intento secularizador de Lanciego y la cédula de 1749, el asunto del clero regular, el del patronato universal de la Iglesia y el de la secularización de las doctrinas siguieron discutiéndose en Madrid como partes de un mismo asunto: lograr un reordenamiento controlado de la Iglesia indiana, siempre bajo el marco del real patronato. A esto habría que agregar los informes desfavorables sobre el clero regular de Perú, Quito y Nueva España, en los que se denunciaba su vida licenciosa y su concentración de riquezas.[925] Así, entre 1748 y 1749 se discutieron y se tomaron decisiones trascendentales para el futuro de las doctrinas en Indias.

---

[922] Alfredo Moreno Cebrián, *op. cit.*, p. 261.

[923] *Ibid.*, p. 273. El autor coincide en que el evento de la *Relación:* "fue capaz de sensibilizar y de actuar de revulsivo en las conciencias del Monarca y del Consejo".

[924] John Lynch, *El siglo XVIII...*, *op. cit.*, p. 100.

[925] David A. Brading, *Una Iglesia asediada...*, *op. cit.*, p. 78.

El arzobispo Rubio y Salinas, las juntas de Madrid y la cédula de secularización de 1749

Manuel Rubio y Salinas, arzobispo electo de México en 1748 y convocado a las juntas de Madrid, sin conocer de cerca la realidad novohispana, se convenció también de que el clero del arzobispado, especialmente el regular, necesitaba una reforma profunda. Para llegar a tal conclusión, los ministros del rey le aportaron toda la información disponible para ese efecto. Sabedor el nuevo arzobispo de que desconocía la realidad indiana, el secretario del consejo le entregó un resumen de las principales disposiciones papales y de las cédulas que sobre fundación y regulación de conventos y doctrinas había desde el siglo XVII hasta 1739. El sumario buscaba demostrar la vigencia de un breve de Paulo V, que ordenaba reconocer como "convento" sólo a aquellas casas con al menos ocho frailes, así como la de otras disposiciones que expresaban que toda fundación con menos de ocho religiosos debía considerarse "doctrina" y por tanto sujeta al ordinario.

Igualmente, al arzobispo se le dio a conocer una representación al papa en la cual la Corona definía así la situación de las parroquias de regulares en América:

> La necesidad que padecen las iglesias parroquiales [...] porque siendo a quien debemos reconocer más obligaciones, por recibir en ellas la fe por el bautismo, y ser a quien por derecho toca la administración de sacramentos, son las más olvidadas y las más pobres, siendo la causa principal el haberse introducido las religiones en el excesivo número de religiosos, procurando todos enriquecer los conventos, solicitando entierros y fundaciones de obras pías temporales y perpetuas y que sus iglesias sean frecuentadas, con que no sólo se ha quitado a los curas y beneficiados mucho de los derechos parroquiales y otros emolumentos precisos para sustentarse, sino que las mismas parroquias han venido a quedar desiertas y a tener tanta miseria que es fuerza se sirva sin la decencia y ornamento conveniente, siendo de sumo sentimiento que las que habían de ser más socorridas y frecuentadas, como madres de todos y de las religiones, estén tan solas y necesitadas que en muchas no hay lo necesario para la limpieza de los altares, teniendo todas las religiones tan suntuosos edificios, tan ricos ornamentos y tantos adornos de plata y oro que parece que exceden a la pobreza religiosa.[926]

---

[926] AHAM, caja 104, libro 3, sin foliar, "Representaciones hechas a su majestad sobre doctrinas de los regulares", 1748-1753.

La imagen antes descrita sobre los conventos y las doctrinas indianas que ofrecían los ministros del rey era, indudablemente, una generalización, una reducción de la gama de realidades que en los hechos se presentaban en América; imagen que llegaría incluso a la historiografía del siglo xx.[927] Esa visión era parte de una serie de argumentos que en España se manejaban para justificar la reforma del clero regular que se iniciaba por entonces. El aparente "saqueo" de las doctrinas por los conventos, en detrimento del culto, expresado en el texto, no se corresponde con lo que sucedía en el arzobispado de México, en donde, durante la primera mitad del siglo xviii disfrutaron de más rentas que los curatos de clérigos, aunque también de un mayor control gracias a la presencia de los jueces de doctrina, según se ha señalado antes. Tal acusación era más un argumento político que un examen más acucioso de la realidad indiana. Desde Nueva España, el virrey Revillagigedo denunció también la gran riqueza de las órdenes e incluso expresó que ello era ya un impedimento para el comercio de ultramar.[928]

Con tales ideas sobre el clero regular indiano, las reuniones se iniciaron en casa de José Carvajal y Lancaster, secretario de Estado,[929] por orden real de 29 de noviembre de 1748. La junta, compuesta por ministros del rey y los arzobispos electos de México y Lima, tuvo como principal resultado proponer la secularización de las doctrinas de religiosos en Indias, teniendo como argumentos centrales la relajación de los votos monacales y la independencia que mostraban ante cualquier autoridad, incluyendo la real. Los arzobispos participantes tuvieron un papel muy activo al presentar varios pareceres que incidieron directamente en las futuras decisiones del monarca. El regalismo fue la tendencia predominante durante esas sesiones.

La idea defendida por los arzobispos de México y Lima fue hacer patente, "el lastimoso estado en que se halla el eclesiástico regular de aquellos reinos, los deplorables efectos que esto produce y la ingente necesidad de remedio".[930] Esta idea contrasta con la opinión que, en general, tenían los alcaldes mayores del centro de Nueva España, quienes coincidían en que los doctrineros del arzobispado eran frailes bondadosos que cumplían muy bien

---

[927] Véase por ejemplo Nancy M. Farris, *op. cit.*, p. 20; la autora señala que los obispos pudieron contar con el apoyo de los reyes borbones, "en sus esfuerzos para ejercer un mayor control sobre las órdenes religiosas, ya que para mediados del siglo XVIII también a la Corona había llegado a parecerle excesiva esta independencia".

[928] David A. Brading, *Una Iglesia asediada...*, *op. cit.*, p. 78.

[929] John Lynch, *El siglo XVIII...*, *op. cit.*, p. 145. Años atrás, Carvajal había trabajado en el Consejo de Indias.

[930] AHAM, caja 104, libro 3, sin foliar, "Representaciones hechas a su majestad sobre doctrinas de los regulares", 1748-1753.

sus deberes religiosos con su feligresía.[931] Los miembros de la junta, luego de expresar lo "arduo" de su tarea para enfrentar el poder de los religiosos, describieron así al clero regular indiano:

> Su crecido número de individuos, su opulento nervio de haciendas, sus inagotables medios para los recursos, y su facilidad para ser admitidos es tal, que no hay obispo que en defensa de su dignidad, y lo más principal, para el mejor gobierno de las almas y pasto espiritual de sus ovejas, quiera reducirlos a los términos a que deben contenerse, que no quede rendido en la contienda, cuando no sea abatido y despreciado, pues no hay autoridad que no disputen, potestad que no se arroguen y jurisdicción que no se atribuyan [...] hemos puesto toda nuestra atención en discurrir los medios de arrancar el cáncer que tanto se ha apoderado de aquel cuerpo.[932]

Nuevamente, la imagen descrita antes sobre el "gran poder" que representaba el clero regular y la "debilidad" de los obispos para defenderse constituía, indudablemente, una simplificación de las realidades indianas; al menos en el arzobispado de México, entre 1700 y 1749, los arzobispos habían ganado mucho terreno frente a los regulares.

Para remediar la situación del clero regular, los arzobispos pidieron tramitar una bula papal con la que se confirmara una anterior de Inocencio XI, que ordenó a los conventos no tener más religiosos de los que sus fondos y rentas pudieran mantener; además, los prelados regulares deberían avisar al ordinario cuando fueran a dar un hábito e igual debía darse autoridad a los obispos para suprimir conventos con rentas insuficientes. Otro punto en donde los arzobispos insistieron fue el del relajamiento de costumbres de los religiosos, por lo cual la junta propuso exigir a los religiosos obedecer su regla.

Respecto a los excesos de los doctrineros, los arzobispos electos expresaron que ningún remedio sería suficiente, "que no sea sacando bula que extinga los curatos de regulares con aprobación de los virreyes"; para evitar reacciones escandalosas de los religiosos, el rey debía obtener otra bula inhibiendo a los prelados regulares, "de cualquier conocimiento de causa o acto de visita de sus religiosos párrocos, sujetándolos *in omnibus* a la punición, castigo y corrección de los ordinarios"; además, los virreyes debían suspender el nombramiento de curas regulares en tanto se obtenían las bulas y detener cualquier breve en contrario, aunque llevaran el pase del consejo, a quien se

---

[931] Francisco de Solano (ed.), *op. cit.*, tomo II.

[932] AHAM, caja 104, libro 3, sin foliar, "Representaciones hechas a su majestad sobre doctrinas de los regulares", 1748-1753.

le debía prohibir conocer sobre el asunto, y dejar obrar en armonía a virreyes y obispos. El rey, insistían, debía usar sus "amplias facultades" en Indias. Al final, se pedía que los obispos no fueran otra vez víctimas de los religiosos, quienes "se ven sostenidos de la indiscreta devoción o piedad de los pueblos".

Estas primeras propuestas de la junta de noviembre de 1748 apuntaban, en efecto, a coartar cualquier posibilidad de defensa de los doctrineros: secularizar, con apoyo de los virreyes, todas las doctrinas; sujetar a los doctrineros a sólo la jurisdicción del ordinario y, finalmente, evitar el apoyo popular que podían recibir los religiosos. La insistencia en el papel coadyuvante de los virreyes no era gratuita, dado que, al menos en Nueva España, ellos habían apoyado a las órdenes religiosas, al menos hasta Carlos II, pues ya bajo Felipe V se exigió a prelados y virreyes actuar en completa armonía como, en efecto, se había hecho después de 1700. En cuanto al temido apoyo del pueblo a los frailes ante una eventual separación de sus doctrinas, las cosas habían cambiado también, pues la feligresía distaba mucho de ser aquel conjunto de comunidades de indios sujetos solamente a los evangelizadores del siglo XVI.

Pero las conclusiones de la junta de 1748 fueron apenas el principio de las discusiones, pues en los meses siguientes siguieron enviándose pareceres a Fernando VI. El arzobispo de México, en especial, siguió teniendo una participación activa: a principios de marzo de 1749 emitió su opinión personal sobre la cuestión de las doctrinas indianas y su futuro inmediato. De inicio, Rubio y Salinas insistió, como muchos otros anteriormente, sobre el estado de excepción de los religiosos en su papel de curas de almas. Y si ello había sido así se debía a las condiciones de la evangelización inicial en Indias y al permiso expreso de Roma.[933] La presencia misma de los religiosos en Indias sólo podía explicarse por la anuencia del papa y de los reyes españoles;[934] por ello, añadía el arzobispo, el oficio de párrocos que los religiosos habían ejercido fue, desde un inicio, provisional, mientras llegaba la época en que hubiera clérigos seculares suficientes e idóneos para sustituirlos.[935] De esta premisa, el prelado deducía entonces que las

[933] *Idem*: "a los regulares está prohibida por derecho canónico la obtención de beneficios curados seculares […] por lo cual es preciso que para servirlos dispense el sumo pontífice que suele hacerlo, concurriendo legítima causa como lo es la necesidad o utilidad de la iglesia y la inopia de clérigos".

[934] *Idem*: "Movidos de esta última causa, dispensaron algunos pontífices con los regulares que pasaron a Indias con orden o permiso de nuestros católicos reyes".

[935] *Idem*: "para que en aquellas partes pudiesen ejercer el oficio de párrocos, según consta de las bulas de León X, Adriano VI, Paulo III y Clemente VII, y de varias cédulas reales que cita el señor Solórzano, libro 3, *Política indiana*, cap. 16, los cuales uniformemente advierten que dichos curatos se proveían en los regulares, para que los obtuviesen precariamente y

doctrinas nunca fueron en realidad beneficios o propiedad de las órdenes religiosas y que el rey quedó siempre con la libertad de removerlas;[936] planteamiento que ya el arzobispo Lanciego había defendido durante su frustrada negociación en Roma, como recordaremos.

Rubio y Salinas no dejó de tratar también el asunto de la situación del clero secular, cuando afirmó que con la secularización de las doctrinas más clérigos se aplicarían al estudio y la virtud, con la esperanza de lograr un curato,[937] retomando el mismo argumento de Lanciego Eguilaz de 1721; además, agregaba, un cura beneficiado cuidaría mejor a los indios que un doctrinero que podía ser removido por su prelado en turno.[938] Después, Rubio y Salinas declaró sin ambages el poder del rey para remover a los doctrineros: "por el derecho de patronato y en virtud de la caución con que a los regulares se entregaron los citados curatos o doctrinas, puede su majestad quitárselos y proveerlos en clérigos".

Luego de presentar estas justificaciones, el prelado de México se ocupó en su escrito de proponer las formas para la remoción de los religiosos, y en ese renglón demostró tener un agudo tacto político y sugirió tomar las precauciones necesarias para evitar pleitos y escándalos, pensando no tanto

como en depósito, hasta que hubiese sacerdotes suficientes en número y capacidad para poder regirlos y administrarlos".

[936] *Idem*: "poniéndose en todas las referidas cédulas la expresa caución de que nunca pudiesen los regulares adquirir derecho alguno en cuanto a la propiedad y perpetuidad de los dichos curatos y doctrinas, sino que habían de quedar siempre amovibles *ad nutum* de s. m., para podérselas quitar a los regulares los mencionados curatos y proveerlos en clérigos, una vez que se verifique haber cesado la causa impulsiva de las dispensaciones pontificias, que dispensaron a los religiosos ejercer el oficio de párrocos por inopia de clérigos, pues no habiendo este motivo, entra en tal caso la disposición del texto en capítulo 1°. *De capell. Monas.*, y la doctrina del señor Urritigoiti *in pastor reg. Part. 2 q. 21 a num. 13 os que ad 18* en donde cita muchos textos y autores para el mismo fin, y el señor Solórzano en el lugar citado extiende algunas poderosas razones para persuadir las utilidades que se seguirían si se removiese a los regulares de los beneficios curados".

[937] *Idem*: "Lo que comprende mi cortedad es, que si esta providencia tuviese efecto, a vista de ella, y con la esperanza de lograr algunas conveniencias, se animarían los naturales de aquellas partes a los estudios, se dedicarían más a la virtud y a obrar de suerte que fuesen dignos de obtener el cargo de curas, de lo que tal vez muchos de ellos estarán retirados por la corta esperanza de premio".

[938] *Idem*: "También parece que de esta suerte estarían los curatos más bien servidos y los indios mejor tratados, pues para ser mejor recibidos de ellos los clérigos, que los regulares, llevan la ventaja de entrar en ellos como en viña propia, que han de cultivar sin otro término que el que sus buenas costumbres y procedimientos les adelantare, para mejores en otro curato y de esta suerte los indios aseguran ser bien tratados y defendidos de su cura, y no puede dejar de conocerse que los obispos cuya obligación no tiene el término que la de un provincial, pondrán con mayor entereza el remedio que convenga".

en los promovidos por los frailes, sino en los promovidos por los mismos indios.[939] La primera precaución que sugería el arzobispo era:

> Averiguar si en aquellos reinos habrá clérigos suficientes en número y capacidad para el ejercicio de párrocos, lo cual no se puede puntualmente saber sin que el tiempo y la experiencia lo manifiesten; porque aunque el número sea grande puede ser el de los hábiles muy corto, lo que se confirma bien con lo que dijo el duque de la Palata al conde de Monclava en la instrucción que él dio sobre las cosas del Perú, asegurándole que de 600 clérigos que había en Lima, apenas se juzgaba que los 100 pudiesen exponerse a examen, por cuyo motivo, aunque en aquella ciudad se halle el mismo o mayor número y la de México tenga hoy más de 400, según lo que pude percibir en la última junta, todavía resta el examen de su aptitud, así en letras como en costumbres, y esta es diligencia que requiere algún tiempo y noticia para hacerse debidamente.

Así, al arzobispo de México no le bastaba saber el número y la formación de los clérigos que sustituirían a los frailes, sino también su vocación eclesiástica, pues temía que, de removerse a todos los religiosos juntos, no tendrían el suficiente número de candidatos idóneos para sustituirlos, por todo lo cual proponía actuar con gradualidad.[940] No se explica en el texto cómo iban a medir las vocaciones eclesiásticas, asunto por demás complicado. Insistía en que los virreyes debían suspender el nombramiento de frailes en las doctrinas vacantes, no obstante que ya hubieran sido antes escogidos por sus prelados, y que se inhibiera a los prelados regulares visitar las doctrinas, pues este derecho sólo debía corresponder a la jurisdicción ordinaria, tanto para vigilar la conducta de los doctrineros como para supervisar su administración espiritual, con el poder incluso de removerlos y sustituirlos por clérigos seculares; claro, contando con la aprobación del virrey. Al final de su parecer, y luego de expresarse también sobre limitar la adquisición de bienes por los religiosos, Rubio y Salinas aceptó que, debido a su falta de conocimiento práctico sobre el arzobispado que pronto iba a gobernar, los

---

[939] *Idem*: "soy de sentir que se proceda en este negocio con la más prudente pausa por evitar los gravísimos inconvenientes que puede producir lo contrario y sería desgracia que siendo el principal objeto a que mira esta providencia el bien espiritual de aquel país, se convirtiera su ejecución en daño de lo que tanto importa".

[940] *Idem*: "Estas y otras reflexiones que tendrá prevista la superior comprensión del ministerio, manifiestan los inconvenientes que puede producir el ejecutar de una vez esta mutación y aconsejar en este asunto el pausado procedimiento que tuvieron por conveniente el señor Solórzano y otras personas graves y doctas que cita. Supuesto pues, que conduce proceder en la materia con lentitud".

medios que había sugerido tal vez causaran más estragos que la enfermedad, por lo cual anunciaba que, de ser así, sobreseería las órdenes reales en espera de mejores disposiciones; añadía que pondría todo su celo para cumplirlas, y para ello pedía apartar a la audiencia del conocimiento de estos asuntos, "mandándoles que dejen obrar a los prelados, unidos con los virreyes, cuanto les parezca conveniente" para evitar escándalos con los religiosos, "y más si hallan quien patrocine sus recursos". ¿Qué tanto hizo caso Fernando VI a las opiniones del arzobispo electo de México, que recogían en buena medida las de su antecesor Lanciego Eguilaz?

El inicio de la secularización

El 4 de octubre de 1749, a un año de iniciadas las juntas sobre la reforma del clero regular y la secularización, Fernando VI se decidió finalmente a ordenar, mediante real cédula, la secularización de las doctrinas de religiosos en los arzobispados de México, Lima y Santa Fe. La cédula resultante es un documento por demás interesante por cuanto refleja, por un lado, la influencia que los argumentos de las juntas tuvieron en la actitud asumida por el rey respecto a la secularización y, por otro, el desconocimiento que se tenía de las realidades clericales de las diócesis indianas. El texto de la cédula, de entrada, hace una recapitulación histórica para explicar el porqué los regulares, y no los clérigos seculares, habían permanecido hasta entonces al frente de las parroquias de indios, recogiendo el argumento que el clero secular indiano había venido repitiendo al menos desde el siglo XVII: la necesidad de contar con ministros para la evangelización había "obligado" a recurrir a los frailes, pero siempre de forma provisional, en tanto hubiera clérigos suficientes e idóneos.[941] Esta medida, declaraba la cédula, había ocasionado con el tiempo la desviación de la cabal observancia religiosa, pero ante la multiplicación de doctrinas y la aún insuficiencia del clero secular, se siguió postergando el traspaso de las parroquias, mismas que los religiosos siempre mantuvieron "precariamente". Hasta aquí la justificación histórica y, enseguida, la "nueva etapa" que vivía el clero secular en la época de Fernando VI, tanto en "suficiencia" como en "idoneidad". Ante ello, declaraba el rey: "ha parecido conveniente no dilatar más tiempo el acudir a remediar

[941] *Idem*: "se halló conveniente y aun preciso, advertida la falta de clérigos seculares, dejar encomendados en precario las doctrinas y curatos que se iban erigiendo, para disponer y proporcionar el pasto espiritual de aquellas almas, a los regulares con que proveyeron las religiones de estos reinos a la necesidad de operarios que trabajasen a su reducción y conversión".

el daño que lamentan las mismas religiones en la intolerable dispersión de sus hijos". Para tomar las mejores disposiciones, agregaba el monarca, había convocado a la junta de notables, "compuesta de teólogos y ministros de mi satisfacción, dotados de las precisas calidades, que me propusiesen en conciencia los medios que considerasen más conformes y convenientes al servicio de Dios y mío".

Para Fernando VI, los miembros de la junta habían hecho gala de un conocimiento "práctico" de tal modo que habían prevenido los inconvenientes de llevar a efecto la secularización y, así, se habían previsto mejor las disposiciones. En las siguientes líneas, el monarca ordenó iniciar la remoción de los religiosos, al retomar la propuesta del arzobispo de México; es decir:

> Por el modo más fácil y adaptable a las circunstancias presentes, se dé principio a la separación de los regulares de algunos curatos que fueren vacando, confiriéndolos a clérigos seculares idóneos y de las circunstancias y suficiencia convenientes y precisas, debiendo sólo entenderse la providencia por ahora en ese arzobispado y el de Lima, y extenderse al de Santa Fe, para que dé norma y regla el suceso de ellos cuando se discurra conveniente la práctica en los demás.

La gradualidad propuesta por el arzobispo de México fue, como se lee, bien acogida por el monarca, previendo los conflictos sociales que podían generarse con la separación de los doctrineros. Y aquí cabe una pregunta fundamental: ¿por qué se escogió precisamente "experimentar" en principio en los arzobispados de México, Lima y Santa Fe? Los documentos no dicen nada al respecto, aunque pueden inferirse algunas posibles explicaciones. Por ser las sedes del poder virreinal y arzobispal, se esperaría que ante las máximas autoridades de los virreinatos, los religiosos no se indispusieran en gran medida, además de que serviría de ejemplo al clero regular del resto de las diócesis. Pero, al menos para el caso del arzobispado de México, había mejores condiciones para iniciar la secularización, siendo la principal el que ahí el poder de los doctrineros ya estaba muy disminuido. De tales condiciones lo más seguro es que no estuvieran muy conscientes en Madrid por entonces, y sí en cambio seguía vigente la idea de un clero regular fuerte, influyente y con todo el respaldo de "los pueblos", como se comentó en alguna de las juntas previas; de ahí la reiteración en la cédula para que tanto el arzobispo como el virrey actuaran con el mayor sigilo y cuidado.[942] Para

---

[942] *Idem*: "Para conseguir el fin con más precaución de parte de la misma providencia y menos reparo y advertencia de las religiones se ha discurrido podrá conducir se comience

ello, las primeras secularizaciones debían hacerse sólo en doctrinas vacantes, y de preferencia en las menos importantes, esperando poca o ninguna protesta de los regulares; el siguiente paso sería ir quitándoles parroquias de más importancia, calculando el menor escándalo posible. Otra medida precautoria sería que sólo el arzobispo y el virrey tomarían las decisiones, sin permitir ninguna otra intromisión. Una más: que el contenido de la cédula de ninguna manera debía darse a conocer a las religiones, para evitar que interpusieran más recursos, a pesar, insiste el rey, "del ningún derecho que tienen a mantener los curatos y doctrinas". Al final, la cédula le ordenaba al arzobispo tuviera siempre informado personalmente al rey sobre los avances de la secularización.

A tres años de la aplicación de la cédula de 4 de octubre de 1749, el arzobispo de México, Manuel Rubio y Salinas informaba, en efecto, sobre el avance exitoso de la secularización en el arzobispado de México. En 1752, el prelado informó a Ensenada respecto a la secularización de doce doctrinas, agustinas y dominicas

> sin leve conmoción ni desagrado de los indios, poniendo en sus curatos a los clérigos más dignos, exponiendo vuestra señoría quedaba en ejecutar lo mismo con las demás doctrinas que vacaren por muerte de los curas ministros u otro justo título.

Ante tales "éxitos" en el arzobispado mexicano, el rey había decidido extender la aplicación de la cédula de 1749 a todos los obispados indianos, mediante cédula de 1° de febrero de 1753.[943]

§

¿Por qué el traspaso de las doctrinas en el arzobispado mexicano había avanzado sin tropiezos, a pesar de una larga historia de conflictos y de fracasos por parte del episcopado novohispano para secularizarlas? Para el arzobispo, era claro que la prudencia y la gradualidad con las que había actuado, junto con el virrey, al ir quitando doctrinas vacantes o cuyo cura doctrinero no tuviera título autorizado, explicaban el éxito de las operaciones, y así lo había defendido en Madrid. No obstante, el asunto era más complejo,

---

la separación por alguno o algunos de los curatos que vacaren, y que por su menor renta, mayor distancia u otras consideraciones sean menos apreciables a las mismas religiones, y no tan sensible la privación de ellos".

[943] David A. Brading, *Una Iglesia asediada...*, *op. cit.*, p. 77.

pues las causas que explican el éxito de la secularización en el arzobispado mexicano deben buscarse algunas décadas atrás en la misma jurisdicción.

Al contrastar los argumentos vertidos en las juntas de Madrid y la cédula de 1749 con los cambios ocurridos en el arzobispado de México durante la primera mitad del siglo XVIII, queda claro que las medidas decretadas por Fernando VI sobre las doctrinas indianas tuvieron de fondo, principalmente, razones políticas, más que una necesidad real de reforma del clero regular. En primer lugar, porque el concepto de clero regular manejado en las juntas y en la cédula hizo tabla rasa de las diferencias regionales americanas, generalizando "excesos" en la administración parroquial que no siempre pueden ser comprobables en el arzobispado mexicano. En realidad, las tendencias regalistas de Fernando VI, iniciadas en buena medida por su antecesor, lograron dar un importante paso en Indias en 1749, como preámbulo al patronato universal de 1753. Y ese paso fue precisamente reducir la presencia de los regulares en las sociedades hispanoamericanas; personajes que a pesar del evidente desgaste de su poder seguían representando un obstáculo al ejercicio pleno del real patronato.

CONCLUSIONES.
LA TRANSICIÓN EN EL ARZOBISPADO DE MÉXICO EN LA PRIMERA MITAD DEL SIGLO XVIII

En las primeras cinco décadas del siglo XVIII, confluyeron en el arzobispado de México diferentes actores, decisiones políticas y cambios sociales que dieron como resultado una transición eclesiástica poco conocida hasta hoy. Ambos cleros, el secular y el regular, estuvieron en el centro de ella, y sus grupos dirigentes fueron conscientes de que las cosas estaban cambiando. Si a principios de ese siglo los escenarios eclesiásticos eran, en esencia, los mismos de la década de 1690, a partir de la guerra de sucesión en España (1701-1714) y de la percepción negativa que del clero se formaron los ministros regalistas de Felipe V, las cosas no siguieron igual. El asunto de la renovación clerical fue objeto de fuertes críticas sobre las deficiencias y la relajación en las ordenaciones sacerdotales. En ese contexto, el bajo clero secular de México hubo de enfrentar serias observaciones sobre sus orígenes sociales, su formación y su desempeño en el oficio, que no les ayudaban en sus aspiraciones de mejorar su nivel de vida.

La apuesta para la mitra era crear un clero homogéneo, tanto en formación como en su lealtad a los intereses de la mitra y de la Corona. Sin embargo, esto no fue una tarea fácil para los arzobispos, empezando porque en este periodo se presenció una diversificación social poco vista antes: la nobleza indígena y los mestizos, varios de ellos de origen mulato quizá, pugnaban por integrarse al clero, como resultado de cédulas reales decretadas a fines del siglo XVII. Lograr, pues, la uniformidad clerical siguió siendo una meta difícil de conseguir, debido a los diversos orígenes sociales de los demandantes de órdenes sacerdotales. Aunque prelados como Lanciego Eguilaz intentaron disminuir los índices de ordenados a cambio de una mejor preparación y cumplimiento de los requisitos conciliares, su sucesor no pudo impedir un repunte importante de ordenaciones. Paralelamente, la mitra buscó fortalecer al recién abierto seminario conciliar, en medio de la competencia con los jesuitas y la falta de rentas, provenientes en buena medida del clero regular. Resultaba imperativo demostrar a la Corona y a los religiosos que había suficientes clérigos seculares, y bien preparados, incluyendo los expertos en lenguas, que podían hacerse cargo de las doctrinas. A mediados del siglo XVIII, pues, había un gran clero diocesano en pleno crecimiento, formado ya, en buena parte, en el seminario conciliar, pero también socialmente más diverso, arraigado en más sectores sociales y ya no sólo en el antiguo clero criollo urbano.

Mientras esto sucedía en el interior del clero secular, en el territorio arzobispal las cosas también mudaban. El principal cambio estaba siendo impulsado desde las parroquias mismas: la recuperación demográfica de la población influyó en la organización parroquial, pues con el aumento de fieles se demandó más atención espiritual y servicios sacramentales; además, hubo también un cambio cualitativo en la composición social: españoles, mestizos y mulatos, antes ausentes o con una presencia poco significativa en las doctrinas, ahora residían en mayor número y promovían cambios en la organización parroquial. Los dueños de haciendas y de ranchos exigieron nuevos arreglos en las parroquias en donde residían. El resultado fue que varios de los curatos de clérigos fueron divididos, creándose alrededor de una veintena de nuevas fundaciones. Aunque en las doctrinas se quiso hacer lo mismo, hubo resistencia de los religiosos y lo más que se pudo lograr fue imponerles vicarios fijos en algunas visitas.

Pero todo lo anterior, más que resolver los problemas del clero, en cuanto a beneficios o en cuanto a mejorar la administración espiritual, sirvió para que aumentaran las presiones a favor de la secularización; sin duda que el bajo clero del arzobispado no tenía muchas salidas para desempeñar su oficio. El aumento de la población clerical y sus expectativas de empleo, así como el desfase cada vez más evidente con el lento crecimiento de cargos eclesiásticos, llegó a ocasionar tensiones en ciertos núcleos clericales. El mejor ejemplo es el ocurrido en la ciudad de Querétaro. En la capital novohispana, los beneficios y los empleos para clérigos estaban estancados: las sacristías y las plazas de capellanes de los conventos bajo el control de la mitra no pasaban de 30; aun las capellanías, que eran cientos, pasaban problemas para sustentar debidamente a los capellanes. Más allá de las 160 prebendas y beneficios del arzobispado (entre capitulares, curatos, sacristías y capellanes), que tenían un salario y rentas seguras, el resto de la clerecía secular del arzobispado carecía de algún beneficio. Había varios "filtros" que dejaban a la mayoría fuera de cualquier posibilidad de un alto cargo, no obstante su contribución al subsidio y a las tareas recaudatorias; ello no quiere decir que los clérigos sin beneficio no tuvieran alguna ocupación, dentro o fuera de las instituciones eclesiásticas. En la práctica, muchos de ellos ejercían empleos temporales, lo que explicaría en buena medida su desplazamiento físico a lo largo y ancho del territorio arzobispal y más allá; igualmente, eso nos ayuda a entender las dificultades que los prelados tenían para cuantificarlos.

La monarquía y los poderes virreinales no tenían una solución concreta a tales necesidades de la clerecía. A pesar del intento de Lanciego por secularizar 60 doctrinas, para el gobierno de Felipe V fue más importante defender sus privilegios patronales en una época de tensión con Roma; no se atrevió, además, a permitir el traspaso de doctrinas ante el temor de provocar un conflicto de final reservado en una Iglesia indiana tan importante como la de México. La única opción que permitió a favor de la clerecía secular fue la subdivisión de curatos, lo cual era, a todas luces, insuficiente. Así, al clero sin patrimonio y sin beneficios sólo le quedaba la opción de los empleos temporales, un número irregular de capellanías y muchos deseos de llegar a ocupar una prebenda algún día; no había mucho más que eso. No obstante, ejercieron algunas formas de presión que manifestaban su deseo de que se crearan más curatos, de que se consolidara el nuevo seminario conciliar, convirtiéndolo relativamente pronto en el segundo colegio novohispano en importancia en cuanto a número de graduados, engrosando el ya de por sí abultado clero del arzobispado. Igualmente, la clerecía diocesana pugnó por minar el poderío de los regulares en las provincias, ocupando espacios religiosos, o bien intentando limitar los poderes fácticos de los doctrineros en materias jurisdiccionales mediante su desempeño como jueces de doctrina.

Por su parte, los arzobispos, sabedores de esas presiones y de la demanda de empleos y beneficios, intentaban darles ocupaciones como ayudantes de cura, empleo que no implicaba seguridad alguna, pues podían ser removidos en cualquier momento; lo importante era mantener alimentadas sus esperanzas y desahogar un poco la presión. Pero, por más esperanzas que hubiera, lo más que se logró en el periodo estudiado fue acrecentar expectativas y no mucho más que algunas docenas de nuevos cargos, entre curatos y juzgados de doctrina. No pocas veces debió pasar por el pensamiento de muchos clérigos y de los arzobispos la feliz idea de disponer de las 160 doctrinas de los frailes que, conservadoramente, podían crear igual número de nuevos beneficios y el mismo también de ayudantes de cura; ocupaciones que resolverían en buena medida las demandas ocupacionales de la clerecía secular.

Del otro lado del Atlántico, en Madrid, los asuntos eclesiásticos eran vistos con otra óptica. El juego político desplegado por la Iglesia española durante la guerra de sucesión mostró a Felipe V y a sus ministros que debían intervenir en su interior para garantizar su fidelidad o, por lo menos, su obediencia. De esa forma, la política eclesiástica de Felipe V tuvo dos objetivos centrales: lograr su lealtad incondicional y obtener su auxilio económico siempre que se le requiriera. En consecuencia, el rey buscó obtener el patronato universal de la Iglesia y la disminución de la presencia de Roma en sus dominios, sujetar más al clero regular, alejándolo de la santa sede, y lograr más servicios del clero secular a favor de la Corona; para ello, sus ministros hicieron fuertes críticas a ambos cleros, buscando justificar suficientemente una mayor intervención de aquélla.

Todo ello tuvo repercusiones importantes en la Iglesia indiana: se manifestó la decisión monárquica por acrecentar los alcances del real patronato y se inició una fuerte crítica al clero regular con el fin de lograr su reordenamiento conventual y disminuir los gastos que la real hacienda hacía en las doctrinas administradas por el mismo. Paralelamente, se apoyó a los obispos para que pudieran ejercer la autoridad que las leyes les brindaban en materia de doctrinas. Pero, aun más importante para la Corona, se reforzó a los jueces diocesanos a raíz del establecimiento del subsidio eclesiástico. Los jueces de doctrina, en especial, arrebataron a los frailes la jurisdicción que tradicionalmente habían ejercido. De igual manera, y gracias a la información que sobre las rentas de las parroquias resultó por el cobro del subsidio, los arzobispos pudieron comprobar con certeza la mayor riqueza de las doctrinas respecto a los curatos de clérigos seculares, dando más sustento al reclamo histórico de traspasar las doctrinas. Finalmente, la Corona llegó al punto que más le interesaba: servirse del aparato administrativo eclesiástico para lograr recursos económicos de ambos cleros, y en ello no hubo distinciones: tanto clérigos como frailes fueron conminados, por vía de los obispos, a pagar el subsidio, a hacer donativos y, en el caso concreto de las catedrales, a traspasar a la real hacienda las rentas de las prebendas, canonjías y dignidades vacantes.

El alto clero halló mejor acomodo en el nuevo régimen monárquico, gracias a que podía prestar mejores servicios; por ello, fue recompensado por su apoyo a las políticas fiscales a favor de la Corona. No obstante, a partir de la década de 1730 disminuyeron las canonjías y dignidades para el clero criollo, lo cual provocó molestia y reacomodos en los grupos que dominaban el arzobispado. Aunque el nuevo arzobispo, Vizarrón Eguiarreta, conservó en algunos puestos a los clérigos nombrados por la sede vacante, sobre todo en el provisorato, el resto fue sustituido por familiares y por doctores eclesiásticos no muy destacados y que fácilmente se subordinaron a él, lo cual dividió a los capitulares. Para nadie fue un secreto que el prelado iba a apoyar, a la menor oportunidad, a su familia. En el juicio de residencia que se le hizo a Vizarrón, en su carácter de virrey, el cabildo catedralicio insistió en denunciarlo por favorecerla. Sin embargo, el prelado tuvo el apoyo de la Corona, aun por encima de las críticas que también se ganó en el Consejo de Indias. Es claro que para este arzobispo el criterio más válido para ascender a un clérigo debía ser su talento y capacidad, más allá de la antigüedad y el desarrollo de una carrera; tal principio ponía en un lugar secundario la antigüedad de las carreras de los criollos y desconocía su cooperación con las reformas impulsadas antes por Felipe V. Así, los pocos doctores del arzobispado que en la época de Vizarrón pudieron entrar al cabildo mexicano fueron protegidos de él o bien fueron directamente a España a conseguir una prebenda. La falta de unidad en la élite clerical del arzobispado provocó su poca influencia en los ascensos al cabildo de México que se decidieron en España.

De los dirigentes eclesiásticos de esta época, sin duda destaca el arzobispo José Lanciego Eguilaz por su tendencia a promover a su clero y por buscar soluciones de fondo. Fue el prelado más sensible a las necesidades de su clerecía y, en consecuencia, quien más intentos hizo por reducir los espacios de los regulares a favor de los clérigos seculares: reforzó la autoridad de los jueces eclesiásticos, creando con ello más empleos; propuso convertir las misiones en doctrinas para tener más control de ellas; favoreció la división de curatos y doctrinas y, finalmente, intentó la secularización de 60 doctrinas. Esta última acción es de especial importancia pues, aunque el intento no prosperó por entonces, volvió a poner en la agenda real el asunto, sobre todo el argumento de que el rey podía en cualquier momento elegir entre frailes y clérigos a los curas de cualquier parroquia en Indias, lo que, como hemos visto, salió a relucir en las juntas de Madrid. A fin de cuentas, el clero secular, por depender en mucho mayor medida del real patronato que el regular, fue favorecido, pues con ello la monarquía española se creaba mejores condiciones en Indias para obtener un mayor provecho de las iglesias indianas.

Así, durante la primera mitad del siglo XVIII se vivió una transición en la vida eclesiástica del arzobispado de México, debido a la serie de factores que se presentaron y que se han analizado a lo largo de este libro; transición que cambió irreversiblemente el equilibrio de poder entre ambos cleros, a favor del secular. No hubo una ruptura brusca, sino más bien una reorientación que fue tomando fuerza a medida que transcurrieron los años y que permitió la desaparición de las antiguas alianzas virrey-órdenes religiosas y arzobispos-clero secular criollo-colonizadores que se dieron en el siglo XVIII. El gobierno de Felipe V exigió a virreyes y arzobispos actuar conjuntamente, sin divisiones, y todo indica que así trataron de hacerlo. Esa transición tuvo como consecuencias más visibles el apogeo arzobispal sobre las órdenes religiosas, la consolidación de su autoridad por todo el territorio arzobispal y la subordinación de las doctrinas; pero también un gran reforzamiento del real patronato y la imposición de una nueva forma de ejercerlo, menos negociadora y más ejecutiva. Felipe V dejó claro que, en adelante, la Iglesia toda debía ser más cooperativa con la real hacienda; aunque el clero resistió de varias maneras, ya no hubo marcha atrás, y una nueva forma de entender el patronato dio inicio, misma que fue retomada y magnificada por Fernando VI y Carlos III.

Cuando en Madrid se decidió por fin iniciar la secularización de doctrinas en tres arzobispados de Indias, en el de México existían ya las condiciones propicias para lograrla. Si bien es cierto que la cautela política que demostró el arzobispo Rubio y Salinas y el apoyo de los virreyes durante la aplicación de la cédula de 1749 fueron importantes, también lo es que sus predecesores inmediatos en el cargo y los cambios en la feligresía se habían encargado de minar paulatinamente la jurisdicción y el poder social de los religiosos. La hora del clero secular como cabeza de la Iglesia indiana había iniciado.

Hay líneas de investigación para el periodo aquí estudiado que será necesario abordar en el futuro, pues complementan el estudio del clero secular, como por ejemplo el ejercicio del vicepatronato; no sería raro que los virreyes de Felipe V también se hayan esforzado por acrecentar su presencia en la Iglesia indiana. También es menester emprender el análisis del clero regular, pues es muy poco lo que sabemos para el siglo XVIII, especialmente en lo referente a la población de religiosos y a la administración interna de las doctrinas. Igualmente, es imprescindible investigar el papel del clero secular en la fundación de cofradías en esa época de expansión demográfica, las cuales dieron mucho de qué hablar en la segunda mitad del siglo XVIII. Otra tarea pendiente, de más envergadura, es analizar los mismos procesos que aquí se han analizado para otras diócesis, buscando establecer comparaciones pertinentes y conclusiones generales mejor sustentadas sobre el devenir de la Iglesia indiana en la época de Felipe V. En fin, será importante seguir profundizando en la época aquí tratada, lo que nos permitirá evitar los saltos historiográficos de la época de los Austria al reinado de Carlos III.

ÍNDICE DE CUADROS, ANEXOS Y MAPAS

CUADROS

ANEXOS

MAPAS

Índice de cuadros, anexos y mapas

Cuadros

ANEXOS

MAPAS

FUENTES DOCUMENTALES

Archivos

Archivo General de la Nación (AGN)
   Bienes Nacionales
   Clero Regular y Secular
   Reales Cédulas Originales
   Reales Cédulas Duplicadas
Archivo Histórico del Arzobispado de México (AHAM)
Archivo General de Indias (AGI)
Archivo Histórico Nacional de España (AHNE)
Archivo Histórico del Seminario Conciliar de México (AHSCM)

Fuentes impresas

Álvarez de Abreu, Antonio José, *Víctima real legal. Discurso único jurídico histórico-político sobre que las vacantes mayores y menores de las Indias Occidentales pertenecen a la Corona de Castilla y León con pleno y absoluto dominio,* s/e, Madrid, 1726.

Campillo y Cosío, José del, *Nuevo sistema de gobierno económico para América,* Edición, estudio y notas de Manuel Ballesteros Gaibros, Madrid, Grupo Editorial Asturiano, 1993.

Martínez López-Cano, María del Pilar (coord.), *Concilios provinciales mexicanos. Época colonial,* México, IIH-UNAM, 2004, CD.

Lanning, John T., *Reales cédulas de la Real y Pontificia Universidad de México de 1551 a 1816,* México, Imprenta Universitaria, 1946.

Mendieta, Gerónimo de, *Historia eclesiástica indiana,* México, Porrúa, 1980.

Pérez de Velasco, Andrés Miguel, *El ayudante de cura instruido en el porte a que le obliga su dignidad, en los deberes a que le estrecha su empleo y en la fructuosa práctica de su ministerio,* Puebla, Colegio de San Ignacio, 1766.

Proyecto de estatutos ordenados por el virrey Cerralvo (1626), Edición crítica de Enrique González González, México, CESU-UNAM, 1991.

Recopilación de leyes de los reynos de las Indias 1681, tomo primero, libro I, título XV, ley XXXV, México, Escuela Libre de Derecho/Miguel Ángel Porrúa, 1987 (edición facsimilar).

Solano, Francisco de (ed.), *Relaciones geográficas del arzobispado de México. 1743*, Madrid, V Centenario del Descubrimiento de América/Centro Superior de Investigaciones Científicas, 1988, 2 tomos (Colección Tierra Nueva e Cielo Nuevo).

Torre Villar, Ernesto de la (ed.), Estudio preliminar, coordinación, bibliografía y notas, *Instrucciones y memorias de los virreyes novohispanos*, México, Porrúa, 1991.

Robles, Antonio de, *Diario de sucesos notables (1665-1703)*, México, Porrúa, 1972, 3 tomos.

BIBLIOGRAFÍA

Acosta, Vicente y Cesáreo Munguía, *Compendio histórico de la ilustre y venerable congregación de clérigos seculares de Santa María de Guadalupe de la ciudad de Santiago de Querétaro*, Querétaro, Jus, 1963.

Aguirre Salvador, Rodolfo, "De seminario conciliar a universidad. Un proyecto frustrado del obispado de Oaxaca, 1746-1774", en Rodolfo Aguirre Salvador (coord.), *Espacios de saber, espacios de poder. Iglesia, universidades y colegios en Hispanoamérica, siglos XVI-XIX*, México, IISUE-UNAM/Bonilla Artigas Editores, en prensa.

_____, "Algunas problemáticas sociales del estudiantado de la Real Universidad de México en el siglo XVIII", en María de Lourdes Alvarado y Rosalina Ríos (coords.), *Grupos marginados de la educación en América Latina, siglos XIX y XX*, México, IISUE-UNAM/Bonilla Artigas Editores, 2011, pp. 135-158.

_____, "Rentas parroquiales y poderes locales en una región novohispana. Yahualica, 1700-1743", en Francisco Javier Cervantes Bello (coord.), *La Iglesia en Nueva España. Relaciones económicas e interacciones políticas*, Puebla, BUAP/UNAM, 2010, pp. 115-140.

_____, "En busca del clero secular: del anonimato a una comprensión de sus dinámicas internas", en María del Pilar Martínez López-Cano (coord.), *La Iglesia en Nueva España, problemas y perspectivas de investigación*, México, IIH-UNAM, 2010, pp. 185-215.

_____, "El clero secular del arzobispado de México: oficios y ocupaciones en la primera mitad del siglo XVIII", en *Letras Históricas. Revista de la Universidad de Guadalajara*, núm. 1, primavera de 2009, pp. 67-94.

_____, "Universidad y diversificación social del estudiantado en la ciudad de México, siglo XVII", en María de Lourdes Alvarado y Leticia Pérez

Puente (coords.), *Cátedras y catedráticos en la historia de las universidades e instituciones de educación superior en México. I. La educación colonial,* México, IISUE-UNAM, 2008 (Colección digital).

_____, "El establecimiento de jueces eclesiásticos en las doctrinas de indios. El arzobispado de México en la primera mitad del siglo XVIII", en *Revista de Historia Crítica,* Colombia, Universidad de Los Andes, julio-diciembre de 2008, pp. 14-35.

_____, "El conflicto entre el alto clero de México y el Colegio de Santos por la universidad, y la corona española. 1700-1736", en Rodolfo Aguirre Salvador y Lucrecia Enríquez (coords.), *La iglesia hispanoamericana, de la colonia a la república,* México, IISUE-UNAM/Universidad Católica de Chile/Plaza y Valdés, 2008, pp. 231-258.

_____, "De las aulas al cabildo eclesiástico. Familiares, amigos y patrones en el arzobispado de México, 1680-1730", en *Tzintzun, Revista de Estudios Históricos,* núm. 47, Morelia, Universidad Michoacana de San Nicolás de Hidalgo, enero-junio de 2008, pp. 75-114.

_____, "El clero secular de Nueva España y la búsqueda de grados de bachiller", en *Fronteras de la Historia. Revista de Historia Colonial Latinoamericana,* vol. 13, Bogotá, ICAH, 2008, pp. 119-138.

_____, "El arzobispo de México, Ortega y Montañés, y los inicios del subsidio eclesiástico en Hispanoamérica, 1699-1709", en Francisco Javier Cervantes Bello, Alicia Tecuanhuey y María del Pilar Martínez López-Cano (coords.), *Poder civil y catolicismo en México. Siglos XVI-XIX,* México, BUAP/UNAM, 2008, pp. 253-278.

_____, "La demanda de clérigos 'lenguas' del arzobispado de México, 1700-1750", en *Estudios de Historia Novohispana,* núm. 35, IIH-UNAM, julio-diciembre de 2006, pp. 47-70.

_____, "El ingreso al clero desde un libro de exámenes del arzobispado de México, 1717-1727", en *Fronteras de la Historia. Revista de Historia Colonial Latinoamericana,* vol. 11, Bogotá, ICAH, 2006, pp. 201-230.

_____, "El ingreso de los indios al clero secular: el caso del arzobispado de México, 1691-1822", en *Takwá, Revista de Historia de la División de Estudios Históricos y Humanos de la Universidad de Guadalajara,* núm. 9, 2006, pp. 75-108.

_____, "Formación y ordenación de clérigos ante la normativa conciliar. El caso del arzobispo de México, 1712-1748", en María del Pilar Martínez López-Cano y Francisco Javier Cervantes Bello (coords.), *Los conicilios provinciales en la Nueva España. Reflexiones e influencias,* México, BUAP/UNAM, 2005, pp. 337-362.

_____, "Los límites de la carrera eclesiástica del arzobispado de México", en Rodolfo Aguirre Salvador, *Carrera, linaje y patronazgo. Clérigos y juristas en Nueva España, Chile y Perú,* México, CESU-UNAM/Plaza y Valdés, 2004, pp. 73-120.

_____, *El mérito y la estrategia. Clérigos, juristas y médicos en Nueva España,* México, CESU-UNAM/Plaza y Valdés, 2003.

_____, "Grados y colegios en la Nueva España, 1704-1767", en *Tzintzun. Revista de Estudios Históricos,* núm. 36, julio-diciembre, 2002, pp. 33-34.

_____, "Las informaciones de legitimidad y limpieza de sangre en la Real Universidad de México. Siglo XVIII", en Gustavo Villanueva Bazán (coord.), *Teoría y práctica archivística II. Cuadernos del Archivo Histórico de la UNAM,* 12, México, CESU/UNAM, 2000, pp. 131-140.

_____, "El ascenso de los clérigos de Nueva España durante el gobierno del arzobispo José Lanciego y Eguilaz", en *Estudios de Historia Novohispana,* núm. 22, 2000, pp. 77-110.

_____, *Por el camino de las letras. El ascenso profesional de los catedráticos juristas de la Nueva España. Siglo XVIII,* México, CESU-UNAM, 1998.

_____, "Las cofradías de indios en el arzobispado de México al iniciar el siglo XVIII", inédito.

Alabrús Iglésies, Rosa María, "El pensamiento político de Macanaz", en *Espacio, tiempo y forma,* serie IV, Historia Moderna, tomos 18-19, 2005-2006, pp. 193-195.

Anes, Gonzalo, "Regalismo y manos muertas en la España de los Luces", en *Cuadernos Dieciochistas,* núm. 1, 2000, pp. 209-222.

Báez Macías, Eduardo, *Planos y censos de la ciudad de México, 1753,* Primera y segunda partes, en *Boletín del Archivo General de la Nación de México,* series 1 y 2, 1930-1976, México, AGN/Fundación MAPFRE Tavera/Fundación Hernando de Larremendi, s/f. (Edición digital).

Barrio Gozalo, Maximiliano, "El clero bajo sospecha a principios del siglo XVIII. El informe de Macanaz y la respuesta de los obispos", en *Investigaciones Históricas,* núm. 22, 2002, pp. 47-62.

_____, "El sistema beneficial en la España del siglo XVIII. Pervivencias y cambios", en *Cuadernos Dieciochistas,* núm. 2, Universidad de Salamanca, 2001, pp. 73-107.

Bataillon, Marcel, "Zumárraga, reformador del clero seglar (Una carta inédita del primer obispo de México)", en *Historia Mexicana III,* núm. 9, julio-septiembre de 1953, pp. 1-10.

Baudot, George, *La pugna franciscana por México,* México, Conaculta/Alianza Editorial Mexicana, 1990.

Biblioteca Electrónica Cristiana, en <http://multimedios.org/docs/d000436/p000004.htm#3-p0.11.1.1>, sesión XXIII, capítulo XVIII, consultado el 29 de junio de 2010.

Bono López, María, "La política lingüística en la Nueva España" en *Anuario Mexicano de Historia del Derecho*, vol. IX, México, IIJ-UNAM, 1997, versión en línea.

Brading, David A., *Una Iglesia asediada: el obispado de Michoacán, 1749-1810*, México, FCE, 1994.

_____, *Orbe indiano, de la monarquía católica a la república criolla, 1492-1867*, México, FCE, 1993.

_____, *Mineros y comerciantes en el México borbónico (1763-1810)*, México, FCE, 1993.

_____, "El mercantilismo ibérico y el crecimiento económico en la América Latina del siglo XVIII", en Enrique Florescano (comp.), *Ensayos sobre el desarrollo económico de México y América Latina (1500-1975)*, México, FCE, 1987, pp. 293-314.

Brading, David A. y Óscar Mazín (eds.), *El gran Michoacán en 1791. Sociedad e ingreso eclesiástico en una diócesis novohispana*, México, El Colegio de Michoacán/El Colegio de San Luis, 2009.

Bravo Rubio, Berenise y Marco Antonio Pérez Iturbe, "Tiempos y espacios religiosos novohispanos: la visita pastoral de Francisco Aguiar y Seijas (1683-1684)", en Alicia Mayer y Ernesto de la Torre Villar (eds.), *Religión, poder y autoridad en la Nueva España*, México, UNAM, 2004, pp. 67-83.

Burkholder, Mark A. y D. S. Chandler, *De la impotencia a la autoridad. La Corona española y las Audiencias en América 1687-1808*, México, FCE, 1984.

Calvo, Thomas, "Los ingresos eclesiásticos en la diócesis de Guadalajara en 1708", en María del Pilar Martínez López-Cano (coord.), *Iglesia, estado y economía. Siglos XVI al XIX*, México, Instituto Mora/UNAM, 1995, pp. 47-58.

Canterla, Francisco y Martín de Tovar, *La Iglesia de Oaxaca en el siglo XVIII*, Sevilla, Escuela de Estudios Hispanoamericanos, 1982.

Carmagnani, Marcelo, *El regreso de los dioses. El proceso de reconstitución de la identidad étnica en Oaxaca. Siglos XVII y XVIII*, México, FCE, 1988.

Carrillo Cázares, Alberto, "La integración del primitivo clero diocesano de Michoacán: 1535-1565", en *Relaciones. Estudios de Historia y Sociedad*, vol. XVI, núms. 63-64, verano-otoño de 1995, pp. 95-121.

Castañeda, Carmen, "La formación de la élite en Guadalajara, 1792-1821", en Carmen Castañeda (ed.), *Élite, clases sociales y rebelión en Guadalajara y Jalisco, siglos XVIII y XIX*, Guadalajara, El Colegio de Jalisco, 1988, pp. 23-68.

_____, "Una élite de Guadalajara y su participación en la Independencia", en *Encuentro*, núm. 4, El Colegio de Jalisco, julio-septiembre de 1985, pp. 39-58.

_____, "Un colegio seminario del siglo XVIII", en *Historia Mexicana*, vol. XXII, núm. 4, abril-junio de 1973, pp. 465-493.

_____, "La Real Universidad de Guadalajara y el cabildo eclesiástico de Guadalajara, 1792-1821", en Carmen Castañeda (cord.), *Historia social de la Universidad de Guadalajara*, Guadalajara, Universidad de Guadalajara/CIESAS, 1995.

Castañeda, Carmen (coord.), *Historia social de la Universidad de Guadalajara*, Guadalajara, Universidad de Guadalajara/CIESAS, 1995.

Castañeda Delgado, Paulino y Juan Marchena Fernández, *La jerarquía de la iglesia en Indias*, España, MAPFRE, 1992.

Castro, Concepción de, *A la sombra de Felipe V. José de Grimaldo, ministro responsable (1703-1726)*, Madrid, Marcial Pons, 2004 (colección Historia).

Castro Gutiérrez, Felipe, "Indeseables e indispensables: los vecinos españoles, mestizos y mulatos en los pueblos de indios de Michoacán", en *Estudios de Historia Novohispana*, núm. 25, julio-diciembre de 2001, pp. 59-80.

Cervantes Bello, Francisco Javier (coord.), *La Iglesia en Nueva España. Relaciones económicas e interaciones políticas*, Puebla, BUAP/UNAM, 2010.

_____, "Las capellanías, la salvación y la piedad en una ciudad novohispana. Puebla de los Ángeles (México) en el siglo XVII", en *Neue Zeitschrift für Missionswissenschaft*, núm. 58, 2002/1, pp. 45-55.

Cervantes Bello, Francisco Javier, Alicia Tecuanhuey y María del Pilar Martínez López-Cano, *Poder civil y catolicismo en México. Siglos XVI-XIX*, Puebla, BUAP/UNAM, 2008.

Chávez Sánchez, Eduardo, *Historia del Seminario Conciliar de México*, tomo 1, México, Porrúa, 1996.

Cuevas, Mariano, *Historia de la Iglesia en México,* tomo V, El Paso, Editorial "Revista Católica", 1928.

_____, *Historia de la Iglesia en México,* tomo IV, México, El Colegio Salesiano, 1926.

_____, *Historia de la Iglesia en México,* tomo III, México, Imprenta del asilo "Patricio Sanz", 1924.

_____, *Historia de la Iglesia en México,* tomo II, México, Imprenta del asilo "Patricio Sanz", 1922.

Dehouve, Daniele, *Entre el caimán y el jaguar. Los pueblos indios de Guerrero*, México, CIESAS/INI, 2002 (Colección Historia de los Pueblos Indígenas de México).

Domínguez Ortiz, Antonio, "Los caudales de Indias y la política exterior de Felipe IV", en *Estudios Americanistas*, Madrid, Real Academia de la Historia, 1998, pp. 29-116.

_____, *La sociedad española en el siglo XVII*, tomo II, Madrid, Instituto "Balmes" de Sociología, 1970.

_____, *Política fiscal y cambio social en la España del siglo XVII*, Madrid, IEF, 1984.

_____, *Sociedad y Estado en el siglo XVIII español*, Barcelona, Ariel, 1984.

_____, *Política y hacienda de Felipe IV*, Madrid, Pegaso, 1983.

Egido, Teófanes, *Opinión pública y oposición al poder en la España del siglo XVIII, 1713-1759*, Valladolid, Universidad de Valladolid, 1971.

Elliot, John, *Imperios del mundo Atlántico. España y Gran Bretaña en América (1492-1830)*, Madrid, Taurus, 2006.

Escamilla González, Iván, *Los intereses malentendidos. El Consulado de Comerciantes de México y la monarquía española 1700-1739*, México, IIH-UNAM, 2011.

_____, "La Iglesia y los orígenes de la Ilustración novohispana", en María del Pilar Martínez López-Cano (coord.), *La Iglesia en Nueva España. Problemas y perspectivas de investigación*, México, IIH-UNAM, 2010, pp. 105-128.

_____, "La riqueza de Nueva España según sus observadores en el despunte del siglo XVIII", en María del Pilar Martínez López-Cano (coord.), *Historia del pensamiento económico. Testimonios, proyectos y polémicas*, México, IIH-UNAM, 2010, pp. 49-65.

_____, "Próvido y proporcionado socorro. Lorenzo Boturini y sus patrocinadores novohispanos", en Francisco Javier Cervantes, Alicia Tecuanhuey y María del Pilar Martínez López-Cano (coords.), *Poder civil y catolicismo en México. Siglos XVI-XIX*, BUAP/UNAM, 2008, pp. 129-150.

_____, "Juan Manuel de Oliván Rebolledo (1676-1738): pensamiento y obra de un mercantilista novohispano", en María del Pilar Martínez López-Cano y Leonor Ludlow (coords.), *Historia del pensamiento económico: del mercantilismo al liberalismo*, México, IIH-UNAM/Instituto Mora, 2007, pp. 109-130.

_____, "Razones de la lealtad, cláusulas de la fineza: poderes, conflictos y consensos en la oratoria sagrada novohispana ante la sucesión de Felipe V", en Alicia Mayer y Ernesto de la Torre Villar (coords.), *Religión, poder y autoridad en la Nueva España*, México, IIH-UNAM, 2004, pp. 179-204.

_____, "La memoria del gobierno del virrey duque de Albuquerque, 1710", en *Estudios de Historia Novohispana*, núm. 25, julio-diciembre de 2001, pp. 157-178.

Farris, Nancy M., *La Corona y el clero en el México colonial 1579-1821. La crisis del privilegio eclesiástico*, México, FCE, 1995.

Ferrer del Río, Antonio, *Historia del reinado de Carlos III. Capítulo III. La dinastía borbónica*, en <http://www.cervantesvirtual.com/servlet/SirveObras/12927295327813728654435/p0000005.htm>, consultado el 17 de febrero de 2010.

Flores Mendoza, Mirna, "La cátedra del maestro de las sentencias: una disputa entre el Colegio de San Idelfonso y el Seminario Conciliar de México 1728-1742", tesis de licenciatura en Historia, FFyL-UNAM, 2007.

Flores Padilla, Georgina, "Las informaciones de legitimidad, limpieza de sangre y buenas costumbres en el archivo del Colegio de San Ildefonso de la ciudad de México", en Gustavo Villanueva Bazán (coord.), *Teoría y práctica archivística II. Cuadernos del Archivo Histórico de la UNAM*, núm. 12, México, CESU-UNAM, 2000, pp. 111-130.

Florescano, Enrique e Isabel Gil, "La época de las reformas borbónicas y el crecimiento económico. 1750-1808", en *Historia General de México*, tomo II, México, El Colegio de México, 1987, pp. 473-589.

Franch Benavent, Ricardo, "Regalismo e inmunidad eclesiástica en la España del siglo XVIII: la resistencia del clero valenciano a la imposición del estanco del tabaco", en *Hispania. Revista Española de Historia*, vol. LXVII, núm. 225, enero-abril de 2007, pp. 295-316.

Ganster, Paul, "Miembros de los cabildos eclesiásticos y sus familias en Lima y la ciudad de México en el siglo XVIII", en Pilar Gonzalbo (coord.), *Familias novohispanas. Siglos XVI al XIX*, México, El Colegio de México, 1991, pp. 149-162.

García Abasolo, Antonio F., *Martín Enríquez y la reforma de 1568 en Nueva España*, Sevilla, Diputación Provincial de Sevilla, 1983.

García Cárcel, Ricardo (coord.), *Historia de España. Siglo XVIII. La España de los Borbones*, Madrid, Cátedra.

García Hernández, Marcela Rocío, "Las capellanías de misas en la Nueva España", en María del Pilar Martínez López-Cano (coord.), *La Iglesia en Nueva España. Problemas y perspectivas de investigación*, México, UNAM, 2010, pp. 267-302.

Garzón Pareja, Manuel, *La hacienda de Carlos II*, Madrid, Ministerios de Hacienda, 1980.

Gay, José Antonio, *Historia de Oaxaca*, México, Porrúa, 1990.

Gerhard, Peter, *Geografía histórica de la Nueva España 1519-1821*, México, UNAM, 1986.

Gibson, Charles, *Los aztecas bajo el dominio español 1519-1810*, México, Siglo XXI, 1989.

Gil-Bermejo García, Juana, "La Iglesia y defensa de las Indias", en *Anuario de Estudios Americanos*, vol. XXXIII, 1976, pp. 343-383.

Gonzalbo, Pilar, *Familias novohispanas. Siglos XVI al XIX*, México, El Colegio de México, 1991.

_____, *Familia y orden colonial*, México, El Colegio de México, 1998.

_____, *Historia de la educación en la época colonial. La educación de los criollos y la vida urbana*, México, El Colegio de México, 1995.

González González, Enrique, "Legislación y poderes públicos en la universidad colonial mexicana (1551-1668)", tesis doctoral, Valencia, Universidad de Valencia, 1990.

González Enciso, Agustín, *Felipe V: la renovación de España. Sociedad y economía en el reinado del primer Borbón*, Pamplona, Universidad de Navarra, 2003.

Hera, Alberto de la, *Iglesia y Corona en la América Española*, Madrid, MAPFRE, 1992.

Ibarra, Ana Carolina y Gerardo Lara, "La historiografía sobre la Iglesia y el clero", en Alfredo Ávila y Virginia Guedea (coords.), *La Independencia de México. Temas e interpretaciones recientes*, México IIH-UNAM, 2007, pp. 117-144.

Israel, Jonathan I., *Razas, clases sociales y vida política en el México colonial, 1610-1670*, México, FCE, 1997.

Jalpa Flores, Tomás, "La construcción de los nuevos asentamientos en el ámbito rural: el caso de las cabeceras de la Provincia de Chalco durante los siglos XVI y XVII", en E*studios de Historia Novohispana*, núm. 39, julio-diciembre de 2008, pp. 17-42.

Kagan, Richard L., *Universidad y sociedad en la España moderna*, Madrid, Tecnos, 1981a.

_____, *La España de Carlos II*, Barcelona, Crítica, 1981b.

_____, *The War of Succession in Spain 1700-1715,* Londres, Weidenfeld &Nicolson, 1969.

Kamen, Henry, "Melchor de Macanz and the Foundations of Bourbon Power in Spain", en *English Historical Review,* núm. 317, 1965, pp. 699-716.

Lara Cisneros, Gerardo, "Justicia eclesiástica para indios en el arzobispado de México, siglo XVIII", tesis doctoral, México, FFyL-UNAM, 2010.

Lavrin, Asunción, "Los conventos de monjas en la Nueva España", en A. Bauer (comp.), *La Iglesia en la economía de América Latina: siglos XVI al XVIII*, México, INAH, 1986.

León Alanís, Ricardo, *Los orígenes del clero y la Iglesia en Michoacán, 1525-1640*, Morelia, Universidad Michoacana de San Nicolás de Hidalgo, 1997.

León Sanz, Virginia, "La llegada de los Borbones al trono", en Ricardo García Cárcel (coord.), *Historia de España. Siglo XVIII. La España de los Borbones*, Madrid, Cátedra, 2002, pp. 107-130.

Lértora Mendoza, Celina, "La filosofía académica en México, siglo XVIII", en Enrique González González (coord.), *Estudios y estudiantes de Filosofía. De la Facultad de Artes a la Facultad de Filosofía y Letras (1551-1929)*, México, FFyL-IISUE-UNAM/El Colegio de Michoacán, 2008, pp. 259-286.

Lira, Andrés y Luis Muro, "El siglo de la integración", en Historia General de México, México, El Colegio de México, 2000, pp. 309 y ss.

Lopetegui, León y Félix Zubillaga, *Historia de la Iglesia en la América Española. Desde el descubrimiento hasta comienzos del siglo XIX, México. América Central. Antillas*, Madrid, Editorial Católica, 1965 (Colección Biblioteca de Autores Cristianos).

Lynch, John, *El siglo XVIII. Historia de España, XII*, Barcelona, Crítica, 1991.

_____, *España bajo los Austrias/2. España y América*, Barcelona, Península, 1975.

Malamud, Carlos, "El desarrollo histórico de las regiones", en Manuel Lucena Salmoral (coord.), *Historia de Iberoamérica*, tomo II, Historia Moderna, Madrid, Cátedra, 2002, pp. 663-761.

Marichal, Carlos, "La Iglesia y la crisis financiera del virreinato, 1780-1808: apuntes sobre un tema viejo y nuevo", en *Relaciones. Estudios de Historia y Sociedad*, núm. 40, 1989, pp. 103-129.

Martínez López-Cano, María del Pilar (coord.), *La Iglesia en Nueva España. Problemas y perspectivas de investigación*, México, UNAM, 2010.

Martínez López-Cano, María del Pilar, "Las instituciones eclesiásticas y el crédito al mediar el siglo XVII: conventos de religiosas y capellanías en la ciudad de México", en Alicia Mayer y Ernesto de la Torre Villar (eds.), *Religión, poder y autoridad en la Nueva España*, México, UNAM, 2004, pp. 353 y 356.

Martínez López-Cano, María del Pilar y Francisco Javier Cervantes Bello (coords.), *Los concilios provinciales en Nueva España. Reflexiones e influencias*, México, BUAP/UNAM, 2006.

Martínez López-Cano, María del Pilar, Elisa Itzel García y Marcela Rocío García, "III concilio y Directorio", en María del Pilar Martínez López-Cano (coord.), *Concilios provinciales mexicanos. Época colonial*, México, IIH-UNAM, 2004, CD.

Mazín Gómez, Óscar, *El cabildo catedral de Valladolid de Michoacán*, México, El Colegio de Michoacán, 1996.

_____, "Reorganización del clero secular novohispano en la segunda mitad del siglo XVIII", en *Relaciones. Estudios de Historia y Sociedad*, núm. 39, 1989, pp. 69-86.

Megged, Amos, *Cambio y resistencia: la religión indígena en Chiapas, 1521-1680*, México, CIESAS/Universidad de Haifa, 2008.

Menegus, Margarita, "El Colegio de San Carlos Borromeo: un proyecto para la creación de un clero indígena en el siglo XVIII", en Margarita Menegus (coord.), *Saber y poder en México. Siglos XVI al XX*, México, CESU-UNAM/Miguel Ángel Porrúa, 1997, pp. 197-244.

Menegus, Margarita y Rodolfo Aguirre Salvador, *Los indios, el sacerdocio y la universidad en Nueva España. Siglos XVI-XVIII*, México, CESU-UNAM/Plaza y Valdés, 2006.

Miño Grijalva, Manuel, *El mundo novohispano. Población, ciudades y economía, siglos XVII y XVIII,* FCE/El Colegio de México, 2001.

Miranda, Francisco, "Problemática de una historia eclesiástica", en *Historia Mexicana,* vol. XXI, núm. 82, octubre-diciembre de 1972, pp. 269-284.

Molina del Villar, América, *La Nueva España y el matlazáhuatl 1736-1739,* CIESAS/El Colegio de Michoacán, 2001.

Moreno Cebrián, Alfredo, "El regalismo borbónico frente al poder vaticano: acerca del estado de la Iglesia en el Perú durante el primer tercio del siglo XVIII", en *Revista de Indias,* vol. LXIII, núm. 27, 2003, pp. 223-274.

Morgado García, Arturo, "El clero secular en la España moderna: un balance historiográfico", en Antonio Luis Cortés Peña y Miguel Luis López-Guadalupe Muñoz (eds.), *La Iglesia española en la Edad Moderna. Balance historiográfico y perspectivas,* Madrid, Abada Editores, 2007, pp. 39-74.

Navarro García, Luis, "El cambio de dinastía en Nueva España", en *Anuario de Estudios Hispanoamericanos XXXVI,* artículo 4, Sevilla, Escuela de Estudios Hispanoamericanos, 1979, pp. 111-167.

Orozco H., María Angélica, "Dos proyectos postergados. El Tercer Concilio Provincial Mexicano y la secularización parroquial", en *Estudios de Historia Novohispana,* núm. 35, julio-diciembre de 2006, pp. 17-45.

_____, "Los franciscanos y el caso del Real Colegio Seminario de México: 1749", en *Actas del IV Congreso Internacional sobre los Franciscanos en el Nuevo Mundo (siglo XVIII),* Madrid, Deimos, 1993.

Pérez Puente, Leticia, *Tiempos de crisis, tiempos de consolidación. La catedral metropolitana de la ciudad de México, 1653-1680,* México, CESU-UNAM/ El Colegio de Michoacán/Plaza y Valdés, 2005.

_____, "Dos periodos de conflictos en torno a la administración del diezmo en el arzobispado de México: 1653-1663 y 1664-1689", en *Estudios de Historia Novohispana,* núm. 25, julio-diciembre de 2001, pp. 15-57.

Pérez Puente, Leticia, Enrique González González y Rodolfo Aguirre Salvador, *I y II concilios,* en María del Pilar Martínez López-Cano (coord.), *Concilios provinciales mexicanos. Época colonial, México,* IIH-UNAM, 2004 (CD).

Porras Muñoz, Guillermo, *El clero secular y la evangelización de la Nueva España: discurso,* México, UNAM, 1987.

Pujol Aguado, José Antonio, "El clero secular al servicio del Estado. Intento estatal de control de la Iglesia durante la guerra de sucesión", en *Revista de Historia Moderna,* núms. 13-14, 1995, pp. 73-93.

Ramírez González, Clara Inés y Armando Pavón Romero, "De estudiantes a catedráticos. Un aspecto de la Real Universidad de México en el siglo XVI", en Clara Inés Ramírez y Armando Pavón Romero (coords.), *La universidad novohispana: corporación, gobierno y vida académica*, México, CESU-UNAM, 1996, pp. 207-208.

_____, "La carrera universitaria en el siglo XVI. El acceso de los estudiantes a las cátedras", en Renate Marsiske, *Los estudiantes. Trabajos de historia y sociología*, México, CESU-UNAM, 1989, pp. 56-100.

Ricard, Robert, *La conquista espiritual de México. Ensayo sobre el apostolado y los métodos misioneros de las órdenes mendicantes en la Nueva España de 1523-1524 a 1572*, México, FCE, 1986.

Rocha Wanderley, Marcelo da, "Generación tras generación. El linaje Portugal: genealogía, derecho, vocación y jerarquías eclesiásticas" en Rodolfo Aguirre Salvador (coord.), *Espacios de saber, espacios de poder. Iglesia, universidades y colegios en Hispanoamérica, siglos XVI-XIX*, México, IISUE-UNAM/Bonilla Artigas Editores, en prensa.

_____, "Religiosidad e identidad en San Francisco de Campeche. Siglos XVI y XVII", en *Anuario de Estudios Americanos*, vol. 63, núm. 2, julio-diciembre de 2006, pp. 27-47.

_____, "Clerecía y sociedad en Campeche durante el periodo colonial", en *Tzintzun, Revista de Estudios Históricos*, núm. 41, enero-junio de 2005, pp. 9-34.

_____, "Entre el cordón de San Francisco y la corona de San Pedro. La administración parroquial en Yucatán", en *Estudios de Cultura Maya*, vol. XXV, 2004, pp. 149-167.

Rocher Salas, Adriana, "Frailes y clérigos en Yucatán. Siglo XVII", en *Hispania Sacra*, vol. LV, núm. 112, 2003, pp. 599-625.

Rouco Varela, Antonio María, *Estado e Iglesia en la España del siglo XVI*, Madrid, Facultad de Teología "San Dámaso"/Biblioteca de Autores Cristianos, 2001.

Rubial García, Antonio, "La mitra y la cogulla. La secularización palafoxiana y su impacto en el siglo XVII", en *Relaciones. Estudios de Historia y Sociedad*, núm. 73, México, El Colegio de Michoacán, 1998, pp. 239-272.

Sánchez Maldonado, María Isabel, "La capellanía en la economía de Michoacán en el siglo XVIII", en María del Pilar Martínez López-Cano (coord.), *Iglesia, Estado y economía. Siglos XVI al XIX*, México, Instituto Mora/UNAM, 1995, pp. 119-129.

Saranyana, Josep-Ignasi y Carmen-José Alejos Grau, "Introducción general", en Josep-Ignasi Saranyana (dir.), *Teología en América Latina, Escolástica barroca, Ilustración y preparación de la Independencia (1665-1810)*, vol. II, tomo 1, España, Iberoamericana/Vervuert, 2005.

_____, *The Church and Clergy in Sixteenth Century Mexico*, Alburquerque, University of New Mexico Press, 1987.

Schwaller, John Frederick, *Partidos y párrocos bajo la real corona en la Nueva España, siglo XVI*, México, INAH, 1981 (Colección Científica 104, Fuentes).

_____, *The Church and the Clergy in Sixteenth Century Mexico*, Albuquerque, University of New Mexico Press, 1987.

Sicroff, Albert A., *Los estatutos de limpieza de sangre. Controversias entre los siglos XV y XVII*, Madrid, Taurus, 1985.

Solís Robleda, Gabriela (ed.), *Contra viento y marea. Documentos sobre las reformas del obispo Juan Gómez de Parada al trabajo indígena*, Mérida, CIESAS/Instituto de Cultura de Yucatán/Editorial Pareceres, 2003.

Stefano, Roberto di, "Abundancia de clérigos, escasez de párrocos: las contradicciones del reclutamiento del clero secular en el Río de la Plata (1770-1840)", en *Boletín del Instituto de Historia Argentina y Americana "Dr. Emilio Ravignani"*, tercera serie, números 16-17, Buenos Aires, 1997-1998, pp. 33-59.

Tanck de Estrada, Dorothy, *Pueblos de indios y educación en el México colonial, 1750-1821*, México, El Colegio de México, 1999.

Taylor, William B., *Ministros de lo sagrado. Sacerdotes y feligreses en el México del siglo XVIII*, México, El Colegio de Michoacán/Secretaría de Gobernación/El Colegio de México, 1999, 2 volúmenes.

_____, "El camino de los curas y de los Borbones hacia la modernidad", en Álvaro Matute, Evelia Trejo y Brian Connaughton (coords.), *Estado, Iglesia y sociedad en México. Siglo XIX*, México, Miguel Ángel Porrúa/UNAM, 1995.

Teruel Gregorio de Tejada, Manuel, *Vocabulario básico de la Historia de la Iglesia*, Barcelona, Crítica, 1993.

Traslosheros, Jorge E., *Iglesia, justicia y sociedad en la Nueva España. La audiencia del arzobispado de México 1528-1668*, México, Porrúa/Universidad Iberoamericana, 2004.

_____, "En derecho y en justicia. Fray Juan de Zumárraga, la administración de la justicia y el proyecto de Iglesia de los primeros obispos de la Nueva España", en Alicia Mayer y Ernesto de la Torre Villar (eds.), *Religión, poder y autoridad en la Nueva España*, México, IIH-UNAM, 2004, pp. 33-37.

Vallejo García-Hevia, José María, "Macanaz y su propuesta de reforma del Santo Oficio de 1714", en *Revista de la Inquisición*, núm. 5, Madrid, Universidad Complutense, 1996, pp. 187-291.

Vergara Ciordia, Javier, "El seminario conciliar en Hispanoamérica 1563-1800", en Josep-Ignasi Saranyana (dir.), *Teología en América Latina, Escolástica barroca, Ilustración y preparación de la Independencia (1665-1810)*, vol. II, tomo 1, España, Iberoamericana/Vervuert, 2005, pp. 99-185.

Villarroel, Hipólito, *Enfermedades políticas que padece la capital de esta Nueva España*, México, Conaculta, 1994.

Wobeser, Gisela von, *Vida eterna y preocupaciones terrenales. Las capellanías de misas en la Nueva España, 1700-1821*, México, UNAM, 1999.

Yannakakis, Yanna P., "Hablar para distintos públicos: testigos zapotecos y resistencia a la reforma parroquial en Oaxaca en el siglo XVIII", en *Historia Mexicana*, vol. LV, núm. 3, 2006, pp. 833-893.

Zahino Peñafort, Luisa (comp.), *El cardenal Lorenzana y el IV Concilio Provincial Mexicano*, México, Miguel Ángel Porrúa/UNAM/Universidad de Castilla-La Mancha-Cortes de Castilla-La Mancha, 1999.

_____, *Iglesia y sociedad en México. 1765-1800. Tradición, reforma y reacciones*, México, UNAM, 1996.

Un clero en transición. Población clerical, cambio parroquial y política eclesiástica en el arzobispado de México, 1700-1749, editado por el Instituto de Investigaciones sobre la Universidad y la Educación de la UNAM y Bonilla Artigas Editores se terminó de imprimir el 14 de diciembre de 2012 en los talleres de Cactus Displays S. A. de C. V. (Corregidora #398, Col. Miguel Hidalgo, 14260, México, D. F.). En su composición se utilizó la familia Book Antiqua (8, 9, 10, 11, 12, 16 y 20 puntos). Los interiores se imprimieron en papel bond de 75 gramos y la portada en cartulina couché de 280 gramos. La formación tipográfica estuvo a cargo de María Magdalena Rubio Alvarado. La edición consta de 500 ejemplares.